Frank Garbely · Evitas Geheimnis

Frank Garbely

EVITAS GEHEIMNIS

Die Europareise
der Evita Perón

Rotpunktverlag

Autor und Verlag danken der Christoph Eckenstein Stiftung und der Stadt Genf für die großzügige finanzielle Unterstützung

Für die fachkundige Beratung bedanken wir uns herzlich bei den Archivaren und Bibliothekaren des Archivo General de la Nación, Buenos Aires, der Archives nationales, Paris, und vor allem des Bundesarchivs, Bern, sowie des Staatsarchivs des Kantons Genf.
Ein besonderer Dank gilt der TRILUNA Film A.G., Zürich. Sie überließ uns freundlicherweise ihre historische Fotosammlung sowie die Rechercheunterlagen des TV Dokumentarfilms *Evitas Geheimnis – Die Schweizer Reise* (1998), eine Gemeinschaftsproduktion von TRILUNA, SRG idée suisse und Arte.

www.rotpunktverlag.ch
Umschlagfoto: Evita In der Kathedrale von Nôtre-Dame, Paris, Juli 1947.
Foto: Archivo General de la Nación
Lektorat: Jürg Fischer
Druck und Bindung: freiburger graphische betriebe · www.fgb.de
ISBN: 3-85869-226-3
1. Auflage

Inhalt

VORWORT

Eva María Duarte de Perón besuchte im Jahre 1947 die Schweiz. Man sagt, es waren die geheimnisvollsten Tage ihres Lebens. In Bern wurde sie von aufgebrachten Kommunisten mit Tomaten beworfen. Sie tanzte mit den Bundesräten Max Petitpierre und Philipp Etter. In Zürich gaben Bankiers ihr zu Ehren ein damals geheim gehaltenes Bankett. Und sie soll verschollene Nazivermögen auf Geheimkonten versteckt haben. Jetzt erst zugängliche Archive lassen Evitas Reise in neuem Licht erscheinen. In Tat und Wahrheit war ihre Reise ein raffiniertes Ablenkungsmanöver. Während die argentinische Diva mit spektakulären und pompösen Auftritten die Augen aller auf sich lenkte, installierten argentinische Diplomaten und Nazi-Emissäre mit Hilfe der Schweizer Behörden in Bern eine Fluchthilfezentrale für Nazivermögen und Nazi-Kriegsverbrecher.

Evita zählt zu den herausragendsten Frauengestalten des letzten Jahrhunderts. Die besitzlosen Massen verehrten sie wie eine Heilige; die Mächtigen und Reichen, die Oligarchie, hassten sie als rachsüchtige Tyrannin; und die katholische Kirche verabscheute sie als sündhaftes Luder. Ob Heilige oder Hure, ihre märchenhafte Lebensgeschichte hat bis heute nichts von ihrer Faszination verloren. Evita wurde als uneheliches Kind geboren und wuchs in ärmlichen Verhältnissen auf. Nach einer glücklosen Karriere als Schauspielerin heiratete sie General Juan Perón. Sie wurde die beste Propagandistin des »Mussolini der Pampa« und lieh der peronistischen Diktatur ihr Gesicht und ihre Stimme. Sie symbolisierte uneingeschränkte Macht, liebte Luxus und Verschwendung; gleichzeitig war sie die erfolgreichste Sozialpolitikerin und Frauenrechtlerin in der argentinischen Geschichte. Sie setzte sich für Mindestlöhne und Sozialversicherungen ein, baute Spitäler und Kinderheime, Ferien- und Frauenhäuser, und – ihr politisch größter

Erfolg – sie verhalf dem Frauenstimmrecht zum Durchbruch. Als sie starb, galt sie als reichste und mächtigste Frau Argentiniens. Heute wird sie, was ihren politischen Einfluss betraf, häufig mit Eleanor Roosevelt oder Jiang Qing, der Frau von Mao Tse-tung, verglichen.

Die Publikationen über Evita füllen Bücherwände, aber keine befasst sich eingehend mit ihrer Europareise. Erstaunlich, denn diese Reise war die Geburtsstunde des Mythos Evita: Sie reiste ab als Eva und kam zurück als Evita, und im Vorfeld ihres Schweizer Besuchs kursierten erstmals Gerüchte über ihre geheimen Schweizer Konten und Nazigelder.

Juan Peróns Nazi-Vergangenheit war in Argentinien bis in die jüngste Zeit ein Tabuthema. Während des Zweiten Weltkrieges hatte er auf einen Sieg der Achsenmächte gesetzt und eng mit Nazideutschland zusammengearbeitet. Bereits als Armeeführer und Minister war er von Nazi-Beratern umgeben. Im Jahre 1946 kandidierte er für das Amt des Staatspräsidenten; die Wahlkampagne wurde von Nazis mitfinanziert. Damals schon wurde vermutet, Juan Perón und Evita verfügten über geheime Nazigelder – versteckt in der Schweiz. Unter Peróns Präsidentschaft wurde Argentinien zum wichtigsten Zufluchtsort für Nazis und Kriegsverbrecher, unter ihnen Adolf Eichmann und Josef Mengele, lange Zeit die meistgesuchten Nazi-Kriegsverbrecher, Klaus Barbie, Eduard Roschmann, Erich Priebke… Präsident Juan Perón nahm sie mit offenen Armen auf und kassierte dafür ein Vermögen. Seit den letzten Kriegsmonaten wurden im großen Stil Nazigelder, gestohlene Wertschriften und Vermögenswerte, aber auch Industrie-, Rüstungs- und Parteigeheimnisse nach Argentinien in Sicherheit gebracht. Bereits während des Krieges hatte Nazideutschland unter anderem mit Hilfe von Schweizer Strohmännern und Finanzgesellschaften massiv in Argentinien investiert. Nazi-Größen wie beispielsweise Joseph Goebbels hatten ab 1942 beträchtliche Vermögenswerte nach Buenos Aires verschoben. Niemand wusste, was aus den Industrie- und Rüstungsgeheimnissen geworden war und in welchen Kanälen die Nazigelder versickert waren. Die Suche nach dem verschwundenen Nazischatz, die Aufarbeitung der dunklen Nazi-Vergangenheit wurden immer wieder gewaltsam unterbunden. Journalisten und Historiker verschwanden spurlos, Bankiers oder Nazi-Strohmänner wurden umgebracht.

Im Jahre 1994 rückte ein schreckliches Attentat diese dunkle Nazi-Vergangenheit ins Zentrum der Aktualität – und damit auch die geheimnisvolle Schweizer Reise der Präsidentengattin Eva. Teil I des Buches befasst sich daher eingehend mit diesem Anschlag.

Am 18. Juli zerstörte eine Bombe mitten in Buenos Aires ein mehrstöckiges Bürogebäude; 87 Menschen starben, über 300 wurden verletzt. Das mörderische Attentat traf das »Herz der argentinischen Juden«. Beim niedergebombten Gebäude nämlich handelte es sich um das jüdische Zentrum AMIA. Im 5. Stock befanden sich die Büros und Archive der Historiker-Gruppe Testimonio, die wenige Monate zuvor Enthüllungen über verschwundene Nazivermögen angekündigt hatte. Es war auffällig, dass der Anschlag, nur kurze Zeit nachdem Präsident Carlos Menem die Öffnung der Nazi-Archive angeordnet hatte, erfolgte. Sollte das Attentat die Nazi-Geldspur verwischen und alle jene warnen, die – wie die Gruppe Testimonio – diese Spur verfolgten? Im Frühjahr 1998 nahmen die AMIA-Ermittlungen eine spektakuläre Wende. In Buenos Aires wurde ein Mitarbeiter der iranischen Botschaft verhaftet und kurz darauf wurden mehrere iranische Diplomaten des Landes verwiesen. Laut Angaben des Untersuchungsrichters hatten angeblich Hisbollahs im Auftrag Teherans das AMIA-Massaker organisiert. Die Hypothese Nazi-Archive beziehungsweise Nazi-Geldspur schien entkräftet, aber nur für kurze Zeit.

Teil II erzählt die fast völlig in Vergessenheit geratene Europareise, eine grandiose Polit-Show und ein für die damalige Zeit einzigartiges Medienereignis. Die Stationen der Reise waren: Madrid, Rom, Paris und die Schweiz, wo sich Evita fünf Tage lang aufhielt und Genf, Bern, Luzern, Neuenburg, Zürich sowie St. Moritz besuchte. Wo immer sie auftrat, wurde sie von der Bevölkerung stürmisch begrüßt und wie eine Diva bewundert. Die Regierungen in Spanien, Italien und Frankreich empfingen die argentinische Präsidentengattin wie ein Staatsoberhaupt. Die Audienz bei Papst Pius XII. dauerte länger als die zwanzig Minuten, die das päpstliche Protokoll gekrönten Häuptern und Staatschefs vorbehält. Evita kam als Botschafterin des »Neuen Argentinien« und warb für bessere Handelsbeziehungen mit Europa. Ihr Europabesuch war der Auftakt zu einer außenpolitischen Großoffensive, mit der der argentinische Diktator seine neue Außenpolitik lancierte. Juan Perón sah Argentinien, das damals zu den zehn reichsten Ländern der Welt zählte, bereits als dritte Weltmacht, und er propagierte den Peronismus als Alternative zum amerikanischen Kapitalismus und sowjetischen Kommunismus.

Teil III deckt auf: Neben dem offiziellen Reiseprogramm – Werbetour für Argentinien und seine neue Außenpolitik – verfolgten Juan Perón und seine Strategen ein zweites, streng geheim gehaltenes Programm. Evitas Europareise und vor allem ihr Schweizer Besuch standen eng im Zusammenhang mit Peróns Nazi-Fluchthilfe und mit verschwundenen Nazigeldern. In Madrid konferierte sie mit ehemaligen Ministern Hitlers; während der Audienz bei Papst Pius XII. ergriff sie Partei für kroatische Kriegsverbrecher, die kurz darauf nach Argentinien ausreisten; und in der Schweiz traf sie sich am Rande der Staatsvisite mit Bankiers. Dieses Treffen mit Schweizer Bankiers wurde lange Zeit abgestritten. Grund: Nazis hatten auch nach dem Krieg im großen Stil Kriegsbeute und gestohlene Vermögenswerte nach Argentinien verschoben, sehr oft über Schweizer Finanzgesellschaften. Außerdem versuchte Argentinien Nazi-Wissenschaftler anzuwerben sowie in den Besitz deutscher Industrie- und Rüstungspatente zu gelangen; auch dabei wurden häufig Schweizer Banken und Firmen eingesetzt.

Anhand zahlreicher neuer Quellen wird erstmals aufgezeigt, welche zentrale Rolle die Schweiz bei der Flucht von Nazis und Nazi-Kriegsverbrechern spielte. Im Windschatten von Evita installierten SS-Offiziere, getarnt als argentinische Diplomaten oder Informanten des schweizerischen Nachrichtendienstes, in Bern eine Nazi-Fluchthilfezentrale, von der aus diverse Fluchtrouten, auch »Rattenlinien« genannt, organisiert wurden. Höchste Spitzen der Schweizer Armee und der Bundespolizei unterstützten die SS-Offiziere. Nur dank ihrer Hilfe konnte die Berner Fluchthilfezentrale entstehen. Der Bundesrat wusste Bescheid. Erstmals veröffentlichte Dokumente enthüllen, welche geheimen Ziele die schweizerische Regierung mit der Nazi-Fluchthilfezentrale in Bern verfolgte.

Ausgehend von Zeitzeugen, denen wir auf Evitas Reiseroute begegnet sind, versuchten wir der Nazi-Geldspur zu folgen und stießen dabei auf eine der größten Betrugs- und Vertuschungsaffären der Schweiz. Davon handelt Teil IV. Erzählt wird die Geschichte des Financiers Michel Olian, eines Exil-Russen, der von 1939 bis 1948 zuerst in Genf und später in Basel lebte. Er war einer der größten Devisenschmuggler und Geldwäscher der Nazis. Bereits 1942 versuchten die Genfer Behörden, ihm das Handwerk zu legen. Später untersuchten die eidgenössische Fremdenpolizei und Zollfahnder in Lausanne seine kriminellen Geschäfte, an denen neben Schweizer Bankiers und Industriellen auch prominente Politiker und Anwälte mitbeteiligt waren. Dabei deckten sie ein gigantisches Betrugsgeschäft auf, einen illegalen Handel mit Kriegsbeute und Raubvermögen: Nazi-Gold, gestohlene Devisen und Wertschriften ... Doch auf Druck von Bank- und Industriekreisen intervenierte der Bundesrat zugunsten des Nazi-Bankiers und seiner Komplizen. Die Ermittlungen wurden gestoppt. Die Polizeibeamten und Zollfahnder bekamen ein Disziplinarverfahren und wurden strafversetzt. Die inzwischen freigegebene Akte der abgewürgten Ermittlungen gegen Michel Olian enthält einigen Sprengstoff, da sie Ross und Reiter beim Namen nennt, all die Komplizen und Nutznießer des Nazi-Bankiers, vom kleinen Buchhalter bis hinauf zum Bundesrat. Besonders brisant aber ist: Das Olian-Dossier stellt bisherige Darstellungen der Rolle des Finanzplatzes Schweiz in Frage. Einschätzungen historischer Studien über das Ausmaß der in der Schweiz oder von Schweizern verwalteten und gewaschenen Nazigelder scheinen weitgehend unbrauchbar. Historiker stützen sich in ihren Darstellungen über das Ausmaß und den Umfang der Nazi-Geschäfte und Nazigelder unter anderem auf Dokumente und Unterlagen der Banken. Doch diese Bankunterlagen zeichnen ein falsches Bild. Nazi-Geschäfte nämlich wurden von Banken und Finanzgesellschaften häufig nicht dokumentiert, sondern papierlos abgewickelt; sie tauchten weder in den offiziellen Bilanzen noch in den internen Buchhaltungen auf.

Während dieses Buch – mehr als zwei Jahre nach Beginn der Recherchen – in Druck geht, sorgt das AMIA-Attentat von Buenos Aires noch immer für Schlagzeilen. Inzwischen beschäftigt sich auch die Genfer Justiz im Rahmen eines Rechtshilfeverfahrens mit dem AMIA-Dossier. Ein abgesprungener ehemaliger Topagent des iranischen Geheimdienstes belastet den früheren argentinischen Staatspräsidenten Carlos Menem schwer. Er behauptet, Menem habe vom Iran 10 Millionen Dollar erhalten und im Gegenzug versprochen, er werde verhindern, dass bei den Ermittlungen gegen die AMIA-Attentäter die iranische Spur untersucht werde. Laut Angaben des iranischen Ex-Agenten wurden die 10 Millionen auf ein Nummernkonto bei einer Genfer Bank einbezahlt.

Der Verdacht, dass das Attentat eine Warnung an alle jene war, die Argentiniens Nazi-Vergangenheit offen legen möchten, erhielt inzwischen neuen Auftrieb, denn auch die iranische Spur führt in die Nazi-Szene. Doch was haben iranische Terroristen mit Altnazis und was haben beide mit der Schweiz zu tun? Gibt es einen gemeinsamen Nenner? Wenn man einen solchen sucht, ist dies am ehesten der mit Geheimnissen umgebene Nazi-Bankier François Genoud in Lausanne. Diese mehr als dubiose Figur spielt in unseren Untersuchungen keine direkte Rolle; dennoch lohnt es sich, an dieser Stelle kurz Genouds Position zu erwähnen.

In den 70er- und 80er-Jahren gab es in Europa eine Reihe politischer Morde, die jeweils iranischen Killerkommandos zugeschrieben wurden: Opfer waren unter anderen der iranische Oppositionspolitiker Kazem Radjavi in Genf, der frühere Staatspräsident Shapur Bakhtiar in Paris oder Kurdenführer in Wien und Berlin. Einzig die Morde in Berlin, wo im Restaurant Mykonos ein Kommando eine Gruppe kurdischer Exilpolitiker niedergeschossen hatte, wurden aufgeklärt. Der Mykonos-Prozess zeigte auf, dass einzelne Mitglieder des Berliner Mordkommandos an den Anschlägen in Genf, Paris, Wien und höchstwahrscheinlich auch in Buenos Aires beteiligt waren. Laut Zeugenaussagen hatten die Kommandos das iranische Konsulat in Genf als Durchlaufstation benutzt. Geleitet worden war das Konsulat seinerzeit von Manutscher Tale-Massuleh, der später wegen terroristischer Umtriebe aus der Schweiz ausgewiesen wurde. Laut Mykonos-Ermittlungen hatte Generalkonsul Tale-Massuleh besonders enge Beziehungen zu François Genoud unterhalten. Sie hatten sich oft getroffen, in der Regel einmal pro Woche.

Der Lausanner François Genoud war ein bekennender Nazi und fanatischer Hitlerverehrer. Er hatte sich als Verleger und Bankier betätigt und war Nachlassverwalter von Hitlers Propagandaminister Joseph Goebbels sowie von Führer-Sekretär Martin Bormann. Während des Zweiten Weltkrieges hatte er als Doppelagent für die deutsche Abwehr und gleichzeitig für den militärischen Nachrichtendienst der Schweiz gearbeitet. François Genoud, auch »der schwarze Bankier« genannt, finanzierte die Verteidigung der Nazi-Kriegsverbrecher Adolf Eichmann und Klaus Barbie, die beide via Buenos Aires untergetaucht waren. Er war mit dem Terroristen Carlos befreundet und hatte sich öffentlich damit gebrüstet, an der ersten Flugzeugentführung durch Palästinenser aktiv beteiligt gewesen zu sein.

Die jüdische Historikergruppe Testimonio in Buenos Aires, die kurz vor dem AMIA-Attentat Enthüllungen über verschollene Nazivermögen angekündigt hatte, war bei ihren Nachforschungen mehrmals auf den Schweizer Nazi gestoßen. Nach dem Krieg war er Mitinhaber eines Verlages in Buenos Aires, der Nazi-Literatur vertrieb. Sein Partner in Buenos Aires hieß Ludwig Freude, langjähriger Perón-Berater und der bekannteste Nazi-Führer Argentiniens. Laut Nachforschungen der Gruppe Testimonio spielte Nazi-Bankier François Genoud – genauso wie Ludwig Freude – eine wichtige Rolle bei der Flucht deutscher Kriegsverbrecher. François Genoud ist inzwischen verstorben, er beging 1996 Selbstmord.

Frank Garbely
Genf, Dezember 2002

TEIL I

DAS AMIA-ATTENTAT IN BUENOS AIRES UND ARGENTINIENS NAZI-TRADITION

Terror in Buenos Aires

Am 18. Juli 1994 brachte eine Bombe das jüdische Zentrum AMIA in Buenos Aires zum Einsturz.

Jorge B., Chauffeur bei einem Pharmaunternehmen, erlebte den Terroranschlag aus nächster Nähe. Kurz vor zehn Uhr fuhr er mit seinem Lieferwagen die Avenida Córdoba entlang. Als er in die Calle Pasteur einbog, bebte plötzlich die Erde. Für den Bruchteil einer Sekunde sah er einen riesigen Feuerball, gefolgt von mehreren heftigen Explosionen und ohrenbetäubendem Krachen. Noch bevor er überlegen konnte, was geschah, wurde sein Lieferwagen von einer dicken Staubwolke zugedeckt. Auf das laute Krachen folgte eine gespenstische Stille. Als sich die Staubwolke lichtete, bot sich Jorge ein Bild des Grauens. Das jüdische Zentrum AMIA, ein sechsstöckiges Bürohaus, war vollständig zerstört, nur noch ein Trümmerhaufen, der an mehreren Stellen zu brennen begann. Aus den Trümmern hörte man verzweifelte Hilferufe und gellende Schmerzschreie. Auf der Straße lagen zahlreiche Bewusstlose und Tote. Die Anwohner des niedergebombten AMIA-Zentrums verließen in Panik ihre Häuser. Aus allen Richtungen waren Polizei- und Ambulanzsirenen zu vernehmen.

Die Bilanz am nächsten Morgen fiel erschreckend aus: 87 Tote und 300 Verletzte. Ganz Argentinien stand unter Schock. Die Regierung verurteilte den mörderischen Anschlag und versprach eine gründliche und schnelle Aufklärung. Besonders empört reagierte Staatspräsident Carlos Menem. Er bezeichnete die Attentäter als Bestien: »Solche Bestien haben es nicht verdient zu leben.«[1] Mehrere Bundesabgeordnete warnten vor einer antisemitischen Terrorwelle und forderten eine parlamentarische Untersuchungskommission.

1 Juan Salinas, *AMIA, El atentado*, Buenos Aires 1997, S. 8

In der Tat, das AMIA-Attentat war bereits der zweite größere Anschlag auf eine jüdische Einrichtung innert kurzer Zeit. Nur gut zwei Jahre zuvor, am 17. März 1992, hatte eine Autobombe die israelische Botschaft zerstört und 27 Menschen getötet. Zudem waren in den letzten Jahren immer häufiger jüdische Friedhöfe geschändet worden. Doch die Täter wurden nie gefasst. Weder der Bundespolizei noch einer der zahlreichen Spezialeinheiten von Polizei und Armee im Bereich Antiterrorismus und innere Sicherheit gelang es, den Grabschändern das Handwerk zu legen. Auch von den Attentätern der israelischen Botschaft fehlte noch immer jede Spur. Diese Misserfolge trugen Justiz und Polizei massive Kritik ein. Jüdische Kreise äußerten sogar den schlimmen Verdacht, Polizisten und Militärs seien an Grabschändungen beteiligt gewesen.

Um das gespannte Verhältnis zur jüdischen Gemeinde nicht zusätzlich zu belasten, wollten die Behörden diesmal schnell handeln.

Nur wenige Stunden nach dem Attentat lieferte die Polizei detaillierte Angaben zum Tathergang. Nach Darstellung der Polizei hatten zwei Männer in einem Lieferwagen der Marke Renault Trafic schätzungsweise 300 Kilogramm Sprengstoff ins Innere des AMIA-Gebäudes gefahren und dort gezündet. Augenzeugen hatten diese schnelle Aufklärung ermöglicht. Nicht weniger als dreizehn Augenzeugen, unter ihnen eine Polizeipatrouille, war der Lieferwagen aufgefallen. In den Trümmern fanden Sprengstoffexperten der Bundespolizei Blechteile einer Renault-Seitentüre mit Rückständen »einer Substanz aus Ammoniumnitrat und Aluminium«.[2]

Die Polizei gab an, sie verfolge eine heiße Spur und es sei nur eine Frage von Tagen, bis die Bombenleger geschnappt würden. Die heiße Spur: Auf einem Motorteil hatten die Ermittler die vollständige Seriennummer sichergestellt. Dies ermöglichte es, den letzten Besitzer ausfindig zu machen: Es war Carlos Alberto Telleldín, ein Kleinganove, der mit Gebrauchtwagen handelte. Nach dem AMIA-Attentat verschwand er aus der Hauptstadt und lebte unter falschem Namen in der abgelegenen Provinz Misiones im nördlichsten Zipfel Argentiniens. Anfang

2 Ebd., S. 17

Dezember wurde er dort verhaftet und in ein Gefängnis von Buenos Aires überstellt. Telleldín bestritt jede Beteiligung am Attentat. Er behauptete, er habe das Bombenfahrzeug mehrere Wochen vor dem Attentat weiterverkauft. Den Namen des Käufers allerdings hatte er vergessen. Er erinnerte sich nur noch, dass dieser aus dem Fernen Osten, vermutlich aus Japan, stammte. Und er nannte mehrere Zeugen, die seine Angaben bestätigten.

Telleldíns Verhaftung brachte nicht den erhofften Durchbruch. Im Gegenteil, die Ermittlungen gerieten ins Stocken. Später sollte sich herausstellen: Telleldín führte die Ermittler absichtlich in die Irre, seine Aussagen waren falsch, die Zeugen gekauft.

Heute sind zwar viele Fakten bekannt, aber weder das Attentat auf das AMIA-Gebäude noch der Anschlag auf die israelische Botschaft sind restlos aufgeklärt. Doch es wurden ungeahnte Zusammenhänge deutlich. Die Ermittlungen wiesen auf unterschiedliche mögliche Urheber der Anschläge; es kann nicht ausgeschlossen werden, dass eine unheilige Allianz verschiedener Tätergruppen namentlich beim AMIA-Attentat zusammengewirkt hat. Sind die Täter im Iran oder in Syrien zu suchen? Gab es Mitwisser bei der argentinischen Polizei und beim Militär? Wurden bei der Explosion des AMIA-Gebäudes mehrere Ziele gleichzeitig getroffen? Wir zeigen im Folgenden, welche Spuren verfolgt wurden und welche Resultate sie zeitigten, im Einzelnen:

Der Mykonos-Prozess belegt 1997 die iranische Spur. Es wird eine Linie sichtbar zwischen dem AMIA-Attentat 1994, dem Anschlag auf die israelische Botschaft in Buenos Aires 1992, dem vierfachen Mord in der Taverne »Mykonos« in Berlin 1992, dem Mord am iranischen Exilpolitiker Kazem Radjavi in der Schweiz 1990 und dem Mord an drei kurdischen Politikern in Wien 1989.

Ein Brasilianer hat eine Affäre mit einer iranischen Mittäterin und packt den argentinischen Behörden gegenüber aus; seine Warnungen werden nicht ernst genommen. Später widerruft er seine Aussagen.

Der argentinische Staatspräsident Carlos Menem gewinnt seine Wahl 1989 nicht zuletzt dank bedeutenden finanziellen Zuwendungen von arabischer Seite. Doch er hält sich nicht an das Versprechen, im

Gegenzug Waffen (Condor-Raketen) und Nukleartechnologie zu liefern. Ein involvierter syrischer Waffenhändler ist ein direkter Hintermann beim AMIA-Attentat, welches somit auch einen Denkzettel für Menem darstellt.

Die Ermittlungen wurden systematisch behindert. Es bestehen viele Verbindungen zwischen Personen, die direkt am Attentat beteiligt waren, und einigen hohen Polizeioffizieren. Bei diesen handelt es sich zum Teil um Akteure der argentinischen Militärdiktatur 1976 bis 1983 mit einer Vergangenheit als Folterer und um notorische Antisemiten und Nazifreunde.

Die Verquickung von internationalen Waffengeschäften, Terrorismus, Antisemitismus in den staatlichen Institutionen ist eine Folge der argentinischen Nachkriegsgeschichte, insbesondere des Peronismus und Juan Peróns profaschistischer Politik. Die Aufarbeitung dieser Geschichte soll auch heute hintertrieben werden. Welche historischen Dokumente wurden beim AMIA-Attentat vernichtet?

»Islamische Fundamentalisten«

Ein halbes Jahr nach dem mörderischen AMIA-Massaker tappten Untersuchungsrichter und Polizei noch immer völlig im Dunkeln. Nicht besser erging es den Ermittlern, die den Anschlag auf die israelische Botschaft 1992 aufzuklären hatten. Nur so viel stand fest: Beide Attentate waren von langer Hand vorbereitet und mit militärischer Präzision ausgeführt worden, von Profis, hinter denen eine finanzstarke und schlagkräftige Organisation stand.

Ein Bekennerbrief aus Beirut lenkte den Verdacht im Fall des Botschaftsattentats auf ein libanesisch-iranisches Terrorkommando. Am 25. März 1992 strahlte der argentinische Fernsehsender ATC ein Kurzvideo[3] der Attentäter aus, das die zerstörte israelische Botschaft in Buenos Aires und den Bekennerbrief zeigte. »Diese Operation ist ein Schlag gegen den kriminellen Feind Israel«, hieß es im Brief, der mit Jihad Islamica unterschrieben war. Das Bekennerschreiben würdigte den Heldentod des Attentäters, eines Argentiniers, der sich seit seinem

3 ATC hatte das Video von einem Lokalradio in Beirut erhalten.

Übertritt zum Islam Abu Yasser genannt hatte. Er war am Steuer des Lieferwagens gestorben, der, vollgestopft mit Sprengstoff, das Hauptportal der Botschaft gerammt hatte. Mit dem Attentat sollte der Tod von Scheich Abbas Musawi gerächt werden. Der Scheich, seine Frau und sein fünfjähriger Sohn waren einen Monat zuvor im Südlibanon von israelischen Soldaten erschossen worden. Musawi war Generalsekretär der libanesischen Gottespartei Hisbollah und ein enger Vertrauter des iranischen Staatspräsidenten Hashemi Rafsandschani gewesen.

Die Ermittlungen gegen die AMIA-Attentäter leitete Bundesrichter Juan José Galeano, der von den beiden Staatsanwälten Eamón Mullen und José Barbaccia unterstützt wurde. Von Anfang an bevorzugte Bundesrichter Galeano die iranische Spur.

Bereits Ende August weitete er seine Ermittlungen auf iranische Diplomaten in Buenos Aires aus. Er verdächtigte sie, am Attentat teilgenommen zu haben. Dabei stützte er sich auch auf Hinweise, die er vom US-Außenministerium und von der paraguayischen Bundespolizei erhalten hatte. Steven Emerson, Terrorismusexperte beim US-Außenministerium, erklärte: »Der Terroranschlag wurde von islamischen Fundamentalisten verübt, die im Auftrag der iranischen Regierung handelten.«[4] Enrique Martinetti, der Chef des Geheimdienstes der nationalen Polizei, meldete die Verhaftung mehrerer den libanesischen Hisbollahs nahe stehender Araber, die angeblich Terroranschläge auf jüdische Einrichtungen in Argentinien und Paraguay planten.[5] Bundesrichter Galeano jedoch wurde zurückgepfiffen. Der Oberste Gerichtshof hielt die Verdachtsmomente gegen die iranischen Diplomaten für ungenügend und lehnte eine Anklage ab. Die widerrufene Aussage eines brasilianischen Zeugen – siehe weiter hinten – war ein weiterer harter Rückschlag für Bundesrichter Galeano. Sie zwang ihn, die Verfolgung der iranischen Spur vorübergehend zurückzustellen.

Erst drei Jahre später rückte die iranische Spur erneut ins Zentrum seiner Ermittlungen. Den entscheidenden Anstoß dazu gab der »Mykonos-Prozess« in Berlin.

4 *Página 12,* 31. August 1994, 8. September 1994 (Microseminario, 30.8.94–4.9.94)

5 *Clarín*, Ausgaben vom 1. und 2. sowie vom 4. und 9. September 1994; siehe auch *La Nación* vom 3. und 5. September 1994

Die »Mykonos«-Morde

Am 10. April 1997 verkündete der Erste Strafsenat des Berliner Kammergerichtes sein Urteil im Mykonos-Prozess. Das Gericht machte die iranische Staatsführung verantwortlich für den Mykonos-Terroranschlag, bei dem im September 1992 vier iranische Kurdenführer ermordet worden waren. Das Urteil war eine Sensation und löste eine schwere Krise in den europäisch-iranischen Beziehungen aus. Für sieben Monate zogen die EU-Staaten und die Schweiz ihre Botschafter aus Teheran zurück. Die heftige Reaktion der Europäer hatte zur Folge, dass auch die argentinische Regierung ihre Haltung gegenüber dem Mullah-Regime neu überdachte. Dieser politische Kurswechsel beeinflusste unmittelbar die AMIA-Ermittlungen. Die Regierung verhinderte nicht mehr mit allen Mitteln, wie bis anhin, dass Bundesrichter Galeano die iranische Spur untersuchte. Wichtiger noch als dieser Kurswechsel war: Der Mykonos-Prozess lieferte Hinweise auf die Auftraggeber der beiden Bombenattentate von Buenos Aires.

»Durch die Beweiserhebung ist offenbar geworden, dass iranische Machthaber terroristische Anschläge im Ausland nicht nur billigen und ihren Tätern unverständlicherweise Ehrungen zukommen lassen, sondern dass sie selbst solche Anschläge ins Werk setzen«, stellte das Gericht in der schriftlichen Urteilsbegründung fest.[6] Mehrere Zeugen sagten aus, die beiden Attentate in Buenos Aires, die Mykonos-Morde sowie zahlreiche weitere Mordanschläge unter anderem in Wien, Paris und Genf seien von Terrorkommandos im Solde Teherans verübt worden. Dabei soll die Schweiz als Operationsbasis gedient haben. Laut Zeugenaussagen benutzten die Terrorkommandos das iranische Konsulat in Genf als Durchlaufstation.

Am Abend des 17. September 1992 betraten kurz vor 23 Uhr zwei Männer die Taverne »Mykonos« in der Pragerstraße. Sie gingen auf einen Tisch zu, an dem acht Iraner saßen, und feuerten mit einer Maschinenpistole und einer Pistole rund dreißig Schüsse auf diese.[7] Zwei

6 *Süddeutsche Zeitung,* 21. März 1998 (Die schriftliche Urteilsbegründung erschien erst 11 Monate nach Prozessende)

7 Sachstandbericht vom 15.10.1992, Soko »Mykonos« des Bundeskriminalamtes (BKA)

Minuten später verschwanden sie bereits mit einem Fluchtwagen in der Berliner Nacht. Zurück ließen sie vier Tote und mehrere Verletzte. Bei den Opfern handelte es sich um Sadegh Charafkandi, genannt Dr. Said, Generalsekretär der »Kurdischen Demokratischen Partei des Iran« (KDP-I), und drei seiner engsten Mitarbeiter[8], die sich aus Anlass einer Tagung der Sozialistischen Internationale in Berlin aufhielten. Durch das Mykonos-Attentat verlor die KDP-I, die das Mullah-Regime in Teheran bekämpft, mit einem Schlag ihre Führungsspitze.

Wenige Tage nach dem Mordanschlag fand die Polizei die Sporttasche mit den beiden Tatwaffen: eine Maschinenpistole, Modell »Uzi«, Kaliber 9 mm, mit Schalldämpfer, eine Pistole, Kaliber 7.65 mm sowie mehrere Patronenhülsen. Nach Erkenntnis der Polizei war die Pistole vor Jahren an eine Firma in Teheran verkauft worden. Kurz darauf stellte die Polizei das Killerkommando: vier Libanesen und den Iraner Kazem Darabi, einen Agenten des iranischen Geheimdienstes VEVAK. Rasch wurde deutlich, dass der Mordanschlag keine isolierte Tat war. Bereits der Vorgänger von Sadegh Charafkandi an der Spitze der KDP-I war ermordet worden.

Iranisches Terrornetz in Europa

Es war am 13. Juli 1989 geschehen. Zwischen 19 Uhr 15 und 19 Uhr 30 wurden in Wien-Landstraße drei kurdische Politiker aus nächster Nähe liquidiert, unter ihnen Abdul Ghassemlou, Führer der KDP-I. Sie trafen sich in einer Wohnung zu Geheimverhandlungen mit drei Abgesandten des Mullah-Regimes: Amir Bozorgian, Offizier der Revolutionswächter Pasdaran, Mohammad Sahraroodi, Geheimdienstler, und Haidji Mostafavi, Gouverneur für die iranischen Kurdengebiete. Bei den Gesprächen ging es um die Autonomie der Kurdengebiete.

Als die Polizei am Tatort eintraf, lagen die drei Kurden blutüberströmt und tot am Boden. Ihre Verhandlungspartner waren am Leben, nur einer war leicht verletzt worden. Für den Leiter der »Einsatzgruppe zur Bekämpfung des Terrorismus« schien die Lage eindeutig: »Drei tote

8 Zusammen mit Charafkandi starben sein Dolmetscher Nurullah Mohammadpur-Dehkordi, Fattah Abdoli, Vertreter der KDP-I für Europa, sowie Homayoun Ardalan, Vertreter der KDP-I für Deutschland.

Kurden, drei lebende Iraner – die Sache ist klar.« Trotzdem konnten die drei mutmaßlichen Mörder Österreich unbehelligt verlassen. Auf Druck der Regierung sah das zuständige Gericht von einer Verhaftung ab und ließ das Verfahren versanden.

Acht Jahre nach den Wiener Kurdenmorden veröffentlichte das österreichische Nachrichtenmagazin *Profil* Geheimdokumente der Polizei, die zeigten, wie sich der österreichische Rechtsstaat vom Iran einschüchtern und vermutlich sogar erpressen ließ.[9] Während des Krieges Irak–Iran hatte Österreich illegal Voest-Kanonen in den Iran geliefert. Bei diesem Geschäft waren Provisionen in der Höhe von rund 800 Millionen Schilling bezahlt worden. »Jene Leute, die diese Gelder genommen hatten, haben verhindert, dass die Kurdenmorde aufgeklärt werden«, behauptete der frühere iranische Staatspräsident Abdolhassan Bani-Sadr gegenüber *Profil*. »Ich weiß«, so Bani-Sadr weiter, »der Iran hat gedroht, Akten über Korruption in Österreich zu publizieren, falls den Morden nachgegangen wird.«

Der Mykonos-Prozess in Berlin befasste sich eingehend mit den Wiener Kurdenmorden. Wie der vorsitzende Richter, Frithjof Kubsch, in der Urteilsbegründung ausführte, waren die Kurden im Auftrag der iranischen Staatsführung liquidiert worden: »Die Tötung des damaligen Vorsitzenden Ghassemlou und zwei seiner Vertrauten in Wien sowie die hier abgeurteilte Tat sind Folgen dieses Entschlusses. Der rote Faden, der die Geschehnisse von Wien und Berlin verbindet, ist unübersehbar.«

Nach nur wenigen Wochen hatte das Berliner Kammergericht die Mykonos-Attentäter verhaftet und überführt. Trotzdem dauerte der Prozess fünf Jahre. Das Gericht nämlich gab sich nicht zufrieden mit der Überführung des Killerkommandos, sondern war entschlossen, seine Auftraggeber zu ermitteln. Richter Kubsch und seine Mitarbeiter trugen Steinchen um Steinchen zusammen, um ein vollständiges Mosaikbild der iranischen Terrorszene zu erhalten. Zahlreiche Zeugen, die sie einvernahmen, bezeichneten den iranischen Geheimdienstchef Ali Fallahijan als Kopf weltweiter Terroraktionen.

9 »Kniefall vor den Mullahs«, *Profil*, Nr. 17, 21. April 1997

Als Minister für Information und Sicherheit war Fallahijan ständiges Mitglied des »Nationalen Sicherheitsrates«, der von Staatspräsident Rafsandschani geleitet wurde. Nach Erkenntnis des vorsitzenden Richters Kubsch war das Mykonos-Attentat »die konsequente Fortsetzung der von Minister Fallahijan persönlich beschriebenen Aufklärungs- und Verfolgungsstrategie gegen die iranische Opposition«.

In einer vom iranischen Fernsehen am 30. August 1993 ausgestrahlten Ansprache prahlte Fallahijan mit Terroraktionen im Ausland. »Wir verfügen über eine Sicherheitsabteilung, deren Operationen sich gegen konterrevolutionäre Kleingruppen richten. Uns ist es gelungen, die zentrale Organisation dieser Kleingruppen zu infiltrieren und die meisten ihrer Mitglieder zu verhaften. Insgesamt gesehen gibt es derzeit in unserem Land keine aktiven Kleingruppen mehr. Sie wurden zur Flucht aus dem Land gezwungen. Wir haben unsere Operationen fortgesetzt. Wir verfolgen sie jetzt und beobachten sie ständig außerhalb des Landes. Uns ist es gelungen, vielen dieser Kleingruppen im Ausland oder an den Grenzen Schläge zu versetzen. Wie ihnen bekannt ist, handelt es sich bei einer dieser Kleingruppen um die ›Kurdische Demokratische Partei‹. Wir konnten ihren Mitgliedern im vergangenen Jahr entscheidende Schläge versetzen.«[10] Wie das Mullah-Regime diese Verfolgungsstrategie gegen die iranische Opposition im Ausland umsetzte, das zeigte auf höchst eindrückliche Art und Weise die Ermordung des iranischen Exilpolitikers Kazem Radjavi in der Schweiz. Darum studierten Richter Kubsch und seine Mitarbeiter in Berlin auch das Radjavi-Attentat mit besonderer Aufmerksamkeit. Die Ermittlungsakte Radjavi ließ verblüffende Parallelen zu Mykonos erkennen; das Gericht konnte die Verantwortung der iranischen Regierung nachweisen und brachte erstmals einen vertieften Einblick in die iranische Terrorszene in Europa.

Kazem Radjavi wurde am 24. April 1990 ermordet.[11] Auf offener Straße zwischen den Waadtländer Dörfern Coppet und Tannay, wo

10 Zitiert nach Haftbefehl des Bundesgerichtshofes, Karlsruhe, gegen Ali Fallahijan, vom 14. März 1996

11 Die folgende Darstellung des Attentats auf Radjavi stützt sich auf die Ermittlungsakte der »Police de sûreté vaudoise«, namentlich auf den Bericht vom 11. Juni 1990. Siehe auch: *Der Schweizerische Beobachter*, 15. August 1991

Radjavi wohnte, wurde sein Wagen von einem anderen Auto bedrängt. Mehrere Schüsse zertümmerten die hintere Windschutzscheibe von Radjavis Wagen. Dieser kam von der Straße ab und prallte mit voller Wucht gegen das Eingangstor einer Villa. Eine Kugel hatte Radjavi den Hinterkopf aufgerissen, eine zweite seinen Brustkorb durchbohrt. Zwei Männer, jeder mit einer Maschinenpistole bewaffnet, stürmten zum Unfallwagen. Die Männer trugen weiß-grüne Overalls und auffällige, blaue Strickmützen. Kaum waren die Schüsse verhallt, rasten die Attentäter davon. Radjavi blieb tot zurück.

Kazem Radjavi wurde 1934 in der nordöstlichen Provinz Khorassan geboren. Er stammte aus einer Familie, die seit der Schah-Zeit zu den militantesten Regimegegnern des Iran zählte und dafür einen sehr hohen Preis bezahlte. Radjavis Vater wurde von der Geheimpolizei des Schah geblendet, sein jüngerer Bruder Massud saß jahrelang im Gefängnis und wurde gefoltert; eine Schwester wurde zur Zeit Khomeinis zum Tod verurteilt und gehängt.

Als politischer Flüchtling kam Radjavi 1968 nach Genf, wo er seither an der Universität als Gastdozent Internationales Recht und Soziologie lehrte. Nach dem Sturz des Schah wurde er im Jahre 1979 iranischer UNO-Botschafter. Er unterstützte die islamische Revolution von Ayatollah Khomeini. Doch bereits im April 1981 kam es zum Bruch. Radjavi warf Khomeini Verrat an der Revolution vor. Er kehrte nach Genf zurück und schloss sich der Opposition an. Sein jüngerer Bruder Massud, Anführer der Volksmudjaheddins, rief zum bewaffneten Kampf gegen das Mullah-Regime auf. Kazem Radjavi wurde sein politischer Berater und »Außenminister« der Volksmudjaheddins. Höchst empfindlich reagierte Teheran auf eine andere Tätigkeit Radjavis: Von seinem Genfer Exil aus führte er einen regelrechten Kreuzzug gegen die Menschenrechtsverletzungen im Iran. Und er fand Gehör. Es gelang ihm, die Weltpresse zu mobilisieren. Auf seine Initiative hin befassten sich Menschenrechtskommissionen der UNO und des Europaparlamentes mit dem Iran.

Immer wieder versuchte Teheran, ihn einzuschüchtern. Anonyme Anrufer drohten mit der Entführung seiner Kinder, falls er die Menschenrechtskampagne nicht endlich einstelle. Im Jahre 1987 verriet ihm ein iranischer Staatsfunktionär, dass Teheran seine Ermordung plane. Kurz darauf beobachtete er, dass ihm Unbekannte auf Schritt und Tritt folgten und auch seine Familie beschatteten. Radjavi beantragte Polizeischutz, der ihm gewährt wurde. Anfang 1990 erhielt er erneut Morddrohungen. Wieder wurden er und seine Familie von Unbekannten rund um die Uhr überwacht und beschattet. Am 24. April machten die Mörder ihre Drohung wahr.

Die Aufklärung des Mordfalles Radjavi wurde dem Lausanner Untersuchungsrichter Roland Chatelain übertragen. Nach nur knapp vier Wochen hatte er den Fall gelöst.

Offenbar waren sich die Attentäter sicher, dass sie in der Schweiz nichts zu befürchten haben. Anders lässt sich nicht erklären, wie unbekümmert sie ihr Killergeschäft erledigten. Sie bemühten sich nicht einmal, die Spuren zu verwischen. Im Gegenteil, sie hinterließen überall ihre unverkennbare Handschrift.

Dreieinhalb Stunden nach dem Mordanschlag fand die Polizei nahe beim Genfer Flughafen in einer Tiefgarage den dunkelblauen VW-Golf, den die Täter benutzt hatten, gemietet von Yadollah Samadi, Iraner mit Wohnort Teheran. Von da an war die Aufklärung des Mordfalls nur noch reine Routine.

Ein vierköpfiges Killerkommando, angeführt von Yadollah Samadi, war am 10. April aus Teheran kommend in Genf eingetroffen. Die Männer hatten Diplomatenpässe benutzt, die fortlaufende Nummern trugen und alle an demselben Tag in Teheran ausgestellt worden waren. Eine Woche später waren zwei weitere Komplizen gefolgt, die ebenfalls aus Teheran anreisten und über Diplomatenpässe verfügten. Das Kommando war in Genfer Hotels abgestiegen, in denen die iranische UNO-Mission ihre Gäste unterzubringen pflegt. Samadi und seine Kumpane waren in ständigem Kontakt mit zwei iranischen Diplomaten gestanden. Offensichtlich war die Ermordung Radjavis von langer Hand vorbereitet worden. Zwei Stunden nach dem Mordanschlag hatten sich Radjavis Mörder mit einem Swissair-Flug nach Wien abgesetzt. In der Transithalle des Flughafens Wien-Schwechat verlor sich ihre Spur.

Auf dem Rücksitz des Fluchtwagens fand die Polizei zwei Strickmützen, die an ein anderes Attentat in Genf erinnerten. Am 10. August

1987 war in Genf der Exiliraner Ahmad Moradi Talebi auf offener Straße mit mehreren Kopfschüssen niedergestreckt worden. Neben der Leiche hatte die Polizei ebenfalls eine Strückmütze gefunden. »Unsere österreichischen Kollegen, die den Mordfall Ghassemlou bearbeiten, fanden am Tatort eine absolut identische Mütze«, stellte die Waadtländer Polizei fest und kam zum Schluss: »Die Attentäter hatten sie absichtlich zurückgelassen, um den Hinterbliebenen der Opfer zu verstehen zu geben, dass alle Attentate denselben Ursprung hatten. Es handelt sich ziemlich sicher um eine Unterschrift.«[12] Auch das Mykonos-Killerkommando wird solche Strickmützen zurücklassen. Die Radjavi-Mörder hatten – wie später die Mykonos-Attentäter – Maschinenpistolen des Typs »Uzi«, Kaliber 9 mm, benutzt und Munition, die aus der Tschechoslowakei stammte.

Bereits Anfang Juni 1990 hatte Untersuchungsrichter Roland Chatelain den Tathergang lückenlos ermittelt. Er kannte nicht nur die Namen der Täter, sondern auch ihre Auftraggeber: »Wir sind fest überzeugt, dass einer oder mehrere offizielle iranische Dienste direkt an der Ermordung von Kazem Radjavi beteiligt waren.«[13]

Trotzdem wird es nie zu einem Prozess kommen. Die Täter konnten sich rechtzeitig nach Teheran in Sicherheit bringen und werden seither von den iranischen Behörden gedeckt. Untersuchungsrichter Chatelain richtete zwar mehrere Rechtshilfegesuche an die iranischen Behörden, die aber alle zurückgewiesen wurden. Eidgenössische Parlamentarier forderten deshalb den Bundesrat mehrmals auf, in Teheran vorstellig zu werden und nötigenfalls Maßnahmen gegen den Iran anzuordnen. Der Bundesrat jedoch lehnte ab. Mehr noch, Bundesrat Arnold Koller, Chef des Eidgenössischen Justiz- und Polizeidepartementes, desavouierte öffentlich Untersuchungsrichter Chatelain und erklärte: »Es gibt keinen konkreten Hinweis darauf, dass der Iran mit dem Mord an Radjavi etwas zu tun hat.«[14]

Die Schweiz reagierte im Fall Radjavi ähnlich wie Argentinien nach den beiden Bombenattentaten auf die israelische Botschaft und das jü-

12 Polizeibericht vom 11. Juni 1990, S. 47

13 Ebd, S. 46

14 Antwort des Bundesrates auf eine dringliche Anfrage von Nationalrat Jean Ziegler

dische Sozialzentrum AMIA oder wie Österreich nach dem dreifachen Kurdenmord.

Warum verhielt sich der Bundesrat im Fall Radjavi derart zurückhaltend? Hatte er Angst, den wichtigen Handelspartner Iran zu verärgern? Befürchtete er weitere Attentate? Oder hatte der Iran auch gegen ihn etwas in der Hand? Diese Fragen drängen sich auf, denn seit Jahren verschlossen schweizerische Sicherheitsbehörden die Augen vor terroristischen Umtrieben proiranischer Gruppen.[15] Ungestraft durften iranische Spitzel Exilanten aushorchen und einschüchtern. Die Bundesanwaltschaft verzichtete sogar mehrmals auf Ermittlungen gegen iranische Waffen- und Drogenhändler.

Die ungewöhnliche Zurückhaltung im Fall Radjavi war keineswegs die Ausnahme. Die Bundespolizei oder der Nachrichtendienst stoppten immer wieder Polizeiermittlungen und sorgten so namentlich bei der Genfer Kripo regelmäßig für dicke Luft. »Das Verhältnis zu den Kollegen vom Nachrichtendienst ist denkbar schlecht. Keiner weiß, was die arbeiten. Darum erhielten sie den Spitznamen ›Groupe Nuage‹ (Gruppe Wolke)«, schilderte ein Genfer Kripo-Mann im Sommer 1990 die miese Stimmung. Und ein anderer präzisierte: »Du bearbeitest einen Fall. Plötzlich tauchen die Kollegen der ›Gruppe Wolke‹ auf und befehlen dir: ›Von diesem Zeugen, jenem Verdächtigen lass die Finger, um den kümmern wir uns‹; oder sie erklären Aktenstücke für geheim und nehmen sie mit.«[16]

Nur wenige Wochen vor Radjavis Ermordung hatten die »Gruppe Wolke« und die Bundesanwaltschaft in Bern Hinweise auf ein von Iranern geplantes Attentat erhalten. In diesem Zusammenhang war ihnen auch die Ankunft von Yadollah Samadi und seinen Kumpanen gemeldet worden. Die Polizei hatte die Attentäter sogar fotografiert. In den Tagen unmittelbar vor dem Attentat geriet Samadi wegen übersetzter Geschwindigkeit nicht weniger als zwölfmal in eine Radarfalle und wurde fotografiert. Immer auf der Strecke Genf–Tannay. Weder das Reiseziel Tannay – Radjavis Wohnort – noch die Tatsache, dass er jeden zweiten

15 Pascal Auchlin/Frank Garbely, *Das Umfeld eines Skandals*, Zürich 1990, S. 251 ff.

16 Zit. nach *Der Schweizerische Beobachter,* a. a. O.; Gespräch mit dem Autor, Juni 1990

Tag den Wagen wechselte, weckten das Misstrauen der Polizei. Samadi wurde nicht einmal gebüßt.

Die »Gruppe Wolke« und die Bundesanwaltschaft verfügten über erstklassige Quellen und wussten bestens Bescheid über die unheimliche Präsenz der iranisch-islamischen Revolution in Genf.

Ein Angestellter des iranischen Konsulates hatte bereits Ende der 80er-Jahre einen Anwalt beauftragt, die Schweizer Behörden über illegale Aktivitäten des Konsulates zu informieren. Ein anderer Mitarbeiter, Saber Moustafa al-Halaby, hatte diese illegalen Aktivitäten sogar beschrieben. Das unveröffentlichte Manuskript umfasst 150 Seiten und trägt den Titel »Ayatollah-Connection«.

Al-Halaby stammt aus Ägypten und war aktives Mitglied der »Islamischen Bruderschaft«, die seinerzeit die Verantwortung für die Ermordung von Präsident Anwar as-Sadat übernommen hatte. Vom Juni 1984 bis Ende 1989 wirkte er als Privatsekretär des iranischen Generalkonsuls, Manutscher Tale-Massuleh, in Genf. Er öffnete jeweils die Diplomatenkoffer, welche jeden Mittwoch aus Teheran eintrafen, und er hatte Einblick in die Bankkonten des Konsulates. Vor allem aber war er zuständig für Propaganda und Export der islamischen Revolution.

»Die Hauptbeschäftigung des Konsuls bestand in der ersten Zeit darin, die in der Schweiz wohnhaften Iraner zu überwachen und Informationen über Regimegegner zu sammeln. Das war keine leichte Aufgabe, denn in der Schweiz wohnten mindestens 3000 Iraner, die der islamischen Revolution feindlich gesinnt waren.«[17] Dabei war dem Konsul beinahe jedes Mittel recht. Pässe wurden nur jenen erneuert, die sich verpflichteten, Landsleute auszuhorchen. Wer sich weigerte, Regimegegner zu denunzieren, musste befürchten, dadurch Familienangehörige im Iran zu gefährden. Besonders intensiv ließ Generalkonsul Tale-Massuleh den Exilpolitiker Kazem Radjavi überwachen.

Die iranische Zentrale für nachrichtendienstliche Aktivitäten und Geheimoperationen in Europa befand sich in Paris. Nach Abbruch der diplomatischen Beziehungen mit Frankreich 1986 wurde sie nach Genf verlegt. Von da an diente das Konsulat in Genf als Durchlaufstelle für

17 Saber Moustafa al-Halaby, *Ayatollah-Connection*, unveröffentlicht, S. 56

»Revolutionäre« und »Terroristen«. Generalkonsul Tale-Massuleh koordinierte die verschiedenen Einsätze dieser »Revolutionäre«. Ihm zur Seite standen mehrere Mitarbeiter, unter ihnen zwei Sprengstoffspezialisten. »Eine Etage des Gästehauses der iranischen UNO-Mission in Genf war reserviert für Mitglieder der Hisbollah und andere Elemente, die den Auftrag hatten, terroristische Operationen auszuführen.«[18] Das Konsulat diente zudem als Anlaufstelle für zukünftige »Revolutionäre«. Von Genf aus wurden zahlreiche Kurden, Armenier, Palästinenser und Libanesen für die Sache der iranischen Revolution angeworben. »Sie wurden nach Teheran geschickt, dort zuerst ideologisch geschult, um danach in einem Ausbildungslager, unter anderem im Libanon, auf terroristische Einsätze in Europa vorbereitet zu werden.«[19]

Im Jahre 1989 gab al-Halaby den Job als Privatsekretär auf. Eine höchst außergewöhnliche Begebenheit zwang ihn dazu. Es war kurz nach dem Waffenstillstand im Krieg Irak–Iran. Soeben begannen in Genf Friedensverhandlungen. Der Leiter der irakischen Delegation, Außenminister Tariq Aziz, wohnte im Hause des irakischen UNO-Botschafters. Generalkonsul Tale-Massuleh hatte ausgekundschaftet, dass der UNO-Botschafter eine Köchin aus Ägypten beschäftigte, die weder eine Aufenthalts- noch eine Arbeitsgenehmigung besaß. Generalkonsul Tale-Massuleh gedachte diese Rechtswidrigkeit für einen kühnen Plan zu nutzen. Eines Abends bestellte er seinen Privatsekretär zu sich in die Wohnung. Bereits anwesend waren zwei Spezialisten für Geheimmissionen sowie ein Diplomat, der an den Friedensverhandlungen teilnahm. »Wir möchten dich im Namen der iranischen Revolution um einen großen Gefallen bitten«, eröffnete der Generalkonsul in fast feierlichem Ton seinem Privatsekretär und fuhr fort: »Lass die Köchin herkommen. Wir werden sie bitten, Tariq Aziz Gift ins Essen zu mischen. Sie soll großzügig belohnt werden.«[20]

Saber Moustafa al-Halaby weigerte sich. Aus Angst, der Mordanschlag könnte auch ohne seine Mithilfe erfolgen, ging er zur Polizei, die ihn an die »Gruppe Wolke« weiterreichte. In den nächsten Monaten traf

18 Saber, a. a. O., S. 66
19 Ebd., S. 63
20 Ebd., S. 126

er sich regelmäßig mit einem Polizeibeamten der »Gruppe Wolke« und verriet ihm alles, was er über die geheimnisvolle Mission des iranischen Generalkonsuls wusste. Auch nachdem er seinen Job als Privatsekretär aufgab, blieb er in Kontakt mit mehreren Mitarbeitern des Generalskonsulates. So erfuhr er im Januar und wiederum im April 1990 von der Ankunft eines Terrorkommandos aus Teheran. »Immer wenn ein solches Kommando in Genf war, gab es ein, zwei Wochen später einen Terror- oder Mordanschlag«, berichtete er dem Beamten der »Gruppe Wolke«.[21] Al-Halabys Warnung behielt die »Gruppe Wolke« ebenso wie dessen Enthüllungen über die »Ayatollah-Connection« vorerst für sich. Erst nach dem Mordanschlag auf Kazem Radjavi reichte sie diese zum Teil wenigstens an Untersuchungsrichter Roland Chatelain weiter.

Die iranische Spur in Argentinien

Im Mykonos-Prozess spielten die Genfer Ermittlungen eine bedeutende Rolle. Sie erst machten den damals als »Quelle C« getarnten Kronzeugen Abolghasem Mesbahi glaubwürdig. Mesbahi bezichtigte die iranische Staatsspitze als Auftraggeber der Kurdenmorde im Berliner Restaurant »Mykonos«. Die Richter glaubten ihm und stützten sich in ihrem Urteil maßgeblich auf seine Aussagen. Lange jedoch galt Mesbahi als äußerst zweifelhafter Zeuge. Ausschlaggebend für die Glaubwürdigkeit Mesbahis waren schließlich Genfer Polizeiberichte sowie die Ermittlungsakte des Waadtländer Untersuchungsrichters Roland Chatelain. Sie bestätigten zahlreiche bisher unüberprüfbare Angaben Mesbahis.

Abolghasem Mesbahi war im Jahre 1996 aus dem Iran nach Deutschland geflohen. Bis zu seinem Absprung war er persönlicher Mitarbeiter des iranischen Staatspräsidenten und Nummer drei des Geheimdienstes gewesen. In den 80er-Jahren hatte er längere Zeit in Genf gelebt, von wo aus er iranische Geheimdienstoperationen in der Schweiz und in Frankreich leitete und überwachte. Getarnt hatte sich der Geheimagent als Student.

»Ein Komitee für Sonderangelegenheiten«, das außerhalb der Verfassung und faktisch über der Regierung steht, sei zuständig für Terror-

21 Saber, Gespräch mit dem Autor

anschläge und Mordaufträge, erklärte Kronzeuge Mesbahi vor dem Berliner Kammergericht. Dem Komitee gehören gemäß Mesbahi der Staatspräsident, der Minister des Geheimdienstes VEVAK, Vertreter des Sicherheitsapparates sowie verschiedener politischer Organisationen an; das geistige Oberhaupt des Iran, Ali Khamenei, seit 1989 Nachfolger des Revolutionsführers Ayatollah Khomeini, bestätige in letzter Instanz die Terroraufträge. Mesbahi sagte aus, Staatspräsident Hashemi Rafsandschani hätte sich persönlich um die Vorbereitungen der Ermordung Radjavis gekümmert.

Mesbahi wusste nicht nur Bescheid über iranische Terrorkommandos in Europa. Für Aufsehen sorgten seine Aussagen über die beiden Attentate in Buenos Aires. Nach Abschluss des Mykonos-Prozesses übermittelten die deutschen Behörden Argentinien die Zeugenaussagen Mesbahis. Jetzt erhielt Bundesrichter Juan José Galeano grünes Licht, die »iranische Spur« wieder aufzunehmen. Die Hinweise des abgesprungenen Geheimagenten Mesbahi waren sehr präzise: »Der Entscheid, das jüdische Zentrum AMIA in die Luft zu sprengen, wurde von der politischen Führungsspitze des Iran gefällt; den Auftrag erteilte der Sicherheitsminister; organisiert wurde das Attentat von Moshe Rabbani, iranischer Kulturattaché in Buenos Aires.«[22]

Moshe Rabbani war im Jahre 1984 nach Buenos Aires gekommen. Im Auftrag der iranischen Regierung kümmerte er sich um Fleisch- und Möbelimporte. Später übernahm er die Leitung der schiitischen Moschee At-Tahuid im Stadtbezirk Flores und wirkte dort als Prediger und Vorbeter. Im Januar 1992 – drei Monate vor dem Attentat auf die israelische Botschaft – wurde er zum Kulturattaché ernannt und erhielt diplomatische Immunität.

Bereits im Sommer 1994 hatte Bundesrichter Galeano den dringenden Verdacht, dass Moshe Rabbani zusammen mit andern iranischen Diplomaten am Attentat auf das jüdische Sozialzentrum AMIA mitge-

22 *Clarín*, 1. Juni 2000. Einzelheiten über Mesbahis Zeugenaussage wurden erst im Frühjahr 2000 bekannt, nachdem er von Bundesrichter Galeano und den beiden Untersuchungsrichtern Mullen und Barbaccia während vier Tagen einvernommen wurde. Die Einvernahme fand in der argentinischen Botschaft in Mexiko statt.

wirkt hatte. Das Oberste Gericht hatte jedoch auf Intervention der Regierung Menem entschieden, dass die Verdachtsmomente nicht ausreichten, um gegen die Diplomaten vorzugehen. Bundesrichter Galeano hatte seine Ermittlungen zurückstellen müssen. Die massive Reaktion der EU-Staaten auf das Mykonos-Urteil sowie der politische Druck Israels und der USA zwangen die argentinische Regierung zu einem Kurswechsel. Sie verhinderte nicht mehr, dass Bundesrichter Galeano die Ermittlungen gegen den iranischen Diplomaten Moshe Rabbani wieder aufnahm. Sie hintertrieb allerdings seine Verhaftung, die ohne Zweifel einen schweren diplomatischen Konflikt mit dem Iran heraufbeschworen hätte.

Als sich Rabbani Mitte November 1997 für ein paar Tage in Spanien aufhielt, erließ die argentinische Regierung eine Einreisesperre gegen ihn. Der Entscheid blieb mehrere Monate geheim. Erst als die argentinische Presse davon Wind bekam, reagierte Teheran mit einer Protestnote: »Die Anschuldigungen entbehren jeder Grundlage, die ›iranische Spur‹ ist ein Hirngespinst.«[23] Der Iran zog seine Diplomaten aus Argentinien bis auf einen Mann zurück und drohte mit dem Abbruch der Wirtschaftsbeziehungen, falls die argentinische Justiz die schweren Anschuldigungen gegen den früheren Kulturattaché nicht unverzüglich fallen lasse. Doch die argentinische Regierung blieb hart. Sie sprach von einer »erdrückenden Beweislast« und reduzierte die diplomatischen Beziehungen zum Iran auf ein striktes Minium.[24]

Als Bundesrichter Galeano das Umfeld des iranischen Kulturattachés Rabbani ausleuchtete, stieß er auf eine Gruppe Libanesen und Syrer, die eng mit der schiitischen Partei Hisbollah im Libanon liiert war.

Die Hisbollah-Bewegung war entstanden, als Khomeini in Teheran die Macht übernommen hatte. Zu Beginn war sie nichts anderes als ein Ableger des iranischen Geheimdienstes gewesen. Sie hatte sich zum Ziel gesetzt, im Libanon einen islamischen Gottesstaat zu errichten. Ihre bevorzugten Kampfmethoden: Bombenattentate, Terroranschläge und Geiselnahmen. Nachdem der Iran seine radikal antiwestliche Poli-

23 *Clarín*, 12. März 1998
24 *Perfil*, 17. Mai 1998

tik aufgab, vollzogen auch die Hisbollahs einen Kurswechsel. Aus der ehemaligen Terrorbewegung entstand eine einflussreiche politische Partei. Die Errichtung eines islamischen Gottesstaates steht inzwischen nicht mehr auf dem Programm. Nach wie vor aber duldet die Partei einen radikalen Flügel, der terroristische Aktionen unterstützt. Regelmäßig rekrutierte der Iran Mitglieder dieses radikalen Hisbollah-Flügels als Killer und Bombenleger. Vermutlich auch in Buenos Aires. Dies jedenfalls behauptete der abgesprungene iranische Geheimdienstmann und Kronzeuge Abolghasem Mesbahi.[25] Kulturattaché Moshe Rabbani hatte die Attentate geplant und organisiert, für die Ausführung aber hatte er, laut Mesbahis Aussagen, unter anderem radikale Hisbollahs angeheuert.

Spuren der AMIA-Attentäter führten in die Schweiz. Die argentinischen Ermittler schlossen nicht aus, dass das Attentat sogar von der Schweiz aus organisiert wurde. Ihr Hauptverdacht richtete sich gegen Abdallah al-Zein, Leiter des islamischen Zentrums Ahl-Ul-Bayt in der Nähe von Bern. Am 19. Februar 1998 überreichte der argentinische Botschafter in Bern dem Bundesamt für Polizeiwesen ein erstes Rechtshilfegesuch, in dessen Zentrum Abdallah al-Zein stand. Als das Gesuch eintraf, war aber bereits aufgeflogen, dass noch eine ganz andere Partei auf eigene Faust ermittelte: der israelische Geheimdienst Mossad.

Lauschangriff in Bern

Am 19. Februar 1998, gegen 2 Uhr nachts, ein paar Stunden vor der Übergabe des argentinischen Rechtshilfegesuches, waren drei israelische Geheimagenten, eine Frau und zwei Männer, dabei ertappt worden, wie sie in den Keller eines Wohnblocks an der Wabersackerstrasse 27 im Berner Vorort Köniz eindrangen.[26] Sie machten sich gerade am Kasten mit den Telefonanschlüssen zu schaffen und installierten eine Abhöranlage. Dabei gingen sie so lautstark ans Werk, dass eine Hausbewohnerin wach wurde und die Polizei rief. Die drei gaben sich als Touristen aus, laut Polizeicomputer unbescholtene Bürger Israels. Ver-

25 Siehe u. a. *Clarín*, die Ausgaben vom 12. März 1998 und 1. Juni 2000

26 Siehe u. a. *SonntagsBlick* vom 1. März 1998 und *Neue Zürcher Zeitung* vom 16. April 1998

dächtig erschien den Polizisten jedoch ein Koffer, in dessen Seitentaschen Kabel und Klemmen zu erkennen waren. Da der Koffer mit einem israelischen Diplomatensiegel verschlossen war, wagten es die Polizisten nicht, ihn zu öffnen. Darum nahmen sie den Kofferbesitzer, Jakob Track, vorübergehend fest; seine beiden Begleiter dagegen ließen sie frei.

Erst als Spezialisten der Bundespolizei den Diplomatenkoffer öffneten, wurde klar, was die israelischen Touristen an der Wabersackerstraße vorgehabt hatten. Jakob Track gab sich als Agent des israelischen Geheimdienstes Mossad zu erkennen. Er gestand, dass er und seine Komplizen den Auftrag hatten, eine Abhöranlage zu installieren. Der Lauschangriff galt keinem Geringeren als Abdallah al-Zein, der im Zentrum des argentinischen Rechtshilfegesuches stand.

Die Mossad-Aktion war leicht durchschaubar. Sechs Jahre nach dem Anschlag auf die israelische Botschaft und vier Jahre nach der Sprengung des jüdischen Sozialzentrums AMIA in Buenos Aires waren die Attentäter noch immer auf freiem Fuß. Jüdische Organisationen misstrauten den argentinischen Behörden und warfen ihnen vor, die Ermittlungen absichtlich zu verzögern. Israel teilte diese Kritik. Es war daher nahe liegend, dass Israel, wie schon nach dem Massaker bei den Olympischen Spielen 1972 in München, den Mossad einschaltete.

Die israelischen Sicherheitsbehörden stuften al-Zein, Zielscheibe des missglückten Mossad-Lauschangriffes, als »höchst gefährlichen Terroristen mit viel Blut an den Händen« ein.[27]

Das Bundesamt für Justiz in Bern bestätigt, dass ein erstes argentinisches Rechtshilfegesuch am 19. Februar 1998, nur wenige Stunden nach dem missratenen Lauschangriff, eintraf. Am 13. März stellte Argentinien ein zweites Rechtshilfeersuchen, und bis Ende Jahr folgten ein halbes Dutzend Zusatzersuchen.[28] Darin wurde Abdallah al-Zein als Hisbollah-Aktivist dargestellt und für einen der mutmaßlichen Hauptverdächtigen des AMIA-Attentates gehalten. Mit dem Vollzug der Rechtshilfeersuchen wurde die Bundesanwaltschaft beauftragt.

27 *Yedioth Achronoth,* 8. März 1998

28 Bundesamt für Justiz, schriftliche Auskunft vom 4. September 2000

Abdallah al-Zein ist offizieller Mieter des Zentrums Ahl-Ul-Bayt in Bern-Liebefeld. Die Organisation Ahl-Ul-Bayt wurde Ende der Achtzigerjahre gegründet, laut eigener Darstellung mit dem Ziel »Förderung und Propagation des Islam«. Heute unterhält diese dem Iran nahe stehende Organisation weltweit Niederlassungen. In der Schweiz besitzt sie in Bern, Luzern und Genf Foyers, die als Versammlungsort und Gebetsräume benutzt werden. Laut Aussagen des Chefs der Abteilung »Terrorismus und Extremismus« der Bundespolizei bewegen sie sich »in einer Grauzone« und »am Rande der Legalität«.[29] Diesen Ahl-Ul-Bayt-Foyers werden regelmäßige Kontakte zur libanesischen Partei Hisbollah nachgesagt. Abdallah al-Zein war, so vermutete die Bundespolizei, der Kopf eines Hisbollah-Ablegers in der Schweiz. Als Leiter des Berner Foyers hielt er sich regelmäßig im Libanon auf und reiste mehrmals in den Iran.

Abdallah al-Zein stammt aus dem Libanon. Er war mit einer Tessinerin verheiratet. Bis zur Scheidung Anfang 1998 wohnten sie an der Wabersackerstrasse 27 in Köniz. Heute lebt Abdallah al-Zein als Autoverkäufer in Vevey. Vor kurzem erwarb er das Schweizer Bürgerrecht. Er fühlt sich als Opfer. »Ich bin kein Terrorist. Mit den Attentaten in Buenos Aires habe ich nichts zu tun. Ich wurde zu Unrecht beschuldigt«, sagt er.[30] Für ihn geht alles auf »ein Missverständnis, eine verhängnisvolle Namensverwechslung« zurück. »Al-Zein ist ein verbreiteter Name. Ich war nie in Argentinien, und ich kenne auch niemanden in Buenos Aires«, versichert er. Über seine Beziehungen zu den Hisbollahs will er nicht sprechen. Gegen ihn wurde kein Verfahren wegen terroristischer Umtriebe eingeleitet. Mehr noch, Israel entschädigte ihn mit einem größeren Geldbetrag, weil er vom Mossad zu Unrecht beschuldigt worden war. »Es gibt keine Hinweise auf illegale Aktivitäten«, bescheinigt ihm heute das Bundesamt für Justiz und dementiert damit frühere Angaben der Bundespolizei.[31]

Die peinliche Abhörpanne warf politisch hohe Wellen. Die Schweiz

29 *Le Temps*, 5. Juli 2000; *Neue Zürcher Zeitung*, 5. Juli 2000; siehe auch Staatsschutzbericht des Jahres 1998

30 Telefoninterview, Ende Januar 2001

31 Bundesamt für Justiz, a. a. O.

verurteilte Israel in ungewohnt scharfen Tönen: »Ein inakzeptabler Zwischenfall; die schweizerische Souveränität wurde verletzt.«[32] In Israel weitete sich die Berner Blamage sogar zur Staatsaffäre aus. Mossad-Chef Dani Jatom musste zurücktreten. Trotzdem, die missglückte Mossad-Kommandoaktion tat dem traditionell engen Verhältnis zwischen Bern und Jerusalem keinen Abbruch. Im Gegenteil. Israels Top-Spione – die sich in Bern allerdings eher wie blutige Amateure aufgeführt hatten – wurden von der Schweizer Justiz mit Samthandschuhen angefasst und genossen eine Sonderbehandlung.

Agent Jakob Track saß nur gerade 65 Tage in Untersuchungshaft. Danach wurde er gegen eine Kaution von 3 Millionen Franken freigelassen und durfte nach Israel ausreisen. Gegen seine Komplizen hatte die Bundesanwaltschaft nicht einmal ein Verfahren eingeleitet. Die Anklageschrift warf ihm vor: verbotene Handlung gegen einen fremden Staat, politischer Nachrichtendienst, versuchtes Abhören fremder Gespräche sowie wiederholter Gebrauch gefälschter Ausweise. Der Mossad-Mann wurde in allen Punkten für schuldig befunden und zu 12 Monaten Gefängnis auf Bewährung sowie fünf Jahren Landesverweis verurteilt. Eine Stunde nach Prozessende hatte er die Schweiz bereits Richtung Tel Aviv verlassen.

Das Bundesgericht folgte nicht der Logik des Gesetzes, sondern einem politischen Kalkül. Dem Prozess waren außergerichtliche Absprachen zwischen der Schweiz und Israel vorausgegangen, deren Ausgang durch eine gezielte Indiskretion bekannt wurde. US-Agenturen und israelische Zeitungen meldeten das Mossad-Urteil bereits vor Prozessende.

Menems schwarze Kassen

Im Herbst 1999 gewann der Kandidat der Radikalen Partei, Fernando de la Rúa, die argentinischen Präsidentschaftswahlen und beendete damit die zehnjährige Herrschaft des Peronisten Carlos Menem und der Justizialistischen Partei. Durch den Machtwechsel kam vorübergehend Bewegung in die Ermittlungen gegen die Attentäter von Buenos Aires.

32 *24 Heures*, 27. Februar 1998

Bundesrichter Galeano bezog Menem und seine Entourage in die Untersuchung ein. Erstmals wurde das politische Motiv der Bombenleger erkennbar. Der Iran und seine Verbündeten hatten sich gerächt, weil Menem seine politischen Versprechen nicht eingehalten und bereits bezahlte Waffen nie geliefert hatte: die nachgerade klassische Antwort des Mullahregimes auf Verrat und Vertragsbruch. In der Tat, die beiden Bombenanschläge in Buenos Aires waren nach demselben Drehbuch inszeniert worden wie Ende 1980 das spektakuläre Geiseldrama in der amerikanischen Botschaft in Teheran und ein paar Jahre später die Terrorwelle in Frankreich. Wie Argentinien hatten zuvor auch die USA und Frankreich die Lieferung bereits bezahlter Waffen und Nukleartechnologie plötzlich verweigert.

Carlos Saúl Menem, geboren 1935 in einem kleinen Nest der Provinz La Rioja im Nordwesten Argentiniens, entstammt einer syrischen Familie, die 1912 nach Argentinien eingewandert war. Als junger Rechtsanwalt schloss er sich den Peronisten an und trat der Justizialistischen Partei bei. Im März 1973 wurde er erstmals zum Gouverneur seiner Heimatprovinz gewählt. Während der Militärdiktatur (1976–1983) verlor er das Amt, wurde verhaftet und fünf Jahre lang in einem Militärgefängnis festgehalten. 1983 bewarb er sich erneut mit Erfolg als Gouverneur der Provinz La Rioja. 1987 wurde er glänzend wiedergewählt. Ein Jahr später, im Juli 1988, nominierten ihn die Justizialisten überraschend zu ihrem Präsidentschaftskandidaten. Niemand traute dem Einwandererssohn und Provinzpolitiker den Einzug in die Casa Rosada, den Präsidentenpalast, zu. Für Buenos Aires, wo rund ein Drittel der argentinischen Bevölkerung lebt, war er ein politischer Nobody. Das Bekannteste an ihm waren sein überdimensionierter Backenbart und seine Playboy-Allüren, die allerdings eher zum Spott einluden.[33] Doch im Mai 1989 führte er die Peronisten zu einem klaren Sieg. Er wurde Präsident.

Niemand wusste damals, dass er die Wahlkampagne illegal über schwarze Kassen finanziert hatte und den Wahlsieg nicht zuletzt politischen Geheimabsprachen verdankte.

33 Detlef Nolte/Nikolaus Werz (Hrsg.), *Argentinien*, Frankfurt a. M. 1996, S. 89ff.

»Carlos Menem erhielt von arabischen Staaten rund 40 Millionen Dollar. [...] Ohne diese Unterstützung hätte er sich bei den Wahlen des Jahres 1989 nie durchzusetzen vermögen«, behauptet Nemen Nader Rodríguez, der im Auftrag von Menem mit arabischen Regierungen verhandelte.[34] Rodríguez, ein Geschäftsmann aus der Dominikanischen Republik und früher selbst einmal Präsidentschaftskandidat, reiste unter anderem nach Libyen zu Oberst Muammar al-Gaddafi. Libyen versprach Menem 10 Millionen Dollar. Um diese Wahlhilfe zu verheimlichen, wurden die Gaddafi-Gelder über verborgene Kanäle in Menems schwarze Parteikasse geschleust. Dabei arbeiteten Menems Wahlhelfer mit bewährten Geldwäschertricks illegaler Drogen- und Waffenhändler. Ein Strohmann ließ bei zwei Genfer Banken Nummernkonten einrichten, auf denen die libyschen Gelder gutgeschrieben wurden. Der Konteninhaber hob diese Gelder ratenweise und in Form von Schecks ab. Ein Kurier flog mit diesen Schecks nach Asunción, der Hauptstadt von Paraguay, und kaufte argentinische Pesos. Das Bargeld wurde in Koffern nach Argentinien geschmuggelt.

Die höchsten Beträge kamen jedoch nicht aus Libyen, sondern aus Syrien und dem Iran. Sogar die PLO und Yassir Arafat beteiligten sich mit einer Spende. Die arabisch-iranische Wahlhilfe basierte auf einem Geheimabkommen.

Kurz nach seiner Nominierung zum Präsidentschaftskandidaten bereiste Carlos Menem im Sommer 1988 Syrien. Endlich gehe ein alter Wunsch in Erfüllung, erstmals werde er die Heimat seiner Vorfahren besuchen, erklärte Kandidat Menem vor der Abreise. Das war nicht einmal gelogen. Seinen Syrienaufenthalt verbrachte er fast ausschließlich in Yabroud, einem Dorf 75 Kilometer nördlich von Damaskus, aus dem die Familie seiner Mutter stammt. Allerdings traf er dort nicht nur Verwandte, sondern vor allem eine Delegation der syrischen Regierung. Angeführt wurde die Delegation von Halim al-Haddam, damals nach Präsident Hafez al-Assad der zweitmächtigste Mann Syriens. al-Had-

34 »Investigación del caso AMIA«, in: *Río Negro* (argentinische Tageszeitung), 11., 12. und 13. Januar 2000. Siehe auch: Norberto Bermúdez, *La pista siria*, Buenos Aires 1993

dam war Vizepräsident Syriens und verantwortlich für die Verhandlungen mit Israel. Zusammen mit Rifat al-Assad, dem Bruder des Präsidenten, stand er zudem an der Spitze des Geheimdienstes. Das einzige Gesprächsthema von Menem und Haddam hieß: arabische Wahlhilfe gegen argentinische Waffen.

»Vizepräsident al-Haddam war sehr direkt«, erinnert sich ein ehemaliger argentinischer Diplomat, der an den Geheimverhandlungen von Yabroud teilnahm.[35] »Al-Haddam wollte wissen, ob Argentinien bereit sei, Syrien bei der Beschaffung vor allem von Nukleartechnologie zu helfen.« Menem antwortete: »Es dürfte keine Schwierigkeiten bereiten, unseren syrischen Brüdern einen der Kernreaktoren zu überlassen, über die Argentinien zurzeit verfügt.« Kandidat Menem rühmte den hohen Entwicklungsstand der argentinischen Nukleartechnologie. Er stellte die Entsendung argentinischer Nuklearexperten in Aussicht und erinnerte daran, dass Argentinien und der Iran auf diesem Gebiet bereits eng zusammenarbeiteten.

Im Zentrum der Geheimverhandlungen stand jedoch die Langstreckenrakete Condor. Menem versprach, Syrien Condor-Raketen zu liefern. »Condor II« war zu jener Zeit das ehrgeizigste Rüstungsprogramm der argentinischen Armee.[36] Nach der demütigenden Niederlage im Malvinenkrieg wurde »Condor II« zum nationalen Prestigeprojekt hochstilisiert. Das anspruchsvolle Raketenprogramm sollte Argentiniens nationale Autonomie und militärische Eigenständigkeit unter Beweis stellen. Die argentinische Rakete war technologisch auf dem modernsten Stand und hatte diesbezüglich vergleichbare Typen wie die sowjetische SCUD-B-Rakete überholt.

Die Großmächte verfügten seit den 50er-Jahren über Langstreckenraketen. Immer mehr Länder versuchten in der Folge, mit den Großmächten gleichzuziehen. 1990 besaßen insgesamt 26 Länder Trägerraketen. Fast alle waren abhängig von Lieferungen der Großmächte. Seit Beginn jedoch strebten zahlreiche Staaten eine eigenständige Pro-

35 *Río Negro*, a. a. O.

36 Eduardo Barcelona/Julio Villalonga, *Relaciones carnales – la verdadera historia de la construcción y destrucción del misil Condor II*, Barcelona/Buenos Aires 1992

duktion an. Auch Staaten der Dritten Welt. Das bekannteste Beispiel war Argentinien mit dem Raketenprogramm Condor.[37]

Argentinien baute seine ersten eigenen Raketen Ende der 50er-Jahre und verfügte bereits damals über einen beachtlichen Vorsprung in der Raketenforschung. Möglich machten dies Hunderte deutscher Ingenieure und Techniker, die zuvor Hitlers Wunder- und Vergeltungswaffen gebaut hatten.[38] Wie die USA, die UdSSR, Frankreich und Großbritannien hatte auch Argentinien nach Kriegsende Jagd auf deutsche Wissenschaftler gemacht. Vor allem gefragt waren Flugzeugbauer, Raketenforscher und Atomphysiker. In Bern hatten argentinische Agenten dafür eigens eine geheime Zentralstelle eingerichtet, die deutsche Rüstungsexperten anwarb, untergetauchten Nazis neue Papiere beschaffte und ihnen zur Flucht nach Argentinien verhalf.[39]

Während der Militärdiktatur in den 70er-Jahren startete Argentinien das Condor-Projekt. Im Jahre 1980 wurde Condor I, getarnt als Höhenforschungsrakete, erfolgreich getestet. Es handelte sich um eine einstufige Trägerrakete mit einer Nutzlast von 400 Kilogramm und einer Reichweite von rund 150 Kilometern. Zwei Jahre später wurde die Entwicklung der Condor II in Angriff genommen, einer zweistufigen Trägerrakete, ausgestattet mit modernster Steuerungselektronik und konzipiert für eine Reichweite von 1000 Kilometern. Maßgeblich beteiligt am Bau der Condor-Raketen waren deutsche Techniker und vor allem mehrere Schweizer Firmen.[40]

37 Götz Neuneck/Jürgen Scheffran, »Raketen im Golf: Ist der Geist schon aus der Flasche?«, in: *Informationsdienst Wissenschaft und Frieden*, Heft 3/4, Marburg 1990, S. 18–21

38 Jürgen Scheffran, »Die heimliche Raketenmacht – Deutsche Beiträge zur Entwicklung und Ausbreitung der Raketentechnik«, in: *Informationsdienst Wissenschaft und Frieden*, Heft 1/2, Marburg 1991, S. 47–62

39 Siehe Teil III, S. 182 ff.

40 Holger Koppe u. a., *Bomben-Geschäfte*, München 1990, S. 302 ff.. Im Jahre 1982 wurde in Monte Carlo die Tarngesellschaft Consulting Engineers (Consen) gegründet, aus der ein labyrinthartig verschachteltes Firmennetz entstand. Das operative Zentrum der Consen-Gruppe befand sich in Zug. Seine Aufgabe war es, in Nato-Ländern hochwertige Rüstungstechnologie einzukaufen: Raketenstartanlagen, Trägheitslenksysteme, Feststoffantriebe u. a. Manager der deutschen MBB

Auch nach dem Ende der Militärdiktatur hielt die Zivilregierung unter Präsident Raúl Alfonsín am Bau einer eigenen Trägerrakete fest. Ein gewagter Entscheid. Bereits hatte das Condor-Programm über eine Milliarde Dollar verschlungen und würde nochmals so viel kosten. Doch Argentiniens Staatskassen waren leer. Die Militärjunta hatte das Land an den Rand des wirtschaftlichen Ruins getrieben. Dank massiver Fremdfinanzierung konnten die Arbeiten an der Condor schließlich fortgesetzt werden. Im Sommer 1984 unterzeichneten Argentinien und Ägypten einen Vertrag über die Zusammenarbeit beim Condor-Projekt. Später kam auch noch der Irak dazu.

Präsidentschaftskandidat Carlos Menem versprach die Weiterführung des Condor-Projektes. Als Präsident änderte er plötzlich seine Meinung. Das war alles andere als ein isolierter Wortbruch. In der Tat verfolgte Menem, einmal im Amt, eine Politik, die seinem eigenen Wahlprogramm über weite Strecken diametral entgegengesetzt war.

Kandidat Menem war angetreten, die Tradition der von General Juan Domingo Perón begründeten Bewegung fortzusetzen. Ihr innenpolitisches Credo: hohe staatliche Anteile an der Wirtschaft und Vorbehalte gegen Auslandkapital, ein ausgeprägter Sozialstaat, starke Gewerkschaften und eine übermächtige Armee. Außenpolitisch stand sie auf der Linie der Blockfreien-Bewegung, vertrat nationalistisch inspirierte »Dritte-Welt-Positionen« und verfolgte einen antiamerikanischen Kurs.

Anfang Juli 1989 übernahm Präsident Carlos Menem die Regierungsgeschäfte. Kaum im Amt, vollzog er einen radikalen politischen Kurswechsel, mit dem er praktisch das gesamte politische Credo seines Vorbildes General Perón über Bord warf. Er verscherbelte einen Staatsbetrieb nach dem anderen, privatisierte sogar Teile der Verwaltung. Er demontierte den Sozialstaat, ließ Löhne und Renten einfrieren und die Sozialprogramme rigoros zusammenstreichen. Ebenso kompromisslos ging er gegen die wichtigsten Verbündeten der peronistischen Bewegung

sowie der Schweizer Firma Bohlen Industrie und Wasag Chemie rekrutierten zudem Raketentechniker und Elektronikspezialisten. Von der Schweiz aus wurde auf einem Areal der argentinischen Luftwaffe nahe der Stadt Falda del Carmen, in der Provinz Córdoba, eine geheime Raketenfabrik gebaut. Zeitweise arbeiteten hier bis zu 150 Ingenieure und Techniker aus Europa.

vor. Er entmachtete die Gewerkschaften und stufte die Armee zurück, die von 100000 auf 20000 Mann schrumpfte. Eine bemerkenswerte Leistung, wenn man bedenkt, dass er diese halsbrecherische Kehrtwende schaffte, ohne die traditionelle peronistische Wählerbasis zu verlieren.

Dreh- und Angelpunkt dieses radikalen Kurswechsels: Carlos Menem richtete seine Wirtschafts- und Außenpolitik voll auf die USA aus und brach so mit dem traditionellen Antiamerikanismus des Peronismus. Von dieser politischen Annäherung versprach er sich wirtschaftliche Vorteile. Menems »Neue Außenpolitik«[41] basierte auf der Annahme: Dritte-Welt-Länder wie Argentinien schaffen den wirtschaftlichen Aufschwung nicht aus eigener Kraft, sondern nur mit Hilfe der reichen Länder des Nordens. Ihre Entwicklung erfolgt in dem Maße, in dem ihnen eine Integration in die Wirtschaftssysteme des reichen Nordens erlaubt wird. Gute Beziehungen zu den USA, der größten Wirtschaftsmacht, gehörten daher zum obersten politischen Ziel Menems. Dabei entschied er sich für die Strategie: politischer Gehorsam als Anzahlung für Wirtschaftswachstum.

Im September 1989, keine zwei Monate nach Regierungsantritt, reiste Carlos Menem in die USA. Es war der erste offizielle Besuch eines peronistischen Präsidenten. Carlos Menem bot der US-Regierung eine bedingungslose Unterordnung Argentiniens unter die amerikanischen Interessen an. Washington reagierte misstrauisch auf Präsident Menem und seine Ankündigung einer einseitigen Vorleistung. In Washington hatte man nicht vergessen, dass derselbe Menem noch ein Jahr zuvor wegen des US-Luftangriffes auf Libyen den sofortigen Abbruch der dip-

41 Diese »neue Außenpolitik« basierte auf dem Konzept »peripherer Realismus« von Carlos Escudé, bis 1992 außenpolitischer Berater Menems. »Peripherer Realismus«, so wie ihn Carlos Menem interpretierte und auf die argentinisch-amerikanischen Beziehungen anwandte, wird in der Literatur auch als »vorauseilender Gehorsam« oder »selbstauferlegte Unterordnung« umschrieben. Siehe dazu u. a.: Carlos Escudé, *Realismo periférico. Fundamentos para una nueva política exterior argentina*, Buenos Aires 1992. Und: Klaus Bodemer, »Peripherer Realismus? Die Außenpolitik der Regierung Menem gegenüber Europa und den USA zwischen Kontinuität und Wandel«, in: *Argentinien. Geschichte, Kultur und Außenbeziehungen*, Schriftenreihe des Instituts für Iberoamerika-Kunde, Band 42; S. 273ff., Frankfurt a.M. 1996

lomatischen Beziehungen mit den USA gefordert hatte. Doch Präsident Menem löste seine Versprechen tatsächlich ein. Während seiner ersten Präsidentschaft übernahm Argentinien systematisch die US-amerikanischen Standpunkte.

Die außenpolitische Kehrtwende Carlos Menems erfolgte auf Kosten seiner arabischen Freunde. In internationalen Organisationen wie der UNO oder der OAS[42] stimmte Argentinien nicht mehr mit den blockfreien Staaten wie bisher, sondern wechselte ins Lager der USA und ihrer Verbündeten. Im September 1991 trat Argentinien sogar aus der Blockfreien-Bewegung aus und beteiligte sich zudem an Aktionen der USA gegen den Irak. Damit setzte Präsident Menem einen Schlussstrich unter den traditionell proarabischen Kurs der peronistischen Partei. Israel lobte ihn dafür, und der jüdische Weltkongress zeichnete ihn 1991 mit einem Preis als »herausragenden Staatsmann« aus. Seine arabischen Freunde dagegen fühlten sich verraten.

Für Libyen, Syrien und den Iran bedeutete Menems politischer Kurswechsel mehr als schnöden Verrat. Er warf ihre Rüstungsprogramme um Jahre zurück und belastete ihre Militärbudgets in Milliardenhöhe. Einmal zum Präsidenten gewählt, machte er keine Anstalten, die Geheimverträge von Yabroud einzuhalten. Im Gegenteil. Auf Druck der USA stoppte er das Raketenprogramm Condor II. Im April 1990, knapp zehn Monate im Amt, ließ er durch seinen Verteidigungsminister Ermán González diesen Entscheid offiziell bekannt geben und begründen: »... die Entwicklung der Rakete ›Condor II‹ wird aufgrund politischer und haushaltsbedingter Entscheidungen eingestellt.«[43] Ein Jahr später stellte Argentinien auch noch den Bau eines für Syrien bestimmten Atomreaktors ein.[44]

Nachdem feststand, dass Carlos Menem die Geheimverträge von Yabroud nicht einhalten würde, beschlossen Syrien und der Iran ein Al-

42 Organisation Amerikanischer Staaten

43 Rosendo Fraga, *Relación Argentina–E. E. U. U. en el área de seguridad*, Centro de Estudios Unión para la Nueva Mayoría, Buenos Aires 1990, S. 3

44 Zwischen September 1991 und Ende Dezember 1994 unterzeichnete Präsident Carlos Menem drei internationale Abkommen über das Verbot bakteriologischer und chemischer Waffen sowie über die Nichtverbreitung spaltbaren Materials.

ternativprogramm. Der Iran stellte 2 Milliarden Dollar bereit, Syrien sogar 10 Milliarden Dollar.[45] Damit sollte jene Nukleartechnologie eingekauft werden, die Argentinien in letzter Minute verweigerte. Das Abkommen über dieses gemeinsame Beschaffungsprogramm unterzeichneten die beiden Länder im Februar 1992 – einen Monat vor dem Bombenanschlag auf die israelische Botschaft in Buenos Aires.

Den Sprengstoff für dieses Attentat beschaffte der berühmt-berüchtigte Narcoterrorist Monzer al-Kassar, ein Syrer, der an den Geheimgesprächen von Yabroud teilgenommen hatte. Auch in Sachen al-Kassar führt die Spur in die Schweiz.

Die Geschäfte des Monzer al-Kassar: die Syrien-Connection

Eine undurchsichtige Geschichte, aber der Tipp war heiß: Kaspar Ansermet, Staatsanwalt in Genf, leitete sofort ein Verfahren wegen Geldwäscherei ein und ließ bei der Bank Audi Suisse S.A. 6,2 Millionen Dollar beschlagnahmen. Am 7. Februar 1992 hatte Kroatien 6181 Tonnen Zucker und 1000 Tonnen Kaffee aus Brasilien gekauft. Ansermet wunderte sich über die außergewöhnlich umständliche Abwicklung eines auf den ersten Blick harmlosen Geschäftes. Als Partner der Kroaten trat ein mysteriöser Zwischenhändler auf, der sich hinter einem Nummernkonto bei der Bank Audi Suisse S.A. in Genf versteckte. Das Geld für den brasilianischen Zucker und Kaffee überwies er an eine Gesellschaft in Warschau. Ebenso rätselhaft war die Reiseroute der brasilianischen Fracht. Sie begann nicht in Rio de Janeiro oder São Paulo, sondern im Hafen von Danzig.

Nachdem die Bank den Namen des mysteriösen Zwischenhändlers preisgab, war die Auflösung des Rätsels nicht mehr allzu schwer. Das Nummernkonto gehörte dem Waffenhändler Monzer al-Kassar. Ebenso die polnische Firma. Staatsanwalt Ansermet sah sich in seinem Ver-

45 Resolution im argentinischen Parlament, eingereicht von den Abgeordneten Franco Caviglia, Guillermo Francos und Arnaldo Lamisovsky im März 2000. Die Resolution befasst sich mit den Geheimgesprächen von Yabroud und den Terroranschlägen auf die israelische Botschaft und das jüdische Sozialzentrum AMIA. Sie fordert die Regierung auf, diese Zusammenhänge näher zu untersuchen, insbesondere die Rolle des früheren Staatspräsidenten Carlos Menem.

dacht bestärkt: »Es fällt schwer zu glauben, dass jemand wie Monzer al-Kassar Kaffee und Zucker in ein kriegführendes Land verkauft [...] Wir müssen annehmen, dass es sich um ein Scheingeschäft handelt, mit dem ein illegaler Waffenhandel gedeckt wird.«[46] Ein Mitarbeiter von al-Kassar bestätigte dem Staatsanwalt, beim brasilianischen Zucker- und Tabakgeschäft ginge es um Waffen aus Polen und Sprengstoff aus Tschechien. Aus Angst vor al-Kassar zog er später seine Zeugenaussage zurück. Trotzdem gelang es Ansermet, den Waffenhandel zu beweisen.

Eine Hausdurchsuchung bei Monzer al-Kassar förderte später Dokumente mit detaillierten Angaben über die »Operation Nadia«[47] zu Tage, benannt nach jenem Frachter, der im Hafen von Danzig angeblich brasilianischen Zucker und Kaffee abgeholt hatte. »Die Operation umfasste Lieferungen von Waffen und Munition in der Höhe von 1,2 Milliarden Dollar.«[48] Ausgerechnet ein Geschäftspartner von Monzer al-Kassar lieferte, wenn auch widerwillig, die entscheidenden Beweise. Sein Name: Bassam Abu Sharif, Sprecher der PLO und seit 1987 persönlicher Berater von Präsident Yassir Arafat. Er hatte die Bankgarantie für das angebliche Zucker- und Kaffeegeschäft unterschrieben. Angesprochen auf diese Bankgarantie gab er zu, dass er von den Waffenlieferungen nach Kroatien gewusst hatte. Er bestritt allerdings, dass er persönlich beteiligt gewesen war. Diese Lieferungen waren für Kroatien und Bosnien bestimmt gewesen und ein klarer Verstoß gegen das Waffenembargo des UNO-Sicherheitsrates. Das erklärt auch, warum sich

46 Requête en confiscation à la chambre pénale de la cour de justice contre Monzer al-Kassar, 31. Juli 1995, S. 20

47 Die »Operation Nadia« ist auch in Spanien Gegenstand gerichtlicher Ermittlungen. Richter Baltasar Garzón hatte bereits 1991 einen illegalen Waffenhandel zugunsten Kroatiens und Bosniens aufgedeckt. Monzer al-Kassar, seit vielen Jahren in Marbella, Spanien, wohnhaft, steht auch hier im Zentrum der Ermittlungen. Richter Garzón beschuldigt ihn, über spanische Firmen Waffen aus Argentinien nach Kroatien und Bosnien vermittelt zu haben. Der argentinische Journalist Norberto Bermúdez zeigte u. a. in seinem Buch *La pista siria* auf, dass Carlos Menem von diesem illegalen Waffenhandel nicht nur wusste, sondern ihn auch unterstützte.

48 Requête en confiscation ... a. a. O., S. 23

die Waffenhändler hinter Schweizer Nummernkonten versteckt und warum sie Zucker- und Kaffeegeschäfte vorgetäuscht hatten.

Die »Operation Nadia« schloss den Handel mit Sprengstoff ein. Staatsanwalt Ansermet fiel auf, dass Monzer al-Kassar Ende 1991 mehrere Tonnen Sprengstoff »exógeno C-4«, besser bekannt unter dem Namen Semtex, gekauft, aber nur einen Teil davon nach Kroatien geliefert hatte. Der restliche Teil war nach Syrien und von dort Anfang Januar nach Argentinien gebracht worden.[49] Kurz darauf, am 17. Februar 1992, erfolgte das Bombenattentat auf die israelische Botschaft. Ein Lieferwagen der Marke Ford F-100, voll beladen mit exógeno C-4, raste mit großer Geschwindigkeit gegen den Haupteingang der Botschaft und brachte das Gebäude zum Einsturz. Der Verdacht lag nahe, dass der Sprengstoff von Monzer al-Kassar stammte. Die argentinische Justiz jedoch wagte es nicht, gegen ihn vorzugehen. Der Waffenhändler zählte zum engen Freundeskreis des Staatspräsidenten Carlos Menem. Und seit Menems Machtantritt wickelte er einen Großteil seiner illegalen Geschäfte über Buenos Aires ab. Menems Familie und Freunde waren daran beteiligt.[50] Eine Ermittlung gegen al-Kassar, die dessen Verstrickung in das Attentat auf die israelische Botschaft nachwies, hätte Menem politisch nicht überlebt.

Als Carlos Menem im Jahre 1988 seine Freundschaft suchte, stand al-Kassar in wenigstens einem Dutzend Ländern auf der Fahndungsliste; US-amerikanische Sicherheitsdienste hielten ihn sogar für den »gefährlichsten Terroristen, Drogen- und Waffenhändler der Welt«.

Monzer al-Kassar ist Syrer. Er stammt, wie Carlos Menems Mutter, aus Yabroud, wo er zusammen mit drei Brüdern aufwuchs. Nach dem Jus-Studium an der Universität von Damaskus wurde er Diplomat, vertrat Syrien als Botschafter unter anderem in Kanada und Indien. Als junger Diplomat gründete er zusammen mit seinen Brüdern in Yabroud eine kleine Import-/Exportfirma. Der Familienbetrieb entwickelte sich schnell zu einem erfolgreichen internationalen Unternehmen, mit Filia-

49 Kaspar Ansermet in einem Interview, das *Río Negro* in der Ausgabe vom 8. März 1999 publizierte.

50 Juan Gasparini/Rodrigo de Castro, *La delgada línea blanca – narcoterrorismo en Chile y Argentina*, Buenos Aires 2001

len in Beirut und allen größeren europäischen Hauptstädten. Im Jahre 1972 wurde al-Kassar in Kopenhagen erstmals wegen Drogenhandels verhaftet. Man konnte ihm jedoch nichts nachweisen. Das Verfahren musste eingestellt werden. Zwei Jahre später stellte ihn Scotland Yard. Wieder ging es um Drogen. Diesmal reichten die Beweise aus. Al-Kassar wurde zu 18 Monaten Gefängnis verurteilt. »In allen Ländern, in denen sich Monzer al-Kassar und seine Brüder aufhielten, waren sie in kriminelle Aktivitäten verwickelt«[51], fasst Staatsanwalt Kaspar Ansermet Polizeiberichte aus den 70er-Jahren zusammen.

Monzer al-Kassar lernte schnell dazu. Nachdem auch sein Bruder Ghassan verhaftet und von einem Pariser Gericht zu acht Jahren Gefängnis verurteilt worden war, baute er sein Unternehmen um. In Zukunft wickelte er seine Geschäfte über Scheinfirmen ab und versteckte sich hinter Strohmännern und Schweizer Nummernkonten.

Im Jahre 1977 machte der syrische Drogenhändler mit Diplomatenpass einen entscheidenden Karrieresprung. Er kam mit der sizilianischen Mafiafamilie Badalamenti ins Geschäft. Diese war damals besonders mächtig. Ihr »Capo« Gaetano Badalamenti präsidierte die »Cupola«, die Führung der Cosa Nostra. Al-Kassar lieferte der sizilianischen Mafia Haschisch und vor allem Morphinbase, den Grundstoff für die Produktion von Heroin, und ließ sich dafür mit Waffen bezahlen.

Das Tauschgeschäft Drogen gegen Waffen rief Nachrichtendienste auf den Plan. Im Auftrag ihrer Regierungen benutzten sie Monzer al-Kassar, um Embargoländer mit Kriegsgerät zu versorgen. Er erledigte Umgehungsgeschäfte für mehrere Nato-Länder, auch für die USA sowie für Argentinien oder Österreich.

Eine erstaunliche Partnerschaft. Laut Ermittlungen von Kaspar Ansermet galt al-Kassar seit den frühen 70er-Jahren als aktiver Terrorist. Er soll die Palästinensische Befreiungsfront PLF mitfinanziert und Terrorkommandos des »Schwarzen September« mit Waffen und Sprengstoff versorgt haben. Zusammen mit PLF-Gründer Abu Abbas soll er Entführungen, Bombenanschläge sowie die Ermordung mehrerer Mossad-Agenten geplant und organisiert haben.

51 Genfer Ermittlungen (Aktenzeichen P 7036/92) gegen Monzer al-Kassar

Aus den Umgehungsgeschäften, die er im Auftrag von Regierungen abwickelte, zog er einen doppelten Nutzen. Die illegalen Drogen- und Waffengeschäfte machten ihn zu einem der reichsten Männer der Welt. Und indem er immer auch Regierungen zum Partner hatte, entzog er sich dem Zugriff der Justiz. In den vergangenen 25 Jahren wurden gegen Monzer al-Kassar unzählige Strafverfahren eröffnet; die meisten wurden eingestellt, die restlichen versandeten. Erfolgte ausnahmsweise ein Urteil, dann wurde es nicht vollstreckt. Großbritannien belegte ihn mit einem Landesverweis auf Lebenszeit, sah jedoch von einer Strafverfolgung ab. Frankreich verurteilte ihn im Abwesenheitsverfahren zu mehreren Jahren Gefängnis, erließ aber keinen Haftbefehl. In Spanien, wo er seit 1984 lebt, wurde er sogar vor Gericht gestellt, doch bereits am ersten Verhandlungstag platzte der Prozess.

Von wem die Initiative für den Geheimdeal »arabische Wahlhilfe gegen argentinische Waffen« ausging, lässt sich nicht mehr mit Bestimmtheit sagen. So viel aber steht fest: Monzer al-Kassar nahm an allen Geheimgesprächen teil, die Carlos Menem im Sommer 1988 in Yabroud führte. Arabische und argentinische Verhandlungsteilnehmer bestätigen seine ausschlaggebende Rolle bei diesen Gesprächen. Als Vermittler verbürgte er sich für die Einhaltung des Geheimabkommens. Gegenüber Menem stand er dafür gerade, dass die arabische Wahlhilfe rechtzeitig die Parteikasse der Justizialischen Partei speiste; Syrien und dem Iran garantierte er, dass Präsident Menem im Gegenzug Nukleartechnologie und vor allem die Rakete Condor II liefern würde.

Alles verlief zunächst nach Plan. Menem gewann die Wahlen und wurde am 9. Juli 1989 als Staatspräsident vereidigt. Im Monat August überwies ihm eine Genfer Bank die letzte Rate der arabischen Wahlhilfe. Al-Kassar erinnerte ihn ein erstes Mal an die zugesicherten Gegenleistungen. Aber eigentlich gab es dazu keinen Anlass. Wie in Yabroud beschlossen, intensivierte Präsident Menem sofort die argentinisch-syrischen Beziehungen. Er ernannte seinen Bruder Munir zum Botschafter in Damaskus. In Buenos Aires umgab er sich mit zahlreichen Syrern, die im Schnellverfahren eingebürgert wurden. Für Aufsehen sorgte die Wahl des neuen Zolldirektors auf dem internationalen Flughafen Ezeiza: Ibrahim al-Ibrahim, der dem syrischen Geheimdienst sehr nahe stand.

Die Ernennung al-Ibrahims war Teil der Geheimverträge von Yabroud. Schließlich kündeten Monzer al-Kassar und eine Gruppe syrischer Unternehmer Investitionen von mehreren 100 Millionen Dollar an. Sie planten in der fernen Provinz Misiones ein touristisches Zentrum mit Vergnügungsparks, Golfplätzen sowie Spielkasinos.

Damit stand jene Infrastruktur, die eine Geheimhaltung der arabisch-argentinischen Rüstungszusammenarbeit gewährleisten sollte. Al-Ibrahim schuf nämlich einen »Parallel-Zoll«: Waffen und Rüstungsspezialisten konnten, ungestört und ohne Spuren zu hinterlassen, die argentinische Grenze passieren; getarnt als Investitionen für das touristische Zentrum in der Provinz Misiones konnten zudem Rüstungsgelder unauffällig durch die Finanzkanäle der syrischen Unternehmer geschleust werden.

Doch Menem sollte weder Nukleartechnologie noch Condor-Raketen liefern. Über zwei Jahre hatte er seine arabischen Partner und Wahlhelfer hingehalten. Nachdem er das Raketenprogramm Condor II gestoppt und schließlich auch noch argentinische Nuklearphysiker aus Syrien zurückgerufen hatte, stand endgültig fest, dass er die Geheimverträge von Yabroud nicht einhalten würde. Seine arabischen Freunde fühlten sich politisch verraten und geprellt. Mitverantwortlich für das Debakel war nicht zuletzt Monzer al-Kassar. Er hatte das Geheimtreffen von Yabroud eingefädelt und sich gegenüber Syrien und dem Iran für Carlos Menem verbürgt. Doch der syrisch-iranische Gewährsmann hatte jämmerlich versagt. Er hatte sich von Menem täuschen lassen. Daraus erwuchs ihm doppelter Schaden.

Er war am Condor-Geschäft als Zwischenhändler beteiligt. Die Kommissionen in der Höhe mehrerer Millionen Dollar, welche ihm bei der Lieferung der Raketen zugestanden hätten, konnte er sich jetzt ans Bein streichen. Geradezu katastrophal für ihn war: Er riskierte, das Vertrauen der syrischen und der iranischen Regierung zu verlieren, die seine Geschäfte seit Jahrzehnten begünstigt und gedeckt hatten. Syrien hatte ihm diplomatische Immunität zugesichert; und der Iran hatte regelmäßig westliche Regierungen unter Druck gesetzt, damit sie Gerichtsverfahren gegen ihn einstellten. Der Vertrauensverlust bei den beiden Regierungen hätte wohl das Ende seiner Karriere als Drogen- und

Waffenhändler bedeutet. Kurz, al-Kassar hatte allen Grund, Menems Verrat zu rächen und so ein für alle Mal klar zu machen, auf welcher Seite er stand. Das mag erklären, warum in den Untersuchungen der Terroranschläge auf die israelische Botschaft und das jüdische Sozialzentrum AMIA zahlreiche Spuren zu ihm führen.

Al-Kassar hatte nicht nur den Sprengstoff besorgt, mit dem die israelische Botschaft gesprengt wurde, wie die Ermittlungen des Genfer Staatsanwaltes Kaspar Ansermet vermuten lassen. Am 17. März 1992, dem Tag des Anschlags auf die israelische Botschaft, hielt er sich in Buenos Aires auf. Mehrere Augenzeugen sahen ihn zusammen mit dem Libyer al-Jarroud, der im Namen von Präsident Gaddafi die Wahlspende für Carlos Menem ausgehandelt hatte.[52] Ein anderer Zeuge begegnete al-Kassar auf einem Empfang, den das Islamische Zentrum am Abend nach dem Attentat gab. »Monzer al-Kassar und mehrere führende Mitglieder des Islamischen Zentrums versammelten sich in einem Haus an der Avenida Libertador. Es herrschte Feststimmung, obwohl auf allen Fernsehkanälen ständig Bilder des tragischen Ereignisses gezeigt wurden.«[53]

Eine weitere Spur, die zu al-Kassar führte: Beim Anschlag auf die israelische Botschaft benutzten die Attentäter einen Lieferwagen der Marke Ford F-100. Der Lieferwagen war von einem Mann unter einem falschen Namen für 21 000 Dollar gekauft worden. Bezahlt hatte er mit Dollarscheinen aus einer libanesischen Wechselstube, die, wie die Polizei ermittelte, zur Holding »Société de Change« in Beirut gehörte. Zu den Besitzern dieser Holding zählten Monzer al-Kassar und Rifat al-Assad, der Bruder des damaligen syrischen Staatschefs Hafez al-Assad.[54]

Nicht anders verhielt es sich beim Terroranschlag auf das jüdische Sozialzentrum AMIA. Auch hier führten Spuren direkt zu al-Kassar. Die »Pista Siria« war nicht zu übersehen. Ein parlamentarischer Untersuchungsbericht machte wenigstens ein halbes Dutzend Verdächtige

52 Sonderstab für Aufklärung der Attentate, argentinisches Innenministerium; das Gespräch mit einem Mitarbeiter dieses Sonderstabes fand Anfang Dezember 2000 statt.

53 Resolution, argentinisches Parlament, a. a. O.

54 Ebd.

ausfindig, die aus Syrien stammten und mit al-Kassar in Verbindung standen.

Ein halbes Jahr nach dem AMIA-Attentat hatte die Polizei den Kleinganoven Carlos Alberto Telleldín verhaftet, der mit Gebrauchtwagen handelte. Bei ihm hatten die Attentäter jenen Renault-Lieferwagen gekauft, in dem rund 300 Kilogramm Sprengstoff ins AMIA-Gebäude transportiert und dort gezündet wurden. Telleldín bestritt lange Zeit, dass er den Käufer gekannt hatte. Erst nach mehreren Jahren gab er dessen Namen preis: Alberto Kanoore Edul, Textilhändler in Buenos Aires, Argentinier syrischer Herkunft. Auch Kanoore Edul war in Yabroud aufgewachsen. Sein Vater ist eine der einflussreichsten Persönlichkeiten der syrisch-libanesischen Gemeinde Argentiniens. Er war Präsident des Islamischen Zentrums, das früher »Centro Yabroudense« geheißen hatte. Zahlreiche Dokumente und Zeugenaussagen belegen: Monzer al-Kassar verkehrte regelmäßig im Islamischen Zentrum und war mehrmals Gast der Familie Kanoore Edul.

Ein Polizeibericht, der erst im Jahre 1998 zum Vorschein kam, beweist: Bereits am Tag des Terroranschlages auf das jüdische Sozialzentrums AMIA kannten die argentinischen Behörden die Hintermänner der mutmaßlichen Bombenleger. Mehr noch: Aus dem Polizeibericht geht hervor, dass die Ermittler von Anfang an wussten, dass die »pista iraní« und die »pista siria« in Tat und Wahrheit ein und dieselbe Spur waren.

Nur wenige Stunden nach dem Anschlag hatte die Polizei den letzten Besitzer des Lieferwagens, Carlos Alberto Telleldín, ausfindig gemacht und sofort seine Telefonanschlüsse überprüft. Dabei gewann sie höchst aufregende Erkenntnisse. Sie stellte fest, dass Telleldín in der Woche vor dem Attentat mehrmals mit Kanoore Edul telefoniert hatte. Vermutlich hatte die Polizei diese Gespräche sogar mitgeschnitten. Anders lässt sich nicht erklären, dass der lange Zeit geheim gehaltene Polizeibericht im Detail wiedergab, wie Telleldín und Kanoore Edul über den Kauf des Lieferwagens verhandelt hatten. Im Zusammenhang mit dem Lieferwagen erwähnte der Polizeibericht zudem einen gewissen Alejandro Monjo, der von Telleldín und Kanoore Edul mehrere Anrufe erhalten hatte.

Die Ergebnisse der Telefonanalyse waren in der Tat spektakulär. Sie bestätigten nämlich eine Spur, welche die Polizei bereits verfolgte und die direkt zum engsten Kreis der mutmaßlichen Attentäter und ihrer Auftraggeber führte. Die Rede ist von den Enthüllungen des Brasilianers Roberto Wilson Dos Santos. Anfang Juli hatte er den argentinischen Generalkonsul in Mailand gewarnt, Araber, die bereits den Anschlag auf die israelische Botschaft geplant hätten, würden ein neues Attentat vorbereiten. Zehn Tage später lag das jüdische Sozialzentrum in Trümmern. Jetzt rief Dos Santos die Bundespolizei in Buenos Aires an und bot Kommissar Carlos Brunetta, dem Leiter der AMIA-Ermittlungen, seine Hilfe an. Er schilderte in allen Einzelheiten, was er von seiner Exgeliebten, der Iranerin Nasrim Mokhtari, erfahren hatte, beschrieb ihre arabischen Freunde, eine Gruppe Syrer und Libanesen, berichtete von Treffen mit Hisbollah-Anhängern und iranischen Diplomaten, verriet Adressen konspirativer Wohnungen in Buenos Aires, der Provinz Misiones und Asunción.

Ein Zeuge warnt vergeblich

Der Brasilianer Roberto Wilson Dos Santos, 1955 geboren, lebte von Gelegenheitsjobs. Anfang 1992 arbeitete er für einige Zeit in Buenos Aires als Taxifahrer. Dabei lernte er das iranische Callgirl Nasrim Mokhtari alias Isabela kennen; zwischen den beiden entwickelte sich eine intensive Affäre. Privat verkehrte Mokhtari fast ausschließlich im Kreis der relativ großen arabischen Gemeinde von Buenos Aires, Libanesen, Syrer und Iraner, die sich regelmäßig trafen. Dos Santos war oft dabei, wusste aber, weil er weder Arabisch noch Farsi sprach, nicht, worum es dabei ging. Erst nach und nach weihte Mokhtari ihn in ihre wahre Identität und in die Geschichte ihrer Herkunft ein; fast alle ihre Familienangehörigen waren im Iran-Irak-Krieg ums Leben gekommen. Sie war nach Deutschland ausgewandert und schließlich in Buenos Aires gelandet.

Ende 1992 lud sie Dos Santos zu einer mehrmonatigen Europareise ein; doch in Zürich, der ersten Station, gab es Unstimmigkeiten. Nasrim Mokhtari wollte ihre Reisepläne ändern; plötzlich tauchte einer der arabischen Freunde aus Buenos Aires auf. Dos Santos kriegte es mit der

Angst zu tun und teilte Mokhtari mit, er wolle nach Südamerika zurückreisen. Sie wollte ihn umstimmen und zeigte ihm einen Koffer voll Geld, was Dos Santos erst recht erschreckte. Er realisierte, so viel Geld liess sich nur mit Drogen- oder Waffengeschäften verdienen. Er vermutete, dass er sogar selber als Drogenkurier im Länderdreieck Argentinien–Brasilien–Paraguay missbraucht worden war. Nasrim Mokhtari erzählte ihm, sie sei zusammen mit ein paar Freunden am Attentat auf die israelische Botschaft in Buenos Aires beteiligt gewesen. Sie nannte einige Namen dieser Freunde.

In der folgenden Nacht ergriff Dos Santos die Flucht und flog via Amsterdam nach São Paulo. Dort wandte er sich an den argentinischen Konsul, um ihm mitzuteilen, was er erfahren hatte. Der Konsul weigerte sich aber, ihn anzuhören, ebenso der israelische Konsul, bei dem es Dos Santos anschließend versuchte. Der Brasilianer versuchte, die Geschichte zu vergessen. Erst Mitte 1994, Dos Santos befand sich in Turin, bewegte ihn seine neue Freundin, noch einmal zu versuchen, die Behörden zu informieren. Er landete schließlich am 8. Juli bei der argentinischen Generalkonsulin in Mailand, der er in allen Einzelheiten schilderte, was er über Mokhtari und ihre Freunde wusste. Schließlich warnte er vor einem wahrscheinlichen neuen Anschlag in Buenos Aires. Da er keinerlei Beweis für seine Anschuldigungen vorbringen konnte, lehnte es die Konsulin ab, Buenos Aires zu informieren.

Genau zehn Tage später ereignete sich das schreckliche Attentat auf das jüdische Zentrum AMIA in Buenos Aires. Als Dos Santos davon erfuhr, rief er umgehend bei der argentinischen Bundespolizei an. Der ermittelnde Kommissar Carlos Brunetta zeigte sich brennend interessiert; Dos Santos nannte ihm Namen und Adressen. Brunetta forderte ihn auf, nach Buenos Aires zurückzukehren. Er sollte sich zuvor beim Konsulat in Mailand melden und Anweisungen entgegennehmen. Doch weder in Mailand noch bei der Botschaft in Rom wusste man etwas von solchen Anweisungen; so flog Dos Santos mit seinem letzten Geld nach São Paulo, wo er seine Informationen der Zeitschrift *Istoé* verkaufte. Jetzt reagierten die argentinischen Behörden. Am 13. Oktober wurde Dos Santos im Generalkonsulat in São Paulo einvernommen. Anfang November reiste er mit Reportern von *Istoé* nach Buenos Aires, wo er mehrere Tage lang verhört wurde. Hier kam es am 18. November zum Eklat.

Völlig überraschend widerrief Dos Santos seine Aussagen und erklärte, alles sei frei erfunden. Er habe mit den Reportern zusammen ein sensationelles Buch schreiben und damit viel Geld verdienen wollen. Dos Santos wurde verhaftet und erst nach drei Monaten Untersuchungshaft freigelassen. Danach tauchte er für längere Zeit in Brasilien unter.[55]

Die »unsichtbare Hand« hinter den Ermittlungen

Trotz Dos Santos' Widerruf erwies sich eine Adresse in Buenos Aires, an der sich die Freunde der Iranerin Mokhtari häufig versammelt hatten, als Volltreffer. Sie führte zu Alberto Kanoore Edul und Alejandro Monjo, die bei Carlos Alberto Telleldín das Bombenauto besorgt hatten. Aus der Telefonanalyse ging hervor, Kanoore Edul und Monjo standen in Verbindung mit dem iranischen Kulturattaché Moshe Rabbani. Zeuge Dos Santos hatte den Kulturattaché als Auftraggeber des AMIA-Attentates bezeichnet. »Die Polizei ermittelte, dass Alejandro Monjo in den Jahren vor dem AMIA-Attentat für den Iraner Moshe Rabbani Autos beschafft hatte.«[56] An der von Dos Santos genannten Adresse in Buenos Aires trafen die Ermittler zudem auf Alejandro Tfeli, Leibarzt des Präsidenten Carlos Menem, sowie auf Abdallah al-Zein, den die Polizei später in Bern vermutete.

Doch diese viel versprechenden Ermittlungsergebnisse hielt die Polizei vorerst zurück, leitete sie erst mehrere Jahre später an die Staatsanwaltschaft weiter. Ein Parlamentsbericht vom März 2000 stellte fest: »Es fällt auf, dass vor allem alle Hinweise auf eine syrische Beteiligung beseitigt wurden. [...] Es ist, als wäre eine mächtige unsichtbare Hand dazwischen gefahren, um die Ermittlungen zu stoppen und jede weitere Nachforschung im Kern zu ersticken.«[57]

55 Ende März 2000 wurde Roberto Wilson Dos Santos in Zürich verhaftet. Neun Monate später lieferte ihn die Schweiz an Argentinien aus. Seither sitzt er in Buenos Aires in Untersuchungshaft. Er soll wegen falscher Zeugenaussage und Irreführung der Justiz vor Gericht gestellt werden.

56 Resolution, argentinisches Parlament, a. a. O., S. 44

57 Ebd., S. 7

Im Juli 2001 kam plötzlich wieder Bewegung in die Ermittlungen. Carlos Menem wurde wegen illegalen Waffenhandels verhaftet und unter Hausarrest gestellt. Mitte der 90er-Jahre hatte er als Staatspräsident Waffenlieferungen in der Höhe von mehr als 70 Millionen Dollar an Venezuela bewilligt. Doch der Millionendeal hatte einen Haken: Venezuela hatte nie Waffen bestellt. In Tat und Wahrheit wurde das Kriegsgerät nach Ecuador, Kroatien und Bosnien geliefert. Das war ein krasser Verstoß gegen ein Waffenembargo der UNO, denn alle drei Länder befanden sich damals im Kriegszustand. Hinzu kam: Die gelieferten Waffen stammten zwar aus staatseigenen Rüstungsbetrieben, der Erlös aus dem illegalen Geschäft aber floss nicht in die Staatskasse.

Nach Menems Verhaftung wurden plötzlich mehrere Untersuchungsrichter aktiv, die es bisher nicht gewagt hatten, gegen den ehemaligen Präsidenten vorzugehen. Die Ermittlungen wurden auf Steuerbetrug, unrechtmäßige Bereicherung, Geldwäsche sowie Korruption ausgeweitet. Alle führten in die Schweiz. Ein Teil der 70 Millionen Dollar aus dem illegalen Waffenhandel wurde auf Banken in der Schweiz und in Liechtenstein gefunden. Die Schweizer Großbank UBS meldete plötzlich mehrere verdächtige Menem-Konten. Für besonderes Aufsehen sorgte der Korruptionsverdacht, der sich auf eine Aussage des abgesprungenen iranischen Topagenten Abolghasem Mesbahi stützte. Laut Mesbahis Zeugenaussage hatte Carlos Menem vom Iran 10 Millionen Dollar erhalten und im Gegenzug versprochen, er werde dafür sorgen, dass die Beteiligung des iranischen Geheimdienstes am AMIA-Attentat nicht untersucht werde.[58] Einbezahlt wurden die 10 Millionen auf ein Nummernkonto bei einer Bank in Genf, so Mesbahi weiter.

Die Ermittlungen gegen Menem erwiesen sich als extrem schwierig und kamen nicht vom Fleck. Regelmäßig wurden Staatsanwälte und Untersuchungsrichter Opfer politischer Störmanöver und gerieten zwischen alle Fronten. Peronisten und Menem-Freunde beschuldigten sie des Übereifers. Antiperonisten und Angehörige der Attentatsopfer dagegen warfen ihnen vor, sie würden die Verfahren auf Anweisung der peronistischen Regierung systematisch verschleppen; sie sprachen von

58 Protokoll Zeugeneinvernahme vom 23. Mai 2000

Filz-Justiz und erinnerten daran, dass die ermittelnden Staatsanwälte und Richter fast ausnahmslos von Präsident Menem ernannt worden waren. Im November 2001 sorgte ein Gerichtsentscheid landesweit für laute Proteste. Der oberste Gerichtshof stoppte das Verfahren wegen illegalen Waffenhandels. Er entzog dem bisher zuständigen Staatsanwalt den Fall. Der Hausarrest gegen Menem wurde aufgehoben.

Kaum waren die Proteste gegen Menems Freilassung verebbt, da bahnte sich bereits eine neue Polemik an, in deren Zentrum diesmal die Schweiz stand. Inzwischen nämlich hatten die argentinischen Ermittlungsbehörden ein halbes Dutzend Rechtshilfeersuchen an Bern gerichtet, mit denen sie eine Offenlegung der Menem-Konten forderten. Doch Bern wies sie jeweils mit derselben Begründung zurück: »Das Ersuchen ist mangelhaft und erfüllt die Voraussetzungen nicht, damit die Schweiz Rechtshilfe gewähren kann.«[59] Prompt nutzten die argentinischen Richter die negativen Antworten aus Bern, um sich selbst aus der Schusslinie zu nehmen. Sie erklärten, die Ermittlungen gegen Menem würden nur deshalb nicht vorankommen, weil die Schweiz wichtiges Beweismaterial wie Bankunterlagen zurückhalte. Monatelang schoben sich Buenos Aires und Bern gegenseitig die Schuld zu. Schließlich stellte sich heraus, dass die argentinischen Richter an den Schweizer Bankunterlagen nicht ernsthaft interessiert waren; sie hatten die Rechtshilfeersuchen bewusst derart mangelhaft abgefasst, dass die Schweiz diese ablehnen musste. Obwohl das Bundesamt für Justiz sowie die Schweizer Botschaft in Buenos Aires ihnen wiederholt erklärt hatten, welche Voraussetzungen für die Gewährung der Rechtshilfe erfüllt sein müssen, stellten die argentinischen Behörden systematisch unvollständige Rechtshilfeersuchen. Das Bundesamt für Justiz schlug den argentinischen Richtern sogar ein Treffen vor, um ihnen die schweizerische Rechtshilfepraxis zu erläutern. Das Treffen sollte am 7. und 8. November 2002 in Bern stattfinden. Fünf argentinische Richter waren eingeladen. Keiner kam.

Eines der Rechtshilfeersuchen im Fall Menem – obwohl nur sehr

59 Bisher keine Rechtshilfe im Fall Menem möglich; Mangelhafte argentinische Ersuchen, Pressemitteilung vom 27. August 2002, Bundesamt für Justiz, Bern

vage formuliert – wurde von Bern doch noch entgegengenommen und zur Bearbeitung an die Genfer Justiz weitergeleitet. Dieses Ersuchen bezog sich auf den Sprengstoffanschlag gegen das AMIA-Zentrum in Buenos Aires und die Zeugenaussagen des abgesprungenen iranischen Agenten Abolghasem Mesbahi. Seit Ende 2002 befasst sich darum nun auch eine Untersuchungsrichterin in Genf mit dem AMIA-Attentat. Sie sucht das Konto mit den 10 Millionen Dollar, die Carlos Menem angeblich vom Iran erhalten hatte. Doch offensichtlich sind auch die Schweizer Justizbehörden nicht ernsthaft an einer Aufklärung interessiert. In der Tat kennen sie Mesbahi bereits seit dem Frühjahr 1996 – lange vor den argentinischen Ermittlungsbehörden. Der Waadtländer Untersuchungsrichter Roland Chatelain und Beamte der schweizerischen Bundesanwaltschaft hatten ihn mehrfach verhört. Und die ehemalige Nummer drei des iranischen Geheimdienstes hatte mit sensationellen Enthüllungen über die Schweiz und den iranischen Terrorismus aufgewartet.

Als Chef des iranischen Geheimdienstes in der Schweiz und in Frankreich hatte Abolghasem Mesbahi mehrfach an Sitzungen teilgenommen, bei denen Attentate beziehungsweise Mordanschläge beschlossen wurden. Er kannte die Killerkommandos und Attentäter, wusste, wer in Teheran die Terror-Fäden zog und über welche Kanäle der iranische Terrorismus finanziert wurde. Laut Zeugenaussage von Mesbahi hatten Staatspräsident Hashemi Rafsandschani und der Sohn von Ayatollah Khomeini bei einer Bank in Genf ein Konto eingerichtet, über das Informanten und Spezialoperationen des Geheimdienstes finanziert wurden.[60] Auf dem Konto lagen über 200 Millionen Dollar. Auch die 10 Millionen Dollar für Menem stammten von diesem Konto. Mesbahi, der seinerzeit Zugang zu dem Konto gehabt hatte, beschrieb im Verhör die Bank und verriet die speziellen Sicherheitsmaßnahmen, die zwischen den Iranern und der Bank vereinbart worden waren, um das Terror-Konto geheim zu halten. »Die Bank befand sich rund 200 Meter Richtung Stadtzentrum neben dem Hotel Du Rhône; der Name der Bank enthielt das Wort ›Luxemburg‹«, sagte Zeuge Mesbahi aus.

60 Diese Angaben wiederholte Abolghasem Mesbahi später gegenüber den argentinischen Ermittlungsbehörden. Siehe unter anderm: Protokoll der Zeugeneinvernahme vom 21. Mai 2000

Ein halbes Jahrzehnt später hat die Genfer Justiz noch immer nicht herausgefunden, bei welcher Bank das Terror-Konto liegt, wundert sich der argentinische Staatsanwalt Eamón Mullen: »Die Genfer Behörden teilten uns mit: Mesbahis Beschreibung sei zu vage, um die Bank zu identifizieren. 200 Meter neben dem Hotel Du Rhône beginne das Bankenviertel. Ohne präzisere Angaben sei jede Suche aussichtslos.«[61] Mehrere AMIA-Ermittler in Buenos Aires halten diese Erklärung der Genfer Justiz für wenig glaubhaft und äußern einen schlimmen Verdacht: »Wenn sich Mesbahis Aussagen belegen lassen, dann hat die Schweiz ein großes Problem. Dadurch nämlich würde der Beweis erbracht, dass sich der Iran des schweizerischen Bankgeheimnisses bediente, um den internationalen Terrorismus zu finanzieren.« Kurz, die Schweizer Ermittlungsbehörden schweigen, um sich nicht selbst an den Pranger zu stellen. Die Vermutung ist alles andere denn abwegig. In der Tat enthalten die Protokolle der Verhöre mit Mesbahi explosive Vorwürfe gegen die schweizerische Bundesanwaltschaft und vor allem gegen die Genfer Polizei: Sie hatten jahrelang mutmaßliche iranische Terroristen geschont.

Der iranische Geheimdienstchef Abolghasem Mesbahi sagte aus, dass er in den 80er-Jahren mit der Genfer Polizei in geheimer Absprache ein gegenseitiges Stillhalten ausgehandelt hatte. In dieser Geheimabsprache hatte die Polizei Mesbahi und dessen Agenten zugestanden, dass sie ungestört operieren durften; Mesbahi seinerseits hatte als Gegenleistung versprochen, er werde dafür sorgen, dass in der Schweiz keine Terrorakte verübt würden. Zudem hatten sie einen Informationsaustausch vereinbart. »Mein Kontakt bei der Polizei hieß Léon Jobé. Ich habe Léon Jobé jeweils kurz darüber informiert, was ich in der Schweiz machte und mit wem ich verabredet war«, erklärte Mesbahi in einem Verhör Ende Januar 1997. Diese geheime Absprache macht deutlich, warum die Genfer Polizei trotz höchst präzisen Informationen über terroristische Umtriebe der Iraner nicht einschritt. Wie bereits erwähnt, hatte Saber Moustafa al-Halaby, Privatsekretär des iranischen General-

61 Gespräch mit Staatsanwalt Eamón Mullen in Buenos Aires, 17. Oktober 2002. Staatsanwalt Mullen ermittelt gegen die AMIA-Attentäter und sucht in diesem Zusammenhang das Menem-Konto mit den 10 Millionen Dollar.

konsuls, die Genfer Polizei vor Terroranschlägen gewarnt. Er hatte das iranische Konsulat in Genf als Durchlaufstelle für Terroristen denunziert und sogar die Anreise jenes Killer-Teams gemeldet, das Kazem Radjavi ermorden würde. Der Polizeibeamte, der al-Halabys Warnungen entgegengenommen hatte, hieß Léon Jobé, jener Mann also, über den Mesbahis Kontakte zur Genfer Polizei liefen.

Die Iraner hielten sich, wie wir heute wissen, nicht an das geheime Stillhalte-Abkommen mit der Genfer Polizei. Am 10. August 1987 wurde in Genf der Exil-Iraner Ahmad Moradi Talebi auf offener Straße mit mehreren Kopfschüssen niedergestreckt. Talebi war ein ehemaliger iranischer Militärpilot, der sich am Steuerknüppel eines sowjetischen Kampfflugzeuges des Typs MIG in den Irak abgesetzt hatte. Der Mordanschlag trug die Unterschrift des iranischen Geheimdienstes. Neben der Leiche fand die Polizei eine Strickmütze. Am 24. April 1990 ermordete ein aus Teheran angereistes Kommando den iranischen Exil-Politiker Kazem Radjavi.

Viel verhängnisvoller noch als das Geheimabkommen war: In der Genfer Polizeizentrale saß ein Spitzel des iranischen Geheimdienstes.[62] Während 12 Jahren – von 1984 bis 1996 – lieferte eine Genfer Polizistin vertrauliche Dokumente aus der Polizeizentrale; sie bespitzelte iranische Oppositionelle und informierte Teheran regelmäßig über Aktivitäten und den Aufenthalt der Gebrüder Massud und Kazem Radjavi. Dies hatte der abgesprungene Geheimagent Abolghasem Mesbahi dem deutschen Oberstaatsanwalt Bruno Jost anvertraut. Oberstaatsanwalt Jost – er ermittelte gegen die Mykonos-Attentäter – hatte sofort die schweizerische Bundesanwaltschaft alarmiert. Daraufhin wurde Mesbahi zwischen September und Dezember 1996 mehrfach von Schweizer Bundespolizisten einvernommen. »Wie heißt die Genfer Polizeiquelle des iranischen Geheimdienstes?«, fragte ein Schweizer Bundespolizist. »Ihren Namen kenne ich nicht«, antwortete Mesbahi, »die VEVAK-Leute bezeichneten sie nur mit ›Haj Khanom‹, Khanom bedeutet Frau.« Mesbahi weiter: »Ein VEVAK-Chef hatte mir anvertraut: ›Wir haben Radjavi

62 Bericht der Waadtländer Kantonspolizei, datiert vom 13. Mai 1997. Es handelt sich um einen zusammenfassenden Bericht über die Zeugeneinvernahmen von Abolghasem Mesbahi in Deutschland.

besiegt, Haj Khanom hat uns dabei geholfen.‹« Zeuge Mesbahi erzählte, dass er später in einem Büro der VEVAK in Teheran ein Foto der Genfer Spionin gesehen hatte. »Die Frau auf dem Foto sah der früheren türkischen Premierministerin Tansu Çiller zum Verwechseln ähnlich. Ich wollte wissen, warum sich der VEVAK für Frau Çiller interessierte. Dann wurde ich aufgeklärt. Das Foto zeigte nicht Frau Çiller, sondern ›Haj Khanom‹ in Genf.« Am 13. Dezember 1996 identifizierte Mesbahi die Polizistin F.S., früher Sekretärin eines Genfer Polizeikommandanten, als Informantin des iranischen Geheimdienstes. Bundesanwältin Carla Del Ponte leitete unverzüglich eine Untersuchung ein.[63]

Was der ehemalige Geheimdienstchef Mesbahi über die iranische Spionin F.S. bei der Genfer Polizei berichtete, war im höchsten Maße beunruhigend.[64] Die Polizistin F.S. soll, so Zeuge Mesbahi, seit Jahren eine Informantin der französischen Terroristen-Organisation Action Directe gewesen sein. Gegen eine Summe von 100000 US-Dollar hatte Action Directe ihre Quelle bei der Genfer Polizei an den iranischen Geheimdienst abgetreten. Mesbahi behauptete zudem, die Genfer Polizistin wäre vom iranischen Geheimdienst für ihre Spitzeltätigkeit großzügig bezahlt worden. Geführt worden war F.S. alias Haj Khanom vom VEVAK-Mann Mahmoud Rajabi. Er hatte den Mordanschlag gegen Kazem Radjavi geleitet.

Am meisten erstaunt, dass weder die Bundespolizei noch die Genfer Polizei Verdacht geschöpft hatten. Der iranische Geheimdienst hatte der Genfer Polizistin einen Agenten ins Bett gelegt: Ilkhan Bakhtiari - Fereidoun, Mitglied der Pasdarans (Revolutionswächter). In Genf hatte er sich als iranischer Regimegegner ausgegeben und politisches Asyl erhalten. Sein Hauptjob jedoch war: Waffeneinkäufer der Pasdarans. Mehrmals hatten seine illegalen Waffengeschäfte in der internationalen Presse für Schlagzeilen gesorgt. Die Polizistin F.S. war zu jener Zeit be-

63 Laut einem internen Bericht der Waadtländer Kantonspolizei ordnete Bundesanwältin Carla Del Ponte für die »Enthüllungen« des Zeugen Mesbahi »höchste Geheimhaltung« an. Die Untersuchung gegen die Genfer Polizistin F.S. wurde von der Bundespolizei in Zusammenarbeit mit der Waadtländer Kantonspolizei durchgeführt.

64 Bericht der Waadtländer Kantonspolizei, 13. Mai 1997, a.a.O.

reits seine Geliebte gewesen, später wurde sie seine Frau. Nachdem der abgesprungene Geheimagent Mesbahi die beiden als Mitarbeiter des iranischen Nachrichtendienstes enttarnt hatte, »verließ das Paar definitiv die Schweiz, um sich im Iran niederzulassen«.[65]

Keine der zuständigen Ermittlungsbehörden will sich zum Genfer Spionagefall F. S. äußern.

»Memoria activa«

Der 18. Mai 1998 war ein Montag. Auf der Plaza General Lavalle, gegenüber dem Justizgebäude, waren fünfzig, sechzig Menschen versammelt. Viele trugen Fotos mit sich, auf den Hut geklebt, an die Brust geheftet oder zum Poster vergrößert als Transparent: Porträts von Angehörigen, die beim AMIA-Attentat ermordet worden waren. Kurz nach neun Uhr heulte minutenlang eine Sirene. Und über Lautsprecher zählte eine Männerstimme die Tage seit dem mörderischen Anschlag: »1400 Tage, bereits vergingen 1400 Tage seit dem schrecklichen Massaker – das sind auch 1400 Tage Straffreiheit für die Mörder.« Wie jeden Montag demonstrierten in Buenos Aires Mitglieder der Vereinigung »Memoria Activa« gegen die untätige Justiz.

»Memoria Activa« vereinigt Freunde und Angehörige der 120 Opfer, die bei den Attentaten auf die israelische Botschaft und das Sozialzentrum AMIA umgebracht worden waren. Am Rande der Protestkundgebung trafen wir die Sprecherin von »Memoria Activa«, Laura Ginsberg, Biologin an der Universität von Buenos Aires. Ihr Mann José war in den Trümmern des niedergebombten AMIA-Hauses umgekommen und hatte sie mit zwei Kleinkindern zurückgelassen. »Die Mörder laufen noch immer frei herum. Wir fordern, dass sie endlich verhaftet und für ihre Verbrechen bestraft werden«, erklärte uns Laura Ginsberg. Vor einem Jahr hatte sie landesweit für Aufregung gesorgt. In einer Rede zum dritten Jahrestag des AMIA-Attentates hatte sie der Regierung Menem vorgeworfen, sie würde die Ermittlungen aktiv behindern. Und sie hatte schwerste Anschuldigungen gegen Polizei und Militär erhoben: »Die Attentate waren nur möglich, weil die Bombenleger

65 Ebd.

bei ehemaligen Militärs und vor allem bei der Polizei von Buenos Aires Komplizen hatten.«

Zwei Monate später doppelten die »Israelitische Assoziation« (DAIA)[66] und die »Jüdischen Sozialversicherungen« (AMIA)[67] nach. Sie übergaben Bundesrichter Juan José Galeano ein Schwarzbuch, »eine vollständige Dokumentation mit Fakten und Namen« über die systematische Verschleppung und Vereitelung der Ermittlungen durch Polizei, Armee und Regierung.[68] Gleichzeitig reichten sie gegen mehrere Polizei- und Regierungsbeamte Strafklagen ein. »Die absolute Ineffizienz der staatlichen Untersuchungs- und Kontrollbehörden lässt Zweifel am politischen Willen aufkommen, die Ermittlungen wirklich voranzutreiben. [...] In einigen Fällen handelt es sich um unverzeihliche Nachlässigkeit und Fahrlässigkeit, in anderen jedoch zeigt sich ganz offensichtlich die Absicht, Ermittlungen zu verzögern, zu behindern und in die Irre zu führen«, begründeten DAIA und AMIA ihre Strafklagen.[69]

Innenminister Carlos Corach, der Kommandeur der Streitkräfte, General Martín Balza, sowie der Gouverneur der Provinz Buenos Aires, Eduardo Duhalde, dementierten umgehend und wiesen alle Verantwortung von sich. Die Untersuchung der Strafklagen jedoch widerlegte die Dementis und bestätigte den schlimmsten Verdacht. Mehrere hohe Polizeibeamte schienen doch an den Vorbereitungen der Attentate beteiligt gewesen zu sein. Während Jahren hatten sie die Gerichtsermittlungen vereitelt und irregeleitet. Sie hatten Polizeiberichte zurückbehalten, Zeugen bestochen und Beweise verschwinden lassen, unter anderem 66 Bänder mit mitgeschnittenen Telefongesprächen. Die Untersuchung, ausgelöst durch die Klagen der jüdischen Verbände DAIA und AMIA, bezeichnete den ehemaligen Polizeikommissar Juan José Ribelli als Kopf der Polizeikomplizen.

66 Die Delegación de Asociaciones Israelitas en Argentina (DAIA) ist der Dachverband der jüdischen Organisationen Argentiniens und gleichzeitig die Vertretung der größten jüdischen Gemeinde Lateinamerikas. Die DAIA war im niedergebombten AMIA-Gebäude untergebracht.

67 Asociación Mutual Israelita Argentina (AMIA)

68 *Noticias*, 27. September 1997

69 DAIA/AMIA (Hrsg.), *La Denuncia*, Planeta, Buenos Aires 1997

Juan José Ribelli, Jahrgang 1964, genannt »El Lobo« (der Wolf), war ein hochdekorierter Polizeioffizier und die rechte Hand von Pedro Klocdzyk, Polizeipräsident der Provinz Buenos Aires. Zuletzt leitete »El Lobo« eine Sonderbrigade »Antiterrorismus«. Das Rüstzeug für diesen Job hatte er sich in den USA geholt. Auf einer Polizeiakademie im Staate Louisiana hatte er ein mehrmonatiges »Antiterrorism Training Program« absolviert und in Washington auf Kosten des amerikanischen Außenministeriums Kampfmethoden gegen Subversion gebüffelt.

Ausgerechnet der Antiterrorismus-Experte Juan José Ribelli entpuppte sich als Komplize der AMIA-Attentäter. Bisher hatten Bundesrichter Juan José Galeano und die beiden Staatsanwälte Eamón Mullen und José Barbaccia angenommen, dass Carlos Alberto Telleldín den AMIA-Attentätern das Bombenauto beschafft hatte. Jetzt stellte sich heraus, Telleldín hatte im Auftrag von »El Lobo« gehandelt. Die beiden kannten sich seit vielen Jahren. Polizeikommissar Ribelli hatte den Autohändler Telleldín regelmäßig als Polizeispitzel eingesetzt.

Die Staatsanwaltschaft ermittelte weiter, dass »El Lobo« nur wenige Tage nach dem Bombenanschlag auf das Sozialzentrum AMIA 2,5 Millionen Dollar kassiert hatte. Eine Erbschaft von seinem Vater, gab »El Lobo« an. Die Staatsanwaltschaft glaubte ihm nicht und vermutete, das Geld sei der Lohn für seine Hilfe bei den Vorbereitungen des AMIA-Attentates gewesen. Vater Ribelli konnte die Herkunft des Geldes nicht belegen.

Die Staatsanwaltschaft hatte den Expolizeikommissar Juan José Ribelli bereits seit einiger Zeit im Auge. Er galt als Chef einer mafiaähnlichen Organisation, bestehend aus Polizisten und ehemaligen Militärs, die nach Ende der Diktatur den Dienst quittieren mussten. Korruption und Hehlerei gehörten zu den harmloseren Delikten, deren Ribellis Polizeigang verdächtigt wurde. Ihr wurden illegaler Handel mit Waffen, Geldwäsche, Erpressung und sogar Auftragsmorde angelastet. Mit kriminellen Geschäften hatte »El Lobo« ein ansehnliches Vermögen angehäuft. Er besaß mehrere Supermärkte, eine Firma, die mit Gebrauchtwagen handelte, sowie eine stattliche Anzahl Grundstücke und Immobilien. Die Staatsanwaltschaft schätzte sein Vermögen auf über 15 Millionen Dollar.

Die Affäre Ribelli weitete sich zu einem riesigen Polizeiskandal aus. Die Staatsanwaltschaft leitete gegen mehrere Hundert Polizisten Verfahren ein. Das war eine echte Überraschung. Die Polizei der Provinz Buenos Aires, mit damals 48 000 Mann das weitaus größte Polizeicorps Argentiniens, war in den vergangen Jahren regelmäßig in Korruptionsaffären und illegale Machenschaften verstrickt gewesen. Und ebenso regelmäßig hatte der oberste Polizeichef, Gouverneur Eduardo Duhalde, angekündigt, er werde radikal durchgreifen. Doch nichts geschah. Kaum je wurde ein straffälliger Ordnungshüter zur Verantwortung gezogen. Duhalde, ein Parteifreund des Präsidenten Carlos Menem[70], stellte sich jeweils schützend vor die Polizei und blockte alle Verfahren ab. Nach den Enthüllungen über die Beteiligung von Polizisten an den Vorbereitungen des AMIA-Attentats hatte der Gouverneur keine Wahl mehr. Er musste handeln. Am 23. Dezember 1997 kündigte er umfassende Reformen des Polizeiapparates an. Gleichzeitig gab er längst fällige Maßnahmen bekannt. Zahlreiche Abteilungen und Spezialeinheiten wurden aufgelöst, rund 5000 Polizisten versetzt oder entlassen.

Kurz darauf wurden in Buenos Aires zwei jüdische Friedhöfe geschändet. Am Weihnachtsabend suchten Vandalen den Friedhof von La Tablada heim, verwüsteten 35 Gräber, schlugen zahlreiche Grabsteine kaputt und hinterließen Schmierereien mit Hakenkreuzen und SS-Totenköpfen. In der Silversternacht wurden auf dem Friedhof von Liniers nochmals 19 Grabstätten zerstört. Die argentinische Presse deutete diese Grabschändungen als Reaktion auf die von Gouverneur Duhalde beschlossenen Maßnahmen. Der Gouverneur teilte diese Ansicht. Auch er vermutete hinter den antisemitischen Vandalakten Polizisten.[71]

In den vergangenen Wochen und Monaten hatten sich antisemitische Übergriffe gehäuft. Der Friedhof von La Tablada war bereits ein Jahr zuvor und nochmals Ende Oktober geschändet worden. Nicht besser war es um die Sicherheit der jüdischen Friedhöfe in Córdoba und Rosaria be-

70 Nachdem Carlos Menem seinen Rücktritt erklärte, wurde Duhalde von der Justizialistischen Partei zum Präsidentschaftskandidaten nominiert. Bei den Wahlen vom Dezember 1999 steckte er jedoch eine vernichtende Niederlage ein. Gewählt wurde Fernando de la Rúa von der Radikalen Partei.

71 Siehe u. a. *Página 12*, 27. Dezember 1997

stellt. Auch kurz nachdem gegen den Polizeichef der Provinz Buenos Aires ein Verfahren wegen Korruption und Geldwäsche eröffnet worden war, verwüsteten antisemitische Vandalen einen jüdischen Friedhof.

Laura Ginsberg, Sprecherin von »Memoria Activa«, wurde, nachdem sie Regierung und Polizei öffentlich kritisiert hatte, mehrfach bedroht. Genauso erging es den meisten Angehörigen der Terroropfer, die an der Protestkundgebung vor dem Justizpalast in Buenos Aires teilnahmen. Viele fühlten sich verfolgt. Fast alle beklagten sich, dass sie seit Monaten in der Nacht anonyme Anrufe erhielten, beschimpft und bedroht wurden. »Ich bin überzeugt: Ribelli und der Polizeispitzel Telleldín waren nicht die einzigen argentinischen Komplizen; sie handelten nicht isoliert«, sagte uns Laura Ginsberg. Eine ältere Frau, deren fünfjähriger Enkel beim AMIA-Anschlag getötet worden war, meinte: »Es gibt zu viele Leute mit faschistischen Tendenzen, und die möchten nicht, dass die Mörder gefasst werden.« Ihr Begleiter unterbrach sie: »Nicht irgendwelche Leute: die Regierung, die Behörden. Zum Beispiel der Präsident des Gerichtes, das in Sachen Bombenattentate ermittelt, ist ein notorischer Antisemit.«

Antisemitismus in Argentinien

Es fällt in der Tat auf, wie sehr Antisemitismus verbreitet war, sowohl bei den Regierungs- und Justizbeamten, die die Ermittlungen verschleppten, wie auch bei der Polizei, die bei den Vorbereitungen des AMIA-Attentates mithalf.

Bis Mitte 1995 hatte ein eingefleischter Antisemit die Oberaufsicht über die Ermittlungen gegen die beiden Terroranschläge in Buenos Aires: Justizminister Rodolfo Barra. Als Student war er »ein bekennender Nazi«[72] gewesen und Mitglied einer rechtsextremen Organisation, die Brandanschläge auf Synagogen und jüdische Schulen verübt hatte. »El Lobo«, der in den USA zum Anti-Terror-Spezialisten ausgebildete Polizeikommissar Juan José Ribelli, gehörte dem rechtsextremen Zirkel »Liga Patriótica Argentina« an. Héctor Vergéz, ein Komplize Ribellis, war ein berüchtigter Pro-Nazi.

72 Juan Salinas, AMIA, a. a. O., S. 221

Héctor Vergéz hatte bei der Irreführung der Staatsanwälte eine zentrale Rolle gespielt. Er hatte Zeugen bestochen, mutmaßlichen Attentätern zu Alibis verholfen und falsche Spuren gelegt. Und er hatte sich auch rührend um Carlos Alberto Telleldín gekümmert. Telleldín war lange Zeit der einzige inhaftierte Verdächtige gewesen. Mehrmals hatte er seine Aussagen geändert, die jeweils prompt von mehreren Zeugen bestätigt wurden. Die Staatsanwälte hatten beinahe drei Jahre benötigt, bis sie Telleldíns Spiel durchschauten. Hauptmann a. D. Héctor Vergéz hatte Telleldín regelmäßig im Gefägnis aufgesucht und über den neuesten Stand der Ermittlungen informiert. Er hatte ihm die Falschaussagen eingeflüstert und die dazu passenden Zeugen präpariert.

Der Name Héctor Vergéz tauchte in den AMIA-Ermittlungsakten erst sehr spät auf und warf ein neues Licht auf die argentinische Komplizenschaft bei den Terroranschlägen gegen die israelische Botschaft und vor allem das jüdische Sozialzentrum AMIA. Damit nämlich wurde klar, dass die Attentäter auch in den Rängen der Armee Unterstützung fanden.

Vergéz hatte es unter der letzten Militärdiktatur (1976–1983) zu zweifelhafter Berühmtheit gebracht. Er hatte in der Provinz Córdoba die geheimen Konzentrationslager »La Perla« und »La Ribera« geleitet und sich dabei als besonders blutrünstiger Folterer hervorgetan.

Während des »Schmutzigen Krieges« gegen Guerilla-Organisationen hatten die Militärs mit staatlicher Billigung systematisch die Menschenrechte verletzt. Sie hatten Tausende verschleppt, gefoltert und ermordert. Viele Gefangene waren aus Flugzeugen lebend ins Meer geworfen worden. Von weit mehr als 20000 »desaparecidos« (Verschwundenen) fehlt bis heute jede Spur.

Über ganz Argentinien verteilt gab es über 350 geheime Konzentrationslager, in der Amtssprache schlicht Haftzentren genannt. »Die geheimen Haftzentren waren in erster Linie Folterzentren mit einem ›spezialisierten‹ Personal. [...] Nicht nur Mitglieder bewaffneter Gruppen (wurden) festgenommen und gefoltert, sondern auch ihre Familienangehörigen, Freunde, Studien- und Arbeitskollegen [...] und – in einer ungeheuer hohen Zahl der Fälle – Personen, die sich nie an politischen oder gewerkschaftlichen Aktivitäten beteiligt hatten«, heißt es in einem

Untersuchungsbericht der Nationalen Kommission CONADEP (Comisíon Nacional sobre la Desaparición de Personas).[73]

Der CONADEP-Bericht »Nunca Más« (Nie wieder) ist die Zusammenfassung von Tausenden von Dokumenten und Zeugenaussagen. Er dokumentiert, mit welcher bestialischen Brutalität die argentinischen Militärs gegen Regimegegner vorgingen. Zu den Regimegegnern zählten auch die Juden. Die Nationale Kommission unterstreicht den zum Teil fanatischen Antisemitismus der Militärs und stellt fest: »Die antisemitische Einstellung führte zu einer besonderen Brutalität bei der Behandlung von Gefangenen jüdischer Abstammung.«[74] Daniel Eduardo Fernández war knapp neunzehn Jahre alt, als er im August 1977 verschleppt und in ein geheimes Haftzentrum gebracht wurde. Er berichtete – wie zahlreiche andere Zeugen – von unvorstellbarer Grausamkeit: »Die Juden wurden allein deshalb misshandelt, weil sie Juden waren. [...] Gegen die Juden wurden alle Arten von Folter eingesetzt, darunter auch eine ganz besonders sadistische und grausame: das ›Rektoskop‹, das aus einer Röhre bestand, die man in den After des Opfers oder in die Vagina der Frauen einführte; durch diese Röhre ließ man dann eine Ratte laufen; das Nagetier suchte den Ausgang und versuchte sich zu befreien, indem es die innern Organe des Opfers anfraß.«[75]

Viele Zeugenaussagen belegen die Bewunderung der Militärs für den Nationalsozialismus. Und sie zeigen, dass die argentinischen Offiziere ganz bewusst die deutsche Judenvernichtung zum Vorbild nahmen.[76]

Hauptmann Héctor Vergéz war einer der leitenden Offiziere des Haftzentrums »La Perla« außerhalb der Provinzhauptstadt Córdoba,

73 Hamburger Institut für Sozialforschung (Hrsg.); *Nie wieder, ein Bericht über Entführung, Folter und Mord durch die Militärdiktatur in Argentinien,* Weinheim, Basel 1987, S. 38

74 Ebd., S. 41

75 Ebd., S. 45

76 Siehe u.a. Jakobo Timerman, *Wir brüllen nach innen – Folter in der Diktatur heute,* Frankfurt a.M. 1982. Timerman, Herausgeber der Tageszeitung *La Opinión*, verbrachte mehr als zwei Jahre in einem geheimen Haftzentrum.

auch »La Universidad« genannt. Er kommandierte die Sektion 3, zuständig für Entführungen sowie die Eliminierung von Gefangenen. Mehrere ehemalige Gefangene bezeugen, dass er auch Chef der Folterkammer war. »Er war ein Sadist, pervers und eiskalt«, erinnert sich Teresa Meschiati.[77] Sie saß zwei Jahre im Lager »La Perla« und war selbst ein Opfer von Hauptmann Héctor Vergéz und seinen Schergen. Über Monate wurde sie gefoltert und mit der »Picana« (Stromstab) gequält. Sie erlebte Scheinhinrichtungen, wurde Zeugin von Erschießungen und musste zusehen, wie Mitgefangene zu Tode geprügelt wurden. »Ich erinnere mich an die Verhaftung von Mercedes Santucho, die wir ›La Negrita‹ nannten. Durch ein Gitter sah ich, wie Vergéz sie gegen die Tür der Folterkammer drückte. Mit einer Hand würgte er sie am Hals, mit der anderen befummelte er ihren Körper. Vergéz sagte: ›Wie schön du bist, Negrita! Aber jetzt werden wir dir 220 Volt in die Vagina stecken.‹ Danach verschwand er mit ihr hinter der Tür. Bis tief in die Nacht hinein hörte ich die Schreie von La Negrita«, erzählt Teresa Meschiati, die nach ihrer Freilassung im Jahre 1980 in der Schweiz politisches Asyl erhielt und seither in Genf lebt.

Bereits in den Jahren vor der Militärdiktatur hatte sich Hauptmann Héctor Vergéz an blutigen Säuberungsaktionen gegen Regimegegner und Linke beteiligt. Zusammen mit Agenten des militärischen Nachrichtendienstes hatte er das »Comando Libertadores de América« (Kommando der Befreier Amerikas) gegründet, eine Parapolizei, die nichts anderes war als ein Ableger der rechtsextremen Terrororganisation »Alianza Anticomunista Argentina« (AAA).

Der »Schmutzige Krieg«, nach der Ausrottung der Indianer das dunkelste Kapitel der argentinischen Geschichte, begann nicht erst mit dem Militärputsch vom Februar 1976, sondern bereits am 20. Juni 1973 – mit einem Blutbad der AAA.

Heimkehr des Generals

Am späten Nachmittag des 20. Juni 1973 wurde General Juan Perón nach achtzehn Jahren Exil in Buenos Aires erwartet. Beim Autobahn-

77 Gespräch mit Teresa Meschiati Ende November 2000

kreuz vor dem Flughafen Ezeiza hatten sich mehrere Millionen Menschen versammelt, um dem Heimkehrer einen triumphalen Empfang zu bereiten. Hunderttausende waren bereits am Vorabend mit Sonderzügen und Spezialbussen eingetroffen. Sie hatten die Nacht im Freien bei Lagerfeuer und Volksmusik zugebracht. Auf der Brücke über der Autobahn war eine Festtribüne für Ehrengäste, Chor und Orchester errichtet worden. Der Platz vor der Tribüne war schon seit den frühen Morgenstunden fest in der Hand linksperonistischer Jugendorganisationen. Die kugelsichere Kabine auf der Tribüne, von der herab Perón zum Volk sprechen sollte, wurde von bewaffneten Linksperonisten bewacht.

Kurz vor 15 Uhr stimmten Chor und Orchester den Perón-Marsch an. Eine Welle der Begeisterung ging durch die riesige Menschenmenge, die mitsang und im Takt klatschte. Plötzlich fielen Schüsse. Das Orchester setzte abrupt aus, Sänger und Musiker wälzten sich in ihrem Blut. Vielleicht dreißig Männer, bewaffnet mit Maschinenpistolen, stürmten wild um sich schießend die Tribüne. Die peronistischen Wachposten bei der Rednerkabine erwiderten das Feuer. Die Schießerei dauerte eine halbe Stunde und richtete ein schreckliches Blutbad an: 100 Tote und gegen 500 Verletzte.

Noch während der Schießerei erhielt der Pilot der Maschine mit General Juan Domingo Perón und rund 100 Ehrengästen an Bord den Befehl, auf den Militärflughafen Morton auszuweichen.

Das Massaker widerspiegelte die tief greifende Spaltung der peronistischen Bewegung in zwei große Lager.[78] Auf der einen Seite die rechtsradikalen Gewerkschaften, die vom Unternehmerverband, von Armee und Polizei unterstützt wurden; auf der andern Seite die peronistische Linke, angeführt von den klassenkämpferischen Montoneros. Beide Lager hatten versucht, die Empfangsfeier für Perón an sich zu reißen. Alle Versuche der Rechtsradikalen scheiterten. Schließlich war es die peronistische Linke, die sich durchsetzte und die für die Massenveranstaltung das Autobahnkreuz vor dem Flughafen Ezeiza bestimmte. Damit

78 Vgl. u.a. Manfred von Conta, *Reportagen aus Lateinamerika*, Zürich 1982, S. 69–79; S. 133–165

gewann das zahlenmäßig stärkere Lager. Das Kräfteverhältnis hatte sich in den letzten Jahren deutlich zugunsten der Montoneros entwickelt. Die Gewerkschaftsführer kontrollierten zwar den Parteiapparat; die Montoneros und Linksperonisten dagegen hatten die Massen hinter sich – die Rückkehr von Juan Domingo Perón war weitgehend ihr Verdienst.

Die Montoneros rekrutierten sich aus links stehenden ehemaligen Gewerkschaftern und vor allem aus den Mitgliedern der peronistischen Jugendorganisationen. Sie verstanden sich als revolutionärer und bewaffneter Teil der peronistischen Bewegung. Im Jahre 1970 riefen sie zum Guerillakampf gegen die Militärdiktatur auf. Den Guerillakrieg finanzierten sie mit Banküberfällen und Lösegeldern, die sie durch die Entführung reicher Wirtschaftskapitäne erpressten. Die Militärdiktatur unter General Alejandro Lanusse hatte das Land in eine schwere politische und wirtschaftliche Krise geführt. Die Argentinier – politisch entrechtet und wirtschaftlich ausgehungert – liefen in der Folge massenweise zu den Montoneros über. Sie setzten sich über Streik- und Demonstrationsverbote hinweg und unterstützten die Umsturzpläne der peronistischen Jungrevolutionäre. Mit wilden Streiks, Fabrikbesetzungen und Massendemonstrationen zwangen sie die Militärregierung in die Knie. General Lanusse kapitulierte und schrieb Wahlen aus. Die Montoneros legten die Waffen nieder und unterstützten den Kandidaten der peronistischen Partei, Héctor Cámpora, der stellvertretend für General Juan Domingo Perón ins Rennen stieg. Héctor Cámpora trat mit dem Wahlslogan »Cámpora an die Regierung – Perón an die Macht« an.

Am 11. März 1973 wurde Héctor Cámpora mit überwältigendem Mehr gewählt. Nach drei Zivil- und fünf Militärregierungen hatte Argentinien erstmals wieder eine peronistische Regierung. Für die Montoneros war klar, mit der Wahl des Perón-Stellvertreters Héctor Cámpora hatte das argentinische Volk für ein »Programm der nationalen Befreiung« gestimmt. Um dieses Programm in die Tat umzusetzen, beteiligten sich die Montoneros an der neuen Regierung. Doch noch vor Peróns Rückkehr aus seinem spanischen Exil entbrannte innerhalb der peronistischen Bewegung der unerbittliche Machtkampf. Die rechtsradikalen Gewerkschaftsführer, Vertreter der Armee und Polizei widersetzten sich einer Regierungsbeteiligung der Montoneros. Ganz Argentinien wartete gespannt, für wen General Perón Partei ergreifen würde: für die rechtsradikalen Apparatschiks, die das Massaker von Ezeiza zu verantworten hatten, oder für die klassenkämpferischen Montoneros, die ihm den Weg für die Rückkehr aus dem Exil geebnet hatten?

Juan Domingo Perón landete Punkt 16 Uhr 30 auf dem Militärflughafen Morton. Aus Sicherheitsgründen wurde er mit einem Hubschrauber zur Präsidentenresidenz von Olivos geflogen. Gegen 22 Uhr hielt er eine kurze Radio- und Fernsehansprache. Wer eine programmatische Rede oder eine Stellungnahme zum Massaker erwartete, wurde schwer enttäuscht. Die Argentinier sahen und hörten nicht einen strahlenden Sieger, sondern einen müden alten Mann, der die längste Zeit über den beschwerlichen Rückflug von Madrid nach Buenos Aires plauderte. Zum Schluss entschuldigte er sich, dass er an der Empfangsfeier nicht teilnehmen konnte. Er sprach, als habe er keine Ahnung von dem Massaker, das rechtsradikale Parteifreunde angerichtet hatten.

Die Hoffnung der peronistischen Jugend auf mehr Demokratie erwies sich schnell als Illusion. Kurz nach Peróns Rückkehr musste Präsident Héctor Cámpora zurücktreten. Ende September 1973 gab es eine Ersatzwahl, bei der General Juan Domingo Perón zum Staatspräsidenten und seine dritte Frau, María Estela Martínez de Perón, eine ehemalige Nachtklubtänzerin, zur Vizepräsidentin gewählt wurden. Präsident Perón umgab sich mit rechtsradikalen Apparatschiks und startete eine Offensive gegen den laufenden Demokratisierungsprozess. Knapp acht Monate später, am 1. Mai 1974, startete er sogar einen Frontalangriff auf die organisierten Massen der peronistischen Jugend. Der Bruch zwischen dem Caudillo und der peronistischen Jugend führte zu einer dramatischen Veränderung der politischen Landschaft Argentiniens.

Für die Feier zum 1. Mai hatten die Montoneros 80 000 Anhänger mobilisiert, doppelt so viele wie die Gewerkschaften. Sie füllten die Plaza de Mayo vor dem Regierungssitz, der Casa Rosada. Präsident Perón erschien auf dem Balkon der Casa Rosada und setzte zur offiziellen 1.-Mai-Ansprache an. Seine Rede dauerte nur wenige Minuten und führte zu einer Massenschlägerei zwischen linken Montoneros und rechten Gewerkschaftern. Die Zusammenstöße dauerten bis tief in die Nacht hinein und forderten zahlreiche Verletzte.

Präsident Perón nannte die Linksperonisten, die die Militärregierung von der Macht vertrieben und ihn aus dem Exil geholt hatten, »überhebliche Dummköpfe« und »infiltrierte Söldlinge des ausländischen Kapitals«, von denen sich Argentinien befreien müsse. Ihr Widerstand gegen die unternehmerfreundliche Politik von Regierung und Gewerkschaften mache die peronistische Jugend »gefährlicher als jede Bedrohung aus dem Ausland«, tobte Caudillo Perón.

Die Folgen dieser Kriegserklärung waren leicht vorhersehbar. Drei Monate später herrschte Bürgerkrieg. Die Montoneros waren in den Untergrund zurückgekehrt, und das »Bewaffnete Volksheer« (FAR) hatte neu mobilisiert. Der Guerillakrieg fand längst nicht mehr nur in den Bergen von Tucumán statt, sondern hatte sich auf die Provinzhauptstädte ausgeweitet und näherte sich bedrohlich der Hauptstadt Buenos Aires. Die Geheimorganisation »AAA« hatte mit der systematischen Liquidierung von Regimegegnern und Linken begonnen. Ihre Todesschwadronen legten eine Blutspur quer über das ganze Land. Zwischen Juni 1973 und Februar 1976 brachten sie mehr als tausend Menschen um. Vor allem aber war es der »AAA« gelungen, die Regierung in Buenos Aires zu unterwandern. Die »AAA« stellte drei Minister; ein Dutzend Vertrauensleute saßen in Schlüsselpositionen bei Armee und Polizei.

Peróns Abgang und das rechtsextreme Erbe

Die Geheimorganisation »AAA« (Alianza Anticomunista Argentina) entstand am Vorabend der Präsidentschaftswahlen vom März 1973. Sie war Teil eines Komplotts gegen die neue Mehrheit der peronistischen Bewegung. Ausgeheckt wurde das Komplott von José López Rega, Peróns Privatsekretär, und Ignacio Rucci, Generalsekretär der einst mächtigen Gewerkschaft CGT, die sich zum Ziel gesetzt hatten, eine rechtsextreme Diktatur zu errichten.

Früh schon zeichnete sich für die Wahlen vom März ein überwältigender Sieg des von den linken Montoneros unterstützten Kandidaten Héctor Cámpora ab. Die logische Folge: Dieser Wahlsieg würde die Vormachtstellung der Linken innerhalb der peronistischen Bewegung weiter stärken. Dies zu verhindern, war das erklärte Ziel der beiden Komplotteure López Rega und Rucci.[79] Sie wollten nicht zulassen, dass über die Zukunft des Peronismus an den Urnen entschieden wird, und beschlossen, mit Gewalt die Führung der peronistischen Bewegung an sich zu reißen. Zu diesem Zweck gründeten sie die antikommunistische Allianz »AAA«. In den Monaten und Wochen vor der Präsidentenwahl stellten sie Überfall- und Killerkommandos auf die Beine, die von Armee- und Polizeioffizieren ausgebildet und kommandiert wurden. Der erste bekannte Einsatz eines »AAA«-Kommandos verhinderte die Empfangsfeier für den heimkehrenden General Perón und endete mit dem Blutbad von Ezeiza. Kurze Zeit später geriet »AAA«-Mitgründer Ignacio Rucci in einen Hinterhalt der linken Guerilla und wurde getötet. Danach übernahm José López Rega allein das Oberkommando über die »AAA«-Todesschwadronen.

José López Rega, genannt »El Brujo« (der Hexer), zählt zu den skurrilsten Politikergestalten der argentinischen Geschichte. Er schaffte den Sprung vom einfachen Polizisten zum einflussreichsten Politiker neben General Perón. Er war Butler, Leibwächter und Inhaber einer Agentur, die Nachtklubtänzerinnen vermittelte. Perón ernannte ihn Mitte der 60er-Jahre zu seinem Privatsekretär und wichtigsten Berater; nach seiner Rückkehr an die Macht, Ende September 1973, übertrug er ihm das Sozialministerium. Am 1. Juli 1974 wurde José López Rega über Nacht zum mächtigsten Mann Argentiniens. General Juan Domingo Perón starb. Seine Frau María Estela Martínez de Perón rückte als Staatspräsidentin nach. In Tat und Wahrheit aber war es José López Rega, der die Regierungsgeschäfte erledigte.

Viele Kenner beschrieben die Beziehung zwischen López Rega und Peróns Witwe als die zwischen einem Magier und seinem Medium.[80] Der Vergleich kam nicht von ungefähr. Sozialminister López Rega war nicht nur Privatsekretär und graue Eminenz der neuen argentinischen Staatschefin, er betätigte sich zudem als ihr Hofastrologe, was ihm den Spitznamen »El Brujo« (der Hexer) eintrug. Er liebte die schwarze Magie und beschäftigte sich intensiv mit okkulten Wissenschaften.

79 Ignacio González Janzen, *La Triple-A,* Buenos Aires 1986, S. 11
80 *Reportagen aus Lateinamerika,* a.a.O., S. 143

In den Wochen nach Peróns Tod starteten die Todesschwadronen der »AAA« eine Terroroffensive. Zwischen Juli und September verübten sie 220 Attentate, begingen 60 Morde und entführten 20 Menschen.[81] In derselben Zeitspanne besetzte José López Rega Schlüsselstellen in Regierung und Verwaltung mit seinen Vertrauensleuten. García Rey, ein Polizeioffizier, der die paramilitärische Geheimorganisation »AAA« aufgebaut hatte, wurde Minister für Staatssicherheit.

Rund ein Jahr lang herrschte der »Hexer« López Rega mit praktisch uneingeschränkter Macht. Er verwandelte die peronistische Bewegung, die 1973 mit einem sozial-revolutionären Programm die Wahlen gewonnen hatte, in ein Sammelbecken für Rechtsextreme und Faschisten. Ende Juli 1975 ließ er sich zum Sonderbotschafter für Europa ernennen und verschwand ins Ausland. Als er sich verabschiedete, so erzählte man in Buenos Aires, habe die Präsidentin einen Ohnmachtsanfall erlitten. Er flog mit dem Präsidenten-Jet nach Rio de Janeiro, begleitet von einem Dutzend kroatischer Leibwächter und mit Gepäck, das zwei Lastwagen füllte. Danach verlor sich seine Spur. Lange Zeit wurde er in Spanien vermutet. Doch er lebte unter falschem Namen in der Schweiz.[82] Er wohnte zuerst in der Nähe von Genf, danach in Villeneuve, wo er eine eigene Villa besaß. Schließlich tauchte er in der Schweiz wieder auf. Er lebte zuerst in Genf, danach in der Nähe von Montreux, wo er eine eigene Villa besaß.

Als sich López Rega ins Ausland absetzte, befand sich Argentinien in einem chaotischen Zustand. Das Land erlebte eine der schwersten Wirtschaftskrisen: die Massenarbeitslosigkeit hatte Rekordhöhe erreicht; die Inflation überstieg die 300-Prozent-Grenze; Generalstreiks legten Fabriken und Betriebe lahm; die Städte litten unter Versorgungsengpässen und Warenmangel. Und es herrschte Bürgerkrieg. Die Kriegsfront hatte inzwischen die Hauptstadt erreicht. An Weihnachten stürmten 1000 linke Guerilleros in Buenos Aires eine Kaserne. Wäh-

81 *La Triple-A*, a.a.O., S. 127

82 Er benutzte den Namen Ramón Cisneros. Seit September 1976 war er von Interpol zur Verhaftung ausgeschrieben. In der Schweiz jedoch wusste er sich in Sicherheit: Die Bundespolizei in Bern hatte den internationalen Haftbefehl gegen López Rega mit dem Stempel »ne pas arrêter« (nicht verhaften) versehen.

rend eines rund fünfstündigen Gefechtes mit Einheiten der Armee und »AAA«-Kommandos gab es allein unter der Zivilbevölkerung über 100 Tote. Argentinien war längst unregierbar geworden. Es war nur noch eine Frage von Wochen, bis die Militärs an die Macht zurückkehrten.

Ende März 1976 stürzten die Streitkräfte mit einem Staatsstreich Präsidentin María Estela Martínez de Perón. Es war der »unblutigste, leichteste, geräuschloseste Putsch in Argentiniens Geschichte«.[83] An die Stelle der Zivilregierung trat eine dreiköpfige Militärjunta unter General Jorge Videla. Argentinien bekam eine rechtsextreme Diktatur. Die »AAA«-Kommandos wurden weitgehend in die Armee integriert. Ihre Terroranschläge und Säuberungsaktionen entpuppten sich als Hauptprobe zum schmutzigen Krieg der Militärjunta.

Mehrere Komplizen der AMIA-Attentäter waren alte Weggefährten des rechtsradikalen »Hexers« José López Rega wie Hauptmann Héctor Vergéz. Eines hatten alle Komplizen gemeinsam: Sie gehörten rechtsextremen Zirkeln der Armee und der Polizei an, die sich offen zu ihrer antisemitischen und nazifreundlichen Einstellung bekannten. Doch Antisemitismus allein erklärt nicht, warum sich ehemalige Polizisten und Militärs an den Vorbereitungen der beiden Terroranschläge beteiligten.

Das Projekt »Testimonio« und die Nazispur

Nationalsozialismus war in Argentinien bis in die jüngste Zeit ein Tabuthema gewesen. Mit den Bombenattentaten auf die israelische Botschaft und das Sozialzentrum AMIA rückte es plötzlich ins Zentrum der öffentlichen Diskussion. Freunde und Angehörige der Opfer, die sich in der Organisation »memoria viva« zusammenschlossen, interpretierten die Attentate immer schon als Warnung an all jene, die Argentiniens Nazi-Vergangenheit offen legen möchten. Diese Hypothese wurde nie untersucht, weil in den Ermittlungsbehörden auf allen Stufen – vom Justizministerium bis hinunter zur Gerichtspolizei – Beamte am Werk waren, die selbst eine antisemitische und nazifreundliche Vergangenheit zu verbergen hatten. Die Ermittlungsakte lassen keine Zweifel zu.

83 Manfred von Conta, »Stundenbuch des Putsches«, *Süddeutsche Zeitung*, 26. März 1976

Von Anfang an war zu erkennen, dass die Auftraggeber der Attentäter und ihre argentinischen Komplizen mehrere Ziele verfolgt und aus unterschiedlichen Beweggründen gehandelt hatten.

Das Hauptmotiv der iranisch-syrischen Auftraggeber war klar. Die Terroranschläge in Buenos Aires galten dem »Verräter« Carlos Menem. Trotz massiver arabischer Wahlhilfe hatte er auf Druck der USA die traditionell proarabische Politik Argentiniens aufgegeben. Menem hatte zugesagte und zum Teil bereits bezahlte Waffenlieferungen eingestellt und damit die Geheimverträge von Yabroud gebrochen. Sowohl der politische Verrat wie der Vertragsbruch kannten vor allem einen Nutznießer: Israel. Für die iranisch-syrischen Bombenleger gab es darum kaum eine idealere Zielscheibe als die israelische Botschaft in Buenos Aires.

Auch die rechtsradikalen Peronisten, in den Rängen der Armee und der Polizei besonders zahlreich vertreten, hielten Menem für einen Verräter. Nach seiner Wahl zum Präsidenten hatte er dem traditionellen Peronismus abgeschworen und seine Politik voll auf die USA ausgerichtet. Eines der auffälligsten Merkmale dieser Kehrtwende war: Die Streitkräfte hatten ihre Vormachtstellung verloren, die sie seit der Gründung der peronistischen Bewegung stets innegehabt hatten. Menem hatte die Armee auch zahlenmäßig massiv zurückgestuft, vor allem betroffen davon waren Einheiten, die sich während des schmutzigen Krieges besonders hervorgetan hatten. Diese Einheiten waren aufgelöst und ihre Offiziere vorzeitig in den Ruhestand versetzt worden.

Am Vorabend des Attentates vom 17. März 1992 auf die israelische Botschaft waren die rechtsradikalen Peronisten empört und fassungslos zugleich. Wieder einmal hatte sich Menem dem Druck der USA gebeugt. Sein Verrat am Peronismus machte offensichtlich nicht einmal vor dessen Begründer, ihrem Idol General Juan Domingo Perón, Halt: Anfang Februar, fünf Wochen vor dem Anschlag auf die israelische Botschaft, gab er anlässlich eines offiziellen Festaktes in der Casa Rosada bekannt, dass er die Öffnung der bisher geheim gehaltenen Nazi-Archive angeordnet hatte. Vor den Kameras der internationalen Presse breitete er acht Dossiers aus, darunter jenes über Martin Bormann, und erklärte: »Seit über vierzig Jahren versteckt Argentinien einen Teil seiner Geschichte, verheimlicht ein Stück Wahrheit über einen Völkermord. Die internationale Gemeinschaft hat ein Anrecht darauf, diese Wahrheit zu erfahren.«[84] Innenminister José-Luis Manzano präzisierte, der Entscheid, die Archive zu öffnen, sei im vergangenen November während des offiziellen Besuches von Carlos Menem in den USA und auf Drängen jüdischer Organisationen gefällt worden.[85]

Der österreichische »Nazi-Jäger« Simon Wiesenthal hatte General Juan Domingo Perón bereits in den 50er-Jahren beschuldigt, er verstecke Nazi-Kriegsverbrecher und habe dafür ein Millionenvermögen eingesteckt. Ohne jeden Erfolg hatte die Simon-Wiesenthal-Stiftung danach jahrzehntelang die Öffnung der Nazi-Archive und die Rückerstattung der Nazivermögen gefordert. Erst als Argentinien im Rahmen der internationalen Polemik rund um das Nazigold und die verschollenen Bankguthaben ermordeter Juden, die so genannt »nachrichtenlosen« Gelder, zunehmend unter Druck geriet, gab Präsident Carlos Menem nach.

Das AMIA-Massaker vom 18. Juli 1994, bei dem 87 Menschen getötet wurden, erhärtete den Verdacht, dass das Attentat auch jenen galt, die den argentinischen Nazispuren folgten. Der Anschlag traf das »Herz der argentinischen Juden«.[86] Im niedergebombten Gebäude lagen nicht nur die Büros der Sozialversicherung »Asociación Mutual Israelita Argentina« (AMIA) sowie die Archive der jüdischen Einwanderer und damit die Erinnerung der argentinischen Juden; hier befand sich auch der Hauptsitz der »Israelitischen Assoziation« DAIA, der Dachverband der jüdischen Organisationen, die das Leben der jüdischen Gemeinden Argentiniens regeln.

Die DAIA war regelmäßig Zielscheibe antisemitischer Angriffe gewesen. Doch in den Monaten vor dem Massaker hatten diese Angriffe plötzlich eine neue Qualität erreicht. Mehrmals hatte das AMIA-Ge-

84 Carlos Menem an der Pressekonferenz vom 6. Februar 1992, zitiert nach Frank Garbely, *Evitas Geheimnis – Die Schweizer Reise*, Dokumentarfilm, Zürich 1998

85 Christine Legrand, »En Argentine le président Menem ordonne l'ouverture des archives secrètes sur les anciens nazis réfugiés dans le pays«; in: *Le Monde*, 7. Februar 1992, S. 22

86 Alicia Dujovne Ortiz, *Evita Perón*, Berlin 1979, S. 136

bäude kurzfristig evakuiert werden müssen. Die DAIA hatte, zusätzlich zu den üblichen antisemitisch begründeten Morddrohungen, mehrere Bombendrohungen erhalten. »Das Attentat und die vorausgehenden Bombenwarnungen hatten sich deutlich von den üblichen antisemitischen Übergriffen unterschieden. Ohne Zweifel war auch Antisemitismus im Spiel, aber das war nicht das eigentliche Tatmotiv«, behauptet A. S., ein Mitglied der Task Force, die von der Regierung Fernando de la Rúa im Jahre 2000 zur Aufklärung der beiden Attentate von Buenos Aires eingesetzt wurde.[87] Zu diesem Schluss kamen die Ermittler, so sagt A. S., nachdem sie die Mieter im AMIA-Haus näher unter die Lupe genommen hatten.

Am Hauptsitz der DAIA hatte sich eine geheime Expertengruppe eingerichtet, angeblich unter der Leitung von Mossad-Agenten, die unabhängig von den argentinischen Behörden das Attentat auf die israelische Botschaft untersuchte. Und: Im 5. Stock des AMIA-Gebäudes waren die Archive und Büros der Historikerkommission »Proyecto Testimonio« untergebracht. Die Historiker des »Proyecto Testimonio« waren damit beschäftigt, die Ergebnisse eines Kongresses zum Thema »Nationalsozialismus und Argentinien« auszuwerten, der im vorigen Jahr von der DAIA zusammen mit der Universität von Torcuta De Tella organisiert worden war. Drei Monate vor dem AMIA-Massaker hatte die Historikerkommission Enthüllungen aus den argentinischen Archiven »über die offizielle Politik während der nazi-faschistischen Ära« angekündigt und damit heftige Reaktionen ausgelöst. Die Testimonio-Gruppe hatte daraufhin zahlreiche Morddrohungen erhalten, gleichzeitig waren am Hauptsitz der DAIA erste Bombenwarnungen eingegangen.

Die Nazispur, die zu verwischen jedes Mittel recht schien, führt direkt zu General Juan Perón. Es ist unbestritten, dass der General Argentinien zum wichtigsten Zufluchtsort für deutsche und vor allem auch kroatische Kriegsverbrecher machte. Ebenso unbestritten ist, dass der europäische Faschismus einen besonders nachhaltigen Einfluss auf die argentinische Gesellschaft ausübte.

87 Gespräch mit A. S., November 2000

Das Militär wurde nach deutschem Muster entwickelt. Die Armeen waren mit deutschen Waffensystemen ausgerüstet; die Soldaten trugen deutsche Uniformen; und die Offiziere wurden von deutschen Instruktoren und sogar von Nazis ausgebildet. Wie die meisten argentinischen Offiziere war auch Juan Domingo Perón ein großer Bewunderer der deutschen Armee. Als junger Offizier und Lehrer an der Kriegsakademie hatte er mehrere militärhistorische Studien über deutsche Kriegsführung verfasst. Seine Begeisterung für den Nationalsozialismus und Faschismus ging auf einen längeren Europa-Aufenthalt zurück.

Unmittelbar vor Beginn des Zweiten Weltkrieges wurde er für zwei Jahre als Beobachter nach Europa abkommandiert. Da er perfekt Italienisch sprach, wählte er Italien als Stützpunkt für seine Mission. Die ersten Monate nutzte er zur militärischen Weiterbildung. In Argentinien hatte er zuletzt eine Gebirgsdivision kommandiert. Darum bezog er in Italien Quartier bei den Gebirgsjägern. 1940 bereiste er Franco-Spanien und Hitlerdeutschland, folgte den siegreichen Truppen der Achsenmächte ins besetzte Frankreich, nach Jugoslawien und Albanien. Er traf die Führungsgarde Nazideutschlands und lernte den Duce Benito Mussolini persönlich kennen, ein Schlüsselerlebnis, das er später immer und immer wieder aufleben lässt. Am 8. Februar 1941 kehrte er nach Argentinien zurück. Die zwei Jahre im faschistischen Europa hatten den späteren Caudillo entscheidend geprägt.

Zurück in Argentinien propagierte Juan Domingo Perón »einen neuen Sozialismus nationaler Prägung«.[88] Nazideutschland betrachtete er als Vorbild und schwärmte vom italienischen Faschismus. Er erkannte jedoch, dass der deutsche Nationalsozialismus als Gesellschaftsmodell nicht auf Argentinien übertragbar war, wohl aber der italienische Faschismus. Perón avancierte zum Chefideologen der »Gruppe der vereinten Offiziere« (Grupo de Oficiales Unidos, GOU), einer Geheimloge, der bis zu 1500 Offiziere angehörten. Die GOU träumte von einem mächtigen Argentinien und einer strengen Diktatur. Ein GOU-Manifest aus dem Jahre 1943 dokumentiert die Nazi-Begeisterung von Juan Domingo Perón und seinen Anhängern:

88 Tomás Eloy Martínez, *Las Memorias del General,* Buenos Aires 1996, S. 170

»Kameraden!

[…] In unserer Zeit hat Deutschland dem Leben eine heroische Bedeutung gegeben. All dies sollte uns Beispiel sein. Der erste Schritt, der uns zu einem starken und mächtigen Argentinien führen soll, ist, die Zügel der Regierung in die Hände zu bekommen. Ein Zivilist wird die Größe unseres Ideals nie verstehen. Wir werden sie deshalb aus der Regierung eliminieren müssen und ihnen die einzige Rolle geben, die ihnen zukommt: Arbeit und Gehorsam.

Einmal zur Macht gelangt wird unser Ziel sein, stark zu werden: stärker als alle anderen Nationen zusammen. Wir werden rüsten müssen und weiter rüsten, kämpfen und Schwierigkeiten überwinden, innere wie äußere. Hitlers Kampf in Frieden und Krieg soll unser Leitstern sein. […] Unsere Regierung wird eine strenge Diktatur sein. […] Nur so wird es möglich sein, das Rüstungsprogramm durchzuführen, das zur Beherrschung des Kontinents unerlässlich ist. Mit Deutschlands Beispiel wird dem Volk der richtige Geist durch Radio, kontrollierte Presse, Literatur, Kirche und Erziehung eingegeben werden, und so wird es sich auf den heroischen Weg wagen, den es gehen muss. […] Es lebe das Vaterland!«[89]

Mit dem Staatsstreich vom 4. Juni 1943, angezettelt von der Geheimloge GOU, bekam Argentinien eine Militärregierung. Perón wurde zuerst Wohlfahrtsminister, später auch noch Arbeits- und Kriegsminister sowie Vizepräsident; 1946 kandidierte er erstmals für das Amt des Staatspräsidenten. Mit großem Erfolg. Am 4. Juni – eben zum Brigadegeneral befördert – wurde er als Präsident vereidigt.

Bereits als Minister und Vizepräsident hatte sich Perón mit Nazi-Beratern umgeben. Der einflussreichste hieß Ludwig Freude, ein deutsch-argentinischer Millionär. Er galt als Nazi-Bankier und Hitlers Vertrauensmann in Argentinien. Während des Krieges war er Direktor des Banco Alemán Transatlántico und Präsident des Deutschen Klubs in Buenos Aires. Freude zählte – wie auffällig viele andere Nazis und Faschisten – zum engsten Freundeskreis Peróns. Er hatte ihn in Italien

89 Zitiert nach Holger M. Meding, *Flucht vor Nürnberg?*, Köln, Weimar, Wien, Böhlau 1992. S. 17 ff.

kennen gelernt und begegnete ihm danach auf der deutschen Botschaft in Buenos Aires. Der Nazi-Bankier zeigte sich immer wieder als großzügiger Spender. Im Jahre 1944 schenkte er Evita, die damals noch Eva Duarte hieß und die heimliche Geliebte Peróns war, eine Villa im Stadtteil Belgrano. Nachdem Vizepräsident Perón im Oktober 1945 zum Rücktritt gezwungen wurde und eine Verhaftung befürchten musste, versteckte er sich zusammen mit Eva Duarte auf einer Insel mitten im Delta des Río Paraná. Die Insel hieß Ostende und gehörte Ludwig Freude. Und als Perón im Jahre 1946 für das Präsidentenamt kandidierte, stellte ihm Freude vier seiner Firmen für die Finanzierung der Wahlkampagne zur Verfügung. Auch nach dem Zusammenbruch des Dritten Reiches behielt Perón seinen Freund Ludwig Freude als wichtigsten Berater; dessen Sohn Rudolf Freude ernannte er zu seinem Privatsekretär und machte ihn sogar zum Chef für Staatssicherheit. Bei Kriegsende forderten die USA vergeblich die Auslieferung von Ludwig Freude. Die Amerikaner sahen in ihm »Argentiniens Nazi Nr. 1« und den Verwalter verschollener Nazivermögen[90]. Perón und seine Frau Evita hatten sie im Verdacht, dass sie Vater und Sohn Freude dabei unterstützten, abgetauchte Nazi-Kriegsverbrecher in Argentinien zu verstecken.

Nach dem Krieg wanderten deutsche und österreichische Nazis massenweise nach Argentinien aus. Präsident Juan Domingo Perón nahm sie mit offenen Armen auf. Er bestritt, dass er sie aus Sympathie zum Nationalsozialismus aufgenommen hatte. Vielmehr rechtfertigte er diese Einwanderungspolitik mit humanitären Gründen und vor allem mit seinen hochfahrenden Zukunftsplänen für Argentinien. Er strebte die wirtschaftliche und militärische Vorherrschaft auf dem südamerikanischen Kontinent an. Dieses Ziel war – so argumentierte Präsident Perón – nur mit Hilfe deutscher Experten zu erreichen, die im Dritten Reich ihre geistige und technische Überlegenheit unter Beweis gestellt hätten.[91]

Doch unter den Einwanderern befanden sich zuhauf Nazi-Kriegsverbrecher: Adolf Eichmann und Josef Mengele, lange Zeit die meist-

90 Leslie B. Rout & John F. Bratzel, *The shadow war*, Maryland 1986, S. 422
91 Siehe u. a.: *Las Memorias del General*, a. a. O., S. 177

gesuchten Nazi-Verbrecher; Klaus Barbie, der Schlächter von Lyon; Eduard Roschmann, der Scharfrichter von Riga, oder Erich Priebke, SS-Hauptsturmführer, verantwortlich für die Erschießung von 335 Geiseln in den Ardeatinischen Höhlen bei Rom ... Präsident Perón kannte diese Nazi-Verbrecher zum Teil persönlich. KZ-Arzt Josef Mengele, genannt »der Todesengel«, lud er sogar zu sich in die Präsidentenvilla von Olivos ein.[92] Mit den bekannten Nazi-Größen Otto Skorzeny und Hans-Ulrich Rudel verband ihn zeitlebens eine enge Freundschaft. SS-Obersturmbannführer Otto Skorzeny, berühmt geworden als Mussolini-Befreier, war Hitlers Spezialagent für Sabotage und Geheimoperationen. Nach amerikanischen Geheimdienstquellen war er nach dem Krieg am Aufbau der Geheimorganisation ODESSA beteiligt, der größten Nazi-Fluchtorganisation.[93] Das legendäre Flieger-Ass Oberst Hans-Ulrich Rudel war der höchstdekorierte Offizier der Wehrmacht. Er beendete den Krieg als Gruppenkommandeur eines Sturzkampfgeschwaders. In Argentinien leitete er das Hilfswerk »Kameradenkreis«, das ehemalige Nazi-Funktionäre und deren Familienangehörige finanziell unterstützte.

Perón-Biograf Tomás Eloy Martínez, einer der besten Kenner des Peronismus, unterstreicht den politischen Einfluss der Nazi-Einwanderer auf die argentinische Gesellschaft: »... die ganze Nazi-Vergangenheit durchdrang nach und nach die argentinische Gegenwart und verwandelte eine Gesellschaft, welche zum Jahrhundertbeginn zu Offenheit und Liberalität neigte, in ein Kloster, das von Autoritarismus und Repression immer mehr zugemauert wurde.«[94]

Am deutlichsten zeigte sich dieser Einfluss bei höheren Offizieren des Heeres und der Luftwaffe, die mit deutschen Waffenspezialisten und SS-Offizieren zusammenarbeiteten. Besonders enge Kontakte unterhielten die abgetauchten Nazis zu den einflussreichsten Ideologen der argentinischen Rechtsextremen: Professor Jordán Bruno Genta und Jesuitenpater Julio Meinvielle. Genta war Lehrer bei der Luftwaffe in Córdoba. Dort befanden sich auch die Labors deutscher Techniker, die

92 Ebd., S. 194

93 Siehe u.a.: Rena Giefer/Thomas Giefer, *Die Rattenlinie*, Frankfurt a.M. 1991, S. 127ff.

94 *Las Memorias del General*, a.a.O., S. 193

an der Entwicklung der ersten argentinischen Rakete sowie des Jagdbombers Pulquí arbeiteten. Meinvielle galt als führender Theologe der katholischen Integristen.

Genta und Meinvielle propagierten eine Militärdiktatur unter der geistigen Vorherrschaft der katholischen Kirche: »Es ist unsere persönliche Überzeugung – übrigens seit langem –, dass nur eine katholische und militärische Politik die Zersetzung des Vaterlandes durch Freimaurer und Kommunisten aufhalten kann. Nur die Kirche Christi im geistigen und die Streitkräfte im irdischen Bereich vermögen die bolschewistische Subversion und die Anarchie zu überwinden, die in der Republik so breit herum Platz gegriffen haben.«[95] Und beide waren hemmungslose Antisemiten: »So wie die Dinge derzeit liegen, ist der erste und natürliche Feind des Christentums der Jude. Nicht von ungefähr hat der Herr die Juden als ›Kinder des Teufels‹ bezeichnet (Johannes, 8:44). An zweiter Stelle kommen dann die Heiden [...]. Zusammengefasst: Die Feinde des Christentums sind die Juden, die Freimaurer und die Kommunisten«.[96] Die Militärdiktatur unter Junta-General Jorge Videla bezog sich ausdrücklich auf die schwarz-braunen Chefideologen Genta und Meinvielle.

Es wäre wohl übertrieben, die Barbarei der letzten Militärdiktatur, den »Schmutzigen Krieg«, mit der Nazi-Einwanderung zu begründen. Trotzdem: Die Parallelen der Methoden, welche die Nazis gegen Juden und Regimegegner angewandt hatten, und jenen, die sich die argentinischen Foltergeneräle während des »Schmutzigen Krieges« zu eigen machten, sind augenfällig.

Die große Einwanderungswelle nach Argentinien setzte genau zu dem Zeitpunkt ein, als Evita Perón im Sommer 1947 während dreier Monate Europa bereiste. Stationen dieser Reise waren: Madrid, Rom, Paris, Lissabon – und die Schweiz. Wo immer sie auftrat, wurde sie von der Bevölkerung stürmisch begrüßt und wie eine Diva bewundert. Die Regierungschefs von Spanien, Italien und Frankreich empfingen die

95 Jordán Bruno Genta, *La masonería y el comunismo en la Revolución del 16 de septiembre,* Buenos Aires 1955, S. 25

96 Julio Meinvielle, *El Comunismo en Revolución Anticristiana,* Buenos Aires 1982, S. 167 f.

Gattin von General Juan Domingo Perón wie ein Staatsoberhaupt. Die Privataudienz beim Papst dauerte zwanzig Minuten, genausoviel Zeit, wie das päpstliche Protokoll Königinnen vorbehält.

Evita kam als Botschafterin für bessere Handelsbeziehungen mit Argentinien, so das offizielle Programm. Doch neben dem offiziellen Programm verfolgte sie ein Geheimprogramm. Ihre Europareise und vor allem ihr Schweizer Besuch standen eng im Zusammenhang mit Peróns Nazi-Fluchthilfe und den verschwundenen Nazigeldern. Mit ihrem Aufenthalt in der Schweiz erhielt ein altes Gerücht neuen Auftrieb. Die Opposition beschuldigte sie als Inhaberin geheimer Schweizer Bankkonten, auf denen Nazigelder versteckt würden.

Der Verdacht hatte einen realen Hintergrund. Mit der Hilfe von Schweizer Strohmännern und Schweizer Finanzgesellschaften hatte Nazideutschland in Argentinien eine Vielzahl von Firmen kontrolliert und im großen Stil investiert. Kam hinzu: Nazi-Größen wie zum Beispiel Joseph Goebbels hatten bereits ab 1942 beträchtliche Vermögenswerte nach Argentinien verschoben, unter anderem auf die Banco Alemán Transatlántico, die damals von Perón-Freund und Evita-Gönner Ludwig Freude geleitet worden war.

Bei Kriegsende häuften sich die Berichte, nach denen aus Nazideutschland nicht nur Gelder und Wertschriften, sondern auch Patente, Fabrikations-, Rüstungs- und Parteigeheimnisse nach Argentinien in Sicherheit gebracht wurden.[97] Amerikanische Agenten meldeten im Februar und Juli 1945 die Ankunft deutscher U-Boote am Strand von San Clemente de Tuyu, unweit von Mar del Plata. Sie transportierten schwere Kisten mit der Aufschrift »Geheime Reichssache«. Einer der Berichte nannte Namen von Augenzeugen, die sahen, wie diese Kisten an Land geschleppt und auf Lastwagen verladen wurden; ein anderer Bericht listete sogar den Inhalt der schweren Kisten auf: Geld in verschiedenen Währungen (17,5 Mio. Dollar, 4,6 Mio. Pfund Sterling, 24 Mio. Schweizer Franken, 187 Mio. Reichsmark), 2,5 Tonnen Gold, 4,6 Tonnen Diamanten und Brillanten. Die Opposition spekulierte, dass diese Vermögenswerte vom »Nazi-Bankier« Ludwig Freude verwaltet

97 Siehe u. a.: *Las Memorias del General*, a. a. O., S. 173 ff.

und angeblich auf die Namen Eva María Duarte und Juan Domingo Perón gutgeschrieben wurden.

Niemand weiß, was aus den nach Argentinien in Sicherheit gebrachten Fabrikations-, Rüstungs- und Parteigeheimnissen geworden ist, wer die Wertschriften behändigt hat und in welchen Kanälen die geheimen Nazigelder versickert sind. In Argentinien wurde die Suche nach verschwundenen Nazivermögen immer wieder gewaltsam unterbunden. Zu neugierige Journalisten verschwanden spurlos, Bankiers wurden ermordet, Nazi-Strohmänner begingen sonderbare Selbstmorde.

Das AMIA-Massaker rückte mit einem Schlag Argentiniens dunkle Nazi-Vergangenheit ins Zentrum der öffentlichen Diskussion und damit Evitas geheimnisvolle Schweizer Reise.

TEIL II

EVITA PERÓNS EUROPAREISE

Evita setzt das Frauenstimmrecht durch

General Peróns Macht war überwältigend. Bei den Wahlen vom Februar 1946 gewann seine Partei in der Abgeordnetenkammer eine Zweidrittelsmehrheit, im Senat errang sie sogar 28 von 30 Sitzen, und gleichzeitig stellte sie – außer in einer Provinz – sämtliche Gouverneure. Das Geheimnis dieses triumphalen Wahlsieges: Peróns Bündnis mit den Gewerkschaften und vor allem die immense Popularität seiner Frau Evita, einer ehemaligen Schauspielerin.

Am 4. Juni 1946, vier Monate nach dem überwältigenden Wahlsieg, wurde General Juan Domingo Perón als Staatspräsident vereidigt. Neben ihm stand Eva Duarte de Perón, die neue First Lady. Gleichentags zog das Präsidentenpaar in den Unzué-Palast ein, den die Regierung von einer alteingesessenen Viehzüchterfamilie gekauft hatte, eine Luxusresidenz mit 182 Zimmern am Ufer des Flusses Palermo.

Von Anfang an war klar: Die neue First Lady würde sich nicht mit repräsentativen Aufgaben begnügen, sondern in Peróns Amtsführung eine herausragende Rolle übernehmen. Sie sah sich als »direkte Verbindung« zwischen der Regierung und dem Volk, zwischen ihrem geliebten Führer Perón und seiner Wählerschaft, den »Descamisados« (die Hemdlosen). Pathetisch und kompromisslos ergriff sie Partei für die Schwachen und Armen. »Ich kenne weder Mittelweg noch Ausgewogenheit. Ich erkenne nur zwei Wörter als Lieblingstöchter meines Herzens an: Liebe und Hass.«[98] Sie liebte die »Descamisados«, das einfache Volk: rechtlose Frauen, landlose Bauern, ausgebeutete Arbeiter und die verarmten Nachfahren der Indios. Und sie hasste die Oligarchie, die das einfache Volk immer schon ausgebeutet und geknechtet hatte, und zu

98 Eva Perón, *Mein Vermächtnis,* Bergisch Gladbach 1997, S. 102

der sie alle Reichen und Mächtigen zählte: Fabrik- und Großgrundbesitzer, den Geldadel, die Viehzüchteraristokratie, aber auch die kirchliche Hierarchie.

Bei Peróns Amtsantritt bezog Evita im Hautptgebäude der Post in der Avenida Corrientes mehrere Büros und entfaltete eine außergewöhnliche Aktivität. Sie rekrutierte einen Mitarbeiterstab, mit dem sie in den nächsten zwei Jahren einen einzigartigen Machtapparat aufbauen wird. General Perón ließ ihr freie Hand, mehr noch, er hievte sie in die Rolle der Stellvertreterin. Sie nahm für ihn an Empfängen teil, las auf Gewerkschaftsveranstaltungen seine Reden, eilte als Sonderbotschafterin des Staatspräsidenten durchs Land, besuchte Krankenhäuser und Fabriken. An drei Wochentagen empfing sie Bürgerinnen und Bürger, denen sie versprach, ihre Sorgen und Nöte Präsident Perón zu unterbreiten. Ihr Einfluss war so groß, dass selbst Minister bei ihr Rat und Hilfe suchten. Ihre regelmäßigsten Besucher waren Gewerkschaftsvertreter. Die Gewerkschaft CGT hatte entscheidend zum Wahlsieg Peróns beigetragen. Darum nahm er ihre wichtigsten Postulate in sein Regierungsprogramm auf, und er sorgte dafür, dass die CGT vor allen wichtigen Entscheiden der Regierung konsultiert wurde. Der Kontakt zwischen Perón und der CGT lief weitgehend über Evita. Diese Vermittlerrolle stattete sie mit einer außerordentlichen Machtfülle aus und machte sie zur grauen Eminenz der mächtigen CGT.

Parallel zu ihrer Gewerkschaftsarbeit verfolgte Evita ein ehrgeiziges Sozialhilfeprogramm. Im Dezember 1946 verlegte sie das Hauptquartier ihrer Organisation ins Arbeitsministerium. Obwohl sie weder einen Auftrag der Regierung noch ein öffentliches Amt hatte, übernahm sie weitgehend das Ministerium und degradierte den Minister zu ihrem Laufburschen. 1948 gründete sie die »Stiftung Eva Perón« und setzte sich an die Spitze eines riesigen Sozialhilfewerkes. Die Stiftung zählte über 1000 Mitarbeiter und verfügte bereits im ersten Jahr über ein Budget von 600 Millionen Pesos. Die Stiftung stellte sich voll in den Dienst der Unterschicht. Sie baute in abgelegenen Gegenden Krankenhäuser, in denen die verarmte Landbevölkerung umsonst behandelt wurde; sie gründete Berufsschulen, errichtete Studentenheime und Ferienzentren für Bauern- und Arbeiterkinder, finanzierte Waisenheime und zog einen Dienst auf, der alte Menschen pflegte und an Arme Kleider und warme Mahlzeiten verteilte. »Alle acht Minuten ein neues Haus«, so hieß ein Slogan der »Stiftung Eva Perón«. Rund um die Hauptstadt Buenos Aires, in der rund ein Drittel der argentinischen Bevölkerung lebte, war ein riesiger Slumgürtel entstanden. In Rekordzeit erstellte Evitas Hilfswerk mit Hilfe staatlicher Gelder Sozialwohnungen für 2,5 Millionen Menschen, die bisher in armseligen Hütten ohne Wasser- und Stromzufuhr gehaust hatten.

Den größten politischen Erfolg feierte Evita als Frauenpolitikerin. Die Einführung des Frauenstimm- und -wahlrechtes war weitgehend ihr Verdienst. Seit den frühen 20er-Jahren hatten linke Frauen für die Gleichstellung der Frau gekämpft. Mit sehr bescheidenem Erfolg. Sie konnten nicht einmal auf die volle Unterstützung der sozialistischen und der kommunistischen Partei zählen. Die feministische Bewegung blieb ein elitärer Frauenzirkel, in dem Anwältinnen und Ärztinnen den Ton angaben. Nur wenige Monate nach Peróns Amtsantritt als Staatspräsident legte Evita einen Gesetzesentwurf über die Gleichstellung von Frau und Mann vor. Als sie vollmundig ankündete, dass das Gesetz innert 18 Monaten verabschiedet werde, wurde sie belächelt und verhöhnt. Die Kirche meldete Widerstand an. Besonders aufgebracht reagierten die sozialistischen und kommunistischen Frauenverbände. Sie fühlten sich von Evita vor den Kopf gestoßen und um einen politischen Sieg geprellt, der historisch, wie sie meinten, ihnen zustand. Doch es war Evita, die triumphierte. Sie war es, die am 23. September 1947 in einer landesweit übertragenen Radioansprache die Einführung des Frauenwahlrechtes bekannt gab: »Meine lieben Schwestern, soeben erhalte ich von der Regierung das Gesetz Nummer 13010, das uns das Wahl- und Stimmrecht zugesteht.« Evita erreichte in wenigen Monaten, was die Feministinnen in dreißig Jahren nicht geschafft hatten. Es gelang ihr, die argentinischen Frauen für die Politik zu begeistern. Im Jahre 1949 gründete sie ihre eigene Frauenpartei, den »Partido Peronista Femenino«. Die Partei fasste auf Anhieb in allen 23 Provinzen des Landes Fuß. Sie zählte bis zu 3600 Sektionen und entwickelte sich – nach der peronistischen Partei und der Gewerkschaft CGT – zur drittgrößten Massenbewegung.

Mit nur dreißig Jahren verfügte Evita über einen einzigartigen Machtapparat, den sie aber nicht für eine eigenständige Politik nutzte, sondern ganz in den Dienst ihres Führers Perón stellte: Sie war Aushängeschild und graue Eminenz der CGT, der mächtigsten Gewerkschaft; sie stand an der Spitze der »Stiftung Evita Perón« und kontrollierte den »Partido Peronista Femenino«.

Der argentinische General und der spanische Generalissimus

Am 6. Juni 1947, ein Jahr nachdem General Perón als Staatspräsident vereidigt worden war, startete Evita zu einer mehrmonatigen Europareise. Erstmals trat sie aus dem Schatten Peróns. Sie reiste ab als Eva und kam zurück als Evita. Es war der Anfang des Mythos Evita.

Der spanische Diktator Generalissimo Francisco Franco hatte General Juan Perón und seine Gattin zu einem Staatsbesuch eingeladen. Damit wollte sich Franco bei Perón dafür bedanken, dass Argentinien ihm großzügige Wirtschaftshilfe gewährte und in der UNO-Vollversammlung Spaniens Standpunkte vertrat.

Unmittelbar nach dem Krieg befand sich die spanische Wirtschaft in einem desolaten Zustand. In mehreren Provinzen litten die Menschen sogar Hunger. Im Gegensatz zu den übrigen europäischen Ländern war Franco-Spanien vom Marshallplan, dem amerikanischen Wiederaufbau-Programm, ausgeschlossen. Damit sollte der spanische Caudillo, nach Hitler und Mussolini der letzte europäische Diktator der Achsenmächte, in die Knie gezwungen werden. Dank General Perón aber gelang es Diktator Franco, sich aus dem Würgegriff der Siegermächte zu befreien.

Im Oktober 1946 hatten Argentinien und Spanien ein neues Handelsabkommen unterzeichnet. Die argentinische Regierung sicherte Spanien umfangreiche Kredite zu und beschloss, als Soforthilfe, die Lieferung von 700000 Tonnen Getreide sowie 120000 Tonnen Mais. Einen Monat später, am 4. November, befasste sich der UNO-Sicherheitsrat auf Betreiben der Sowjetunion mit Spanien. Der Sicherheitsrat stufte die Franco-Diktatur als Bedrohung für den Weltfrieden ein und forderte politische Sanktionen. Anfang Dezember ergriff der argentinische Delegierte José Arco vor der UNO-Vollversammlung Partei für Spanien. Er kritisierte die geplanten Sanktionen als Verletzung der UNO-Charta, die eine Einmischung in die inneren Angelegenheiten eines Mitgliedstaates ausdrücklich untersage. Doch der argentinische UNO-Delegierte fand keine Unterstützung im Saal. Die UNO verurteilte Spanien. Am 12. Dezember verabschiedete die Vollversammlung eine Aufforderung an alle Mitgliedstaaten, ihre diplomatischen Beziehungen mit Spanien abzubrechen. Argentinien stimmte dagegen und weigerte sich, der UNO-Aufforderung nachzukommen. Während fast alle UNO-Staaten ihre Botschafter aus Madrid abzogen, nahm Argentinien wiederum diplomatische Beziehungen mit Spanien auf. Seit Anfang 1945 war der argentinische Botschafterposten in Madrid vakant geblieben. Am 22. Dezember 1946, zehn Tage nach den UNO-Sanktionen gegen Spanien, entsandte Argentinien einen neuen Botschafter, Pedro Radió, nach Madrid. Am 28. Januar wurde dieser von Generalissimo Franco offiziell begrüßt. Der Empfang war ausgesprochen herzlich. Franco rühmte die argentinisch-spanische Freundschaft und lud General Perón zu einem Staatsbesuch ein. Noch am gleichen Tag übermittelte Botschafter Pedro Radió die Einladung nach Buenos Aires.

Für General Perón bedeutete die Wirtschaftshilfe an Spanien den Auftakt zu seiner neuen Außenpolitik. In Zukunft sollte Argentinien als Großmacht auftreten. Die Chancen schienen günstig. Europa lag in Trümmern. Die USA und die Sowjetunion waren wirtschaftlich angeschlagen. Argentinien dagegen besaß eine floriende Landwirtschaft und eine intakte Industrie. Es war gestärkt aus dem Krieg hervorgegangen und zählte weltweit zu den reichsten Ländern. Die Nationalbank wies damals – nicht zuletzt dank umfangreicher Kriegsgeschäfte – Reserven in der Höhe von 1400 Milliarden Dollar aus. Argentinien fühlte sich stark genug, um neben den USA und der Sowjetunion als dritte Weltmacht aufzutreten. General Peróns politisches Programm, genannt der »Dritte Weg«, deckte sich weitgehend mit dem von Duce Benito Mussolini propagierten Faschismus.

Der Staatsbesuch in Spanien sollte zwei Wochen dauern. Doch General Perón, erst seit kurzem an der Macht, wagte es nicht, den Regierungsgeschäften so lange fernzubleiben. Sein ehrgeiziges Reformprogramm, das unter anderem die Verstaatlichung wichtiger Wirtschaftsbereiche vorsah, nahm erst langsam Gestalt an, befand sich noch immer in der kritischen Startphase, in der schon geringste Fehler zu fatalen Folgen führen können. Vor allem aber misstraute er der putschfreudigen Armee. Zwar hatte er bei den Wahlen einen überwältigenden Sieg davongetragen, aber nur ein Teil der Armee stand hinter ihm. Vieles sprach dagegen, Francos Einladung anzunehmen. Trotzdem mochte General Perón auf den Staatsbesuch nicht verzichten, denn er bot eine einmalige Gelegenheit, in Europa und vor der Weltpresse für das neue Argentinien zu werben. Schließlich beschloss Perón, dass Evita ohne ihn Spanien besuchen sollte.

Der Entscheid löste Empörung und Kopfschütteln aus. Die Opposition sprach von einem Skandal, die Oligarchie tobte, und die linken Frauenverbände protestierten. Sie konnten es nicht fassen, dass ein Starlet, das bisher vor allem durch extravagante Kleider und gewagte Decolletés aufgefallen war, den Staatspräsidenten vertreten soll. Selbst in den Reihen der Peronisten regte sich Kritik. Außenminister Juan Atilio Bramuglia war gegen Evitas Reise. Er befürchtete, dass Evita, die nur die Grundschule besucht hatte und über keinerlei diplomatische Erfahrung verfügte, der schwierigen Mission nicht gewachsen sei. Er warnte vor einem verheerenden Imageverlust für Argentinien. General Perón ließ sich jedoch nicht umstimmen.

Evita bricht auf nach Europa

Am 22. April gab die argentinische Regierung offiziell bekannt, dass Evita Anfang Juni zu einem Staatsbesuch nach Spanien fliegen werde. Madrid und Buenos Aires hatten seit Dezember auf diesen Staatsbesuch hingearbeitet, sich bereits auf ein Programm geeinigt und alle Protokollfragen geklärt. Doch jetzt trat Evita auf den Plan und stellte alles wieder auf den Kopf. Sie forderte eine Abänderung des Programms und wollte mitbestimmen, wer sie nach Spanien begleite.

Evita verlangte, dass sie bei der Ankunft in Madrid von Franco persönlich begrüßt und mit militärischen Ehren empfangen werde. Ohne Zusicherung, dass ihr das Große Kreuz der Isabel la Católica verliehen werde, wollte sie die Reise nicht antreten. Als Madrid auf ihre Wünsche nicht sofort eintrat, zitierte sie den spanischen Botschafter in Buenos

Aires, José María de Areilza, zu sich und las ihm die Leviten: »Wie ich höre, wollen Sie meine Reise nach Spanien torpedieren und mir die Medaille der katholischen Königin verweigern. [...] Das Programm, das mir gezeigt wurde, ist eine Schweinerei. Es muss vollständig geändert werden.«[99] Der Botschafter, schockiert ob der groben Redensart, gab kleinlaut zur Antwort: »Noch gibt es kein Programm für Ihre Reise. Es hängt ganz von Ihren Wünschen ab.« Nach dieser stürmischen Intervention Evitas lenkte Madrid ein. Franco ordnete an, dass Evita mit den Ehren empfangen werde, die das Protokoll für Staatsoberhäupter vorsah.

Lilian Lagomarsino de Guardo war Evitas beste Freundin und ständige Begleiterin. Sie ist über 90 Jahre alt und lebt in Buenos Aires, wo sie mit ihren drei Töchtern eine Bäckerei und mehrere Speiselokale betreibt. Trotz ihres hohen Alters blieb ihr die Zeit mit Evita in lebhafter Erinnerung. Als sei es erst gestern gewesen, schildert sie, wie Evita sie zur Europareise einlud: »Eines Morgens erklärte mir Evita: ›Lilian, wir fahren nach Europa.‹ Ich sagte: ›Señora, ich kann nicht nach Europa fahren, ich habe drei kleine Kinder, das jüngste ist noch ein Baby und nur gerade zwei Monate alt.‹ – ›Aber Lilian‹, insistierte Evita, ›Spanien lädt uns ein, wir werden vierzehn wundervolle Tage verbringen.‹«[100] In den nächsten Wochen versuchte Evita immer wieder, Lilian umzustimmen. Ohne Erfolg. Lilian lehnte hartnäckig ab. Schließlich schaltete sich General Perón persönlich ein. Nach einem gemeinsamen Mittagessen in der Residenz nahm er Lilian zur Seite und legte ihr dar, wie wichtig Evitas Staatsbesuch für Argentinien sei. Lilian erinnert sich: »Der General war sehr besorgt. Er sagte mir: ›Wenn Sie nicht mitfahren, will Evita den Staatsbesuch absagen. Sie kennen Evita, sie ist im Stande und macht ihre Drohung wahr.‹« Jetzt erst willigte Lilian ein. Sie wagte es nicht, dem Staatspräsidenten Nein zu sagen. Was ihr General Perón verschwieg: Die Reise ging nicht nur nach Spanien, sondern durch halb Europa, und sie dauerte nicht – wie angekündigt – vierzehn Tage, sondern drei Monate. Diese Lüge hat sie dem General lange nicht verziehen. »Für mich war das ein großer Schock«, erzählt sie, »als ich nach

99 José María de Areilza, *Memorias exteriores, 1947–1964*, Barcelona 1984, S. 27 f.
100 Gespräch mit Lilian Lagomarsino de Guardo in Buenos Aires, 6. Mai 1998

Buenos Aires zurückkehrte, hat mich meine jüngste Tochter nicht mehr wiedererkannt.« Heute lacht sie darüber.

Lilian war die ideale Reisebegleiterin. Niemand hätte Evita besser beraten können als sie. Sie hatte studiert, mehrere Sprachen gelernt und kannte Europa von früheren Reisen. Ob auf einem mondänen Botschafterempfang oder bei einer Benefizveranstaltung der Evita-Frauen, sie fand stets den richtigen Konversationston. Politik war zwar nicht ihre Leidenschaft, aber sie wusste Bescheid. Sie war mit einem der einflussreichsten Politiker verheiratet. Ihr Mann, Professor Ricardo Guardo, war Präsident der Abgeordnetenkammer und ein enger Vertrauter von General Perón.

Für Evita war Lilian mehr als nur Beraterin. Die beiden Frauen verband eine tiefe Freundschaft. Warum Evita ausgerechnet für Lilian eine so große Zuneigung empfand, mag überraschen. Lilian stammt aus einer angesehenen Familie der Oberschicht, für die Evita nichts als Verachtung übrig hatte. Und sie besitzt Charaktereigenschaften, die Evita völlig abgingen. Sie ist leise und bescheiden; sie hasst es, im Zentrum zu stehen, und sie verabscheut extravagante Auftritte.

Seit den frühen Morgenstunden des 6. Juni 1947 hatten sich auf dem Militärflughafen Morton im Westen der Stadt Buenos Aires mehrere Zehntausend Menschen eingefunden. Es war drei Uhr nachmittags, als sich eine lange Autokolonne näherte. An der Spitze eine Polizeieskorte mit der Präsidentenlimousine, in der neben Evita General Perón und sein Sicherheitschef Rudi Freude, der Sohn des berühmten Nazi-Bankiers Ludwig Freude, Platz genommen hatten. Dichtauf folgten in flaggengeschmückten Dienstwagen ein halbes Dutzend Botschafter, nochmals so viele Minister, mehrere Generäle sowie sämtliche Provinzgouverneure.

Als Evita aus der Flughalle trat und zum Flugzeug schritt, entlud sich ein Begeisterungssturm. Die riesige Menschenmenge war wie aus dem Häuschen, skandierte »Evita«, »Evita«, stimmte das Marschlied »Marche de Perón« an und klatschte dazu im Takt. Perón und Evita umarmten sich. Dann stieg Evita die Flugzeugtreppe hoch. Zuoberst angekommen, drehte sie sich nochmals um. Sie weinte. Ein letztes Mal winkte sie der Menge zum Abschied. Punkt 16 Uhr 20 startete ihre Maschine, ein Sonderflugzeug der spanischen Regierung.

Evita war die Tragweite ihrer Mission bewusst. Einmal in der Luft, erteilte sie ihrem Mitarbeiterstab strenge Anweisungen, erzählt Lilian: »Ich verlange von Ihnen, dass Sie sich gut benehmen. Die ganze Welt blickt auf uns, und einige hoffen, dass wir ins Fettnäpfchen trampen. Treiben Sie keinen Unfug!« Achtzehn Personen begleiteten Evita auf dem Flug nach Spanien. Das Militär war mit drei hohen Offizieren vertreten, unter ihnen Fregattenkapitän Arturo Gutiérrez; die spanische Botschaft hatte zwei Diplomaten entsandt, den Marqués von Chinchilla und den Grafen von Foxá. Alle andern gehörten, wie Lilian Lagomarsino de Guardo, zum persönlichen Hofstaat Evitas. Alberto Dodero von der gleichnamigen Schifffahrtsgesellschaft, einer der reichsten Argentinier, verwaltete die Reisekasse; Julio Alcaraz, der verschwiegene Friseur, wachte über Evitas Schmuck, der einen ganzen Koffer füllte. Weiter reisten mit: der Schriftsteller Francisco Muñoz Azpiri, der Evitas Reden schrieb; Pater Hernán Benítez, ihr Beichtvater und Make-up-Berater, der Leibarzt Francisco Alsina, zwei Modeschneiderinnen, mehrere Kammerzofen und selbstverständlich Juancinto Duarte, stets in der Nähe seiner Schwester Evita.

Der Überflug nach Europa dauerte mehr als zwanzig Stunden. Damit die lange Reise für Evita nicht zu beschwerlich wurde, stand ihr ein spezielles Abteil zur Verfügung, das sie mit ihrer Freundin Lilian teilte. Auf der Seite des Cockpits hatte man mehrere Sitzreihen entfernt und ein kleines Apartment eingerichtet. Zwischen Salon und Waschraum lag, abgetrennt durch schwere Samtvorhänge, das Schlafzimmer mit zwei Betten und einem Boudoir.

»Wir legten uns früh schlafen. Aber Evita, die Ärmste, konnte kein Auge zutun, sie war dermaßen aufgeregt«, berichtet Lilian. Während Wochen hatte sich Evita geradezu euphorisch auf den – wie sie sagte – »historischen Auftritt« in Spanien gefreut. Doch jetzt, als er unmittelbar bevorstand, packte sie beinahe panische Angst. Plötzlich bekam sie Zweifel, ob sie der Rolle der Stellvertreterin des Staatspräsidenten gewachsen sei. Sie hatte Angst, die großen Erwartungen, die General Perón in sie setzte, zu enttäuschen. Schlimmer noch war ihre Angst vor einem Mord- oder Terroranschlag. Lilian glaubte zuerst, es handle sich um Flugangst. Evita litt tatsächlich unter Flugangst. Doch es war nicht nur Flugangst. »Es stimmt, die Señora hatte während der ganzen Zeit in Europa schreckliche Angst. Sie war überzeugt, dass sie noch während der Reise sterben werde. Woher sie diese Gewissheit zu haben glaubte, weiß ich nicht. Darüber schwieg sie sich aus; und ich wagte es nicht, sie danach zu fragen«, erzählt Lilian.

Es war Mitternacht. Die Sondermaschine der spanischen Regierung hatte knapp einen Drittel des Atlantiks überflogen. Evita lag wach im Bett und dachte ans Sterben. Den Tod vor Augen, beschloss sie, General Perón einen Brief zu schreiben, in dem sie von ihm Abschied nahm und ihn darum bat, sich um ihre Mutter und ihre Schwestern zu kümmern.

Die steile Karriere der Eva Duarte

Der Abschiedsbrief war voller rätselhafter Andeutungen auf ihre Vergangenheit. Er begann mit einer leidenschaftlichen Liebeserklärung.

»Lieber Juan, ich reise mit großem Bedauern ab, denn fern von Dir kann ich nicht leben; ich liebe Dich so sehr, dass es schon an Götzenverehrung grenzt. Vielleicht gelingt es mir nicht, Dir meine ganzen Gefühle zu zeigen, aber ich kann Dir versichern, dass ich viel im Leben zu kämpfen hatte, um jemand zu sein. Ich habe viel gelitten, doch dann kamst Du und hast mich glücklich gemacht, dass es ist wie im Traum; und da ich Dir nichts anderes anbieten konnte als mein Herz und meine Seele, habe ich Dir beides ganz geschenkt; doch in den drei Jahren unseres täglich wachsenden Glücks habe ich nicht eine Stunde aufgehört, Dich anzubeten und dem Himmel zu danken, dass Gott so gut war, mich mit Deiner Zuneigung auszuzeichnen, deren ich mich jeden Moment versucht habe würdig zu zeigen, indem ich alles tat, um Dich glücklich zu machen. Ich weiß nicht, ob es mir gelungen ist, doch ich kann Dir versichern, dass niemand auf der Welt Dich je mehr verehrt und geliebt hat. Ich bin Dir so treu, dass, wenn Gott dieses Glück, Dich zu lieben, nicht billigt und mich zu sich ruft, ich Dir noch nach dem Tod treu sein und Dich von dort oben verehren werde […].«[101]

101 Der Brief trägt das Datum vom 6. Juni 1947. Er befand sich in einer Dokumentensammlung, die General Perón dem mit ihm befreundeten Industriellen Jorge Antonio (siehe Teil III, S. 289ff.) in Gewahrsam gegeben hatte. Erst 1995 gab Jorge Antonio diesen Brief zur Veröffentlichung frei. Die Zeitschrift *Gente* druckte in der Ausgabe vom 20. August 1995 Teile des Briefes als Faksimile ab.

In diesem überschwänglichen Brief ging sie nochmals alle Stationen ihres Lebens durch. In Gedanken kehrte sie zurück ins Pampa-Dorf Los Toldos, wo sie die ersten Jahre ihrer Kindheit verbracht hatte. Damals hatte sie noch María Eva Ibarguren geheißen. Schmerzliche Erinnerungen. Sie sah die staubige Straße vor dem Schulhaus und hörte, wie Mitschülerinnen sie demütigten, sie »Bastarda« schimpften, weil sie ein uneheliches Kind war. Ihr Leben lang litt sie unter ihrer Herkunft.

Evita wurde am 7. Mai 1919 geboren. Ihre Mutter hieß Juana Ibarguren, ihr Vater Juan Duarte.

Juana Ibarguren war die Tochter eines verarmten Fuhrmannes, der aus dem Baskenland eingewandert war. Juan Duarte stammte aus dem Städtchen Chivilcoy und war vermögend. Im Jahre 1901 kaufte er in der Nähe von Los Toldos die Estancia »La Unión«. Er war ein angesehener Bürger mit den Allüren eines Caudillo, der das Leben in vollen Zügen genoss. Nachdem er im Jahre 1908 zum Friedensrichter von Los Toldos ernannt worden war, träumte er von der großen Karriere als Politiker. Während einer Wahlkampfveranstaltung lernte er Juana Ibarguren kennen. Sie wurde seine Köchin und Konkubine. Evita war ihr fünftes Kind von Juan Duarte. Erminda, Elisa, Blanca und Juancinto waren bereits geboren.

In Los Toldos war allgemein bekannt, dass Gutsherr Duarte verheiratet war. Seine Ehefrau, mit der er drei Töchter hatte, lebte in Chivilcoy. Ein Jahr nach Evitas Geburt musste Juan Duarte die Estancia »La Unión« aufgeben; er verließ seine Geliebte Juana und kehrte zu seiner legitimen Familie in Chivilcoy zurück. Es war kein freiwilliger Wegzug. Im Gegenteil. Juan Duarte wurde wegen Veruntreuung öffentlicher Gelder aller Ämter enthoben und mit Schimpf und Schande aus Los Toldos gejagt. Die Gelder, die er für seine rauschenden Wahlkampffeste verschwendet hatte, stammten aus der Stadtkasse.

Für Juana Ibarguren begann die schlimmste Zeit ihres Lebens. Der neue Gutsherr der Estancia »La Unión« schickte sie weg. Kein anderer Gutsherr wollte der Mätresse des Betrügers Duarte Arbeit geben. Sie stand da ohne Dach über dem Kopf, ohne Verdienst, und hatte fünf kleine Kinder zu ernähren. Schließlich hatte der Besitzer eines Kleidergeschäftes in Los Toldos Erbarmen mit ihr. Er hielt ihr Näharbeiten zu.

Mit dem Geld, das sie dafür erhielt, mietete sie an der Calle Francia eine armselige Hütte, die aus einem einzigen Raum bestand. Es gab weder Wasser noch Strom. Zehn Jahre lang wohnten hier Juana Ibarguren und ihre Kinder. Aber sie fühlten sich nie zu Hause in dem schäbigen Los Toldos, das knapp 3000 Einwohnerinnen und Einwohner zählte.

Evita und ihre Geschwister wurden wegen ihrer unehelichen Herkunft verachtet. Die Nachbarn verboten ihren Kindern, mit ihnen zu spielen. Das halbe Dorf lästerte über den unmoralischen Lebenswandel ihrer Mutter. Und die Damen vom Frauenverein wechselten die Straßenseite, wenn sie Juana begegneten. Evita hasste Los Toldos. Später versuchte sie alles, was an Los Toldos und ihre uneheliche Herkunft erinnerte, aus ihrem Gedächtnis zu verbannen. Sie ließ sogar ihre Geburtsurkunde fälschen, strich den verhassten Geburtsort definitiv aus ihrer Biografie und beschaffte sich bei dieser Gelegenheit einen rechtmäßigen Vater: Juan Duarte.

Es ist nicht bekannt, ob Evita ihren Vater kannte. Als er seine Geliebte Juana sitzen ließ, war sie nur ein paar Monate alt. Vielleicht kam er gelegentlich zu Besuch, oder Juana und ihre Kinder fuhren zu ihm nach Chivilcoy, das relativ nahe bei Los Toldos liegt. Doch niemand vermag sich zu erinnern, dass Evita je von gemeinsamen Erlebnissen mit ihrem Vater erzählt hätte. Auch ihre beste Freundin Lilian nicht.

Evita war sieben Jahre alt, als ihr Vater im Januar 1926 bei einem Autounfall ums Leben kam. An seinem Totenbett spielten sich dramatische Szenen ab. Juana war mit ihren Kindern nach Chivilcoy gereist. Sie wollte Abschied nehmen von ihrem Mann und vermutlich auch ihren Erbanteil einfordern. Die Familie Duarte reagierte mit Entsetzen und verweigerte ihr den Zutritt zum Haus. Hatte sie nicht schon genug Schande über die Familie gebracht! Doch Juana ließ sich nicht abweisen, machte einen Aufstand. Sie bestand darauf, ihrem Ehemann die letzte Ehre zu erweisen. Duartes Ehefrau war vier Jahre zuvor gestorben. Seither betrachtete sich Juana als rechtmäßige Frau Duartes. Schließlich gab die Familie nach, wohl aus Angst vor einem noch größeren Aufstand. Unter den hasserfüllten Blicken der ehelichen Kinder traten die außerehelichen ins Totenzimmer. Sie sprachen ein Gebet und verabschiedeten sich mit einem Kuss von ihrem Vater. Und es wurde ihnen erlaubt, den Toten zum Friedhof zu begleiten, aber nicht unmittelbar hinter dem Sarg, sondern am Ende des Trauerzuges. Evita schämte sich.

Nach Juan Duartes Tod verschlechterte sich Juanas Situation. Sie erhielt immer weniger Aufträge und beschloss, Los Toldos zu verlassen. Im Jahre 1930 zog sie nach Junín, einer Kleinstadt 50 Kilometer nördlich von Los Toldos. Junín lag an der neuen Eisenbahnstrecke, die Buenos Aires mit dem Pazifik verbindet. Der Bau der Eisenbahnlinie hatte Arbeiter und Geschäftsleute aus allen Provinzen angezogen. Das ehemalige Viehzüchterdorf entwickelte sich zu einer modernen Kleinstadt. Die Ibargurens fanden sich in der neuen Umgebung schnell zurecht. Juana gab die Schneiderei auf und eröffnete ein kleines Speiselokal, halb Restaurant, halb Arbeiterkantine. Im Haus, das die Familie bewohnte, richtete sie ein großes Esszimmer ein, in dem sie Gäste empfing. Elisa, die älteste Tochter, fand eine Anstellung bei der Post; Blanca besuchte das Gymnasium und wurde Lehrerin; Juan arbeitete bei einem Seifenfabrikanten, bevor er sich als Kadett zur Armee meldete. Evita lebte auf, obwohl sie dem Schulunterricht nur mühsam folgen konnte. Endlich wurde sie von ihren Mitschülerinnen als Gleichwertige behandelt. Niemand mehr schimpfte sie »Bastarda«.

Im Jahre 1933 beendete Evita die Grundschule und träumte davon, Schauspielerin zu werden. Ihre Schwester Erminda erzählt in ihrem Buch, dass Evita schon als kleines Mädchen leidenschaftlich gerne Gedichte gelesen und vorgetragen hatte. In der Schule von Junín stand sie erstmals auf der Bühne und machte sogleich Furore. Nach einer Schüleraufführung meldete sich der Leiter einer Schauspieltruppe und bot ihr einen Vertrag an. So jedenfalls schildert Erminda die Geburtsstunde des Filmstars Evita. In der Lebensgeschichte Evitas lassen sich Dichtung und Wahrheit oft nur schwer auseinander halten. Das trifft insbesondere für die Anfänge ihrer Karriere als Schauspielerin zu.

Es war mitten im Sommer, am 2. Januar 1935, als Evita sich aufmachte, ihren Mädchentraum wahr zu machen. Sie verabschiedete sich von ihrer Mutter und ihren Schwestern und nahm den Zug nach Buenos Aires. Die Fahrt in die 250 Kilometer entfernte Hauptstadt dauerte fast acht Stunden. Sie war in den Landesfarben gekleidet. Sie trug eine weiße Bluse und einen hellblauen Faltenrock. Ihr einziges Gepäck: ein kleiner Pappkoffer und ein Handtäschchen mit ein bisschen Geld und zwei Adressen.

Die erste Adresse führte zu einer früheren Bekannten ihrer Mutter, bei der Evita in den ersten Monaten wohnen durfte. Die zweite Adresse war die des populären Tangosängers Augustín Magaldi. Evita hatte ihn ein Jahr zuvor kennen gelernt, als er auf seiner Sommertournee in Junín gastierte. Sänger Magaldi, den man auch den »Provinzgardel« nannte, hatte ihr versprochen, er werde ihr einen Job beim »Radio Nacional« vermitteln. Tatsächlich unterstützte er Evita in der Anfangszeit. Er begleitete sie zum »Radio Nacional«, wo sie eine Prüfung als Radiosprecherin ablegte. Einen Job jedoch bot man ihr nicht an. Es dauerte über ein Jahr, bis sie ihr erstes Engagement erhielt, allerdings nicht beim Radio, sondern beim Theater. Sie spielte ein Dienstmädchen, eine kleine stumme Nebenrolle. Im Jahre 1937 gab sie ihr Filmdebüt. Im Film »Segundos Afuera« war sie in einer kleinen Nebenrolle zu sehen. Ein erster bescheidener Erfolg, den sie nicht etwa ihrer schauspielerischen Leistung, sondern ihrem Liebhaber Emilio Kartulowicz zu verdanken hatte. Dieser, ein ehemaliger Rennfahrer, war Herausgeber der angesehenen Zeitschrift *Sintonía* und unterhielt exzellente Beziehungen zur Filmbranche. Er hatte ihr die erste Filmrolle vermittelt und sie danach in seiner Zeitschrift als neuen Filmstar gefeiert. Trotz so prominenter Unterstützung blieb der große Erfolg weiterhin aus. Zwar erhielt sie von jetzt an regelmäßig Aufträge, aber man bot ihr fast nur miese Rollen an, für die sie noch miesere Gagen bezog. Zum Glück war ihr Bruder Juan da.

Evita und Juan waren unzertrennlich. Juan hatte inzwischen seinen Militärdienst beendet und arbeitete bei einer Sparkasse in Buenos Aires. Daneben handelte er unter anderem mit Autos. Regelmäßig unterstützte er Evita, zu Beginn zumindest. Danach häuften sich seine Playboy-Eskapaden, und er geriet selber zunehmend in Geldnöte. Er verschwendete ein Vermögen für teure Autos und schöne Frauen. Später war er es, der Hilfe brauchte. Er verlor seine Bankstelle. Die Sparkasse beschuldigte ihn, er habe Geld unterschlagen, und warf ihn raus. Schauspielerkollegen erinnerten sich, dass Evita damals schwarze Not litt, zeitweise nicht einmal das Geld für ein Zimmer in einem billigen Stundenhotel aufbrachte.

Im Jahre 1939 nahm Evitas Karriere eine überraschende Wende. Im Mai begann das Radio mit der Ausstrahlung einer langen Serie von Theaterstücken. In der Titelrolle jeweils Evita. Der Erfolg war überwältigend. Evita hatte ihren Durchbruch als Schauspielerin definitiv geschafft. Nach vier Jahren des Elends erfolgte ihr unaufhaltsamer Aufstieg zum Star. Im Oktober erschien ihr Foto zum ersten Mal auf der Titelseite der Filmzeitschrift *Sintonía*. Plötzlich war sie gefragt als Werbeträgerin und erhielt jetzt auch interessante Filmrollen angeboten. Sie konnte sich eine Wohnung hinter der Avenida Alveador in einem noblen Viertel leisten.

Und dann kam er, Juan Perón, und mit ihm der ganz große Erfolg. Es war im Juni 1943. Juan Perón und Offiziere der Geheimloge GOU, die sich als zukünftige Gauleiter Südamerikas sahen, stürzten in einem Staatsstreich den Präsidenten Ramón Castillo und setzten an seine Stelle General Pedro Ramírez. Der starke Mann der Militärregierung jedoch hieß Oberst Juan Perón. Er wurde Arbeitsminister, später zusätzlich auch noch Kriegsminister und Vizepräsident der Regierung. Er schuf eine Abteilung für politische Propaganda. Als oberster Propagandachef überwachte er die Programme des Rundfunks. Er kümmerte sich persönlich um die Zensur und befahl eine radikale Säuberung unter den Radiomitarbeitern. Evita, damals die bekannteste Radiostimme, überstand diese Säuberungswelle schadlos. Mehr noch: Sie erwies sich als Chance ihres Lebens. In der Tat, Evita wurde von Juan Perón auserwählt, dem Peronismus ihre Stimme und ihr Gesicht zu leihen.

»Heldinnen der Geschichte«

Die viermotorige Sondermaschine der spanischen Regierung glitt ruhig durch die Nacht. »Ich wachte gegen zwei Uhr auf. Evita schlief noch immer nicht. Sie saß im Salon und schrieb«, erzählt Lilian. Sie erkundigte sich nach dem Wohlbefinden der Señora. »Mach dir keine Sorgen, leg dich wieder schlafen; wir haben strenge Tage vor uns«, antwortete Evita und wandte sich erneut ihrem Brief an Perón zu.

»Lieber Juan, […] so Gott will und alles ein gutes Ende nimmt, werden wir uns zurückziehen, um unser Leben zu leben, und ich werde versuchen, Dich glücklich zu machen, so glücklich ich kann, denn Deine Freude ist meine Freude. Juan, sollte ich sterben, kümmere Dich bitte um Mama, sie ist allein und hat viel Leid erfahren. Gib ihr 100 000 Pesos; Isabelita, die Dir treu war und ist, 20 000 Pesos und ein besseres Gehalt. Und ich werde von da oben über Dich wachen. Meinen Schmuck sollst Du behalten. Ebenso Vicente und Teodoro García, damit Du an Deine Chinita denkst, die Dich so sehr liebte. Für Doña Juana brauche ich Dich gar nicht erst zu bitten, denn ich weiß, dass Du sie genauso liebst wie ich. Es war nur so, dass wir ewig in unseren Flitterwochen gelebt und der Familie unsere Zuneigung nicht gezeigt haben, obwohl wir sie lieben …«

Evita hielt immer zu ihrer Familie. Während der ersten Jahre in Buenos Aires hatte sie zwar kaum noch Kontakt zu ihrer Mutter und ihren Schwestern. Sie beschränkte die Kontakte auf ein Minium, um die ausbleibenden Erfolge und das damit verbundene Elend besser zu verheimlichen. Ihre Mutter bot ihr immer wieder Hilfe an, wollte sogar zu ihr nach Buenos Aires ziehen. Doch Evita lehnte verärgert ab. Sie wollte nicht, dass sich ihre Mutter um sie Sorgen machte.

Erst als sie als Star gefeiert wurde, ließ sie ihre Mutter kommen. Als Frau des Staatspräsidenten nutzte sie ihre Machtstellung hemmungslos aus. Zuerst dachte sie an ihre Familie. Ihrer Mutter Doña Juana besorgte sie eine herrschaftliche Villa in einem der elegantesten Stadtteile, wo sie praktisch auf Staatskosten lebte. Juan Duarte, ihren Bruder, brachte sie in unmittelbarer Nähe des Staatspräsidenten unter. Er wurde zum persönlichen Sekretär des Präsidenten ernannt. Und sie vergaß auch ihre drei Schwestern nicht. Blanca, die Lehrerin war, ließ sie zur leitenden Direktorin aller Kindergärten und Grundschulen befördern; Alvarez Rodríguez, Blancas Mann, wurde Mitglied des Obersten Gerichtshofes. Elisas Mann Mayor Alfredo Arrieta wurde zum Senator ernannt, und Orlando Bertolini, Ermindas Mann, erhielt das Amt des Zolldirektors. Im Vergleich zu Evita war Juan Perón gegenüber seiner Familie geradezu knauserig. Sein Bruder musste sich mit einem bescheidenen Amt zufrieden geben. Er wurde Zoodirektor in Buenos Aires.

Die erste Begegnung von Juan Perón und Evita fand im Sommer 1943 in einem der Aufnahmestudios von Radio Belgrano statt.

Ab Mitte Februar war Evita plötzlich für sechs Monate wie vom Erdboden verschwunden gewesen. Ihre Sendungen wurden aus dem Programm genommen. Der Radiodirektor hüllte sich in Schweigen, wenn er auf Evita angesprochen wurde. Selbst ihre Freunde und Schauspielerkollegen wussten nicht, wo sie war. Angeblich verbrachte sie längere Zeit in einer Privatklinik. Später wurde über diesen geheimnisvollen Klinikaufenthalt viel spekuliert. Es hieß, sie habe an einer heimtückischen Unterleibskrankheit gelitten und habe sich mehreren Operationen unterziehen müssen. Es wurde sogar vermutet, sie sei schwanger gewesen und habe heimlich ein Kind zur Welt gebracht.

Nach dem Militärputsch meldete sich Evita mit einem spektakulären Auftritt zurück. Sie gründete die Radiogewerkschaft Asociación Radiofónica Argentina (ARA). Damit engagierte sie sich auf der Seite des Militärregimes.

Nach dem Putsch vom Juni hatten die Militärs radikal durchgegriffen. Die bisherigen Parteien, Verbände und Gewerkschaften waren verboten worden. Die gesamte Führungsspitze der linken Parteien und Gewerkschaften saß im Gefängnis. Die Einführung der Zensur betraf nicht nur die Presse. Vor allem gegen linke Verlage gingen die Militärs mit aller Härte vor. Zahlreiche Verlagshäuser wurden geschlossen. Es kam sogar zu Bücherverbrennungen.

Die neue Gewerkschaft ARA lag voll auf der Linie des Militärregimes. Juan Perón, der starke Mann der Militärregierung, zeigte sich erkenntlich. Evita bekam von Radio Belgrano einen Vertrag, der sie zur bestbezahlten Schauspielerin machte. Verpflichtet wurde sie für die neue Sendereihe »Heldinnen der Geschichte«, in der sie berühmte Frauen wie Elisabeth von England, Katharina die Große, Sissi, Lady Hamilton, Sara Bernhardt oder Frau Tschiangkaischek spielte. Die Hörstücke verfassten zwei Erfolgsautoren, die für die Propaganda-Abteilung in Peróns Arbeitsministerium arbeiteten. Einer von ihnen, Francisco Muñoz Azpiri, wurde später Evitas Redenschreiber und begleitete sie auf ihrer Europareise. Spätestens seit Beginn der Sendereihe »Heldinnen der Geschichte« – sie startete Ende Oktober 1943 und lief bis Herbst 1945 – mussten sich Juan Perón und Evita gekannt haben. In der Öffentlichkeit trafen sie sich erstmals am 29. Januar 1944 während einer Wohltätigkeitsveranstaltung. Diese erste Begegnung spielte sich ab wie die Anfangsszene für eine neue Folge der Sendereihe »Heldinnen der Geschichte«.

Am 15. Januar 1944 hatte ein schreckliches Erdbeben die Provinzhauptstadt San Juan zerstört. Die traurige Bilanz: 8000 Tote und weit über 20000 Verletzte, von denen mangels medizinischer Versorgung nochmals 2000 starben. Die Regierung rief den Notstand aus. Arbeitsminister Juan Perón wurde beauftragt, landesweit eine Hilfe- und Sammelaktion zu organisieren. Evita reagierte sofort und bot ihre Mitarbeit an. Auf Initiative ihrer Gewerkschaft ARA fand am 29. Januar ein Wohltätigkeitsfest zugunsten der Erdbebenopfer statt. Der Luna Park, die größte Festhalle in Buenos Aires, war bis auf den letzten Platz besetzt. In der ersten Reihe hatten der Staatspräsident, General Ramírez, und neben ihm Arbeitsminister Juan Perón Platz genommen. Auf der Bühne produzierten sich die berühmtesten Namen der Unterhaltungsbranche. Zwischen zwei Vorstellungen setzte sich Evita zu Juan Perón. »Danke, dass es Sie gibt«, soll sie zu ihm gesagt haben. Es wird berichtet, Juan Perón habe danach nur noch Augen für Evita gehabt und den folgenden Vorstellungen kaum noch Beachtung geschenkt. Als das Fest zu Ende war, gingen sie gemeinsam weg. Juan Perón sagte ein Arbeitsessen ab und verbrachte die Nacht mit Evita, die inzwischen in der Calle Posadas wohnte. Von da an waren sie ein Paar.

Als sie sich kennen lernten, war Evita 25, Juan Perón 49, fast doppelt so alt wie sie. Es war nicht nur Liebe, die die beiden zusammenführte, sondern auch viel politisches Kalkül. Evita, besessen von der Gier nach Ruhm, entdeckte ihre Liebe zur Macht. Juan Perón konnte ihr beides geben. Er bereitete sich auf die Alleinherrschaft vor. Er wusste, mit Hilfe der Armee konnte er die Macht an sich reißen; er wusste aber auch, dass sich diese Macht mit Gewalt allein nicht halten ließ. Er brauchte die Unterstützung der Massen. Und die wollte er sich – nach dem Vorbild Mussolinis – durch die Kontrolle von Radio und Gewerkschaft sichern. Evita konnte ihm dabei enorm wertvolle Dienste leisten. Er erkannte in ihr die ideale Partnerin. Es gab keine bessere. Mit ihrer Sendereihe über berühmte Frauen hatte sie die Herzen der Argentinier erobert, sie wurde geliebt und umjubelt. Sie war der größte Radiostar und seit der Gründung der ARA auf dem besten Weg, eine erfolgreiche Gewerkschaftsführerin zu werden.

Die Liebe zur Macht war nicht ihre einzige Gemeinsamkeit. Wie seine junge Geliebte stammte auch er aus einer Kleinstadt der Pampa, und wie sie war er ein außereheliches Kind.

Peróns Weg zur Macht

Juan Domingo Perón wurde am 8. Oktober 1895 in Lobos, einem Städtchen in der Provinz Buenos Aires, geboren.[102] Sein Vater hieß Mario Tomás Perón. Er war der Sohn eines berühmten Arztes und Senators. Er weigerte sich, in die Fußstapfen seines berühmten Vaters zu treten. Er gab ein angefangenes Medizinstudium auf, kehrte Buenos Aires den Rücken und übernahm in Lobos eine Farm, wo er Schafe züchtete. In Lobos lernte er Juana Sosa Toledo kennen, mit der er zwei außereheliche Kinder hatte: Mario Avelino und Juan Domingo.

Die Familie Perón war entsetzt, die Notablen von Lobos empört. Mehr noch als die außereheliche Beziehung – als wäre dies nicht schon Schande genug – störte sie die Herkunft von Juana Sosa Toledo, Juan Peróns Mutter: Sie war eine echte »Criollo«, die ihren Lebensunterhalt als Hausangestellte verdiente. Ihr Vater hatte baskische Vorfahren, ihre Mutter war eine Indio.

Im Jahre 1901, Juan Domingo war sechs Jahre alt, heiratete sein Vater Juana Sosa Toledo und gab ihren Kindern seinen Namen. Danach ließ er sich mit seiner Familie in der Provinz Chubut im tiefsten Patagonien nieder, mitten in einer endlosen und fast menschenleeren Grassteppe. Bevor er mit seinen Schafherden weiter nach Süden wanderte, in eine noch trostlosere Gegend, trennte er sich von seinen Söhnen, schickte sie nach Buenos Aires zu seiner Mutter, die sich um ihre Ausbildung kümmern sollte. Juan Domingo kam auf die Militärakademie, fortan war die Armee seine Familie.

Er legte eine Bilderbuchkarriere hin. Mit 20 war er Leutnant, mit 30 Hauptmann und bereits seit längerem Lehrer auf der Militärakademie.

102 Zur Biografie von Juan Perón siehe: Tomás Eloy Martínez, *Las Memorias del General*, a. a. O.

Er machte sich einen Namen als Militärpublizist: Nach einer Reihe von Handbüchern verfasste er mehrere militärhistorische Studien, die noch heute als Standardwerke gelten. Besonders große Beachtung fanden seine Abhandlungen über die Ostfront während des Ersten Weltkrieges. Mit 40 wurde er Militärattaché, mit 45 Oberst, mit 48 Minister, mit 51 Staatspräsident und General.

Nach dem gemeinsamen Auftritt im Luna Park machten Perón und Evita kein Geheimnis mehr aus ihrer Liebesbeziehung. Sie wurden unzertrennlich. Juan Perón zog in die Calle Posadas zu Evita, die im Haus gegenüber den Aufnahmestudios wohnte. Auf offiziellen Anlässen und Empfängen erschien der Minister seither stets in Begleitung seiner jungen Geliebten und setzte sich damit prompt heftiger Kritik aus. Die »feinen« Leute der Oligarchie waren schockiert, dass sich ein Minister in aller Öffentlichkeit mit seiner Konkubine, einem dahergelaufenen Flittchen, zeigte. Und selbst in Militärkreisen regte sich Unmut. Mit Argwohn beobachteten sie, wie Perón seiner Geliebten immer mehr Machtbefugnisse zugestand. Doch bis sie Peróns Spiel durchschauten, war es bereits zu spät.

Ende Februar trat General Ramírez als Staatspräsident zurück. Er hatte sich mit der Geheimloge GOU von Juan Perón zerstritten. Auf General Ramírez folgte General Farrell; eine Marionette wurde durch eine gelenkigere Marionette ersetzt. Der große Gewinner dieses Wechsels an der Regierungsspitze war Juan Perón. Zusätzlich zum Arbeitsministerium übernahm er jetzt auch noch das wichtige Kriegsministerium und wurde zudem Vizepräsident der argentinischen Republik. Insgeheim bereitete er sich auf den Tag vor, an dem die Militärs die Macht wiederum an eine zivile Regierung abtreten würden. Sein politisches Ziel war klar, er wollte Staatspräsident werden. Um nicht ein Spielball der Militärs zu werden, begann er mit dem Aufbau einer eigenen Hausmacht. Deren Kernstück: korporatistische Verbände, gewerkschaftsähnliche Gebilde, aus denen später eine Massenpartei entstehen sollte.

Evita sollte das Herz, das Symbol der neuen Bewegung werden. Perón hatte sie als Starsprecherin seiner Propagandastaffel geholt. Täglich zur besten Sendezeit saß sie vor einem Mikrophon bei Radio Belgrano und verbreitete Peróns Ideen, verpackt in raffiniert inszenierte

Hörstücke. Die Stars dieses täglichen Polit-Feuilletons: Arbeiter, Hausfrauen, Ladenbesitzer, Taxifahrer, Alte, Arme … und vor allem Oberst Juan Perón, der eine bessere Zukunft versprach. Die Zeit zwischen ihren Radioeinsätzen verbrachte sie im Arbeitsministerium. Erfahrene Gewerkschaftssekretäre und der Chef der Propagandaabteilung bereiteten sie auf ihre zukünftige Rolle als Gewerkschaftsführerin vor. Juan Perón nannte es »die Ausbildung meiner Predigerin«.

Juan Perón erkannte schnell, die »berühmteste Schauspielerin« hatte mehr anzubieten als ihre bezaubernde Schönheit und eine verführerische Stimme: Sie war ein politisches Naturtalent. Nur wenige Wochen nachdem sie sich erstmals zusammen mit Juan Perón in der Öffentlichkeit gezeigt hatte, verfügte sie im Arbeitsministerium über ein eigenes Büro mit einem kleinen Mitarbeiterstab und stürzte sich sofort in die politische Arbeit. Geschickt platzierte sie Vertrauensleute in Schlüsselämtern. Juan Perón ließ ihr freie Hand. Der wachsende Einfluss von Evita auf Juan Perón löste schließlich die schwere politische Krise vom Oktober 1945 aus, die als Geburtsstunde des Peronismus in die Geschichte einging.

Die Krise begann sich bereits Anfang Juli abzuzeichnen. Staatspräsident General Farrell gab das Ende des Ausnahmezustandes bekannt und hob das Verbot der Oppositionsparteien auf. Noch vor Jahresende sollten Neuwahlen stattfinden. General Farrell versprach, die Armee werde keinen offiziellen Kandidaten aufstellen und sich zudem aus dem Wahlkampf heraushalten. Mit diesem Versprechen ging er auf Kollisionskurs zu Juan Perón, von dem alle wussten, dass er das Präsidentenamt anstrebte.

Längst waren Teile der Armee ins Lager der Antiperonisten abgewandert. Mehrere Generäle warfen Perón vor, er habe ihre dem Liberalismus verpflichtete Revolution verraten, in deren Namen sie im Juni 1943 geputscht hatten. Perón war ihnen zu mächtig geworden. Er hatte seine Vormachtstellung in der Regierung – er stand zwei Ministerien vor und war Vizepräsident – dazu missbraucht, sich der Kontrolle der Armee zu entziehen, ja sogar eine Gegenmacht zur Armee aufzubauen. Er bekämpfte die Oligarchie und profilierte sich immer stärker als Vertreter der Arbeiter und Armen. Mit einer ganzen Reihe spektakulärer

Maßnahmen hatte er das Vertrauen der Arbeiter und Angestellten gewonnen. Er hatte Lohnerhöhungen und Mietsenkungen durchgesetzt, Arbeitsgerichte eingeführt, die Sozialhilfen verbessert und sogar eine Altersrente durchgebracht.

Die Linke hasste Perón und hatte gute Gründe dafür. Die Militärregierung, hinter der sich die Geheimloge um Juan Perón verbarg, hatte alle linken Organisationen zerschlagen, ihre Parteien und Gewerkschaften verboten, Pressehäuser und Verlage dichtgemacht, alle wichtigen Politiker sowie sämtliche Kaderleute von Partei und Gewerkschaft verhaften lassen. Doch damit nicht genug. Während die führenden Sozialisten und Kommunisten im Gefängnis saßen und die Militärs der Opposition jegliche politische Aktivität untersagten, gründete Juan Perón eine Gewerkschaft nach der anderen und besetzte praktisch alle linken Themen. Die spektakulären Maßnahmen – Lohnerhöhungen, Arbeitsgerichte, bessere Sozialhilfe, Altersrente oder bezahlte Ferien – waren samt und sonders alte Forderungen der Linken. Zum Teil hatte die Sozialistische Partei schon vor Perón entsprechende Gesetze durchgebracht. Sie waren aber nie in Kraft getreten. Besonders verheerend für die Linke war: Es gelang Juan Perón, zahlreiche sozialistische und kommunistische Gewerkschaftssekretäre für sich zu gewinnen. Sie überzogen das Land mit jenen gewerkschaftsähnlichen Organisationen, auf denen El Líder Juan Perón seine Macht abstützen würde.

Um Peróns Wahl zum Staatspräsidenten zu verhindern, entstand eine einzigartige Koalition. Sozialisten, Kommunisten, Fortschrittliche und Radikale – alle Oppositionsparteien – schlossen sich zur Unión Democrática zusammen. Angeführt wurde der Anti-Perón-Block vom amerikanischen Botschafter Spruille Braden. Er reiste durch die Lande, von Meeting zu Meeting, verteilte Geld an Anti-Peronisten und warnte vor dem »Nazi-Faschisten« Perón.

Am 17. September 1945 zogen rund 200 000 Demonstranten durch Buenos Aires. Sie sangen die Marseillaise und skandierten »Bücher ja, Stiefel nein!«. Aufgerufen zum »Marsch für Verfassung und Freiheit« hatte die Unión Democrática, finanziert wurde er von Oligarchie, Großgrundbesitzern und Industriellen. An der Spitze des Demonstrationszuges marschierte der amerikanische Botschafter Spruille Braden Arm in Arm mit den Führern der Kommunisten und Sozialisten, der Fortschrittlichen und Radikalen.

Die Gefahr für Perón kam jedoch nicht von der Unión Democrática, sondern aus den eigenen Reihen. Teile der Armee forderten den sofortigen Rücktritt des Superministers. Argentinien stand am Rande eines Bürgerkrieges. Anlass zum Frontalangriff auf Perón lieferte Evita, als sie einen ihrer Vertrauensleute zum Postdirektor ernennen ließ.

Am 6. Oktober meldeten die Morgenzeitungen den Namen des neuen Postdirektors: Oscar Nicolini. Evita und Nicolini waren seit vielen Jahren befreundet. Sie hatten sich in Junín kennen gelernt, wo Nicolini als Briefträger gearbeitet hatte und häufig bei Evitas Mutter zu Gast gewesen war. In Buenos Aires waren sie sich wieder begegnet. Evita ging es damals besonders schlecht. Sie war seit Monaten arbeitslos und konnte ihr Hotelzimmer nicht mehr bezahlen. Nicolini gab ihr Geld und ließ sie bei sich wohnen. Und als Evita die Gewerkschaft ARA gründete, erledigte er für sie den administrativen Schreibkram und holte beim zuständigen Ministerium in Rekordzeit die nötige Bewilligung ein. Seither gehörte Nicolini zum engeren Mitarbeiterstab Evitas.

Die Nachricht über die Ernennung des neuen Postdirektors schlug wie eine Bombe ein. Für die Opposition war es ein klarer Fall von Vetternwirtschaft und für die antiperonistischen Militärs ein Beweis mehr, dass die »skrupellose Intrigantin« Evita, obwohl ohne jedes offizielle Mandat, in Peróns Ministerien mitregierte.

Bereits in den ersten Morgenstunden des 6. Oktobers begab sich General Eduardo Avalos, Kommandant von Campo de Mayo, der größten Militärgarnison von Buenos Aires, ins Kriegsministerium. Er ersuchte Juan Perón, an Stelle von Nicolini einen Militär zum Postdirektor zu ernennen. Perón lehnte ab. Am nächsten Tag intervenierte General Avalos beim Staatspräsidenten. Kriegsminister Perón reagierte blitzschnell und mit aller Härte: Er setzte den ungehorsamen General ab. Die Ernennung des Postdirektors weitete sich zur Staatskrise aus. Präsident Farrell versuchte zu schlichten. Doch Perón hielt an seinem Entscheid fest, erklärte sich aber bereit, Vertreter der Armeespitze zu empfangen. Das Treffen fand am 8. Oktober statt und dauerte den ganzen Tag. Die Parteien gingen im Streit auseinander. Nicolini war noch immer Postdirektor.

Den Abend verbrachte Perón im Kriegsministerium. Er hatte ihm getreue Offiziere eingeladen und feierte seinen 50. Geburtstag. Zur gleichen Zeit versammelten sich in der Militärgarnison Campo de Mayo antiperonistische Offiziere. Sie beschlossen, Buenos Aires zu besetzen und Perón zu stürzen. Noch während der Geburtstagsfeier erfuhr Perón von den Einmarschplänen. Er blieb erstaunlich ruhig, unternahm nichts gegen die Aufständischen, sondern ging nach Hause, als wüsste er von nichts.

Am nächsten Tag sagte er sämtliche Termine ab und verbrachte den Vormittag zusammen mit Evita in seiner Wohnung an der Calle Posadas. Hier erreichte ihn der Anruf des Staatspräsidenten: »General Avalos vom Campo de Mayo hat ein Ultimatum gestellt: Entweder du trittst von allen Ämtern zurück, oder er lässt Truppen aufmarschieren.« Perón fuhr ins Kriegsministerium und schrieb seine Rücktrittserklärung, von Hand, »damit alle sehen können, dass mir die Hand nicht gezittert hat«.

Peróns Rücktritt war ein Schock und veränderte mit einem Schlag das politische Klima. In Buenos Aires herrschte Aufruhrstimmung. Peronisten und Antiperonisten mobilisierten ihre Anhänger. Demonstrationszüge beherrschten das Straßenbild. Und es kam zu schweren Zwischenfällen. Während einer Demonstration erschossen rechtsradikale Perón-Anhänger einen Studenten, weil der sich weigerte, »Viva Perón« zu rufen. Die Beerdigung des ermordeten Studenten endete als antiperonistische Massenkundgebung.

Am 10. Oktober begab sich Perón ein letztes Mal ins Arbeitsministerium, um sich von seinen Mitarbeitern zu verabschieden. Der Abschied war perfekt inszeniert. Auf dem Platz vor dem Ministerium und in den umliegenden Straßen hatten sich gegen 80 000 Perón-Anhänger versammelt. Das Radio hatte eine Direktleitung gelegt. Bevor Perón das Arbeitsministerium verließ, unterzeichnete er noch mehrere Dekrete – ein geschickter Propaganda-Coup des zukünftigen Präsidentschaftskandidaten. Eines der Dekrete ordnete die Einführung eines Mindestlohnes an. Danach ließ er sich von seinen Anhängern bejubeln und hielt eine Rede, die landesweit übertragen wurde. Er präsentierte sich nicht etwa als Verlierer, sondern als Sieger. Er hielt keine Abschiedsrede als entlassener Minister. Im Gegenteil, er sprach als »El Líder«, der die ganze Macht beanspruchte. Seine Botschaft war klar: »Ich bitte euch, die öffentliche Ruhe und Ordnung zu bewahren, damit wir unseren Siegeszug fortsetzen können. Doch wenn nötig, werde ich euch eines Tages zum Krieg aufrufen.«

Die Demonstration verlief ohne Zwischenfälle. Weder die Polizei noch die Militärs vom Campo de Mayo griffen ein. Perón misstraute dieser Ruhe. Gerüchte über ein Mordkomplott versetzten ihn in Panik. Mitten in der Nacht verließ er fluchtartig die Hauptstadt. Zusammen mit Evita und Juan Duarte, Evitas Bruder, fuhr er mit dem Auto nach Tigre, einer kleinen Hafenstadt 30 Kilometer nördlich von Buenos Aires. Hier stiegen sie auf ein Motorboot um und verschwanden im Paraná-Delta, in einer weit verzweigten Inselwelt mit unzähligen Kanälen, Neben- und Querflüssen. Das Ziel der nächtlichen Flucht: der Sommersitz des Nazi-Bankiers Ludwig Freude, eine kleine Insel mitten im Paraná-Delta. Zwei Tage verbrachten Juan Perón und Evita hier, dann überstürzten sich die Ereignisse.

Am 12. Oktober wurde Juan Perón verhaftet und auf die Insel Martín García, einen bekannten Verbannungsort für politische Gefangene, deportiert. Die Reaktion der Perón-Anhänger ließ nicht lange auf sich warten. In allen größeren Städten kam es zu spontanen Demonstrationen. Argentinien versank im Chaos. Die Regierung distanzierte sich plötzlich von Peróns Verhaftung, leugnete, dass sie ihn gefangen halte. Von Perón jedoch fehlte jedes Lebenszeichen. Die politische Lage spitzte sich weiter dramatisch zu. Jetzt drohten die Gewerkschaften mit Generalstreik und kündeten für den 17. Oktober einen Befreiungsmarsch an. Die Sympathiebewegung für Perón war nicht mehr aufzuhalten.

Noch nie hatten in Argentinien so viele Menschen demonstriert wie am 17. Oktober 1945. Seit den frühen Morgenstunden waren die Arbeiterquartiere und Armenviertel von Buenos Aires wie ausgestorben. Die Bevölkerung hatte sich Richtung Stadtzentrum aufgemacht. Perón-Anhänger aus allen Landesteilen waren angereist: Gewerkschafter, Gauchos und Landarbeiter zusammen mit ihren Familien, in Sonderzügen, mit Spezialbussen, auf Lastwagen und Landmaschinen. Ein »Meer von Menschen« überflutete die Stadt. Und der Zustrom brach nicht ab.

Stunde um Stunde strömten immer größere Massen herbei. 500 000 bis 800 000 Menschen schätzte die Polizei, ausländische Korrespondenten sprachen von über einer Million.

Alle waren sie gekommen, um ihren Führer Oberst Juan Perón zu befreien. Am Morgen zogen über 10 000 Arbeiter mit ihren Transparenten und Bombos-Trommeln zum Hafen vor das Gefängnis Villa Devoto, wo sie Perón vermuteten. Schließlich fanden sie ihn im Militärhospital. Ab Mittag füllte sich die Plaza de Mayo vor dem Regierungsgebäude Casa Rosada. Die Menge war entschlossen, so lange auszuharren, bis der befreite Oberst Perón sie aufforderte, wieder nach Hause zu fahren. Es herrschte eine brütende Hitze. Die Männer zogen ihre Hemden aus. »Los descamisados«, die Hemdlosen, schrieb am nächsten Tag die konservative Tageszeitung *La Prensa* voller Verachtung. Fortan hießen die Perón-Anhänger »Descamisados«, sie trugen diesen Namen wie einen Ehrentitel.

Angesichts des Volksaufstandes getrauten sich die antiperonistischen Militärs vom Campo de Mayo nicht aus ihren Kasernen. Innerhalb der Armee übernahmen wiederum Peróns Freunde die Führung. Sie befahlen dem Staatspräsidenten General Farrell, Oberst Juan Perón freizulassen. Präsident Farrell, die Marionette, gehorchte, so wie er vor einer Woche den Militärs vom Campo de Mayo gehorcht hatte, als er Perón zuerst zum Rücktritt gezwungen und dann in die Verbannung geschickt hatte.

Perón und die starke Nation

War der 17. Oktober eine glückliche Fügung der Geschichte oder ein genialer Strategie-Einfall Peróns und seiner Offiziersfreunde von der Geheimloge GOU? Auf diese Frage geben die argentinischen Historiker keine klare Antwort. Vieles spricht jedoch dafür, dass Perón und seine GOU-Kampfgenossen den Volksaufstand vom 17. Oktober von langer Hand und minutiös vorbereitet hatten.

Während des Ausnahmezustandes, welcher der Opposition jede politische Aktivität untersagte, baute Perón eine mächtige Arbeiterorganisation auf. Diese Organisation, halb Gewerkschaft, halb Partei, zählte im Januar 1945 rund 1000 Sektionen mit über einer halben Million eingeschriebenen Mitgliedern. Als Arbeitsminister beschloss Perón Maßnahmen, die praktisch den gesamten Wunschkatalog seiner Arbeiterorganisationen abdeckten: Lohnerhöhungen, geregelte Arbeitszeiten, Arbeitsgerichte, bezahlte Ferien ... Perón musste wissen, dass viele dieser Maßnahmen nur als Provokation empfunden werden konnten. Als die Militärs vom Campo de Mayo seinen Rücktritt aus der Regierung forderten, gab er seine Ministerien kampflos auf. Und seine Offiziersfreunde rührten keinen Finger, obwohl sie innerhalb der Armee eine klare Mehrheit hinter sich wussten. Der Konflikt mit einem Teil der Armee, die Entlassung aus der Regierung und der folgende von den peronistischen Gewerkschaften organisierte Volksaufstand manövrierten ihn in eine ideale Ausgangsposition für die bevorstehenden Präsidentschaftswahlen. Er war jetzt nicht mehr der Vertreter der hässlichen Putschgeneräle, sondern der Wunschkandidat des Volkes, das seinetwegen auf die Straße ging und einen Zusammenstoß mit der Armee riskierte.

Es war 23 Uhr 10, als Präsident Farrell auf dem Balkon der Casa Rosada erschien – an seiner Seite Oberst Juan Perón. Unten auf der Plaza de Mayo eine Million Perón-Anhänger, die in einen Freudentaumel ausbrachen. Die Menschen fielen sich in die Arme. Hysterische Schreie, frenetischer Applaus und im Rhythmus der dumpfen Bombos-Trommeln Sprechchöre mit »Viva Peeeróóón Peeeróóón«. Es dauerte eine Ewigkeit, bis der Präsident zu Wort kam. Die Perón-Anhänger antworteten mit Buhrufen und einem Pfeifkonzert. Erst als Perón ans Mikrophon trat, wurden sie ruhig. Er forderte sie auf, die Nationalhymne zu singen. Danach sprach er ein paar melodramatische Sätze über »mein Volk«, das er mit seiner Mutter verglich: »Ich umarme euch wie meine Mutter.« Nach Peróns Rede verließ die riesige Menge singend und jubelnd die Plaza de Mayo. Perón begab sich in seine Wohnung an der Calle Posadas, wo seine Geliebte Evita auf ihn wartete.

Der 17. Oktober 1945 war kein glorreicher Tag für Evita. Peróns Befreiung – die Geburtsstunde des Peronismus – ging ohne sie über die Bühne.

Nach Peróns Verhaftung war sie nach Buenos Aires zurückgekehrt. Aus Angst, selbst verhaftet zu werden, hatte sie sich zuerst bei einer Schwester, danach bei Freunden versteckt. Sie war verzweifelt gewesen, überzeugt, dass es endgültig aus war mit der großen Karriere. Sie hatte alles auf die Karte Perón gesetzt – und alles verloren, wie sie meinte. In der Tat, nur wenige Stunden nach Peróns Entmachtung hatte Radio Belgrano jede weitere Zusammenarbeit aufgekündet und alle Sendungen mit ihr aus dem Programm genommen. Sämtliche Filmrollen, die ihr zugesagt worden waren, wurden neu besetzt. Am Morgen des 17. Oktober ergriff sie die Flucht und wäre beinahe gelyncht worden. Sie rechnete damit, dass die Armee den Befreiungsmarsch der Perón-Anhänger mit Gewalt aufhalten werde. Sie bestellte ein Taxi und ließ sich aus der Stadt fahren. Vor der Universität wurde das Taxi aufgehalten. Studenten, die Perón wegen der Erschießung eines Kommilitonen hassten, hatten Evita erkannt. Sie zerrten sie aus dem Taxi und schlugen sie halb tot.

Trotzdem wurde sie später als große Heldin des 17. Oktober gefeiert. Doch das war eine Erfindung der peronistischen Propaganda. Perón und seine Propagandisten verbreiteten die Geschichte, dass es Evita war, die den Volksaufstand organisiert und so Peróns Befreiung erzwungen hatte.

Eine Woche später, am 22. Oktober, heirateten Juan Perón und Evita in aller Stille auf dem Standesamt in Junín. Laut der Geburtsurkunde, die Evita dem Standesbeamten vorlegte, wurde sie am 7. Mai 1922 als María Eva Duarte in Junín geboren. Außer dem Vornamen Eva stimmte kein einziges Wort. »Der Akt war eine plumpe Fälschung. Es handelte sich um die Geburtsurkunde von Juan José Uzqueda, einer Totgeburt. Jemand hatte den Namen durchgestrichen und María Eva Duarte darüber geschrieben«, sagt Pater Meinrad Hux, Lokalchronist von Los Toldos.[103] In Tat und Wahrheit war sie drei Jahre früher und nicht in

103 Pater Meinrad Hux stammt aus St. Gallen, Schweiz, und ist Abt des Benediktinerklosters Santa María de Los Toldos. Das Kloster war 1948 von Mönchen des Klosters Einsiedeln gegründet worden – auf Initiative von Bundesrat Philipp Etter und Benito Llambi, damals argentinischer Botschafter in der Schweiz. Im Taufregister der Pfarrei General Viamonte (Los Toldos) fand Pater Meinrad Hux im Taufbuch (Nummer 14, Folio 495) folgenden Eintrag: »Kaplan Carmelo Micone taufte am 21. November 1919 Eva María, geboren am 7. Mai 1919, Tochter von Juan Duarte und Juana Ibarguren …«

Junín, sondern in Los Toldos geboren. Da ihr Vater Evita nie als legitime Tochter anerkannt hatte, war ihr rechtsmäßiger Name Eva María Ibarguren. Mit der Fälschung von Namen und Geburtsdatum wollte Evita wohl die Schande ausmerzen, ein außereheliches Kind zu sein, vermutet Padre Meinrad Hux. Im Jahre 1922 war die rechtmäßige Ehefrau von Juan Duarte bereits tot. Das dürfte der Grund sein, warum Evita 1922 als Geburtsjahr wählte, argumentiert Hux.

Kirchlich heirateten Juan Perón und Evita, die jetzt María Eva Duarte de Perón hieß, am 10. Dezember in der Kirche San Francisco in La Plata. Getraut wurden sie von Pater Hernán Benítez, den Evita von Radio Belgrano her kannte. Radioprediger Benítez wurde später Evitas Beichtvater und begleitete sie auf ihrer Europareise. Außer Evitas Mutter Juana Ibarguren und ihren Geschwistern Blanca und Juan wohnten dem Traugottesdienst nur ein paar Franziskanermönche bei. Es gab weder offizielle Gäste noch ein Fest. Die Hochzeit wurde geheim gehalten. Peróns Anwesenheit sprach sich jedoch schnell herum. Vor der Kirche versammelte sich eine größere Menge Antiperonisten und versperrte das Hauptportal. Dank einer verborgenen Seitentüre konnte sich das illustre Paar aus der ungemütlichen Lage befreien.

Vier Tage nach der Hochzeit stürzte sich Juan Perón voll in die Wahlkampagne. Evita wurde seine wichtigste Wahlhelferin.

Am 14. Dezember gründete Juan Perón zusammen mit seinen Gewerkschaftsführern die Laborista-Partei und ließ sich zum Präsidentschaftskandidaten nominieren. In den nächsten zwei Monaten reisten Juan Perón und Evita in ihrem Spezialzug »El Descamisado« kreuz und quer durch das Land. Beide mit einem eigenen Wahlkampfprogramm.

Evita begann sich als Frauen- und Sozialpolitikerin zu profilieren. Sie versprach die Einführung des Stimm- und Wahlrechtes für Frauen sowie gleiche Rechte für Mann und Frau. Im Falle eines peronistischen Wahlsieges, so versprach sie weiter, würde die staatliche Sozialhilfe massiv ausgebaut. Beide Wahlversprechen sollten tatsächlich eingelöst werden.

Kandidat Juan Perón trat als nationalistischer Führer auf. Er setzte in die Tat um, was er in den Jahren 1939–1942 als Militärattaché in Italien und Deutschland vom europäischen Faschismus gelernt hatte. Sein

Vorbild hieß Benito Mussolini. Der ideologische Einfluss des europäischen Faschismus war unverkennbar und die peronistische Politik nicht ganz frei von antisemitischen Elementen. Perón beschritt jedoch eigene Wege; der Peronismus ließ sich nicht einfach mit dem europäischen Faschismus gleichsetzen.[104] Die Feinde, gegen die er die Massen mobilisierte, »waren nicht die Ausländer und Außenseiter [...], sondern die ›Oligarchie‹, also die Reichen und die jeweils regional herrschende Klasse«.

Perón baute auf den Nationalstolz seiner Landsleute. Er sagte Argentinien, damals eines der reichsten Länder der Welt, eine große Zukunft voraus. Unter seiner Führung, so versprach er, werde Argentinien neben den USA und der UdSSR zur dritten Weltmacht aufsteigen. Er kündigte umfassende Wirtschaftsreformen und eine bessere Verteilung des nationalen Reichtums an. Die Wirtschaft sollte nicht mehr länger einseitig im Interesse von ein paar reichen Familien der Oligarchie und einer kleinen Gruppe multinationaler Unternehmen produzieren. Peróns Rezept: die Verstaatlichung von Schlüsselindustrien und eine strenge Kontrolle des Außenhandels.

Die »Unión Democrática«, das Wahlbündnis der Radikalen, Fortschrittlichen, Sozialisten und Kommunisten, musste mit einer Niederlage rechnen. Sie hatte dem nationalistischen Programm Peróns nichts entgegenzusetzen. Im Gegenteil, ihre katastrophale Wahlstrategie hatte zur Folge, dass ihre Stammwähler massenweise zu Perón überliefen.

An die Spitze der Antiperonisten hatte sich der US-amerikanische Botschafter Spruille Braden gestellt. Er war das ideale Feindbild für Peróns Propagandaschlacht. »Perón oder Braden« hieß denn auch der Schlachtruf der peronistischen Wahlkampagne. Botschafter Braden mischte sich ohne jede Zurückhaltung in die innerargentinischen Angelegenheiten ein. Er war nicht nur der offizielle Vertreter einer ausländischen Großmacht, er stand auch für den hässlichen ausländischen Großkapitalisten. Bradens Familie war Hauptaktionärin der internationalen Gesellschaft »Braden & Cooper«, die in Chile große Kupferminen

104 Siehe dazu u. a. Eric Hobsbawm, *Das Zeitalter der Extreme – Weltgeschichte des 20. Jahrhunderts*, München 1998, S. 172 ff.

besaß, in denen sie bei Streiks mehrmals Soldaten auf Arbeiter schießen ließ. Perón unterstellte Braden neokolonialistische Absichten. Er warf ihm vor, er sei als Wegbereiter ausländischer Firmen des Typs »Braden & Cooper« gekommen; um für diese Firmen möglichst ideale Investitionsbedingungen zu schaffen, gelte es, Peróns Wahl zum Staatspräsidenten um jeden Preis zu verhindern. Die Parteien vom Wahlbündnis »Unión Democrática«, die sich hinter Botschafter Braden gestellt hatten, disqualifizierte Perón als »Vendepatria« (Vaterlandsverkäufer).

Die »Unión Democrática« und Braden zogen mit dem Slogan »Contra el nazismo« in den Wahlkampf. Die Opposition erinnerte an die Gräueltaten der Nazis und den Terror des europäischen Faschismus. Und sie warnte die Argentinier: Wer Perón wählt, entscheidet sich für ein faschistisches Regime. Botschafter Braden beschaffte sich angeblich bei amerikanischen und britischen Geheimdiensten Dossiers über Peróns Beziehungen zu Nazis. In diesen Geheimakten wurde der zukünftige Staatspräsident als Hitlerverehrer dargestellt und zudem beschuldigt, er lasse sich von Nazis beraten und würde seinen Wahlkampf mit Nazigeldern finanzieren. Dem Kandidaten Perón, den seine Gegner mal als Faschisten, mal als Nazi-Freund oder »Mussolini der Pampas« betitelten, vermochten diese Enthüllungen nichts anzuhaben. Auf Peróns Nazi-Nähe reagierten die Argentinier mit erstaunlicher Gleichgültigkeit. Die Anti-Faschismus-Kampagne erwies sich als gewaltiger Flop; mit ihr ließen sich in Argentinien keine Massen mobilisieren; sie war zu sehr auf europäische oder nordamerikanische Verhältnisse zugeschnitten. Die Wahlstrategen der »Unión Democrática« hatten übersehen, dass Argentinien seinen damaligen Reichtum nicht zuletzt den außergewöhnlich guten Handelsbeziehungen mit den Achsenmächten verdankte. Die Anti-Faschismus-Kampagne brach definitiv in sich zusammen, nachdem die »Unión Democrática« gegen Perón zahlreiche Dokumente in Umlauf gebracht hatte, die offensichtlich gefälscht waren.

Am 12. Februar beantworteten die Argentinier die Frage »Perón oder Braden?«. Oberst Juan Perón wurde zum Staatspräsidenten gewählt, die traditionellen Parteien der »Unión Democrática« vernichtend geschlagen. Spruille Braden musste seinen Botschafterposten in Buenos Aires räumen.

Im Flugzeug war es kalt. Evita fröstelte. Sie rief einen Flugassistenten, ließ sich Tee und eine Decke bringen. Erst nach langem Zögern fügte sie am Schluss des Briefes an Juan Perón noch folgenden Abschnitt an:

»Lieber Juan, vor Rudi nimm Dich in Acht, er liebt Geschäfte. Castro hat es mir gesagt, er kann Dir sehr schaden. Ich will, dass Dein Name sauber bleibt, so wie Du bist; wenn es auch schmerzlich ist, solltest Du wissen, was er in Junín veranlasst hat, Castro weiß es. Ich schwöre, dass es eine Verleumdung ist (meine Vergangenheit gehört mir, doch in der Stunde des Todes solltest Du das wissen, es ist alles gelogen); es ist schmerzlich, wenn man seine Freunde liebt und sie es einem so vergelten. Ich habe Junín verlassen, als ich dreizehn Jahre alt war. Was für eine Gemeinheit, von einem Mädchen so etwas Schmutziges anzunehmen, es ist alles falsch. Dich kann ich nicht täuschen; ich habe es Dir nur nicht bei der Abreise gesagt, weil der Abschied von Dir mir schon schwer genug fiel und ich es damit nicht noch schwerer machen wollte…«

Mit Rudi war Rudolf Freude gemeint. Sein Vater, der berühmte Nazi-Bankier Ludwig Freude, war seit Jahren mit Juan Perón befreundet. Perón war Militärattaché in Berlin und Rom, als er Ludwig Freude erstmals begegnete. Er traf ihn wieder auf der deutschen Botschaft in Buenos Aires. Ludwig Freude galt damals als »Hitlers Vertrauensmann in Argentinien«. Später wurde er Peróns Berater und Gönner. Er schenkte Perón einen kleinen Ferienpalast in Ägypten und dessen Geliebten Evita eine Villa im nobelsten Viertel von Buenos Aires. Für Peróns Wahlkampagne stellte er vier seiner Finanzgesellschaften zur Verfügung. Sein Sohn Rudi wurde Chef des Ordnungsdienstes und betreute die Leibwächter des Kandidaten Perón. Als Perón das Amt des Staatspräsidenten antrat, machte er Rudi Freude zu seinem Sicherheitschef und beauftragte ihn mit dem Aufbau eines speziellen Geheimdienstes.

Evita spielte in ihrem Liebesbrief an Perón auf diesen Geheimdienst an. Rudi Freude hatte Agenten nach Junín geschickt, um Evitas Vergangenheit auszuschnüffeln. In Junín wurde erzählt, Evitas Mutter Juana habe zeitweise neben ihrem Speiserestaurant ein Bordell betrieben, ihre Töchter Offizieren und Notablen angedient. Das Gerücht kam auf, nachdem Evitas Schwestern ältere Herren aus der Oberschicht geheiratet hatten, die regelmäßig in Juanas Speiserestaurant zu Gast gewesen waren: Blanca den Major Arrieta, Elisa den Rechtsanwalt Rodríguez. Doch obwohl selbst Argentiniens berühmtester Dichter, Jorge Luis Borges, ein vehementer Gegner Peróns, sich dieses Bordellgerücht zu eigen machte, scheint daran kein Wort wahr zu sein. Weder Evita noch ihre Mutter oder ihre Schwestern hatten Prostitution betrieben.

Allerdings war für prüde Bürger Evitas bewegtes Liebesleben ebenso verwerflich wie Prostitution. Ihre Karriere als Schauspielerin ist die Geschichte vieler Männerbeziehungen. Systematisch suchte sie sich Liebhaber im Theater- und Filmmilieu. Die erste Theaterrolle bekam sie von einem Regisseur, der ihr Liebhaber war. Sie war die Geliebte von Emilio Kartulowicz, Verleger und Direktor der damals bekanntesten Filmzeitschrift *Sintonía.* Er vermittelte ihr die ersten Filmrollen; durch seine Zeitschrift wurde sie bekannt. Auch ihr Radiojob, der sie zur populärsten Schauspielerin Argentiniens machte, begann mit einer Liebschaft. Und schließlich war es Juan Perón, der »mi chinita« (meine kleine Indianerin), wie er seine Geliebte Evita nannte, zu ihren großen Filmrollen verhalf.

Im Jahre 1945 holte sie der argentinische Starregisseur Mario Soffici für seine Filme »La cabalgata« (Der Zirkusritt) und »La pródiga« (Die Verschwenderin). Im Film »Der Zirkusritt« war ihre Partnerin keine Geringere als Libertad Lamarque, eine in ganz Südamerika bekannte Sängerin. Für diesen Film färbte sie erstmals ihre Haare blond, eine Idee von Julio Alcaraz, der ihr privater Friseur wurde. Später kreierte er die legendäre Evita-Frisur, den Evita-Knoten. Natürlich begleitete er sie auf ihrer Europareise. Im Film *Die Verschwenderin* erhielt Evita erstmals eine Hauptrolle. Dank Juan Perón, dessen Ministerium die Verteilung von Zelluloid regelte. Regisseur Soffici hatte die Hauptrolle bereits an eine andere Schauspielerin vergeben, als die USA plötzlich einen Lieferstopp für Zelluloid verhängten. Soffici hatte sich schon damit abgefunden, die Dreharbeiten zu verschieben. Aber dann fand Arbeitsminister Juan Perón eine Lösung: Soffici bekam sein Zelluloid, Evita, »mi chinita«, ihre erste Hauptrolle.

Der Film *Die Verschwenderin* erzählt die Geschichte einer Hure, die zur Heiligen wird, den falschen Mann heiratet und früh stirbt. Die reumütige Sünderin widmet ihr Leben den Armen. Das Volk vergöttert sie, nennt sie »La Señora« und »Mutter der Armen«, »Schwester der Elenden«. Der Film nahm vieles vorweg, was in Evitas Leben tatsächlich eintreffen sollte. Bald schon sollte sie selbst vom einfachen Volk verehrt werden wie eine Heilige. Man wird sie mit »La Señora« ansprechen und »Mutter der Armen« nennen. In der Woche vor ihrer Abreise nach Spanien entstand das Tango-Lied »La Dama de la Esperanza« (Mutter der Zuversicht), eine Lobeshymne auf Evita.

Für »Die Verschwenderin« verfügte Regisseur Soffici über ein Rekordbudget. Er war damals der teuerste je in Südamerika realisierte Streifen. Doch trotzdem war er Sofficis größter Flop. »Die Verschwenderin« wurde nur einem ausgewählten Publikum gezeigt, kam nie in die Kinosäle. Über die Gründe, welche zu diesem gewaltigen Misserfolg führten, gehen die Meinungen auseinander. Für die einen spielte Evita so schlecht, dass ein Vertrieb ihren Ruf als Schauspielerin für immer ruiniert hätte; für die andern war es Präsident Perón, der den Film stoppte, weil er der Meinung war, die Präsidentengattin dürfe nicht als aktive Schauspielerin auftreten, das würde ihrem Image als Landesmutter schaden.

Inzwischen war es über dem Atlantik hell geworden. Evita beendete ihren Brief mit den Zeilen: »Lieber Juan, Du kannst stolz sein auf Deine Frau, denn ich habe Deinen Namen in Ehren gehalten und Dich angebetet. Viele, viele Küsse, Küsse, Küsse … Evita, 6. Juni 1947.« Evita legte sich für ein paar Stunden hin. Doch sie konnte nicht schlafen. Sie hatte Angst.

Triumphaler Auftakt in Spanien

Nach Zwischenlandungen in Las Palmas und Villa Cisneros (spanische Sahara) flog Evita am 8. Juni nach Madrid weiter, eskortiert von 40 Jagdflugzeugen. Punkt 20 Uhr 37 landete sie auf dem Flughafen Barajas, wo eine riesige Menschenmenge auf sie wartete.[105] Als sie in der

105 »Historia del Peronismo – Evita en Europa«; in: *Primera Plana*, 6. Dezember 1966, Buenos Aires, S. 36ff.

Flugzeugtür erschien, ging ein Jubelschrei durch die Menge. Unten stand Generalissimo Franco, zwei Schritte hinter ihm seine Frau Carmen Polo de Franco und seine Tochter Carmen Franco Polo; am andern Ende eines langen roten Teppichs, auf dem Trachtenmädchen Spalier standen, ein imposantes Gefolge von Generälen, Ministern, Vertretern aller möglichen Behörden und besonders viele Priester und Ordensschwestern. Evita stieg langsam die Treppe hinunter. Sie wirkte steif und unsicher. Franco ging auf sie zu, verbeugte sich und küsste ihre Hand. Auch Evita verbeugte sich, gab Francos Frau und Tochter die Hand. »Es war ein unbeschreibliches Schauspiel: überall Blumen und Teppiche, vor dem Flughafen und am Straßenrand während der 10 Kilometer langen Fahrt zur Plaza de Independencia Hunderttausende von Menschen, die wie im Taumel ›Evita‹ riefen und wild mit kleinen spanischen und argentinischen Fähnchen schwenkten«, erinnert sich Evitas Freundin Lilian.

In der Calle de Alcalá hielt die lange Autokolonne für eine militärische Begrüßungszeremonie. Franco und Evita schritten gemeinsam eine Ehrenkompanie ab. Danach setzte sich die Kolonne wieder in Bewegung. Voraus Franco und Staatsgast Evita. Im zweiten Wagen hatte Lilian neben Francos Gemahlin Platz genommen. Sie fuhren die Avenida José Antonio hinauf, passierten die Puerta de Hierro und trafen schließlich beim Pardo-Palast ein, wo Evita und ihre Begleiter die nächsten zwei Wochen wohnen würden. Es war bereits nach Mitternacht, als Evita mit einer Radioansprache den ersten Tag ihrer Staatsvisite abschloss. Sie verlas eine kurze Grußbotschaft an das spanische Volk, die ihr Redenschreiber Francisco Muñoz Azpiri während der Fahrt vom Flughafen zum Pardo verfasst hatte.

Trotz eines anstrengenden Tages fand Evita keinen Schlaf. Ihre Freundin Lilian erzählt: »Ich schlief bereits, plötzlich stand Evita in meinem Zimmer. ›Liliancita‹, bettelte die Señora, ›lass mich nicht allein!‹ Ich sagte: ›Aber Señora, es ist schon spät, und morgen ist ein strenger Tag.‹ Evita antwortete ganz kleinlaut: ›Lilian, bitte, ich habe furchtbar Angst.‹«

Evita bat Lilian in ihr Zimmer. Sie wollte nicht allein sein. Sie fürchtete, jemand könnte in ihr Zimmer eindringen. Bevor sie sich schlafen legten, schoben sie einen Schrank und andere Möbel vor die Zimmertür. Für den Rest der Reise musste Lilian im Zimmer von Evita schlafen.

Am nächsten Tag wurde Evita im Palacio Real erwartet. General Franco überreichte ihr den Orden der Isabel la Católica, ein goldenes Kreuz mit kunstvoll eingebauten Diamanten. Der Festsaal war bis auf den letzten Platz besetzt, eine illustre Gesellschaft von Uniformen und Soutanen. Evita musste sich viele Ansprachen anhören, hielt selbst eine Rede, die – wie alle von Muñoz Azpiri verfassten Reden – die großartigen Verdienste des argentinischen Führers General Juan Perón rühmte. Nach dem Abspielen der spanischen und der argentinischen Nationalhymne zeigten sich Generalissimo Franco und sein Staatsgast Evita auf dem Balkon – ein Sturm der Begeisterung ging über die Plaza de Oriente, auf der seit den frühen Morgenstunden an die 100000 Menschen auf Evitas Erscheinen warteten. Evita trat ans Mikrophon und sagte: »Ich bin sicher, General Franco empfindet in diesem wunderbaren Augenblick genauso wie General Perón, wenn ihm seine Descamisados zujubeln.« Die Menge tobte und begann, wie aus einem Munde den Slogan zu schreien: »Franco y Perón – un solo corazón« (Franco und Perón, ein Herz und eine Seele).

Der Staatsbesuch hatte viel versprechend begonnen. Evita spielte ihre Rolle perfekt. Ihre Ausstrahlung übertraf alle Erwartungen. Wo immer sie erschien, zog sie riesige Menschenmassen an, die ihr begeistert zujubelten. Nicht minder groß war das Interesse der Presse. Die argentinischen und spanischen Gazetten füllten täglich mehrere Seiten mit Berichten über ihren Spanienbesuch; alle größeren Zeitungen Europas und Amerikas hatten Sonderkorrespondenten nach Spanien entsandt, mehrere große Tageszeitungen druckten Sonderbeilagen, und das *Time-Magazine* widmete ihr sogar eine Titelgeschichte. In wenigen Tagen war aus der früheren Provinzschauspielerin ein Weltstar geworden.

Die beiden Caudillos Perón und Franco durften zufrieden sein. Dank Evita verbreitete die Weltpresse Peróns politische Vision vom Dritten Weg: unter der Führung Argentiniens sollten sich die südamerikanischen Länder, Spanien, arabische sowie südosteuropäische Staaten zu einem dritten Machtblock zusammenschließen. Evitas Staatsbesuch hatte bewirkt, dass Spanien die von den USA und der UdSSR aufgezwungene Isolation durchbrechen konnte.

Die Tage der Staatsvisite sahen sich ähnlich: bombastische Empfänge, opulente Bankette, langweilige Reden – nur Evitas Garderobe wechselte. Regelmäßig sorgte sie mit ihren modischen und oft extravaganten Kleidern für Aufsehen. Am Tag, als ihr das Große Kreuz der Isabel la Católica verliehen wurde, trug sie trotz brütender Sommerhitze ein besticktes Kleid aus Samtsatin und einen dicken Zobelpelz, dazu einen Hut mit einem Federbusch, der beinahe die Dimension eines Pfauenschwanzes erreichte. Evitas Gepäck war mit einer Sondermaschine eingeflogen worden. Es umfasste neben vielen Geschenken vor allem Kleider: mehr als drei Dutzend Roben und die dazu passenden Accessoires, ebenso viele Hüte und Schuhe, gerade ausreichend, damit sie sich während ihres fünfzehntägigen Staatsbesuches in Spanien jeden Tag dreimal neu einkleiden konnte.

Der Staatsbesuch stellte die argentinische Diplomatie vor ein großes politisches Problem. General Perón wollte Spanien als Bündnispartner, aber ohne dabei zu sehr in die Nähe des hässlichen Diktators Franco gerückt zu werden. Ein schwieriger politischer Balanceakt, der Evita meisterhaft gelang. Als Franco nach Auffassung der Argentinier die spanisch-argentinische Freundschaft allzu sehr strapazierte, sprengte Evita das strenge Protokoll der Staatsvisite. Sie fuhr im offenen Wagen durch Madrids Slumquartiere, wo sie in großen Mengen Pesetenscheine verteilte und Peróns Sozialhilfeprogramm empfahl. Sie ließ sich mit Bettelkindern fotografieren, sprach mit Arbeitslosen und besuchte verwahrloste Hütten, in denen sie die Armen aufforderte, ihr Recht auf Wohlfahrt einzufordern. Ohne Zweifel eine Provokation für Generalissimo Franco. Genauso wie Evitas Engagement für Juana Doña.

Juana Doña gehörte zu einer Gruppe von vierzehn führenden Mitgliedern der verbotenen Kommunistischen Partei Spaniens, die von einem Militärgericht zum Tode verurteilt worden waren. Evita bat Franco, Juana Doña zu begnadigen. Aus Angst, die unberechenbare Evita könnte einen Skandal veranstalten und eventuell sogar bereits versprochene Getreidelieferungen stoppen, begnadigte er die Kommunistin.[106]

106 Juan Pablo Ortega, *El año que vino Eva Perón*, Madrid, 1995

Evita nahm sich sogar heraus, Generalissimo Franco der Lüge zu bezichtigen. Am letzten Besuchstag in der Hauptstadt trat sie vor die Presse und erklärte: »Es ist gesagt worden, der Grund meiner Reise sei die neue Achse Madrid–Buenos Aires; das ist gelogen. Ich bin gekommen, um einen Regenbogen des Friedens zu spannen.«[107]

Das Wort »Achse« aus dem Munde General Francos musste unmissverständlich an Hitlers Kriegskoalition erinnern. Nach Evitas Pressekonferenz war das Reizwort »Achse« vom Tisch. »Reise des Regenbogens« dagegen wurde der am häufigsten benutzte Titel in den Zeitungen.

Geheime Agenda

Nach einer Woche verließen Evita und ihr Gefolge Madrid. Sie bereisten mehrere Provinzen, besuchten unter anderem die Städte Zaragoza, Sevilla, Granada und zuletzt Barcelona. Überall begeisterte Massen, grandiose Empfänge. Den stärksten Eindruck bei Lilian hinterließ der Besuch von Sevilla. »Was uns dort erwartete, stellte alles Bisherige in den Schatten; es war unbeschreiblich, wie in einem Märchen aus Tausendundeiner Nacht«, schwärmt Lilian heute noch. Sie wohnten im Hotel Alfonso XIII. Die Zimmer waren eigens für Evitas Besuch mit rotem Brokat ausgekleidet und sämtliche Möbel durch Museumsstücke ersetzt worden. Bei der Ankunft legten Evita und ihre Begleiter das letzte Teilstück zu Fuß zurück. »Die Menschen am Straßenrand trugen schmucke Volkstrachten. Sie warfen uns Rosen zu und ließen weiße Tauben aufsteigen. Wir marschierten über einen Teppich aus Blumen«, erzählt Lilian.

Dabei herrschte im Spanien der Nachkriegsjahre große Armut. Die Lebensmittel waren immer noch rationiert. In mehreren Provinzen litten die Menschen Hunger. Die Siegermächte verweigerten nach wie vor jede Hilfe und hielten an der Wirtschaftsblockade fest. Die einzige Hoffnung für Franco war Perón; sein Land war auf argentinische Hilfe angewiesen. Das war auch der Grund, weshalb dem spanischen Caudillo kein Aufwand zu groß war, um den argentinischen Staatsgast zu ver-

107 *Primera Plana*, a. a. O., S. 38

wöhnen. Und er sollte es nicht bereuen. Zum Abschied bedankte sich Evita bei Franco mit weiteren Weizenlieferungen. Ende Oktober, wenige Monate nach Evitas Besuch, sprach Perón einen weiteren Kredit in der Höhe von 700 Millionen Pesos; bis Ende 1951 erhielt Franco-Spanien von Argentinien Getreidelieferungen und Kredite von total rund 2 Milliarden Pesos.[108]

Am 24. Juni traf Evita in Barcelona ein, die letzte Station der Spanienreise. Sie war müde und gönnte sich einen Ruhetag. Evitas Freundin Lilian war verzweifelt; sie hatte Heimweh nach ihren Kindern. »Ich war sehr traurig. Nach dem ursprünglichen Reiseplan hätten wir uns bereits auf dem Rückflug befinden sollen, aber nichts war ungewisser als der Tag der Rückkehr. Jetzt hieß es, wir würden weiter nach Rom, Paris und London fliegen, ziemlich sicher auch die Schweiz und eventuell noch Portugal besuchen. Ich musste an meine Kinder denken; am liebsten wäre ich mit dem nächsten Flugzeug nach Buenos Aires zurückgekehrt«, sagt Lilian.

Bereits die Staatsvisite in Spanien dauerte länger als geplant. Lilian: »Geplant waren fünfzehn Tage, schließlich wurden es achtzehn.« Es wurde behauptet, Evita hätte Unterhändler von Nazis getroffen. Aus Gründen der Geheimhaltung hätten mehrere Treffen verschoben werden müssen; dadurch wäre der ursprüngliche Zeitplan durcheinander geraten.

In der Tat, kaum war Evita in Madrid eingetroffen, kursierten Gerüchte über Geheimtreffen mit Nazis, und die internationale Presse stellte die unterschiedlichsten Spekulationen darüber an. Es wurde sogar vermutet, der Staatsbesuch habe nur als Vorwand gedient; der eigentliche Grund der Evita-Reise sei die Entgegennahme geheimer Nazigelder, die Argentinien erhalte, um Nazi-Kriegsverbrecher aufzunehmen. »Keine Ahnung, warum der Staatsbesuch in Spanien länger gedauert hatte«, sagt Lilian. Und sie bestreitet vehement: »Von Geheimtreffen weiß ich nichts; Evita hat weder Nazis noch Vertreter von Nazis getroffen.«

Tatsache aber ist, in Franco-Spanien hatten sich damals zahlreiche

108 »Eva Perón, itinerario español«, *Todo es Historia*, Nr. 285, März 1991, S. 59

international gesuchte Nazi-Kriegsverbrecher versteckt, die später von Argentinien aufgenommen wurden.[109]

Die Zusammenarbeit von SS-Obersturmbannführer Otto Skorzeny mit dem peronistischen Regime war während Evitas Staatsbesuch in Spanien eingefädelt worden. Laut Sachbuchautor Jorge Camarasa, der sich über Jahre mit der argentinischen Nazi-Connection beschäftigte, hatte sich Evita in Madrid mit Skorzenys Nazi-Kameraden getroffen.[110]

Otto Skorzeny, Hitlers Kommandochef und Mussolini-Befreier, hatte sich bei Kriegsende den Amerikanern gestellt und war verhaftet worden. Nach seiner Flucht aus der Gefangenschaft war er nach Spanien geflohen. Im Jahre 1948 reiste er nach Argentinien und begann für Perón zu arbeiten. Er war Militärberater und Ausbildner der Polizei. Nach eigener Darstellung unterhielt er ein besonders enges Verhältnis zu Evita: »Ich war Evitas Geliebter…«[111]

Ob Evita in Madrid tatsächlich mit Nazis oder Nazi-Unterhändlern verhandelt hatte, bleibt fraglich. Historisch verlässliche Belege oder Dokumente fehlen. Auch Camarasas Quellen sind nicht überprüfbar. Dagegen lässt sich nachweisen, dass argentinische Agenten im Schlepptau Evitas nach Europa reisten, um geheime Fluchtrouten für Nazis zu installieren. Neben dem offiziellen Reiseprogramm gab es eine geheime Agenda. Laut Lilians Angaben wusste Evita nichts von dieser geheimen Agenda; und selbst über das offizielle Reiseprogramm wurde sie zum Teil erst in letzter Minute informiert.

109 Siehe unter anderem: Reinhard Spitzy, *So entkamen wir den Alliierten*, München/Berlin 1989. Reinhard Spitzy war Adjutant und persönlicher Referent von Außenminister Joachim von Ribbentrop. 1942 wurde er vom Chef des Auslandnachrichtendienstes Walter Schellenberg nach Spanien geschickt. Nach dem Krieg stand er ganz oben auf der Fahndungsliste der Alliierten. Doch er wurde nie gefasst. Zuerst versteckten ihn Benediktinermönche in einem Kloster im Baskenland. Danach floh er, verkleidet als Priester, nach Argentinien.

110 Interview mit Jorge Camarasa in Buenos Aires, 11. Mai 1998. Siehe auch: Jorge Camarasa, *La Enviada*, Buenos Aires, 1998

111 Glenn B. Infield, *Skorzeny – Chef des commandos de Hitler*, Paris 1984, S. 280; siehe auch: Otto Skorzeny, *Meine Kommandounternehmen, Krieg ohne Fronten*, Wiesbaden/München 1976

»Beim Abflug in Buenos Aires war Evita überzeugt, dass die Reise fünfzehn Tage dauern werde. Von der Papstaudienz oder beispielsweise von einem möglichen Abstecher in die Schweiz haben wir erst in Madrid erfahren«, behauptet Lilian. Sie kann sich nicht vorstellen, dass ihr Evita den Papstbesuch absichtlich verschwiegen hätte. »Evita hat mich nie belogen. Zwischen uns gab es keine Geheimnisse«, versichert Lilian. Doch Pläne für einen Abstecher in die Schweiz oder etwa den Besuch beim Papst hatte es schon lange vor der Abreise gegeben. Offensichtlich war Evita nicht eingeweiht worden. Padre Hernán Benítez war bereits mehrere Wochen vor Evita nach Europa geflogen. Angeblich, um den Staatsbesuch in Spanien vorzubereiten, wie man Evita erklärt hatte. Das war jedoch nur die halbe Wahrheit. Von Spanien aus war Benítez nach Rom weitergeflogen. Grund: Evitas Papstaudienz.

Am zweiten Tag in Barcelona war es zwischen Pater Hernán Benítez und Juan Duarte, Evitas Bruder, beinahe zum Streit gekommen. Pater Benítez, eben aus Rom zurück, warf Juan vor, der Papst hätte seinetwegen um ein Haar die Audienz für Evita abgesagt. Juan hatte wieder einmal als Playboy für Skandalschlagzeilen gesorgt. Er war in Granada hängen geblieben, hatte dort ein ausgelassenes Fest steigen lassen und sich mit ein paar Mädchen vergnügt.

Am letzten Abend der Staatsvisite wurde im Amphitheater des Palacio Nacional von Montjuich, Barcelona, zu Ehren von Evita das Theaterstück »Ein Sommernachtstraum« gegeben. Evita erschien mit zwei Stunden Verspätung. Am nächsten Morgen verabschiedete Generalissimo Franco seinen Gast. Die beiden Staatschefs Juan Perón und Francisco Franco schickten sich gegenseitig Botschaften zu, in denen sie die spanisch-argentinische Freundschaft hochleben ließen und erklärten, dass Evitas Staatsbesuch ein ganz großer Erfolg war.

Audienz beim Papst

Rom, 26. Juni. Um 17 Uhr 00 landete Evitas Maschine mit zwei Stunden Verspätung auf dem Flughafen Ciampini. Nachdem sie von Außenminister Graf Carlo Sforza und Vertretern des Vatikans begrüßt worden war, fuhr sie zur argentinischen Botschaft auf der Piazza dell'Esquilino. Verglichen mit Madrid fiel der Empfang kühl aus. Keine riesigen Menschenmassen, keine hysterischen Begeisterungsstürme. Im Gegenteil, vor der argentinischen Botschaft protestierten schätzungsweise 5000 Kommunisten und Gewerkschafter gegen Evitas Besuch. Sie schrien: »Perón – Faschist«, »Weder Mussolini noch Perón«.

Am nächsten Morgen wurde sie im Vatikan erwartet. Als Rafael Ocampo Giménez, der argentinische Botschafter in Rom, sie abholen wollte, schlief sie noch. Sie hatte eine strenge Nacht hinter sich. Mehr noch als die feindseligen Sprechchöre der Kommunisten hatte ihr der Vatikan die Laune verdorben. Erst kurz nach ihrer Ankunft war ihr mitgeteilt worden, dass die Audienz bereits für den nächsten Morgen angesetzt war; und vor allem: Papst Pius XII. hatte ausrichten lassen, dass er Evita ohne ihre Begleiter empfangen werde. Beides hatte ihr nicht gepasst. Darum hatte sie alle Hebel in Bewegung gesetzt, um einen späteren Termin zu erhalten, und hatte darauf bestanden, dass wenigstens Reeder Alberto Dodero an der Audienz teilnehmen dürfe. Bis spät in den Abend hinein hatte sie Pater Hernán Benítez und Botschafter Rafael Ocampo Giménez im Vatikan verhandeln lassen. Aber vergeblich, die beiden waren unverrichteter Dinge zurückgekehrt. Der Vatikan hatte sich nicht umstimmen lassen.

Danach hatte sie die halbe Nacht mit ihrem Berater Francisco Muñoz Azpiri zusammengesessen, um die Audienz vorzubereiten. Muñoz Azpiri, Redenschreiber und eine Art Politkommissar, war dafür verantwortlich, dass sich Evita genau an die politischen Anweisungen von General Juan Perón hielt. Stundenlang hatte Muñoz Azpiri mit Evita den Auftritt vor Papst Pius XII. geprobt, wie seinerzeit bei Radio Belgrano, als sie gemeinsam Hörspiele produziert hatten. Zum Schluss hatte er sie zum wiederholten Male gebeten, sich streng an seinen Text zu halten und jede Diskussion über die ihr verhasste Oligarchie zu vermeiden. Er hatte befürchtet, Evita könnte mit einer ausfälligen Bemerkung den Papst verärgern und so die Audienz gefährden. Zu Recht. Argentiniens Kardinäle und Bischöfe standen damals geschlossen auf der Seite der Oligarchie, der Reichen und Mächtigen.

Als sie sich endlich hingelegt hatte, konnte sie lange nicht einschlafen – für ein Mal nicht vor Angst, sondern vor lauter Aufregung. Für sie galt die Papstaudienz als Höhepunkt ihrer Europareise.

Evita traf im Vatikan mit einer halben Stunde Verspätung ein. Die Monsignori vom päpstlichen Protokoll waren entsetzt über so viel Respektlosigkeit. Im Vatikan konnte sich niemand erinnern, dass jemand den Heiligen Vater so lange hatte warten lassen. Doch niemand ließ sich etwas anmerken.

Evita und ihr Gefolge wurden von Kardinal Migone und Prinz Alessandro Ruspoli erwartet. Schweizergardisten in Galauniform, ausgerüstet mit klobigen Hellebarden, führten sie durch endlose Gänge, Salons und Vorzimmer, vorbei an stumm grüßenden Prälaten und Monsignori, bis vor die päpstliche Bibliothek. Evita, die Haare hochgesteckt und ganz in Schwarz gekleidet, bewegte sich majestätisch. Sie sah aus wie im Film »Die Verschwenderin«, ihre eleganteste Rolle. Neben ihren beiden Begleitern wirkte sie noch schöner und jugendlicher, als sie ohnehin schon war: rechts Kardinal Migone, ein kleiner, dicker Herr mit Purpurmantel und einer breiten Bauchbinde; links Prinz Alessandro Ruspoli, ein Riese von einem Mann, mit weißer Halskrause und einer schwarzen Augenklappe.

Die Türe zur päpstlichen Bibliothek öffnete sich. Evita ging allein hinein.

»Mein Begleiter Prinz Ruspoli wunderte sich darüber, wie lange sich Evitas Treffen mit dem Papst hinzog. Er sagte: ›Normalerweise dauert eine Audienz nur zehn, fünfzehn Minuten.‹ Eva war aber bereits eine halbe Stunde beim Papst«, erinnert sich Evitas Freundin Lilian. Sie fährt fort: »Ich fragte meinen Begleiter: ›Was hat das zu bedeuten?‹ Er sagte: ›Das bedeutet, das Treffen ist von außerordentlicher Wichtigkeit.‹«

Weder der Papst noch Evita gaben bekannt, worüber sie während der Audienz gesprochen hatten. »Das Gespräch mit dem Heiligen Vater sollte geheim bleiben. Auch mir hat sie nichts anvertraut«, sagt Lilian. Erst Jahre später wurden Einzelheiten publik.

José María De Areilza, damals spanischer Botschafter in Buenos Aires, gibt in seinen im Jahre 1984 veröffentlichten Memoiren ein Gespräch mit Evita wieder, in dem diese schildert, wie sie sich beim Papst für Franco-Spanien stark gemacht hatte.

»Als sie von General Franco und seiner großartigen Restauration des Katholizismus zu erzählen begann, habe Seine Heiligkeit abrupt das Gesprächsthema wechseln wollen. Doch sie habe weiter das Werk des Generalissimus beschworen und in ziemlich barschem Ton insistiert, dass es sich bei Franco um den einzigen wirklichen Verteidiger handle, den der Papst in Europa habe, und dass er dies so zu verkünden und öffentlich anzuerkennen habe.«[112]

Jorge Camarasa nimmt an, dass sich Evita beim Papst ebenfalls für kroatische Kriegsverbrecher eingesetzt hatte. Dabei stützt er sich unter anderem auf einen Bericht aus dem Jahre 1954, erschienen in der Zeitschrift *Izbor,* Organ der kroatischen Gemeinde Argentiniens. Ein in Argentinien untergetauchter Kroate schrieb in diesem Bericht: »Wir sind in Europa von Tür zu Tür gegangen, bis zu dem Tag, an dem wir in unserem Schmerz an die Tür des edelsten Herzens klopften, das damals in der Welt schlug – das Eva Peróns, die sich zu einem Besuch in Rom aufhielt.«[113] In der Tat gewährte Juan Perón zahlreichen kroatischen Flüchtlingen Unterschlupf. Die meisten gehörten zur Gruppe der Ustaschas und hatten sich schlimmster Verbrechen schuldig gemacht. Sie waren an Massendeportationen beteiligt gewesen und hatten in einem Dutzend Konzentrationslager rund 800 000 Menschen umgebracht. Ihre Grausamkeit hatte sogar deutsche SS-Offiziere schockiert. Am 5. Juli 1947, genau acht Tage nach Evitas Besuch bei Papst Pius XII., hatten die ersten Ustaschas von der argentinischen Botschaft in Rom Einreisevisa für Argentinien erhalten. Zum Teil waren sie auf Schiffen von Alberto Dodero nach Buenos Aires gelangt, wo sie von Agenten des Perón-Beraters Rodolfo Freude in Empfang genommen wurden. Mehrere dieser Ustascha-Schergen machten später Karriere im argentinischen Staatsdienst. Sie berieten Perón in Sicherheitsfragen und wurden Ausbildner beim Geheimdienst und bei der Polizei.

Wenige Tage nach der Papstaudienz erlitt Evita einen Schwächeanfall. An diesen Schwächeanfall kann sich Lilian nicht mehr genau erinnern. »Ja, da war etwas. Ich glaube, die Señora war erschöpft. Der Staatsbesuch in Spanien war außerordentlich anstrengend gewesen. Seit der Abreise vor bald einem Monat hatte sie sich nur einen oder

112 Zitiert nach *Todo es Historia*, a.a.O., S. 58

113 Jorge Camarasa, *Odessa al Sur*, Buenos Aires 1995, S. 93

zwei Ruhetage gegönnt und kaum eine Nacht mehr als drei, vier Stunden geschlafen. Überdies herrschte in Rom eine mörderische Hitze«, erzählt Lilian. Aber vielleicht sollte der Schwächeanfall den eher enttäuschenden Verlauf der Italienreise kaschieren. Im Unterschied zu Spanien stand Evita in Italien nicht mehr im Mittelpunkt des Tagesgeschehens. Ihr Besuch löste zwar heftige Reaktionen aus, aber vorwiegend negative, die Begeisterung hielt sich in Grenzen. Was auch immer der Grund des Schwächeanfalls gewesen sein mag, auf Rat ihres Leibarztes Alsina sagte Evita vorerst alle Termine ab, außer einen: den Besuch der norditalienischen Wirtschaftsmetropole Mailand.

Verpatzter Italienbesuch

Am 29. und 30. Juni weilte Evita in Mailand. Der Abstecher in den Norden stand von Beginn weg unter einem ungünstigen Stern. Sie kam mit drei Stunden Verspätung an. Eine hochkarätige Begrüßungsdelegation, angeführt von Außenminister Graf Carlo Sforza und dem Bürgermeister von Mailand, hatte so lange geduldig auf sie gewartet. Die Bevölkerung war zu Hause geblieben. Keine jubelnden Menschenmassen am Straßenrand, nicht einmal Fähnchen schwenkende Trachtenmädchen. Beleidigt zog sich Evita in ihr Hotelzimmer zurück, ließ Gastgeber und Geladene stundenlang warten. Sie schmollte wie ein kleines Mädchen. Ihre Auftritte in Mailand waren mehr als peinlich.[114]

Am Nachmittag zeigte sie sich kurz auf der Messe von Mailand. Sie sah sich den Stand Argentiniens an, gab ein paar Autogramme und kehrte wieder in ihr Hotel zurück. Kurz nach 21 Uhr erschien sie auf dem Empfang, den die Stadt Mailand für sie organisiert hatte. Jemand machte sie darauf aufmerksam, dass der Empfang auf 19 Uhr 30 angesetzt gewesen war. »Niemand schreibt mir meine Termine vor«, antwortete sie spitz und rauschte davon. Die Scala gab an jenem Abend *Orpheus* von Claudio Monteverdi. Für Evita war die Königsloge reserviert. Und nach der Aufführung wurde ihr zu Ehren im Foyer des Opernhau-

114 Siehe den Bericht des Schweizer Generalkonsuls an den Bundesrat, datiert vom 1. Juli 1947. Der Schweizer Generalkonsul in Mailand nahm als Doyen du Corps Consulaire an allen Empfängen teil. BAr: E 2001 (E), 1969/121, Bd. 67

ses ein Galadiner aufgetragen. Die argentinische Diva bedankte sich mit einem Skandal. Sie erschien erst zu Beginn des dritten Aktes. Sie war enttäuscht, erklärte sie nach der Vorstellung, und kritisierte das angeblich miserable künstlerische Niveau. Während des Galadiners beschwerte sie sich laut über Gäste, die, wie sie fand, schlecht gekleidet waren.

Der folgende Tag begann mit einer Stadtrundfahrt und der Besichtigung des Mailänder Doms. Danach begab sich Evita an den Comersee und erreichte mit einem Spezialschiff die Villa d'Este, wo sie von Industriellen und Bankiers zum Mittagessen empfangen wurde. Am Abend war sie selbst Gastgeberin. Im Hotel Principe & Savoia offerierte sie ein Galadiner. Und erneut benahm sich die argentinische Diva unmöglich.

Alles, was Rang und Namen hatte, war geladen: die Stadtbehörden, Vertreter von Politik und Wirtschaft, Kardinal Ildefonso Schuster, berühmte Künstler, ausgewählte Journalisten, ein Heer von Diplomaten und natürlich der italienische Außenminister Graf Carlo Sforza. Laut Einladung sollte das Diner um 20 Uhr 30 serviert werden. Doch Evita ließ sich nicht blicken. Sie blieb in ihrer Suite und tobte, weil der Festsaal nicht passend geschmückt war. Während die Hoteldirektion eilends mehr Blumen herbeischaffte und in der ganzen Stadt nach argentinischen Fahnen suchen ließ, entschuldigte sich Rafael Ocampo Giménez, der argentinische Botschafter in Rom, bei den Gästen. Frau Präsidentin Eva de Perón hätte einen weiteren Schwächeanfall erlitten, erklärte er verlegen und vertröstete die Geladenen zuerst auf 21 Uhr 30, dann wiederum auf 22 Uhr. Schließlich war es kurz nach 23 Uhr, als Evita endlich erschien und ihre Gäste zu Tisch bat.

Sie hatte sich noch immer nicht beruhigt. Weder entschuldigte sie sich, noch bedauerte sie ihre Verspätung. Im Gegenteil, in ihrer Ansprache bemerkte sie vorwurfsvoll, dass die Stadt Mailand nicht einmal mit argentinischen Fahnen ausgeflaggt war. Außenminister Graf Carlo Sforza nahm den Affront hin, denn auch Italien war auf argentinische Getreide- und Fleischlieferungen angewiesen. »Wir bedauern, dass die Stadt nicht beflaggt war. Aber die Regierung kann die Bevölkerung nicht dazu zwingen, ihre Fenster mit argentinischen Fähnchen zu schmücken«, entschuldigte sich der Außenminister. Mit einem versöhnlichen Trinkspruch versuchte er den peinlichen Zwischenfall zu überspielen: »Es gibt Länder, mit denen unterhält man gute oder schlechte Beziehungen. Die Beziehungen zwischen Argentinien und Italien dagegen waren immer exzellent und herzlich. Ich bin sicher, das wird auch in Zukunft so sein.«

Evita gab sich mit dieser Erklärung nicht zufrieden. Sie trotzte weiter. Die argentinischen Gäste schämten sich. Botschafter Rafael Ocampo Giménez schäumte vor Wut. Evita hatte ihn vor allen Gästen bloßgestellt. Als er den Versuch wagte, das Gesprächsthema zu wechseln, schrie ihn Evita an: »Sie halten besser den Mund.« Es gab niemand, der sie hätte zur Vernunft bringen können. Die beiden Einflüsterer, Redenschreiber Francisco Muñoz Azpiri und Pater Hernán Benítez, die einzigen Reisebegleiter, auf die sie hörte, waren in Rom geblieben. Und so kam es, dass die Stellvertreterin des argentinischen Staatspräsidenten daherredete wie ein grobschlächtiger Rinderfarmer.

Am 1. Juli wollte Evita nach Venedig weiterreisen. Doch nach dem Desaster von Mailand wurde ein Empfang in Venedig kurzfristig abgesagt. Offiziell allerdings wurde die Absage mit ungenügender Sicherheit begründet. Die Kommunistische Partei hatte eine Großkundgebung angekündigt. Die Polizei befürchtete Ausschreitungen. Von Mailand flog Evita nach Neapel und machte einen Ausflug auf die Schönheitsinsel Capri, wo sie kurz mit dem interimistischen Staatspräsidenten Enrico De Nicola zusammentraf. Danach kehrte sie nach Rom zurück. Hier erwartete sie neues Ungemach. Kommunisten und Gewerkschafter protestierten immer heftiger gegen ihre Anwesenheit. Ministerpräsident Alcide De Gasperi lud sie zu einer dringenden Unterredung vor. »Wir sind nicht mehr in der Lage, Ihre Sicherheit zu gewährleisten«, bedauerte er und legte ihr darum nahe, abzureisen. Früher als geplant verließ Evita Rom.

Bei Don Alberto in Rapallo

Den vorzeitigen Abbruch ihres Aufenthaltes in der italienischen Hauptstadt nutzte Evita, um ein paar Tage Urlaub zu machen. Am 6. Juli, einen Tag nachdem die argentinische Botschaft in Rom kroatischen Kriegsverbrechern Einreisevisa für Argentinien ausgestellt hatte, reiste sie mit der Bahn nach Rapallo. Dort waren sie und ihr Gefolge Gäste des Reeders Alberto Dodero. Sie wohnten in einem märchenhaften Schlosshotel, umgeben von hängenden Gärten und mit Privatstrand, auf halber Strecke zwischen Rapallo und Portofino, damals die beliebtesten Badeorte für Adlige und Reiche.

»Don Alberto«, wie ihn Lilian liebevoll nennt, war ein enger Freund von General Perón und stand Evita sehr nahe. »Don Alberto war sehr großzügig. Er verwaltete Evitas Reisekasse und bezahlte alles. Wenn wir Geld brauchten, gingen wir zu ihm. Ich weiß nicht, ob er alles aus seiner Tasche finanzierte, vermutlich hat ihm die Regierung einen Teil wieder zurückerstattet«, erzählt Lilian. Doderos Einladung nach Rapallo war weder zufällig noch selbstlos. Rapallo war seine zweite Heimat. Er war ein Sprössling der berühmten Seefahrerfamilie Dodero, die aus einem kleinen Fischerdorf zwischen Rapallo und Genua stammte. Vor allem aber führten ihn Geschäftsinteressen nach Rapallo.

Während des Krieges hatte er mit Lebensmittel- und Waffentransporten von Argentinien nach Europa ein Vermögen verdient. Dieses Europageschäft hatte die »Schifffahrtsgesellschaft Dodero S.A.« zur erfolgreichsten und bedeutendsten Argentiniens gemacht. Nach dem Krieg hatte Argentinien seine Wirtschaftsbeziehungen mit Europa intensiviert, sodass Buenos Aires–Genua die wichtigste Handelsstrecke blieb. Bereits unterhielt Reeder Dodero im Hafen von Genua die größte Zweigniederlassung seiner Schifffahrtsgesellschaft; und sie sollte weiter an Bedeutung gewinnen. Er nutzte Evitas Europreise, um in Madrid, Lissabon, Rom und Paris Regierungsaufträge für Getreide- und Fleischtransporte aus Argentinien auszuhandeln. Die »Dodero S.A.« transportierte aber nicht nur Waren, sondern immer öfter auch Passagiere. Besonders viel versprechend war das Geschäft mit Emigranten.

Der Personenverkehr war während des Krieges völlig zum Erliegen gekommen. Erst mit der Emigrationswelle nach Argentinien kam er wieder richtig in Schwung. Am 4. Juni 1947, zwei Tage bevor Evita ihre Europareise antrat, verließ das erste Emigrantenschiff den Hafen von Genua. Es hieß »Santa Fé« und gehörte der »Compañía Argentina de Navigación Dodero S.A.«. Am 12. Juni folgte die »Buenos Aires«, am 26. Juni die »Mendoza«. Im selben Rhythmus ging es weiter. Jedes Schiff hatte durchschnittlich 800 Passagiere an Bord. Fast jeder zweite Passagier, der sich in Genua einschiffte, war ein Emigrant und reiste nach Südamerika.[115] Unter diesen Auswanderern befanden sich sehr viele italienische Faschisten und deutsche Nazis. Auch die meistgesuchten Nazi-Kriegsverbrecher Adolf Eichmann, Josef Mengele, Klaus Barbie oder der Ustascha-Führer Ante Pavelic schifften sich in Genua ein und erreichten Buenos Aires an Bord eines Emigrantenschiffes.

Seit kurzem unterhielt Argentinien in Genua ein eigenes Migrationsbüro, in dem ein halbes Dutzend Beamte tätig waren. Mehrere Agenten von Rodolfo Freude, Peróns Sicherheitschef, überwachten ihre Arbeit. Geleitet wurde das Migrationsbüro von Adolfo Scilingo, einem Diplomaten mit Ministerrang.

Von Rapallo aus fuhr Evita mehrmals nach Genua. In Begleitung von Minister Adolfo Scilingo und Reeder Alberto Dodero besuchte sie ein Emigrantenschiff und empfing die Besatzung eines Dodero-Frachters, der argentinisches Getreide für Italien geladen hatte. Bereits während ihres Aufenthaltes in Madrid hatte die Presse über geheime Treffen mit Nazi-Schleppern und Nazi-Bankiers spekuliert. Die Besuche in Genua gaben diesen Spekulationen neuen Auftrieb. Die argentinische Zeitschrift *Ultima Clave* fand heraus: »Am 10. Juli 1947 war Eva Perón in Rapallo, Italien, mit dem Commendatore Giovanni Maggio verabredet. Sie sprachen über neunzig Tonnen Getreide aus Argentinien, das wenige Tage zuvor im Hafen von Genua eingetroffen war. Versteckt unter dem Getreide befand sich eine Ladung Gold, das zum Teil in die Schweiz gebracht werden sollte.«[116]

Evitas Rapallo-Aufenthalt gab Rätsel auf. Er dauerte volle zwei Wochen, fast so lange wie der Staatsbesuch in Spanien. Niemand wusste, wieso. Lilian bietet eine einfache Erklärung an: »Es war geplant, dass die Señora nach London fährt und im Buckingham Palace vom König empfangen wird. Plötzlich gab es Probleme. Die Señora musste warten. Unsere Diplomaten führten endlose Verhandlungen, die aber nichts brachten. Schließlich wurde der Besuch in London abgesagt.«

Evitas Besuch in Großbritannien war bereits angekündigt worden. Die britische Regierung hatte ein interessantes Programm zusammen-

115 Angaben der Hafenbehörden in Genua
116 *Ultima Clave*, Buenos Aires, 14. Juli 1972

gestellt, das auch einen Empfang im Königspalast vorsah, Geschäftsleute und Industrielle hatten ein spezielles Empfangskomitee gebildet. Und die argentinische Botschaft war eigens für Evita neu eingerichtet worden. Alles schien bereit. Vor allem argentinische und britische Diplomaten setzten große Hoffnungen in Evita. Seit der Wahl von General Juan Perón zum Staatspräsidenten hatten sich die Beziehungen zwischen Argentinien und Großbritannien radikal verschlechtert. Argentinien hatte einen Einfuhrstopp für britische Güter wie Textilien oder Maschinen verhängt. Die Peronisten betrachteten die Briten als alte Kolonialherren und hassten sie deswegen. Jetzt hofften die Diplomaten, ein herzlicher Empfang für Evita könnte einen politischen Klimawechsel herbeiführen.

Ganz anders tönte es in den Medien. Radio und Zeitungen sprachen sich mit wenigen Ausnahmen gegen Evitas Besuch aus. Mehrere Blätter titelten: »Frau Perón, Sie sind unerwünscht.« Als Begründung führten sie Juan Peróns Faschistennähe und Nazi-Sympathien an. Labour-Anhänger und Gewerkschafter kündigten Demonstrationen an. Überraschend dementierte ein Sprecher des Königs den bereits angekündigten Empfang im Buckingham Palace. Evitas Besuch musste verschoben und neu verhandelt werden. Die Verhandlungen scheiterten schließlich an Evitas Maximalforderungen. Lilian erinnert sich: »Die Señora stellte drei Bedingungen: Sie verlangte, dass sie von der Regierung zu einem offiziellen Staatsbesuch eingeladen werde; bei ihrer Ankunft sollte London mit argentinischen Fahnen beflaggt sein; und schließlich wollte sie im Buckingham Palace vom König oder von der Königin empfangen werden.« Das Königspaar lehnte ab; die Regierung begrüßte zwar Evitas Kommen, weigerte sich aber, ihren Besuch als offizielle Staatsvisite zu betrachten.[117] »Die Señora war sehr unzufrieden. Von Rapallo aus rief sie unseren Botschafter in London an und erklärte ihm: ›Ich habe gesagt, ein Staatsbesuch oder nichts; sagen Sie meinen Besuch ab!‹«, erzählt Lilian.

Offiziell täuschte Evita Unwohlsein und Übermüdung vor. Sie unternahm ausgedehnte Spaziergänge am Strand von Rapallo, besuchte Por-

117 »La tournée de Madame Perón«, 19. August 1947: Bericht des Schweizer Botschafters in London an den Bundesrat. BAr.: E 2001 (E) 1969/121, Bd. 67

tofino und San Remo. Zwischendurch reiste sie nach Rom und flog für einen Tag nach Lissabon. Nach zwei Wochen verließ sie den mondänen Badeort Rapallo.

Privatbesuch in Paris, Staatsbesuch in der Schweiz

Vom 21. bis zum 24. Juli besuchte Evita Paris. Damit ging für sie ein alter Wunschtraum in Erfüllung. Vielleicht war das der Grund, warum sie auch ohne offizielle Einladung der französischen Regierung in die Seine-Stadt reiste. Wie schon in Rom löste ihr Besuch heftige Proteste aus. Kommunisten und Gewerkschafter gingen auf die Straße. Die Presse ließ keinen guten Faden an ihr, warf »der Frau des Diktators Juan Perón« Größenwahn vor und schimpfte sie »Repräsentantin des Faschismus«. Doch diesmal ließ sie sich nicht aus der Ruhe bringen. Lilian versichert: »Während des Pariser Aufenthaltes war Evita immer ausgesprochen gut gelaunt. Sie fand Paris überwältigend.«

Obwohl Evita nicht Gast der Regierung war, wurde sie äußerst herzlich empfangen. Auch Frankreich war damals auf argentinische Fleisch- und Getreidelieferungen angewiesen. Am ersten Besuchstag erwartete sie Staatspräsident Vincent Auriol auf Schloss Rambouillet. Er verlieh ihr den Orden der Ehrenlegion und lud zu einem Galadiner. Am zweiten Tag war sie zu Gast bei Außenminister Georges Bidault am Quai d'Orsay. Am dritten Tag empfing sie der Landwirtschaftsminister. Sie ließ sich das Schloss Versailles zeigen und stieg auf den Eiffelturm; sie besuchte das Grab Napoleons und folgte einer Einladung der Nationalversammlung. »Der Höhepunkt aber war ohne Zweifel«, wie Evitas Freundin Lilian meint, »eine Messe in der Kathedrale Notre-Dame, der das gesamte diplomatische Corps beiwohnte. Besonders gut erinnere ich mich an den Apostolischen Nuntius Monsignore Roncalli, den spätern Papst Johannes XIII., der nach der Messe mit Evita ein langes Gespräch führte.« Den Abschluss des offiziellen Teils bildete die Unterzeichnung eines Handelsabkommens. Argentinien gewährte Frankreich einen Millionenkredit, garantierte Fleisch- und Getreidelieferungen.

Obwohl ihre beiden Aufpasser, Redenschreiber Francisco Muñoz Azpiri und Pater Hernán Benítez sie nicht aus den Augen ließen, blieb auch der Privatbesuch in Paris nicht ohne peinliche Zwischenfälle. In Sèvres, einer kommunistischen Vorstadt von Paris, besuchte sie eine Schule. Als der Stadtpräsident das soziale Engagement der kommunistischen Stadtverwaltung rühmte, hielt sie ihm Hitler entgegen und lobte die – wie sie fand – großen Verdienste des Naziregimes.[118] Pater Benítez unterbrach sie und verhinderte einen Skandal. Um den politischen Fauxpas vergessen zu machen, organisierte Aufpasser Benítez einen Besuch bei der Fédération Nationale des Déportés de la Résistance. Evita sah sich eine Fotoausstellung über die Konzentrationslager Auschwitz und Dachau an. Sie zeigte sich tief erschüttert und spendete 100 000 Francs.

Wie immer wollte Evita in einem Armenviertel Pesetenscheine und Lebensmittel verteilen. Ihre Mitarbeiter hatten alles vorbereitet. Sie hatten kistenvoll Süßigkeiten und Fleischwaren eingekauft und auch ein paar Arbeitslosenfamilien aufgetrieben, die einverstanden waren, Evita ihr Elend zu schildern. Doch die »Madonna der Descamisados« erschien nicht. Sie saß im Hotel Ritz, wo sie mit ihrem Gefolge abgestiegen war, und bewunderte die neuste Modekollektion der Pariser Haute Couture. Die berühmten Modeschöpfer Christian Dior, Marcel Rochas und Jacques Fath organisierten eigens für Evita ein Modedefilee. Am besten gefielen ihr die Kreationen von Christian Dior, bei dem sie noch gleichentags ein halbes Dutzend Roben in Auftrag gab. Dior wird ihre schönsten Kleider kreieren. Bei den Parfums schwankte sie zwischen »Femme« von Rochas und »Amour Amour« von Jean Patou. Sie kaufte beide.

Am 24. Juli beendete Evita ihren Privatbesuch in Paris. Über ihre nächsten Reisepläne kursierten einmal mehr widersprüchliche Angaben. Mehrere französische Gazetten schrieben, Evita werde an der Côte d'Azur erwartet; andere berichteten, sie werde von Paris aus direkt nach Buenos Aires zurückfliegen. Die Nachrichtenagentur United Press (UP) wiederum meldete: »Wie der argentinische Botschafter in Paris, Victoria Roca, gestern Abend bekannt gab, wird Frau Evita Perón die Schweiz besuchen. Sie folgt einer Einladung des Bundesrates [...].« Die

118 Suzanne Bidault, *Je n'ai pas oublié,* Paris 1971

UP-Meldung erschien am 25. Juli. Sie kam der Wahrheit am nächsten, obwohl zu diesem Zeitpunkt noch keine Einladung aus der Schweiz vorlag. Das zumindest behauptet Benito Llambi, der Evitas Schweizer Reise eingefädelt hatte: »Beinahe wären unsere Verhandlungen geplatzt. Der Bundesrat fühlte sich durch die Meldung der Nachrichtenagentur United Press unter Druck gesetzt.«[119]

Benito Llambi, ein Peronist der ersten Stunde, war von 1946 bis 1949 argentinischer Botschafter in Bern. »Evitas Schweizer Reise habe ich organisiert; sie war meine Idee«, erklärt er nicht ohne Stolz und fährt fort: »Ursprünglich war nicht geplant, dass Evita die Schweiz besucht. Die Schweizer Reise wurde erst sehr spät und beinahe durch Zufall beschlossen.«

Es war Mitte Juli. Die Verhandlungen über Evitas Staatsbesuch in Großbritannien waren eben gescheitert. »Spontan fiel mir ein: Ein Besuch in Bern wäre ein ideales Alternativprogramm für London«, sagt Benito Llambi. Doch vorerst behielt er die Idee für sich. Das änderte sich schlagartig, als er ein paar Tage später Jacques-Albert Cuttat, Protokollchef des Eidgenössischen Politischen Departementes (EPD, heute Departement des Äußeren, EDA), traf. Diplomat Cuttat war ein Argentinien-Freund und bewunderte Evita. Bevor er Protokollchef des EPD wurde, hatte er mehrere Jahre lang auf der Schweizer Botschaft in Buenos Aires gearbeitet, zuletzt als Erster Botschaftssekretär. Benito Llambi erinnert sich: »Am 20. Juli kam ich während eines Diplomatenempfangs auf der kolumbianischen Botschaft mit Jacques-Albert Cuttat ins Gespräch. Er sagte zu mir: ›Wieso kommt Evita nicht in die Schweiz?‹ Jetzt wusste ich, mein Plan war realisierbar.« Dann ging alles sehr schnell. Am nächsten Tag fuhr Botschafter Llambi mit seinem Auto nach Paris, wo Evita inzwischen eingetroffen war.

Benito Llambi, der zum engeren Freundeskreis von General Juan Perón zählte, kannte Evita. Trotzdem war es für ihn nicht einfach, einen Termin zu bekommen. Er musste warten. Evita kehrte erst gegen Mitternacht ins Hotel zurück. Benito Llambi: »Dank Padre Hernán Benítez

119 Gespräch mit Benito Llambi Ende November 1997 in Buenos Aires. Siehe auch: Benito Llambi, *Medio siglo de política y diplomacia* (memorias), Buenos Aires 1997, S. 125ff.

konnte ich noch in jener Nacht mit Evita sprechen. Padre Benítez erkannte sofort die Wichtigkeit meiner Mission.« Evita war begeistert von Llambis Plan: »Gut, ich komme in die Schweiz, treffen Sie alle nötigen Vorbereitungen«, erklärte Evita.

Botschafter Llambi war überglücklich und wollte sich schon verabschieden. Doch er hatte sich zu früh gefreut. Evita forderte ihn auf: »Sorgen Sie dafür, dass mich die Schweizer Regierung zu einem Staatsbesuch einlädt.« Botschafter Llambi: »Eine ›mission impossible‹, dachte ich; warum soll die Schweiz ihr zugestehen, was Italien, Frankreich und Großbritannien abgelehnt hatten.« Aber er wagte es nicht, Evita zu widersprechen. Er bat um etwas Zeit. Die Verhandlungen könnten schwierig werden. Es war Sommer. Mehrere Bundesräte weilten in den Ferien. Evita war einverstanden und erklärte: »Ich habe Zeit. Ich werde für ein paar Tage an die Côte d'Azur fahren und dort die Einladung aus der Schweiz abwarten.«

Benito Llambi kehrte in die Schweiz zurück und begab sich unverzüglich ins Bundeshaus, wo er von Protokollchef Jacques-Albert Cuttat erwartet wurde. In aller Eile erarbeiteten die beiden Diplomaten ein Programm für Evitas Staatsbesuch, das sie an den Bundesrat weiterleiteten. Evitas Einladung befand sich auf dem besten Weg. Einen Tag später, am 25. Juli, war Botschafter Llambi bereits wieder mit seinem Wagen unterwegs. Evita hatte ihn nach Monte Carlo bestellt, um alle Einzelheiten der Schweizer Reise zu besprechen. Doch plötzlich schien Evitas Schweizer Reise in weite Ferne gerückt. Kaum war Botschafter Llambi in Monte Carlo eingetroffen, rief Cuttat an. Er war wütend: »Ihr Botschafterkollege in Paris hat alles vermasselt. Es wird keine offizielle Einladung aus der Schweiz geben. Der Bundesrat lässt sich seine Entscheide nicht vorschreiben.« Erst jetzt erfuhr Botschafter Llambi von der UP-Agenturmeldung, die vor wenigen Stunden Evitas Staatsbesuch in der Schweiz angekündigt hatte. Alarmiert durch Cuttats Anruf kehrte Botschafter Llambi sofort nach Bern zurück, um den Schaden wieder gutzumachen, den sein Botschafterkollege angerichtet hatte. Evita stellte ihm ihr Flugzeug zur Verfügung.

Schließlich nahm alles ein gutes Ende. Am 29. Juli meldete das Bundeshaus: »Frau Eva Duarte de Perón, die Gattin des argentinischen

Staatspräsidenten, wird der Schweiz einen offiziellen Besuch abstatten. Sie ist Gast des Bundesrates.« Botschafter Llambi und seinem Verbündeten Cuttat war es gelungen, den Bundesrat in letzter Minute umzustimmen. Ausschlaggend waren handelspolitische Argumente gewesen.

Seit General Juan Peróns Machtübernahme vor rund einem Jahr hatten sich die Wirtschaftsbeziehungen zwischen Argentinien und der Schweiz massiv verschlechtert.[120] Um die Zahlungsbilanz ins Gleichgewicht zu bringen, hatte Perón rigorose Einfuhrsperren verhängt. Unter diesen Importstopp fielen unter anderem: Seidenstoffe, Textilmaschinen, Elektromotoren und – für die Schweiz besonders gravierend – Uhren. Innert weniger Monate ging der schweizerische Export nach Argentinien um mehr als 50 Prozent zurück. Ein anderer Streitpunkt: die hohen Preise der argentinischen Getreidesorten. Wie die meisten europäischen Staaten kaufte auch die Schweiz in Argentinien ein. Allein im ersten Quartal 1947 waren es 625 000 Tonnen.[121] Allerdings zu deutlich höheren Preisen als beispielsweise Belgien, Frankreich oder Italien. Und nicht zuletzt zitterten Schweizer Unternehmen um ihre argentinischen Guthaben. In Argentinien investiertes Schweizer Kapital warf jährlich rund 18 Millionen Franken ab. Doch diese Gelder durften nicht in die Schweiz transferiert werden. Statt Devisen bot Argentinien Gold an.[122]

Geschickt mobilisierte Jacques-Albert Cuttat die Exportwirtschaft. Auf seine Initiative hin meldete sich beim Bundesrat ein Unterstützungskomitee, bestehend aus Industriellen und Bankiers, und setzte sich für Evita ein. Die besten Argumente aber bezog der Protokollchef vom Volkswirtschaftsdepartement. Die Handelsabteilung hatte für ihn

120 »Wirtschaftsbeziehungen mit Argentinien«, Bericht der Handelsabteilung des Volkswirtschaftsdepartementes zu Handen von Bundesrat Max Petitpierre, 30. Juli 1947; BAr. E 2001 (E) 1969/121, Bd. 67

121 »Wirtschaftlicher Umbruch in Argentinien«; in: *Vaterland*, Luzern, 5. August 1947

122 Guthaben von Schweizer Firmen wurden durch Goldlieferungen der argentinischen Zentralbank an die Schweizerische Nationalbank kompensiert. Ein Beispiel aus dem Jahre 1947: Die Rückzahlung eines schweizerischen Kredites an die »United River Plate« erfolgte, indem die Schweizerische Nationalbank argentinisches Gold im Werte von 28 Millionen übernahm.

einen Bericht verfasst, der die dramatische Verschlechterung der Wirtschaftsbeziehungen mit Argentinien aufzeigte. Ende 1946 hatten die Schweiz und Argentinien zwar ein neues Handelsabkommen ausgehandelt, doch Argentinien hielt sich nicht daran. Schützenhilfe erhielt Cuttat auch vom Schweizer Botschafter in Buenos Aires, der fand, eine freundliche Aufnahme Evitas könnte die festgefahrenen Verhandlungen neu in Gang bringen. Cuttat, der Peróns Aufstieg in Argentinien persönlich miterlebt hatte, illustrierte anhand zahlreicher Beispiele, dass Evitas Einfluss auf den Staatspräsidenten besonders groß sei. Und Botschafter Benito Llambi brachte aus Monte Carlo eine persönliche Botschaft Evitas an den Bundesrat mit. Sie bot Gespräche über die schwierigen Wirtschaftsbeziehungen an.

Der Bundesrat ließ sich umstimmen. Wie aus einem internen Bericht des Eidgenössischen Politischen Departementes hervorgeht, glaubte der Bundesrat Evita und setzte voll auf ihre Gesprächsbereitschaft: »Die linke Presse sowie ein Großteil der Bevölkerung lehnen eine offizielle Einladung Evitas durch die Schweizer Behörden ab. Wir haben uns über die Einwände der öffentlichen Meinung hinweggesetzt, weil wir hoffen, dass der Besuch konkrete Resultate bringt, die diese Einwände widerlegen.«[123]

Später freilich wird sich herausstellen: Evitas Gesprächsbereitschaft war nicht ernst gemeint. Und: Die Verhandlungen mit dem Bundesrat waren ein raffiniert inszeniertes Täuschungsmanöver des argentinischen Botschafters Llambi und seines Verbündeten im Bundeshaus, Protokollchef Cuttat.

Seit der italienische Ministerpräsident am 5. Juli Evita aufgefordert hatte, ihren Besuch in Rom abzubrechen, war ihr Reiseprogramm völlig durcheinander geraten. Es war ein scheinbar planloses Hin und Her: von Rom nach Rapallo, zurück nach Rom, von dort nach Lissabon, hinauf nach Paris, hinunter an die Côte d'Azur – und schließlich zum Staatsbesuch in die Schweiz.

123 Interner Bericht (Memorandum) des Eidgenössischen Politischen Departementes vom 31. Juli 1947. BAr. E 2001 (E) 1969/121, Bd. 67

Am 3. August verließ Evita Monte Carlo. Sie zog es vor, mit dem Auto zu reisen. Juan Duarte und Lilian begleiteten sie; Alberto Dodero und die restliche Gefolgschaft flogen mit Evitas Sondermaschine direkt nach Genf. Nach einem Zwischenhalt in Aix-les-Bains fuhr Evita am nächsten Morgen nach Bellegarde an der französisch-schweizerischen Grenze, wo für sie der Extrazug Roter Pfeil bereitstand. Protokollchef Cuttat empfing sie mit einem Blumenstrauß und überbrachte ihr die Grüße des Bundesrates. Eine Blasmusik spielte die argentinische Nationalhymne. Schulkinder schwenkten Argentinienfähnchen. Evita strahlte.

Kurz nach elf Uhr traf Evita in Genf ein, der ersten Station ihres fünftägigen Staatsbesuches. Nach einem festlichen Empfang durch die Genfer Kantonsregierung und einem Kurzbesuch bei der UNO fuhr sie nach Bern weiter. Hier wurde sie von Bundesrat Max Petitpierre, Vorsteher des Eidgenössischen Politischen Departementes, willkommen geheißen. Evitas Freundin Lilian erinnert sich: »Als wir aus dem Bahnhof kamen, jubelten uns viele tausend Menschen zu. Sogar ›Evita–Evita‹-Rufe waren zu hören. Für uns war das eine große Überraschung. Botschafter Benito Llambi nämlich hatte uns vorgewarnt: ›Es wird keine stürmischen Empfänge geben; die Schweizer sind ein sehr zurückhaltendes, ruhiges Volk.‹«

Evita stieg in eine offene Staatskarosse. Neben ihr die Frau von Jacques-Albert Cuttat, ihr gegenüber Außenminister Max Petitpierre und seine Gemahlin. In einem zweiten Wagen hatten Lilian, Protokollchef Cuttat und Botschafter Llambi Platz genommen. Im Schritttempo bewegte sich die Autokolonne durch die riesige Menge, überquerte den Bahnhofplatz und fuhr Richtung Hotel Bellevue-Palace. Evita freute sich. Alle paar Meter, rechts und links der Straße, flatterten argentinische Fahnen; auch die Häuser waren beflaggt.

Vor der Volksbank in der Bundesgasse geriet die Autokolonne plötzlich ins Stocken. »›Ein Attentat, mein Gott, ein Attentat‹, schrie jemand. Außenminister Petitpierre war starr vor Schreck, er hielt sich mit beiden Händen den Kopf. Aber es war kein richtiges Attentat. Es war nur eine Tomate, die den Minister an der Stirne traf«, schildert Lilian. Nach einer kurzen Pause fährt sie fort: »Der arme Minister war voll mit Tomaten beschmiert – und Evita krümmte sich vor Lachen; manchmal muss man auch vor Nervosität oder Panik lachen.«

Die Tomaten-Attentäter wurden bereits am nächsten Morgen verhaftet und in der Polizeikaserne beim Waisenhaus verhört: Hansjörg Hofer und seine Frau Suzanne, zwei Jung-Kommunisten und Aktivisten der »Partei der Arbeit«. »Evita war die Gattin und Abgesandte des faschistischen Diktators Juan Perón, der den Nazis Asyl und Obdach gab. In unseren Augen war es ein Skandal, dass der Bundesrat die Diktatorengattin trotzdem zu einem Staatsbesuch einlud. Viele Schweizer dachten wie wir«, rechtfertigt Hansjörg Hofer seine Tat.[124] Nach wenigen Stunden waren die beiden »Attentäter« wieder auf freiem Fuß. »Wir legten ein Geständnis ab und entschuldigten uns bei Bundesrat Max Petitpierre. Die Tomaten hatten nicht ihm, sondern dem Faschismus gegolten. Natürlich waren wir sehr stolz, denn unsere Protestaktion war ein großer Erfolg. Der Tomatenanschlag sorgte weltweit für Schlagzeilen«, sagt Hansjörg Hofer.

Die Protestaktion blieb nicht ohne Folgen. Hansjörg Hofer wurde von seinem Arbeitgeber fristlos entlassen. Und Bundesrat Max Petitpierre forderte, dass die beiden »Attentäter« wegen »Beleidigung eines fremden Staates« vor Gericht gestellt werden sollten. Zu einem Prozess kam es allerdings nicht. Hansjörg Hofer und seine Frau wurden lediglich zu einer Buße von 50 Franken verknurrt – wegen »unanständigen Benehmens anlässlich der Stadtrundfahrt von Frau Perón«. »Wir mussten nicht einmal die Buße bezahlen. Typografen der Berner Tageszeitung *Der Bund* schickten uns eine 50-Franken-Note. Im Begleitbrief dazu stand: ›Wir hatten sehr großen Spaß an Ihrer Aktion, darum sind wir auch bereit, für die Spesen aufzukommen.‹«, lacht Hansjörg Hofer.

Am zweiten Besuchstag entführte Bundespräsident Philipp Etter den argentinischen Staatsgast in die Innerschweiz. Der Tag begann mit einer Panne. Auf halber Strecke zwischen Bern und Luzern blieb der Evita-Extrazug stehen. Die Lokomotive hatte einen Maschinendefekt. Mit großer Verspätung traf Evita schließlich gegen Mittag in Luzern ein,

124 Interview mit Hansjörg Hofer, 15. Juni 1998. Siehe auch: Hansjörg Hofer, *Völker, hört die Signale* (Autobiografie), Basel 1998

wo sie von der Kantons- und der Stadtregierung empfangen wurde. Ein kleines Mädchen begrüßte Evita auf Spanisch und überreichte ihr einen riesigen Blumenstrauß. Die Bahnhofhalle war festlich geschmückt. Die Stadtmusik in ihrer roten Schweizer Uniform spielte die argentinische Nationalhymne. Trachtenmädchen standen Spalier. Vom Perron bis zum Bahnhofausgang lag ein dicker roter Teppich. Entlang der Straße, die vom Bahnhof zum Rathaus am Kornmarkt führte, hatten sich überraschend viele Schaulustige eingefunden.

Trotz des Tomatenanschlags am Vortag war Evita wieder in einer offenen Staatskarosse unterwegs. Prompt kam es zu einem weiteren Zwischenfall. Auf der Seebrücke rannte ein junger Mann auf die Fahrbahn und schleuderte zwei Pflastersteine gegen Evitas Wagen, in dem auch der Bundespräsident und seine Gemahlin saßen. Der erste Stein prallte am Ersatzrad ab, der zweite schlug ein faustgroßes Loch in die Windschutzscheibe. Verletzt wurde niemand. Die Polizei reagierte blitzschnell. Bevor der junge Mann zu einem dritten Wurf ausholen konnte, fuhr ihn eine Polizeieskorte mit ihrem Motorrad über den Haufen.

»Es war die Tat eines Geisteskranken, der an paranoider Schizophrenie leidet«, erklärte der Luzerner Polizeidirektor wenige Stunden später an einer eilends einberufenen Pressekonferenz.[125] Der Täter Fritz Freitag, ein 23-jähriger Hilfsarbeiter, war der Sohn eines Argentinien-Schweizers. Aufgewachsen war er im argentinischen Tigre. Zuletzt hatte er dort als Hilfsarbeiter im Betrieb seines Vaters gearbeitet. Im Jahre 1945 hatte er mehrere Monate in einer Nervenheilanstalt in Buenos Aires verbracht. Ende 1946 hatte ihn seine Familie in die Schweiz geschickt. Seither lebte er bei einer Tante in Oerlikon. Im Polizeiverhör erklärte Fritz Freitag: »Die argentinische Polizei verdächtigte mich, ich sei Mitglied einer verbotenen Partei. Darum kam ich in Buenos Aires ins Irrenhaus. Dort hat man mich elektrisch behandelt und gequält.« Nach Angaben der Polizei zeigte Fritz Freitag keine Reue: »Wenn ich eine Pistole gehabt hätte, hätte ich geschossen.« »Der Kranke verübte das Attentat als Racheakt für die ihm nicht passende

125 »Anschlag auf Frau Eva Perón« (Pressecommuniqué der Polizei); in: *Vaterland*, 6. August 1947; siehe auch: »Der Anschlag auf der Seebrücke«; in: *Luzerner Neueste Nachrichten*, 6. August 1947

Behandlung in der Anstalt in Argentinien und der vorgestellten Verfolgung durch die argentinische Behörde«, sagte der Luzerner Polizeidirektor.

Als wäre nichts geschehen, setzte die Autokolonne mit Evita die Stadtrundfahrt fort. Nach dem Empfang im Rathaus stand eine Fahrt über den Vierwaldstättersee auf dem Programm. Während der Dampfer »Stadt Luzern« das Rütli und die Tellskapelle ansteuerte, wurde zu Ehren des argentinischen Staatsgastes ein Festessen aufgetragen:

MENU
HORS-D'OEUVRE RICHE
CONSOMMÉ DOUBLE AU SHERRY
SUPRÈME DE VOLAILLE ALBUFÉRA
POMMES NOISETTES
PETITS POIS À LA MENTHE
SALADE AU COEUR DE LAITUE
BISCUIT GLACÉ ALHAMBRA
FRAMBOISES ET MÛRES DU RIGI
FRIANDISES DE LUCERNE
MOKA

Eine Ländlerkapelle spielte, Trachtenmädchen tanzten, ein Jodlerchor und drei Alphornbläser traten auf. Und zwischen den Folkloredarbietungen wurden ein paar Tischreden gehalten, die Protokollchef Cuttat für Evita im Flüsterton übersetzte. Stadtpräsident Max Wey beschrieb Evita das Bergpanorama, zeigte in Richtung Rigi und Pilatus, die man nicht sehen konnte, denn der Himmel war schwarz verhangen, und es regnete in Strömen. Botschafter Benito Llambi erzählte Evita die Geschichte vom heldenhaften Tell und vom grausamen »tirano« Gessler. Als die »Stadt Luzern« vor der Rütliwiese vorbeifuhr, ergriff Bundespräsident Philipp Etter das Wort. Er erklärte, wie der Korrespondent des *Vaterland* am nächsten Tag berichtete: »Wir Schweizer kennen nur einen Fanatismus, den Fanatismus der Freiheit.« Evita bedankte sich für die schweizerische Gastfreundschaft, natürlich im Namen des großen argentinischen Führers General Juan Perón, für den die Schweiz als »anspornendes Beispiel sozialer Gerechtigkeit« gelte. Zum Schluss des festlichen Teils sangen die Schweizer ihre Nationalhymne.

Gegen 17 Uhr legte die »Stadt Luzern« vor dem Kurpavillon an. Evita verabschiedete sich und kehrte nach Bern zurück.

Am Abend war es Evita, die sich die Ehre gab. Im Hotel Bellevue Palace empfing sie den Bundesrat und offerierte ein Galadiner, zu dem über 600 Gäste geladen waren. Evitas Freundin Lilian erinnert sich: »Die Señora sah wunderbar aus; sie war einfach großartig; wir waren alle sehr stolz auf sie.« Botschafter Benito Llambi stimmt dem zu und ergänzt: »Es war ein Empfang, wie ihn Bern noch kaum je erlebt hatte. Ein Fest der Superlative.« Nach dem Galadiner gab es einen Ball, bei dem Tanzorchester aufspielten, die Botschafter Llambi eigens aus Spanien und Argentinien hatte einfliegen lassen. Den Ball eröffneten Frau Staatspräsidentin Perón und Außenminister Petitpierre. Es war nach zwei Uhr nachts, als Evita das Fest verließ und sich auf ihre Suite zurückzog.

Das Programm des dritten Besuchstages war schon am Morgen durcheinander geraten. Evita hatte verschlafen, und niemand hatte es gewagt, sie aufzuwecken. Als sie endlich erschien, begleitete sie Außenminister Max Petitpierre auf eine Rundfahrt durch seinen Heimatkanton Neuenburg. Evita war enttäuscht. Ihr Besuch löste keine Begeisterungsstürme aus. Im Gegenteil. Als sie in La Chaux-de-Fonds die Uhrenfabrik Movado besuchte, verließen viele Arbeiter aus Protest ihre Werkstätten. Das Mittagessen in Les Brenets, einem Uhrendorf in der Nähe von La Chaux-de-Fonds, musste aus Sicherheitsgründen abgesagt werden. La Chaux-de-Fonds war eine Hochburg der kommunistischen Partei der Arbeit, die den Staatsbesuch der »Faschistin« Eva Perón heftig verurteilt hatte. Vor allem aber waren die Uhrenarbeiter verärgert, weil Juan Perón einen Einfuhrstopp gegen Schweizer Uhren verhängt hatte.

Unter verstärktem Polizeischutz und früher als geplant verließ Evita La Chaux-de-Fonds Richtung Neuenburg. Dort gaben die Kantonsbehörden im Hôtel Du Peyrou einen Empfang. Evita wurde mit Geschenken – unter anderem eine Diamantuhr und ein goldenes Armband – überhäuft. Klagen über die schwierigen Handelsbeziehungen zwischen der Schweiz und Argentinien jedoch verdarben ihr die Freude an diesen Geschenken. Anders als in Luzern traten keine Folkloregruppen auf, und es gab keine patriotischen Gesänge. Stattdessen musste sich Evita mehrere Industrielle anhören, die Argentiniens Handelspolitik nicht besonders toll fanden. Wenig Verständnis zeigten sie vor allem für die enorm hohen Weizenpreise, die die Schweiz im Gegensatz zu andern europäischen Abnehmern bezahlen musste. Am längsten sprach Edgar Primault, Präsident der Schweizer Uhrenindustrie. Evita hörte zu, als würde sie das alles nichts angehen. Erst als sie direkt zu einer Stellungnahme aufgefordert wurde, versuchte sie eine Antwort. Sie bedauerte, dass sie zu wirtschaftlichen und politischen Fragen nicht Stellung nehmen könne, versprach aber, sich beim Staatspräsidenten Perón für die Schweizer Anliegen einzusetzen.

Der Empfang im Hôtel Du Peyrou dauerte drei Stunden. Danach kehrte sie nach Bern zurück und verabschiedete sich vom Bundesrat. Mit dem Besuch im Kanton Neuenburg war der offizielle Teil ihrer Schweizer Reise zu Ende gegangen.

Heimkehr im Triumph

Aus argentinischer Sicht war Evitas Schweizer Besuch ein voller Erfolg, behauptet Botschafter Benito Llambi: »Evita hatte ihre Mission mit Bravour erfüllt. Nach dem Krieg stellten uns die Siegermächte als Faschisten- und Nazifreunde hin, viele Länder getrauten sich nicht, mit Argentinien freundschaftliche Beziehungen zu unterhalten. Die offizielle Einladung in die neutrale Schweiz brachte die Wende. Darum war Evitas Staatsbesuch in Bern ohne Zweifel der Höhepunkt ihrer Europareise.« Botschafter Llambi unterstreicht die Rolle der Presse: »Die Schweizer Presse erkannte in Evita eine Staatsfrau von internationalem Format. Dank ihr waren während zehn Tagen alle Blicke auf Argentinien, seine Regierung und die Beziehung zur Schweiz gerichtet. Die anfänglich schwierige und vereinzelt sogar feindselige Haltung schlug bald einmal in Begeisterung um.«

Es traf in der Tat zu, dass in Schweizer Gazetten zahlreiche wohl wollende und zum Teil sogar euphorische Berichte erschienen. Die Superlative überschlugen sich: Evita, die »Pasionaria der Arbeiter und Armen« *(Gazette de Lausanne),* »Botschafterin des Friedens« *(Berner Zeitung)* wurde zur »Staatspräsidentin« *(Vaterland)* hochstilisiert oder

Luzern, 5. August 1947; Frau Etter, Evita und Bundespräsident Philipp Etter.

Zürich, 8. August 1947; Evita im Hotel Baur au Lac, kurz vor dem Galadiner, das die Gesellschaft Schweiz-Argentinien ihr zu Ehren offerierte.

Bern, 5. August 1947; Empfang im Hotel Bellevue-Palace. Bundesrat Max Petitpierre tanzt mit Evita.

Empfang im Hotel Bellevue-Palace; (vlnr.) Evita, Jacques-Albert Cuttat, Protokollchef EPD; Bundespräsident Philipp Etter und Bundesrat Max Petitpierre.

In Paris empfing Evita Carl J. Burckhardt, damals Botschafter in Paris und (von 1944 bis 1947) Präsident des Internationalen Komitees vom Roten Kreuz (IKRK).

Der österreichische Kernphysiker Roland Richter (Bildmitte), Leiter des geheimen Atomforschungszentrums in Huemul, wird von der argentinischen Regierung ausgezeichnet.

Staatspräsident Juan Perón und sein Privatsekretär Juan Duarte, Evitas Bruder.

Staatspräsident Juan Perón begrüßt deutsche Ingenieure und Testpiloten, die in Córdoba unter der Leitung von Kurt Tank den ersten Düsenjäger Pulqui entwickelten.

Pater Hernán Benítez, Evitas Beichtvater und Make-up-Berater.

Bei Evitas Auftritten stets mit dabei: Rodolfo Freude (3), Sohn des Naziführers Ludwig Freude und Sicherheitschef von Staatspräsident Juan Perón.

Evita im Gespräch mit dem argentinischen Naziführer Ludwig Freude. Rechts neben Freude Lilian Lagomarsino de Guardo, Evitas beste Freundin und ständige Begleiterin.

Die deutsche Botschaft in Buenos Aires, in der sich der Schweizer Diplomat Jacques-Albert Cuttat eingerichtet hatte.

Evita in ihrem Büro im Arbeitsministerium; obwohl sie weder einen Auftrag der Regierung noch ein öffentliches Amt hatte, war sie de facto die Ministerin.

Ein Mal pro Woche empfing Evita »Decamisados« und Hilfsbedürftige. Für ihr ehrgeiziges Sozialhilfeprogramm verfügte sie über ein Jahresbudget von 600 Millionen Pesos.

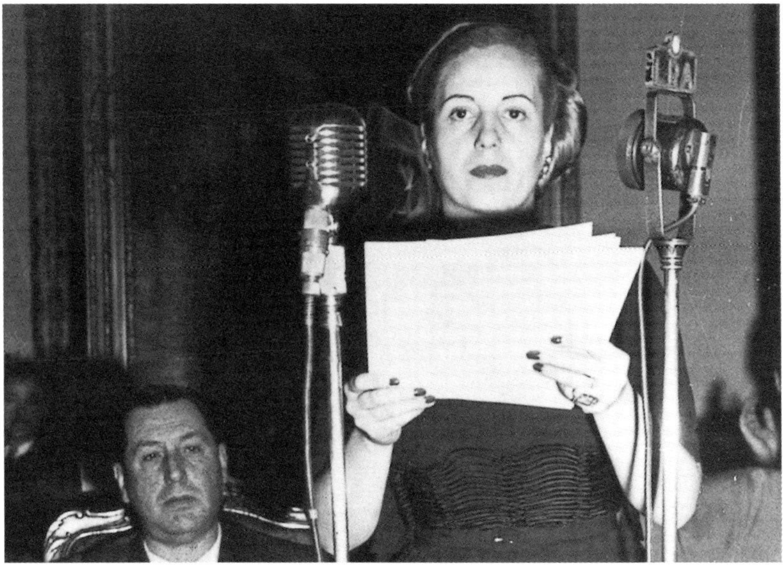

Im Sommer 1943 begegnete Juan Perón erstmals Evita; sie entpuppte sich als geniale Mitarbeiterin seiner neu geschaffenen Abteilung für politische Propaganda.

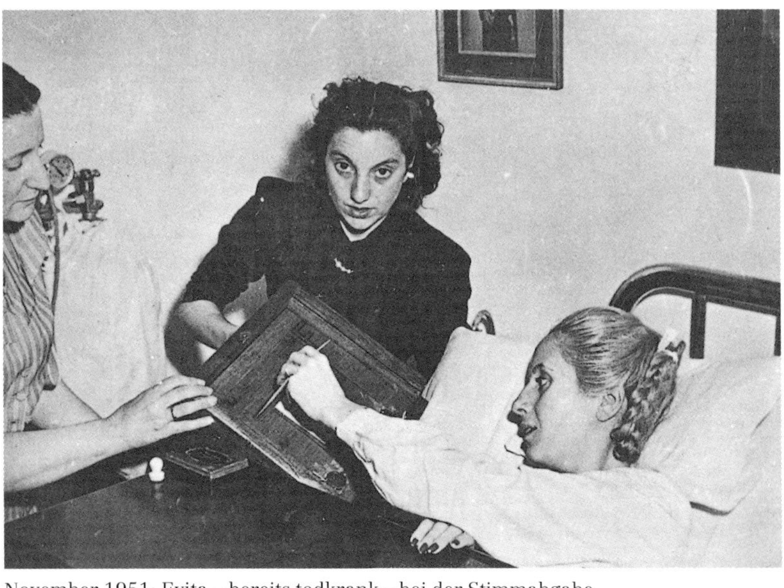

November 1951; Evita – bereits todkrank – bei der Stimmabgabe.

gar als »Königin« *(La Suisse)* bewundert. Das *Vaterland*, Leibblatt der »Katholisch-Konservativen Volkspartei«, Vorgängerin der heutigen CVP, erkannte in Evita sogar eine politische Gesinnungsgenossin: »[...] (Sie) kam zu uns als Gesandtin nicht nur eines Landes, das für uns wichtigster Handelspartner und Lieferant des ersehnten Getreides ist, sondern das gerade unter seiner neuen Staatsführung mehr sich wieder seiner lateinisch christlichen Tradition besinnen will.«[126]

Trotzdem hielt sich die Begeisterung in Grenzen. Der Bundesrat vertrat sogar die Ansicht, dass »ein großer Teil der öffentlichen Meinung« gegen eine offizielle Einladung Evitas war.[127] Tatsächlich setzten sich zahlreiche Zeitungen kritisch mit der argentinischen Diktatur unter Juan Perón auseinander. Die sozialdemokratische und kommunistische Presse protestierte vehement gegen Evitas Staatsbesuch und schoss aus allen Rohren gegen »Mussolini-Verehrer« und »Nazi-Helfer« Juan Perón. Nach dem Tomaten-Attentat auf Evita kommentierte die kommunistische *Voix Ouvrière:* »Es handelt sich um eine faschistische Propagandareise. [...] Die Tomaten haben die Meinung der Schweizer Bevölkerung besser zum Ausdruck gebracht als die heuchlerischen offiziellen Reden.«[128] SP-Spitzenpolitiker Walter Bringolf enthüllte in einem Leitartikel der *Berner Tagwacht*, argentinische Diplomaten in der Schweiz würden untergetauchten Nazis neue Papiere beschaffen und ihnen zur Flucht nach Südamerika verhelfen: »Den gutmütigen Schweizern empfiehlt man, den armen Deutschen zu helfen und jene Deutschen, die schuld sind an der Not Deutschlands, retten sich mit Schweizer Franken durch unser demokratisches Land nach Argentinien, um sich dort für neue Taten vorzubereiten.«[129]

Am 7. August verließ Evita Bern mit unbekanntem Reiseziel. Ein Sprecher der argentinischen Botschaft teilte mit, Frau Perón sei sehr müde, sie werde für ein paar Tage in die Berge zur Erholung fahren. Wohin, wollte er nicht verraten. Unter Bundeshausjournalisten ging das

126 »Frau Perón in Luzern«; in: *Vaterland*, 6. August 1947
127 Interner Bericht (Memorandum) des Eidgenössischen Politischen Departementes vom 31. Juli 1947, a. a. O.
128 »L'hôtesse du Conseil fédéral fort mal accueillie«; in: *Voix Ouvrière*, 6. August 1947
129 *Die Woche* (Leitartikel), *Berner Tagwacht*, 2. August 1947

Gerücht um, Evita würde von den Zürcher Behörden erwartet. Doch Zürich dementierte. »Der Stadtpräsident weilt in den Ferien. Von einem Besuch Evitas wissen wir nichts«, erklärte ein Sprecher der Stadtverwaltung.

Evita hielt sich an jenem Tag sehr wohl in Zürich auf. Ein Reporter der *Luzerner Neuesten Nachrichten* fand heraus, dass sie im Grand Hotel Dolder gebucht hatte.[130] Am Abend patrouillierten vor dem Grand Hotel ein paar Sicherheitsbeamte mit Polizeihunden. Die Eingangshalle war mit Blumen und argentinischen Fahnen geschmückt. Im Speisesaal hielten sich nur wenige Gäste auf. Eine Kapelle spielte Tangomusik. Punkt 22 Uhr 30, so beobachtete der Reporter, betrat Evita die Hotelhalle, gefolgt von neun Begleitern, die Aktentaschen und Handköfferchen hereintrugen.

Evita war bereits am Mittag in Zürich eingetroffen. Im Hotel Baur au Lac war ihr zu Ehren ein Bankett gegeben worden. An diesem Bankett hatten außer Evita rund 200 Bankiers und Geschäftsleute teilgenommen. War das der Grund gewesen, warum der Besuch in Zürch geheim gehalten worden war? »Es stimmt, wir waren in Zürich – aber privat«, sagt Evita-Freundin Lilian. »An ein Treffen mit Bankiers kann ich mich dagegen nicht erinnern. Übrigens, mit Evita zusammen war ich in keiner einzigen Schweizer Bank. Wir hatten auch keine Pro-Nazis getroffen, wie man uns später nachsagte.« Botschafter Llambi dagegen erinnert sich an das Bankier-Treffen: »Das Bankett war von der ›Gesellschaft Schweiz–Argentinien‹ organisiert worden. Evita hatte die Einladung angenommen, um sich bei dieser Vereinigung zu bedanken, denn diese hatte mitgeholfen, ihren Staatsbesuch zu organisieren.«

Die Gesellschaft Schweiz–Argentinien – mit vollem Namen »Schweizerische Gesellschaft zur Pflege der kulturellen und wirtschaftlichen Beziehungen zu Argentinien« – war erst Anfang Juli 1947 gegründet worden. Ihr Präsident hieß William Dunkel, ETH-Professor und Architekt. Niemand kannte diese Vereinigung. Vor dem Bankier-Bankett zu Ehren Evitas war sie noch nie in Erscheinung getreten. Auch danach nicht mehr.

130 »Eva Perón in Zürich«, *Luzerner Neueste Nachrichten*, 8. August 1947

Evita blieb noch zwei weitere Tage in der Schweiz. Zusammen mit Lilian unternahm sie einen Ausflug nach Graubünden, besuchte die Lenzerheide und St. Moritz, wo sie im Hotel Suvretta House übernachtete. Die Autofahrt hinauf nach St. Moritz und eine Bergwanderung im Engadin waren so eindrucksvoll, dass Lilian heute noch ins Schwärmen gerät: »Die Schweizer Berge waren für mich das größte Erlebnis der ganzen Reise. Wir hatten alle Wanderstöcke, und ich erinnere mich, dass wir in einer Berghütte Mittag aßen. Wirklich, sehr reizend. Aber es war ein privater Ausflug.«

Am 10. August traten Evita und ihr Gefolge die Rückreise nach Argentinien an. Von Genf aus flogen sie via Lissabon nach Dakar, Senegal. Aus Sicherheitsgründen änderte man in letzter Minute die Reisepläne. Juan Peróns Sicherheitsdienst befürchtete ein Attentat. Ein paar Wochen zuvor war über dem Atlantik ein Flugzeug mit einer peronistischen Gewerkschaftsdelegation abgestürzt und verschollen. Es bestand der Verdacht, dass ein Sabotageakt die Maschine zum Absturz gebracht hatte. In Dakar schiffte sich Evita auf der »Buenos Aires« ein. Das Schiff gehörte Reeder Alberto Dodero und transportierte Einwanderer nach Argentinien. In der brasilianischen Hafenstadt Pernambuco, dem heutigen Recife, stieg sie wieder auf ein Flugzeug um und flog nach einer Zwischenlandung in Rio de Janeiro bis Montevideo. Das letzte Teilstück nach Buenos Aires legte sie an Bord einer Fähre zurück.

Am 23. August, einem Samstag, lief die Fähre um 16 Uhr in La Boca, dem Hafen von Buenos Aires, ein. Die Heimkehr wurde zur Triumphfahrt. Die Argentinier bereiteten ihr einen grandiosen Empfang. Evita grüßte vom Deck und weinte vor Freude. Ganz Buenos Aires war auf den Beinen. Eine riesige Menschenmenge stürmte das Hafenquartier. Es herrschte eine ausgelassene Stimmung. Die Menschen sangen und tanzten. Überall hingen Evita-Porträts und riesige Spruchbänder. Auf einer Tribüne vor dem Zollgebäude warteten Evitas Mutter und ihre drei Schwestern, Staatspräsident Juan Perón und sämtliche Regierungsmitglieder.

Evitas Europareise gab viele Rätsel auf. Aus Angst vor einem Attentat hatte sie in letzter Minute den Rückflug abgesagt und war an Bord eines Schiffes von Alberto Dodero gereist. Warum hatte sie während der Reise in ständiger Angst gelebt? Warum hatte die Reise drei Monate und nicht, wie ursprünglich geplant, zwei Wochen gedauert? Hatten die Geheimtreffen mit Nazis tatsächlich stattgefunden? Was stimmte am Gerücht über Evitas rätselhafte Schweizer Bankkonten?

Bei ihrer Ankunft stellte niemand unangenehme Fragen. Sie gingen unter im riesigen Jubel. Evita wurde als erfolgreiche Botschafterin des Neuen Argentiniens begrüßt, ihre Goodwill-Tour durch den alten Kontinent als triumphaler Erfolg gefeiert. Vor drei Monaten war sie als Eva nach Europa aufgebrochen und kam zurück als Evita. Die Europareise war der Beginn der Legende, der Anfang des Mythos Evita. Bis heute, ein halbes Jahrhundert später, blieb das Geheimnis dieser Europareise ungelüftet.

TEIL III

DIE FLUCHTHILFEZENTRALE IN BERN UND DIE ACHSE DEUTSCHLAND–SCHWEIZ–ARGENTINIEN

Argentinien als die dritte Weltmacht?

Evitas Europareise wurde offiziell stets als Goodwill-Tour für bessere Handelsbeziehungen zwischen Argentinien und Europa dargestellt. Evitas Besuch in der Schweiz buchte der damalige argentinische Botschafter in Bern, Benito Llambi, als sein persönliches Verdienst ab. Nachdem die Staatsvisite in Großbritannien ins Wasser gefallen war, habe er spontan die Schweiz als Ersatzprogramm vorgeschlagen. Diese Darstellung jedoch hält einer näheren Prüfung nicht stand. Evitas Schweizer Reise war weder allein Benito Llambis Idee, noch ein Zufallsentscheid. Im Gegenteil, sie war von langer Hand vorbereitet worden.

Am 2. Juni 1947, zwei Tage vor Evitas Abflug nach Europa, schrieb Edouard Feer, Schweizer Botschafter in Buenos Aires, einen längeren Bericht über Evitas Absicht, die Schweiz zu besuchen.[131] Geplant waren, so der Feer-Bericht, unter anderem ein offizieller Empfang in Bern sowie ein Besuch beim Internationalen Komitee vom Roten Kreuz (IKRK) in Genf. Der Botschafter unterstützte Evitas Schweizer Reise, von einem Besuch beim IKRK dagegen riet er dringend ab. Bern war bereits informiert, wie das Eidgenössische Politische Departement (EPD, das Außenministerium) in einem vertraulichen Schreiben an Feer festhielt: »Ein Beamter der argentinischen Botschaft ließ uns wissen, dass Frau Perón auf jeden Fall in die Schweiz kommen werde, um sich hier zu erholen.«[132] Auch Bern sprach sich gegen einen Besuch beim IKRK aus. EPD-Vorsteher Bundesrat Max Petitpierre hatte zudem beschlossen, Evita höchstens einen »inoffiziellen Empfang« zuzugestehen.

131 Bericht von Edouard Feer, Brief; BAr: E 2001 (E), 1969/121, Bd. 67

132 Brief des Eidgenössischen Politischen Departementes an Botschafter Edouard Feer, 16. Juni 1947; BAr: E 2001 (E), 1969/121, Bd. 67

»Vielleicht werden wir dem Beispiel Frankreichs folgen: eventuell organisieren wir einen Ausflug oder Frau Etter und Frau Petitpierre laden Evita zum Tee ein«, heißt es im Schreiben an den Botschafter weiter.

Anfang Juli nahmen auch die Schweizer Botschaft in Rom und das Schweizer Generalkonsulat in Mailand in Berichten über Evitas Italienreise ausdrücklich Bezug auf ihren möglichen Schweizer Besuch.[133]

Mitte Juli wurde Evitas Besuch in London definitiv abgesagt. Erst zu diesem Zeitpunkt will Botschafter Benito Llambi die Idee der Schweizer Reise entwickelt haben.[134] Dieser Darstellung widersprechen nicht nur die eben erwähnten Dokumente aus dem Politischen Departement, sondern auch Evitas Freundin Lilian. Sie hatte bereits in der zweiten Juni-Woche, zu Beginn des Staatsbesuches in Spanien, von einem möglichen Abstecher in die Schweiz erfahren. »Botschafter Benito Llambi war von Bern angereist, um mit Evita über ihren Schweizer Besuch zu reden«, behauptet Lilian.

Evitas Europareise war der Auftakt zu einer politischen Großoffensive, mit der General Juan Perón seine neue Außenpolitik lancierte. Er verfolgte zwei Ziele. Zum einen wollte er das Modell »Tercera Posición«, den »Dritten Weg«, unter die Leute bringen. Er stellte Argentinien als dritte Weltmacht vor und propagierte den Peronismus als Alternative zum amerikanischen Kapitalismus und zum sowjetischen Kommunismus. Zum andern ging es ihm darum, das angeschlagene Ansehen Argentiniens zu verbessern. Seit 1944 führten die USA eine heftige Kampagne gegen das »nazifreundliche« Argentinien. Darauf musste Perón reagieren. Zusätzlich zum Imageschaden befürchtete er die politische Isolierung seines Landes.

Europa lag in Trümmern und brauchte dringend Hilfe: Lebensmittel

133 Siehe u. a.: Bericht des Schweizer Generalkonsuls an den Bundesrat, datiert vom 1. Juli 1947, a. a. O.

134 Nicht nur uns gegenüber hat Benito Llambi behauptet, dass die Idee des Schweizer Besuches erst gegen Ende der Europareise entstand. Im Vorwort zu seiner Biografie schreibt er: »Diese Reise war ausschließlich meine Idee. [...] Weder Evita noch Perón war so etwas in den Sinn gekommen. [...] Sie wurde ersonnen, kurz bevor sie aus Europa zurückkehren wollte.« (Benito Llambi, *Medio Siglo*, a. a. O., S. 16)

zum Überleben und Kredite für den Wiederaufbau. Das machte den Alten Kontinent zum idealen Schauplatz für Juan Peróns außenpolitische Offensive. Nirgends konnte sich das »Neue Argentinien« wirksamer in Szene setzen als hier.

Die Vorbereitungen für Evitas Europareise begannen im Oktober 1946 und dauerten ein halbes Jahr. Parallel zum offiziellen Reiseprogramm – Werbetour für Argentinien und seine neue Außenpolitik – verfolgten Juan Perón und seine Strategen ein zweites, geheim gehaltenes Programm. Sie machten Jagd auf Nazi-Wissenschaftler und deutsche Industrie- sowie Rüstungspatente. Die Schweiz benutzten sie dabei als Drehscheibe. Alles weist darauf hin, dass Evita in dieses Geheimprogramm erst während der Europareise und zudem nur punktuell eingeweiht wurde. Trotzdem spielte sie dabei eine ganz besondere Rolle. Ihre Reise nämlich war nichts anderes als ein geschicktes Ablenkungsmanöver. Während die argentinische Diva mit ihren spektakulären und pompösen Auftritten die Augen aller auf sich lenkte, installierten argentinische Diplomaten zusammen mit Nazi-Emmissären in der Schweiz eine geheime Fluchthilfezentrale.

Gemeinsame argentinisch-schweizerische Interessen

Herbst 1946. Im argentinischen Außenministerium stand die Schweiz ganz oben auf der Prioritätenliste. Ende Oktober begannen in Buenos Aires erste Verhandlungen für ein Wirtschaftsabkommen zwischen Argentinien und der Schweiz. Mit diesem Abkommen sollten die Handelsbeziehungen massiv ausgebaut werden. Argentinien suchte Schweizer Kapital und vor allem auch Patente, die es für den Aufbau seiner Industrie dringend benötigte. Die Schweiz dagegen forderte günstigere Getreidepreise und eine Liberalisierung des Devisenhandels. Schweizer Unternehmer in Argentinien sollten in Zukunft ihre Gewinne frei in die Schweiz zurückführen dürfen. Die Verhandlungen kamen zügig voran. Bereits am 20. Januar 1947 wurde das Handelsabkommen in Bern unterzeichnet.

Das Handelsabkommen gibt heute noch Rätsel auf. Genau besehen war es ein wertloses Stück Papier. In den Jahren vor dem Abkommen hatten die beiden Länder ihre Wirtschaftsbeziehungen sukzessive ausgeweitet. Argentinien war zu einem der wichtigsten Handelspartner der Schweiz aufgestiegen. Im Jahre 1945 war es für Exporte der fünftgrößte und für Importe sogar der drittgrößte Handelspartner. Die Schweiz kaufte von Argentinien vor allem Getreidesorten – sie machten rund 75 Prozent aller Importe aus – und lieferte im Gegenzug Maschinen, Textilien sowie Uhren. Schweizer hatten in Argentinien massiv investiert; zahlreiche Handelsgesellschaften, mehrere Banken und Versicherungen, aber auch Industrieunternehmen wie Hispano-Suiza oder Brown Boveri hatten mit großem Erfolg Zweignierderlassungen oder Fabriken aufgebaut. Und das alles ohne Handelsabkommen.

Doch ausgerechnet nach der Unterzeichnung des Abkommens vom 20. Januar 1947 tauchten plötzlich ernsthafte Probleme auf. Argentinien verschärfte seine Importbeschränkungen und dehnte sie unter anderem auch auf Schweizer Textilien, Textilmaschinen und Uhren aus. Die Schweizer mussten für Getreide jetzt sogar höhere Preise bezahlen als die meisten europäischen Länder. Und nach wie vor durften Schweizer Investoren ihre in Argentinien erwirtschafteten Gewinne nicht ausführen. Noch während der Verhandlungen bereitete Argentinien Maßnahmen vor, die gegen den Sinn und Geist des Abkommens verstießen. Es drängt sich daher die Frage auf, warum überhaupt verhandelt wurde; und vor allem: wieso die plötzliche Eile – zwischen Verhandlungsbeginn und Unterzeichnung des Abkommens verstrichen nur gerade zwei Monate. Die Frage lässt sich nicht eindeutig beantworten, denn wichtige Unterlagen wie Verhandlungsprotokolle oder etwa Geheimklauseln des Abkommens sind weder in den Archiven von Buenos Aires noch von Bern auffindbar.

Anspielungen von Botschafter Benito Llambi lassen vermuten, dass das Handelsabkommen nur als Vorwand für andere, bis heute geheim gebliebene Verhandlungen diente. In der Tat, sowohl für Bern wie auch für Buenos Aires gab es damals ganz andere Prioritäten als argentinisches Rindfleisch und Schweizer Uhren.

Die Schweiz und Argentinien sahen sich mit massiven Forderungen von Seiten der Siegermächte konfrontiert. Beide Länder hatten mit Nazideutschland enge wirtschaftliche Beziehungen unterhalten. Daraus leiteten die Siegermächte einen doppelten Vorwurf ab: Zum einen hätte ihnen diese Zusammenarbeit mit Nazideutschland enorme materielle Vorteile eingebracht, und zum andern hätten sie damit zur Kriegsverlängerung beigetragen. Kam hinzu: Die Schweiz und Argentinien wurden verdächtigt, sie würden Nazigold und Nazigeld verstecken. Die Siegermächte verlangten deshalb scharfe Sanktionen.

Ende 1945 hatten sich die Siegermächte anlässlich der Pariser Reparationskonferenz auf eine gemeinsame Politik gegenüber den neutralen Ländern wie der Schweiz und Argentinien geeinigt.[135] Um eine neue deutsche Bedrohung zu verhindern, beschlossen sie, deutsche Guthaben in den neutralen Ländern zu beschlagnahmen. Mit dem eingezogenen Nazivermögen sollten Europas Wiederaufbau sowie die Neuansiedlung von Kriegsvertriebenen, insbesondere von jüdischen Flüchtlingen, finanziert werden.

Bereits Anfang 1945 hatten die Alliierten den US-Diplomaten Lauchlin Currie nach Bern entsandt. Er hatte den Auftrag, mit dem Bundesrat eine Vereinbarung über die Blockierung deutscher Guthaben auszuhandeln. Die Vereinbarung wurde am 8. März unterzeichnet. Nach Ansicht der Amerikaner hielt sich die Schweiz nicht an diese Vereinbarung. Zwar ließ der Bundesrat deutsche Guthaben sperren, verweigerte jedoch, gestützt auf das Bankgeheimnis, deren Offenlegung. Damit übernahm der Bundesrat weitgehend den Standpunkt der Schweizerischen Bankiervereinigung, welche die Forderungen der Siegermächte als Verstoß gegen den Grundsatz des Privateigentums deutete. Die Bankiervereinigung warnte vor einer Demontage des Bankplatzes Schweiz. Die Preisgabe von Kunden habe verheerende Folgen; insbesondere ein Vertrauensverlust des Auslandes in den Schutz des Privateigentums würde mit Sicherheit zu einem massiven Einbruch das Banksektors führen, denn das Bankgewerbe hänge zu einem großen Teil von ausländischen Kunden ab, argumentierte die Schweizerische Bankiervereinigung.

Die Amerikaner reagierten verärgert. In ungewohnt scharfen Tönen kritisierten sie den Standpunkt der Schweiz. US-Politiker verurteilten

135 Siehe u. a.: Sebastian Speich u. a., *Die Schweiz am Pranger*, Wien/Frankfurt 1997, S. 171 ff.

die »Hehler-Politik« des Bundesrates. In der amerikanischen Presse erschienen regelmäßig spektakuläre Enthüllungen über die Zusammenarbeit der Schweizer Banken mit Nazideutschland.

Das Washingtoner Abkommen

Am 2. Juli 1945, knapp vier Monate nach der Unterzeichnung des »Currie-Abkommens«, erreichten die US-Attacken gegen die Schweiz einen ersten Höhepunkt. An diesem Tag wurde Orvis A. Schmidt, Leiter der Abteilung »Foreign Funds Control« im amerikanischen Finanzdepartement, von der Kilgore-Kommission angehört. Die nach Senator Kilgore benannte Kommission untersuchte deutsche Beteiligungen in ausländischen Firmen und Gesellschaften. »Die vollständige Geschichte kennen wir noch immer nicht«, erklärte Schmidt vor der Senatskommission.[136] »Wir wissen«, fuhr er fort, »in den vier neutralen europäischen Ländern Portugal, Spanien, Schweden und der Schweiz sowie in der Türkei und Argentinien besitzt oder kontrolliert die deutsche Industrie noch immer rund 750 Firmen oder Filialen. Hinzu kommen riesige Guthaben und Vermögenswerte in Form von Bürgschaften, Bankeinlagen, Patentrechten, welche Deutsche bekanntlich in diesen Ländern besitzen.«

Schmidt war soeben von einer längeren Europareise zurückgekehrt. Gestützt auf Informationen, die er während dieser Reise zusammengetragen hatte, behauptete er, das wahre Ausmaß der versteckten deutschen Investitionen sei noch weitgehend unbekannt. Und: Das Schweizer Bankgeheimnis verhindere einen Zugriff auf die Nazivermögen. Gleichzeitig beschuldigte er die Schweizer Banken, sie hätten während des Krieges mit Tarngeschäften gigantische Gewinne erzielt. Schmidt: »1914 hatte es in der Schweiz 295 Banken gegeben, mit schätzungsweise 7 Milliarden Schweizer Franken; 1942 war die Zahl der Schweizer Banken auf 372 angestiegen und ihre Einlagen auf über 16 Milliarden Franken. Zudem: im Auftrag namenloser Kunden hatten diese Banken außerhalb der Schweiz zahlreiche Milliarden angelegt, allein in den USA zwischen 500 000 000 und 600 000 000 Dollar. Die At-

136 Aussage von Orvis A. Schmidt vor der Kilgore-Kommission, Protokoll vom 2. Juli 1945, BAr: E 2001 (E), 1967/113, Bd. 436

traktivität der Schweizer Banken für Nicht-Schweizer wird durch das Bankgeheimnis beträchtlich gesteigert [...].«

Schmidt erhob schwerste Anschuldigungen gegen die Schweizer Regierung, den Bundesrat, den er als Komplizen krimineller Nazi-Geschäfte hinstellte: »Um ihre Guthaben im Ausland versteckt anzulegen, wurden die Deutschen offen eingeladen, schweizerische Banken und Firmen zu benutzen. Diese Einladung gilt noch immer. Selbst zum jetzigen Zeitpunkt ist die schweizerische Regierung nicht bereit, die nötigen Schritte zu unternehmen, damit die Banken oder andere Verschleierungs-Institute die Besitzer preisgeben, die in der Schweiz oder via die Schweiz Vermögenswerte besitzen. Das bedeutet, dass deutsche Guthaben, die in der Schweiz oder via die Schweiz verwaltet werden, nicht identifiziert werden können. Kurz, die ökonomische Unterwanderung ausländischer Finanzmärkte und Industrieunternehmen durch die Deutschen wird geheim bleiben. Gleichzeitig werden Schweizer Banken dank des Bankgeheimnisses weiterhin große Gewinne erzielen, indem sie das deutsche Kriegspotenzial – die versteckten Guthaben deutscher Financiers und Industrieller – schützen.«

Schmidt äußerte sich vor der Kilgore-Kommission nicht als Privatperson, sondern als Chefbeamter des amerikanischen Finanzdepartementes. Lauchlin Currie, der frühere Leiter der amerikanischen Delegation für Wirtschaftsverhandlungen mit der Schweiz, bestätigte gegenüber dem Schweizer Generalkonsul in New York: »Orvis A. Schmidt hatte klare Anweisungen von seinen Vorgesetzten im Wirtschaftsministerium. Auf diese Weise nämlich soll versucht werden, auf die Schweiz und insbesondere die schweizerischen Bankiers einen gewissen Druck auszuüben, damit (sie) das Resultat der gemachten Erhebungen über die blockierten deutschen Guthaben bekanntgeben.«[137] Currie machte die Schweizer Diplomaten auf die Entschlossenheit der Amerikaner aufmerksam: »In erster Linie wollen die Amerikaner feststellen, wie viel deutsche Guthaben in der Schweiz Zuflucht gefunden haben. Sie werden sich nicht mit der blossen Bekanntgabe

137 Bericht des schweizerischen Generalkonsuls an das Eidgenössische Politische Departement, datiert vom 6. Juli 1945, BAr: E 2001 (E), 1967/113, Bd. 436

der Namen oder einer Totalsumme zufriedengeben. Ihre Endabsicht ist es, sämtliche in der Schweiz liegenden deutschen Nazi-Guthaben zugunsten der Alliierten einzufordern.« Currie begründete die Haltung der Amerikaner damit: »Die Vereinigten Staaten hatten nicht nur große finanzielle, sondern auch menschliche Opfer gebracht, um den Krieg zu gewinnen, währenddem die Neutralen stille Nutznießer gewesen waren, ohne selbst größere Opfer gebracht zu haben. Es ist daher nur recht und billig, wenn die Alliierten sämtliche im Ausland liegenden feindlichen Guthaben ergreifen, um in erster Linie ihre eigenen Kriegsschäden gutzumachen.« Currie betonte, Washington falle es sehr schwer, den »Hehlerstandpunkt« der Schweiz zu verstehen. Wiederholt warnte er: »Die Attacke Schmidts ist erst der Anfang. Falls die Schweiz auf ihrem Standpunkt der Geheimhaltung beharrt, muss mit weiteren Angriffen in der amerikanischen Presse gerechnet werden. Zurzeit erwägen die Behörden in Washington als weiteres Druckmittel die Kündigung des Handelsabkommens vom 9. August 1939. [...] Washington wird nicht davor zurückschrecken, den gesamten schweizerisch-amerikanischen Handelsverkehr zu treffen, um die Aufdeckung und möglicherweise die Konfiskation der deutschen Guthaben zu erzielen.«

Die amerikanischen Attacken zeigten Wirkung. Der Bundesrat wurde bedrängt, auf die Forderungen der Siegermächte einzugehen. »Die Lage ist ernst«, stellte das Direktorium der Schweizerischen Nationalbank in einem vertraulichen Schreiben an Bundesrat Max Petitpierre fest und forderte ihn auf zu handeln: »Angesichts dieser Situation und der weiteren Auswirkungen, die sich möglicherweise für die schweizerischen Interessen ergeben können (Kündigung des Handelsvertrages, Benachteiligung durch Handhabung der Freezingvorschriften usw.) stellt sich die Frage, ob nicht von schweizerischer Seite eine Geste gemacht werden sollte, um eine gewisse Entspannung und Beruhigung herbeizuführen.«[138] Die Nationalbank schlug vor, die schweizerischen Behörden sollten eine Erklärung abgeben, »dass in der Schweiz liegende Vermögensbestandteile von Kriegsverbrechern, die durch ein alliiertes Gericht rechtmäßig verurteilt

138 Brief des Direktoriums der Schweizerischen Nationalbank an Eidgenössisches Politisches Departement, 1. September 1945; BAr: E 2001 (E), 1967/113, Bd. 436

worden sind, ohne weiteres den Vereinigten Nationen oder den sonstigen Anspruchsberechtigten zur Verfügung gestellt werden«. Die Nationalbank regte an, nach dem Vorbild Schwedens zu handeln. Schweden hatte ein Gesetz erlassen, das die Regierung ermächtigte, nachgewiesenermaßen geraubtes Eigentum an die rechtmäßigen Eigentümer zurückzugeben. Die Rückerstattung erfolgte auch in Fällen, wo schwedische Besitzer in gutem Glauben geraubtes Eigentum erworben hatten. Der Bundesrat jedoch ging auf diese Vorschläge nicht ein und hielt an seinem harten Kurs fest.

Vor diesem konfliktgeladenen Hintergrund kam es im März 1946 in Washington zu Verhandlungen zwischen den West-Alliierten und der Schweiz. Sie wurden verstanden als eine Art Schlussabrechnung der Siegermächte mit den schweizerischen Kriegsgewinnlern, den Banken und Industrieunternehmen, die sich mit Nazi-Geschäften eine goldene Nase verdient hatten. Im Zentrum der schwierigen Verhandlungen standen die zweifelhaften Goldgeschäfte der Schweiz. Während des Krieges hatte Nazideutschland Gold im Gesamtwert von 1,6 Milliarden Franken in die Schweiz gebracht.[139] Umstritten war, wie viel davon Raubgold war. Die Alliierten schätzten den Gesamtwert des von der Schweiz übernommenen Raubgoldes auf mindestens 800 Millionen Franken. Die Schweiz bot den Alliierten zuerst lediglich 100 Millionen Franken an als einmalige Abfindung für die zweifelhaften Goldgeschäfte. Nach zähen Verhandlungen einigte man sich schließlich im »Abkommen von Washington« darauf, dass die Schweiz Gold im Wert von 250 Millionen Franken an einen Fonds der West-Alliierten abtritt.[140] Zudem musste sich die Schweiz wider ihren Willen dazu verpflichten, die deutschen Guthaben aufzulösen.[141]

139 Laut einem Bericht der Schweizerischen Nationalbank vom 16. Mai 1946; siehe dazu Robert Vogler in der *Neuen Zürcher Zeitung* vom 17. April 1985

140 Das »Abkommen von Washington«, unterzeichnet am 25. Mai 1946, ist abgedruckt in: Botschaft des Bundesrates an die Bundesversammlung über die Genehmigung des in Washington abgeschlossenen Finanzabkommens, Bundesblatt, Bern 1946, S. 182ff.

141 Eine Forderung, der die Schweiz nie nachkam. Sie zögerte die Liquidierung der deutschen Guthaben so lange hinaus, bis sie nicht mehr umsetzbar war. Siehe dazu: Linus von Castelmur, *Schweizerisch-alliierte Finanzbeziehungen im Übergang vom Zweiten Weltkrieg zum Kalten Krieg. Die deutschen Guthaben in der Schweiz zwischen Zwangsliquidierung und Freigabe (1945–1952)*, Zürich 1992

Mit dem »Abkommen von Washington« war der Streit zwischen der Schweiz und den Siegermächten keineswegs beigelegt. Die Alliierten waren überzeugt, dass die Schweiz nur einen Teil ihrer Geschäftsbeziehungen mit Nazideutschland offen gelegt hatte. In der Tat, wichtige Aspekte der wirtschaftlichen Verflechtung mit Nazideutschland waren im Abkommen ausgeklammert worden. Dazu gehörten etwa Guthaben und Bankeinlagen von in der Schweiz ansässigen Deutschen, ebenso Beteiligungen von Schweizer Strohmännern und Briefkastenfirmen, die für die Nazis gestohlene Wertschriften, Anlagepapiere und Aktien verwalteten. Die Schweiz befürchtete ständig neue Enthüllungen über diese geheimen Nazi-Finanzkanäle. Dadurch drohte aufzufliegen, dass der Bankplatz Schweiz auch nach dem Krieg zu seinen Nazi-Kunden hielt. Auf dem Spiel standen die Glaubwürdigkeit des Bundesrates, der eine Auflösung der Nazi-Guthaben zugesichert hatte, aber auch neue Geldforderungen der Alliierten. Die größte Gefahr drohte aus Argentinien. In Buenos Aires waren Dokumente im Umlauf, laut denen Nazis, getarnt hinter Schweizer Strohmännern und Briefkastenfirmen, Kriegsbeute im Werte von mehreren Milliarden Dollar nach Südamerika in Sicherheit gebracht hatten.

Nazigeld in Schweizer Diplomatenkoffern

Argentinien galt neben der Schweiz als wichtigstes Versteck für geheime Nazigelder und erregte damit den Zorn der Alliierten. Ab 1944 beobachteten US-amerikanische und britische Diplomaten, dass deutsche Firmen nach Argentinien verlegt wurden. Agenten der alliierten Nachrichtendienste berichteten über Banken und Versicherungsgesellschaften, die mit deutschem und italienischem Kapital in Argentinien massenweise Firmenanteile und ganze Landstriche aufkauften. Im Februar 1945, zwei Monate vor Kriegsende, bezeichneten die USA Argentinien sogar als »Finanzzentrum der Nazis«: »Argentinien ist nicht nur ein bevorzugter Fluchtort für Nazi-Kriegsverbrecher, sondern war und ist noch immer eine Drehscheibe für Finanz- und Wirtschaftsaktivitäten der Nazis in dieser Hemisphäre.«[142]

142 Brief von Henry Morgenthau, Sekretär des Finanzministeriums der USA, an Staatssekretär Joseph C. Grew, 7. Februar 1945

Ein Bericht aus dem Außenministerium der Vereinigten Staaten, datiert vom 23. März 1945, verrät Einzelheiten über das Ausmaß der nach Argentinien verschobenen Nazigelder. Er gibt vor allem auch Aufschluss darüber, wie Schweizer Bankiers und Industrielle Gelder deutscher Nazis und italienischer Faschisten über Schleichwege nach Argentinien schleusten und wie sie deren Herkunft tarnten. »Das persönliche Vermögen von offiziellen Nazis soll im Diplomatengepäck von Deutschland nach Genf und von dort nach Buenos Aires gebracht worden sein«, heißt es im Bericht des Außenministeriums.[143]

Reichsmarschall Hermann Göring hatte über 20 Millionen Dollar heimlich nach Argentinien geschafft. Laut Angaben des US-amerikanischen Außenministeriums lag das Geld zuerst bei der Dresdener Bank, dann wurde es auf ein Konto beim Schweizerischen Bankverein in Genf verschoben und von dort weiter nach Buenos Aires gebracht, wo es von einem Strohmann mit argentinischem Pass, dem deutschstämmigen Dietrich Borchard, in Empfang genommen wurde. Propagandaminister Joseph Goebbels hatte erst vor kurzem, so der Bericht des US-amerikanischen Außenministeriums, im Schließfach einer von Deutschen kontrollierten Bank in Buenos Aires Dollarscheine im Wert von 1,8 Millionen Dollar deponiert. Auch Reichsaußenminister Joachim von Ribbentrop, Admiral Karl Dönitz, Hitlers letzter Oberbefehlshaber der Kriegsmarine, und Robert Ley, Führer der Deutschen Arbeitsfront, hatten einen Teil ihres Privatvermögens in Argentinien angelegt. Unter falschen Namen und meist mit Hilfe von Schweizer Banken.

Das Privatvermögen der Nazi-Größen machte jedoch nur einen geringen Teil der versteckten Nazigelder in Südamerika aus. »Deutsche haben rund 750 000 000 Dollar nach Südamerika gebracht oder dort angelegt, die Investitionen vor dem Krieg mitgerechnet«[144], schätzte das US-amerikanische Außenministerium. Das entsprach damals rund 3,2 Milliarden Schweizer Franken – eine astronomische Summe. Wa-

143 »Nazi and Fascist Capital in South America«, 23. März 1945, Bericht des Außenministeriums der USA, abgedruckt in: *Congressional Record* (Senate), 25. April 1996, S. 4253ff.

144 Ebd.

shington vermutete, dass italienische Faschisten Vermögenswerte in vergleichbarer Größenordnung verschwinden ließen: »Hochrangige Faschisten sollen zwischen 400 und 500 Millionen Dollar in neutrale Länder geschmuggelt haben, meist handelte es sich dabei um den Erlös aus einem groß angelegten Raubguthandel.«[145]

Für die Amerikaner stand fest, bei den versteckten Nazi-Guthaben handelte es sich fast ausschließlich um Raubgut. Dazu der Bericht des US-Außenministeriums: »Als die Deutschen beinahe ganz Kontinental-Europa überrannten, erbeuteten sie viele Millionen französische Francs, holländische Gulden, belgische Francs, norwegische, dänische und tschechische Kronen, polnische Zloty und gewaltige Mengen US-amerikanische und britische Münzen. Diese Gelder transportierten und transferierten sie zuerst auf Banken in neutralen Ländern und von dort später größtenteils nach Südamerika, hauptsächlich nach Argentinien. Zum Teil wurden diese Gelder dafür verwendet, den Einfluss der von den Nazis kontrollierten Firmen in diesen neutralen Ländern weiter auszubauen.«[146]

Diese in den besetzten Gebieten gestohlenen Gelder wurden zum größten Teil in die Schweiz gebracht und hier gegen unverdächtige Währungen wie Schweizer Franken, US-Dollar oder britische Pfund umgetauscht. Verwaltet wurden die Gelder von Schweizer Banken und Finanzgesellschaften. Sie blieben jedoch nur zu einem geringen Teil in der Schweiz. Aus Sicherheitsgründen, aber auch weil die Investitionsmöglichkeiten in der Schweiz relativ beschränkt waren, wurden sie im Ausland angelegt. Zu Beginn des Krieges vorwiegend in den USA. In den Jahren 1943/44 gingen die USA und Großbritannien dazu über, ausländische Vermögen systematisch einzufrieren. Besonders betroffen davon waren schweizerische und schwedische Investoren, die im Verdacht standen, deutsche Gelder zu verwalten. Von da an wurde Argentinien zur wichtigsten Anlaufstelle für deutsches Fluchtkapital. Bereits zuvor waren die argentinischen Finanzmärkte bei deutschen Anlegern besonders begehrt gewesen. Sie hatten vorrangig in die Industrie

145 Ebd.
146 Ebd.

investiert. Rund 1400 argentinische Unternehmen waren im Besitz von Reichsdeutschen.[147]

Um die Herkunft der Raubgelder zu verschleiern, entwickelten die Nazis eine Reihe von Techniken, die Geldwäscher heute noch anwenden. Dazu zählten Kompensationsgeschäfte, Scheinkäufe und Überfakturierungen ebenso wie der Einsatz von Strohmännern und Tarnfirmen. Die Fluchthelfer der Nazivermögen profitierten vom Schweizer Bankgeheimnis, das ihnen einen beinahe totalen Schutz garantierte. Für Geldtransporte von der Schweiz nach Argentinien erhielten sie sogar diplomatische Immunität. In der Tat, damals durften Schweizer Bankiers und Industrielle, Mitarbeiter größerer Firmen, für ihre Auslandreisen Diplomatenpässe beantragen. Daraus schlossen die Siegermächte: »Deutsches Nazi-Kapital wird in schweizerischem Diplomatengepäck geschmuggelt.«[148] Sie räumten allerdings ein, dass der Bundesrat davon vermutlich keine Kenntnis hatte. Trotzdem, der Vorwurf, in Schweizer Diplomatengepäck würden Nazigelder geschmuggelt, belastete die ohnehin schwierigen Verhandlungen zwischen den West-Alliierten und der Schweiz.

Drehscheibe Schweiz

Die Siegermächte verlangten von Argentinien nicht nur die Herausgabe der versteckten Nazi-Schätze, sondern auch Wiedergutmachung, denn Argentinien hatte mit Nazideutschland engste Wirtschaftsbeziehungen unterhalten und dabei enorme Gewinne eingesteckt. Argentinien hatte Deutschland und seine Kriegsverbündeten mit Lebensmitteln und vor allem auch mit Waffen beliefert. Die Wiedergutmachungsforderungen der Alliierten an die Adresse Argentiniens beunruhigten den Bundesrat. Die Schweiz war unmittelbar betroffen. Ein Teil der argentinischen Kriegsgeschäfte mit Deutschland nämlich wurde über die Schweiz abgewickelt.

147 Manfred Kossok, »Sonderauftrag Südamerika – zur deutschen Politik gegenüber Lateinamerika, 1938–1942«, in: Walter Markov, *Studien zur Kolonialgeschichte und Geschichte der nationalen und kolonialen Befreiungsbewegung*, Bd. 6/7: *Lateinamerika zwischen Emanzipation und Imperialismus, 1810–1960*, Ostberlin 1961, S. 234ff.

148 »Nazi and Fascist Capital in South America«, a. a. O.

Nach Kriegsausbruch war der Handelsverkehr zwischen Argentinien und Deutschland sprunghaft angewachsen und hatte im Jahre 1943 einen Höchststand erreicht. Ein Jahr später hatte plötzlich eine Trendwende eingesetzt, und in den letzten Kriegsmonaten waren die Handelsbeziehungen beinahe vollständig zusammengebrochen. Doch die Außenhandelsstatistik täuschte. In Tat und Wahrheit hatte Argentinien seine Wirtschaftsbeziehungen zu Deutschland nicht abgebaut, sondern lediglich Drittländer zwischengeschaltet, wie neuere historische Forschungen zeigen. Ignacio Klich, Koordinator der von Präsident Carlos Menem eingesetzten Historikerkommission: »Genau in dem Maße wie der Handelsaustausch mit Deutschland abnahm, stieg der mit der Schweiz und Schweden an. Wir haben gute Gründe anzunehmen, dass die Geschäfte zwischen Argentinien und Hitlerdeutschland über die Schweiz abgewickelt wurden.«[149]

Diese Dreiecksgeschäfte waren den Alliierten weitgehend verborgen geblieben. Zwar lag ihnen eine Reihe von Hinweisen vor, aber die reichten höchstens für einen begründeten Verdacht. Nur eine Offenlegung der Kriegsgeschäfte mit Hitlerdeutschland, wie sie von den Alliierten jetzt gefordert wurde, hätte sie ans Licht gebracht. Die Argentinier aber hatten sich bisher geweigert, diesen Schritt zu tun. Wie lange sie dem Druck der Alliierten standhalten würden, war nur schwer abschätzbar. Fest stand dagegen: Die Freigabe der bisher geheim gehaltenen Unterlagen über die argentinischen Kriegsgeschäfte mit Nazideutschland drohte die Schweiz in einen neuen Streit über Nazi-Gold hineinzuziehen.

Der Zeitpunkt war denkbar ungünstig. Soeben hatten die Schweiz und die West-Alliierten das »Abkommen von Washington« unterzeichnet. Die leidige Nazi-Gold-Frage schien endgültig vom Tisch. Doch plötzlich bestand die Gefahr, dass alles wieder von vorne beginnen würde. Im schlimmsten Fall musste sogar damit gerechnet werden, dass die West-Alliierten das »Abkommen von Washington« platzen ließen und neue Verhandlungen fordern würden. Eine Offenlegung der argentinischen Nazi-Geschäfte hätte in der Tat aufgezeigt, dass die Schweiz die West-Alliierten über den Tisch gezogen hatte. Während der Ver-

149 Ignacio Klich, Sprecher der Historikerkommission CAENA, Interview Mai 1998

handlungen in Washington hatte sie nicht alle Karten aufgedeckt, wichtige Goldgeschäfte verschwiegen.

Nazideutschland hatte beträchtliche Mengen Gold nach Buenos Aires ausgelagert und Importe aus Argentinien mit Gold bezahlt. An diesen Gold-Transaktionen waren oft Schweizer Banken und Finanzgesellschaften beteiligt. Das ergaben Nachforschungen des argentinischen Sachbuchautors Uki Goñi, der für sein Buch *Perón y los alemanes* Zugang zu den Geschäftsbüchern der argentinischen Zentralbank hatte. Uki Goñi: »Die Schweizer Nationalbank sowie rund ein Dutzend Schweizer Banken und Finanzgesellschaften unterhielten während des Krieges bei der argentinischen Zentralbank Goldkonten. Auffallend ist, dass es einen besonders regen Handel mit Goldbarren gab. Die Schweizer verkauften an die Argentinier, kauften wieder zurück, das mehrmals. Ich meine, das ist ein typischer Vorgang, den wir heute als Geldwäscherei bezeichnen.«[150] Uki Goñi weiter: »Seither hat weder die Nationalbank noch eine andere Schweizer Bank in Argentinien Goldkonten unterhalten; auch nie zuvor – nur während des Zweiten Weltkrieges.«

Besonders brisant: Nicht nur Schweizer Banken und Finanzgesellschaften, sondern selbst ein Schweizer Spitzendiplomat besaß bei der argentinischen Zentralbank Goldkonten: Jacques Albert Cuttat.

Dieser Diplomat war eine höchst schillernde Figur mit vielen Talenten: »Homme de lettres«, Nationalökonom, Jurist und Hobby-Astrologe mit angeblich hellseherischen Fähigkeiten. Er wurde 1909 in Delémont geboren. Sein Vater war Bankier. Nach Studien in Paris, London und Bern trat er 1935 in den diplomatischen Dienst ein. Seine erste Auslandmission: Argentinien. Vom März 1938 bis Anfang 1946 war er auf der Schweizer Botschaft in Buenos Aires tätig, zuerst als Sekretär, später als stellvertretender Geschäftsträger. Seine große Leidenschaft jedoch galt der Astrologie. In seiner Freizeit schrieb er Horoskope und betätigte sich als Wahrsager. Nachdem Botschafter Conrad Jenny schwer erkrankt war und für längere Zeit ins Spital musste, wurde Jacques-Albert Cuttat Ende Dezember 1943 vorübergehend die Leitung

150 Uki Goñi, Gespräch 15. Mai 1998

der Schweizer Botschaft übertragen. Einen Monat später, am 27. Januar 1944, brach Argentinien die diplomatischen Beziehungen zu den Achsenmächten ab. Die Schweizer Botschaft nahm fortan deren Interessen wahr. Es war Jacques-Albert Cuttat, der sich um die »Abteilung ausländische Interessen« kümmerte. Er zog in die ehemalige deutsche Botschaft um, wo er sich im Büro des Botschafters einrichtete. Von da an gingen besonders heiße politische Geschäfte über seinen Schreibtisch. Denn Argentinien hatte sich – wie Perón später eingestehen wird – nur zum Schein auf die Seite der Alliierten geschlagen.[151] Die Beziehungen zu den Achsenmächten, vor allem die zu Hitlerdeutschland, gingen insgeheim unvermindert weiter. Goldkonteninhaber Cuttat saß noch auf dem Stuhl des früheren deutschen Botschafters, als die Nazis damit begannen, Vermögenswerte, aber auch Industrie-, Waffen- und Militärgeheimnisse nach Argentinien in Sicherheit zu bringen.

Ab Mai 1944 beschwerte sich Botschafter Jenny in Bern über seinen interimistischen Stellvertreter und forderte mehrfach dessen Versetzung oder Entlassung. Er warf ihm private Geschäfte und zweifelhafte Kontakte zu Nazis vor. Er warnte, durch sein eigenmächtiges Handeln würde Jacques-Albert Cuttat die Schweiz in große Schwierigkeiten bringen. »Ich wusste um die heikle Natur der Geschäfte, die die ›Abteilung ausländische Interessen‹ zu behandeln hatte, zudem zweifelte ich an den Fähigkeiten Cuttats als Organisator und Unterhändler, darum erteilte ich klare Anweisungen, mich laufend zu informieren und grundsätzlich keinen Entscheid zu fällen, ohne mich zuvor konsultiert zu haben«, schrieb Botschafter Jenny und stellte fest: »Doch Cuttat hat sich an diese Anweisungen – wie auch an viele andere – nicht gehalten und meine krankheitsbedingte Abwesenheit ausgenutzt.«[152]

Als Leiter der »Abteilung ausländische Interessen« setzte sich Jacques-Albert Cuttat nicht nur regelmäßig über den Botschafter hinweg, sondern fällte auch immer wieder Entscheide, ohne zuvor mit Bern Rücksprache genommen zu haben. Einen besonders krassen Fall stellte Cuttats Zusammenarbeit mit Vichy-Diplomaten dar. Zusammen mit

151 Tomás Eloy Martínez, *Las Memorias del General*, a. a. O., S. 173

152 Korrespondenz zwischen Botschafter Conrad Jenny und dem EDA, BAr: E 2001 (E), 1969/121, Bd. 67

dem französischen Geschäftsträger unterzeichnete er ein Protokoll, in dem festgehalten wurde, dass die französischen Interessen in Argentinien ab sofort von der Schweizer Botschaft wahrgenommen würden. Der Schweizer Botschafter erfuhr davon erst im Nachhinein und durch Zufall. Die Zeitung *La France libre*, Sprachrohr der französischen Widerstandsbewegung, protestierte dagegen, wie Cuttat die französischen Interessen vertrat. Sie berichtete unter anderem, dass er einen Abgesandten General Charles de Gaulles aus der französischen Botschaft rausgeworfen hatte.

Ebenso eigenwillig erledigte er seinen Job als Interessenvertreter Nazideutschlands. Botschafter Jenny in einem Bericht an den Bundesrat: »Cuttat hat im übrigen im Namen der Abteilung beträchtliche Geldmengen entgegengenommen, ohne dabei die von Bern vorgeschriebene Klausel ›réserve de responsabilité‹ geltend zu machen. [...] Er ließ zu, dass ausländische Funktionäre Zugang zu streng vertaulichen Telegrammen hatten. Es kam sogar vor, dass wichtige Dokumente plötzlich nicht mehr auffindbar waren.«

Die Geschäfte der Schweizer Botschaft dagegen blieben liegen. Jacques-Albert Cuttat engagierte sich dermaßen für Argentinien und die Achsenmächte, dass Botschafter Jenny zum Schluss kam: »Gegenüber schweizerischen Interessen legt er eine derartige Gleichgültigkeit an den Tag, dass man ihm diese nicht mehr anvertrauen kann.« Einmal mehr forderte er seine Versetzung oder Entlassung. Doch erst zum Jahresende 1945 fand er bei Bundesrat Max Petitpierre, Vorsteher des EPD, Gehör. Cuttat wurde nach Bern zurückgerufen. Der eigenmächtige Diplomat wurde aber weder gerügt noch bestraft. Im Gegenteil, der Bundesrat beförderte ihn zum Protokollchef des EPD. In dieser Funktion wird er zusammen mit dem argentinischen Botschafter Benito Llambi Evitas Reise einfädeln und organisieren.

Das Wirtschaftsabkommen Schweiz–Argentinien

Die Schweizer Delegation, die Ende Oktober 1946 in Buenos Aires über ein neues schweizerisch-argentinisches Wirtschaftsabkommen verhandelte, setzte sich vor allem aus Bankiers und Industriellen zusammen. Geleitet wurde sie von Rudolf Pfenninger, Direktionsmitglied der Schweizerischen Nationalbank. Dieser war ein ausgewiesener Experte in Sachen Finanzbeziehungen der Schweiz zu Nazideutschland und insbesondere vertraut mit den Dreiecksgeschäften via Buenos Aires. Als Vertreter der Nationalbank hatte er an den schwierigen Verhandlungen um das »Abkommen von Washington« teilgenommen und wusste daher, was mit einer Offenlegung der argentinischen Nazi-Geschäfte für die Schweiz auf dem Spiel stand. Vor allem die Schweizerische Nationalbank hatte alles Interesse, dass die Argentinier mauerten und den Siegermächten weiterhin jeden Einblick in Geschäftsunterlagen verweigerten.

Als besonders explosiv erwiesen sich die Goldgeschäfte. Zwar hatte die Schweizerische Nationalbank inzwischen ihre Goldkonten bei der argentinischen Zentralbank aufgelöst, trotzdem ging der Goldhandel weiter. Die Schweiz übernahm auch während der ersten Nachkriegsjahre große Mengen Gold aus Argentinien. Im Jahre 1946 bezog die Schweizerische Nationalbank argentinisches Gold im Wert von mindestens 15 Millionen, im Jahre 1947 sogar im Wert von über 40 Millionen Franken.[153] Den Verantwortlichen der Nationalbank bereiteten diese Goldtransfers zunehmend schlaflose Nächte. Denn sie wussten, dass die argentinische Zentralbank auf riesigen Goldbeständen aus Nazideutschland saß und jetzt darum bemüht war, dieses anrüchige Gold möglichst schnell loszuwerden. Ihnen war aber auch klar: Eine neue Nazigold-Affäre, so kurz nach Abschluss des »Abkommens von Washington«, hätte katastrophale Folgen. Der Schweiz drohte politisch der totale Gesichtsverlust; und die Siegermächte würden sich zweifelsohne mit Maximalforderungen rächen.

Die argentinischen Goldlieferungen standen denn auch im Zentrum der Verhandlungen zum neuen Wirtschaftsabkommen. Die Schweiz drängte, diese stark einzuschränken. Argentinien unterlief diese Forderung mit einem geschickten Schachzug. Es verhängte einen Ausfuhrstopp für Devisen und blockierte so die argentinischen Guthaben von Schweizer Firmen. In Argentinien investiertes Schweizer Kapital warf in jener Zeit pro Jahr immerhin rund 18 Millionen Franken ab. Um die-

153 »Wirtschaftsbeziehungen mit Argentinien«, Bericht der Handelsabteilung des Volkswirtschaftsdepartementes zu Handen von Bundesrat Max Petitpierre, 30. Juli 1947, a. a. O.

se Guthaben trotz Devisenstopp in die Schweiz zu verschieben, bot Argentinien Gold an. Schließlich wurden die Guthaben von Schweizer Investoren und Firmen durch Goldlieferungen der argentinischen Zentralbank an die Schweizer Nationalbank kompensiert.

Zwei Wochen vor Beginn der Verhandlungen zum Wirtschaftsabkommen ernannte die argentinische Regierung Benito Llambi zum neuen Botschafter in der Schweiz. Sie beschloss, die Botschaft in Bern aufzuwerten und zu ihrem wichtigsten Außenposten in Europa zu machen.

Mit Benito Llambi wurde einer der treuesten Weggefährten von General Juan Perón und Evita nach Bern berufen. Er war Berufsoffizier und Karrierediplomat. Als junger Offizier hatte er – wie Perón – dem Grupo de Oficiales Unidos (GOU) angehört, einer Geheimloge nationalistischer Militärs. Die GOU war die treibende Kraft des Militärputsches von 1943 gewesen, der Juan Perón an die Macht brachte. Die Mitglieder der Geheimloge hatten auf Hitlers Sieg gesetzt. Ihr militärisches Vorbild war die deutsche Wehrmacht gewesen; politisch hatten sie sich stark am italienischen Faschismus orientiert. Benito Llambi hatte an der Revolution vom 6. September 1930 und derjenigen vom 4. Juni 1943 teilgenommen. Zusammen mit Juan Perón hatte er die Justizialistische Partei gegründet. Er war am Aufbau der peronistischen Gewerkschaften beteiligt gewesen. Und er hatte dem engsten Beraterstab Evitas angehört. Präsident Perón hatte ihm zahlreiche Sondermissionen aufgetragen. Im Jahre 1973 hatte er ihn in sein Kabinett geholt und ihm das Schlüsselministerium des Innern anvertraut. Perón-Intimus Benito Llambi, der neue argentinische Botschafter in Bern, galt als Vordenker der »Tercera Posición«, des Dritten Wegs, Herzstück der peronistischen Großmachtpolitik.

Am 23. Dezember 1946 wurde Benito Llambi von Bundespräsident Philipp Etter empfangen, und er überreichte sein Beglaubigungsschreiben. Fünf Tage später hatte er den ersten wichtigen Termin. Er war mit der Generaldirektion der Schweizerischen Bankgesellschaft (SBG) verabredet; anschließend traf er sich mit Henri Grandjean, Generaldirektor der Schweizerischen Kreditanstalt (SKA). Bei diesen Gesprächen ging es unter anderem um Evitas Schweizer Besuch. Benito Llambi widerspricht dem. »Nein, das ist so nicht richtig«, wendet er ein und erklärt: »Die Verhandlungen zum neuen Handelsabkommen waren abgeschlossen. Meine Aufgabe war es nun, die Wirtschaftsbeziehungen in Schwung zu bringen. Ich war der Meinung, am ehesten erreichten wir dieses Ziel, indem wir einen argentinisch-schweizerischen Verein zur Förderung der wirtschaftlichen und kulturellen Beziehungen gründeten. Dazu brauchte ich die Unterstützung der Banken.«

Die Gründung eines solchen Vereins erschien wenig sinnvoll. Seit vielen Jahren gab es bereits zwei sehr aktive Vereine, die mit großem Erfolg für bessere Handelsbeziehungen warben und den Kulturaustausch förderten. Trotzdem wurde Benito Llambis Idee schnell in die Tat umgesetzt. Am 6. Februar beschloss ein Aktionskomitee, in dem mehrere SKA-Direktoren saßen, die Gründung der »Schweizerischen Gesellschaft zur Pflege der kulturellen und wirtschaftlichen Beziehungen zu Argentinien«. Als erster Präsident wurde William Dunkel, Architekturprofessor an der ETH, vorgeschlagen. Für Llambi war der Förderverein ein voller Erfolg: »Die Gesellschaft verfolgte ihre Zwecke wirkungsvoll, indem sie den Austausch zwischen den beiden Ländern förderte und zur Unterstützung und Verbreitung argentinischer Interessen in der Schweiz beitrug; sie war eine eigentliche zweite Botschaft unseres Landes.«[154] In Tat und Wahrheit war die von Benito Llambi und den Großbanken initiierte Gesellschaft während nur knapp sechs Monaten aktiv, von Februar bis August 1947, genau so lange, wie die Vorbereitungen für Evitas Besuch in der Schweiz dauerten. In der Öffentlichkeit trat sie ein einziges Mal in Erscheinung: Anfang August gab sie in Zürich zu Ehren Evitas ein Bankett. Danach schlief der Verein ein.

Von seinem Büro an der Berner Alpenstrasse aus entfaltete Botschafter Llambi eine geradezu überbordende Aktivität. In kürzester Zeit scharte er einen illustren Freundeskreis um sich. Dazu zählten Bankdirektoren wie Henri Grandjean, Industrielle, auch mehrere höhere Offiziere, unter ihnen Oberst Henry Guisan, Sohn von General Henri Guisan, und natürlich der Argentinien-begeisterte EPD-Protokollchef Jacques-Albert Cuttat, den er bereits vor Jahren in Buenos Aires kennen gelernt hatte. Besonders gute Kontakte unterhielt er zu ETH-Professor William Dunkel, der ihn beim Atomphysiker und ETH-Professor Paul Scherrer

154 Benito Llambi, *Medio Siglo,* a.a.O., S. 104

einführte. Scherrer war Präsident der »Schweizerischen Studienkommission für Atomenergie«, die im Auftrag des Bundesrates an einem streng geheimen Projekt arbeitete – der Schaffung einer schweizerischen A-Bombe. Auf Einladung Benito Llambis bereisten die Professoren Dunkel und Scherrer mehrfach Argentinien. Neben der ETH Zürich interessierte sich Llambi ganz speziell für die Universität Freiburg. Dort lehrten mehrere Philosophen und Theologen, deren Ideen auf der Linie der »Tercera Posición« lagen. »Bei der Entwicklung der ›Tercera Posición‹ hatten wir uns von Schriften der Freiburger Professoren inspirieren lassen. Im Auftrag von General Juan Perón schlug ich diesen Professoren eine Zusammenarbeit vor. Sie sollten mithelfen, die politische Theorie der ›Tercera Posición‹ zu verfeinern und weiterzuentwickeln«, sagt Llambi.

Die Förderung der Wirtschaftsbeziehungen und des Kulturaustausches zwischen Argentinien und der Schweiz war nur der sichtbare Teil von Llambis Aktivitäten. Er benutzte sie geschickt als Tarnkappe für seine tatsächliche Mission. Aus zahlreichen Briefen und Rapporten, die der Botschafter nach Buenos Aires übermittelte, geht hervor: Seine Hauptaufgabe bestand darin, deutsche Wissenschaftler und Ingenieure, Testpiloten und Waffenexperten anzuwerben.

Die argentinische »Ratline«

»Das Vereinigte Königreich, die Vereinigten Staaten und die Sowjetunion haben von vielen Seiten Beweise für Greueltaten, Massaker und kaltblütige Massenhinrichtungen erhalten, die von Hitlertruppen in den vielen Ländern verbrochen wurden, die sie überrannt haben und aus denen sie jetzt in stetigem Rückzug vertrieben werden. [...] Mögen sich jene, deren Hände bisher noch nicht mit dem Blut Unschuldiger befleckt sind, davor hüten, sich den Reihen der Schuldigen anzuschließen, denn die drei alliierten Mächte werden sie mit aller Gewissheit bis in die entferntesten Schlupfwinkel der Erde verfolgen und ihren Anklägern ausliefern, damit die Gerechtigkeit ihren Lauf nehme.«[155] Diese

155 Die Moskauer Erklärung über die Bestrafung der Kriegsverbrecher vom 1. November 1943 bildete die Grundlage der Kriegsverbrecher-Prozesse. Der vollständige Text ist abgedruckt in: Joe J. Heydecker, Johannes Leeb, *Der Nürnberger Prozess*, Köln 1958, S. 530

unmissverständliche Drohung richteten die Alliierten 1943 in der »Moskauer Erklärung« an alle Beteiligten des Nazi-Regimes. Die Realität nach dem Krieg freilich sah anders aus.[156] Nur ein kleiner Bruchteil der Kriegsverbrecher und Kollaborateure wurde vor Gericht gestellt. Hunderttausende von Nazis konnten entkommen, ohne sich jemals verantwortet zu haben.

Es gab Hunderte von Fluchtwegen. Mehrere dieser Fluchtrouten, im angelsächsischen Geheimdienstjargon »ratlines« (»Rattenlinien«) genannt, wurden von Militärs und Geheimdiensten der Siegermächte unterhalten.[157] Während Justizbehörden Westdeutschlands, Italiens, Österreichs, Frankreichs, der USA und der Sowjetunion nach Nazi-Verbrechern fahndeten, brachten Agenten der Alliierten gesuchte Nazis in Sicherheit. Die USA, Großbritannien, Frankreich ebenso wie die Sowjetunion rekrutierten systematisch deutsche Wissenschaftler, Militärs und Geheimdienstler und verhalfen so zahlreichen Massenmördern und Kriegsverbrechern zu Straffreiheit und einer neuen Karriere. Eine Schlüsselrolle bei der Nazi-Fluchthilfe spielte der Vatikan.[158] Mit dem Segen des Papstes gewährten Priester und Klosterleute flüchtigen Nazis Unterschlupf und beschafften ihnen falsche Pässe. Das Netzwerk des Vatikans, auch »Klosterlinie« genannt, arbeitete Hand in Hand mit General Juan Perón, dem mit Abstand wichtigsten Nazi-Fluchthelfer.

Kein Land nahm so viele Nazis auf wie Argentinien. Zu ihnen gehörten die schlimmsten Massenmörder und meistgesuchten Kriegsverbrecher. Adolf Eichmann alias Ricardo Clement, Organisator der Todeszüge in die Vernichtungslager; KZ-Arzt Josef Mengele alias Helmut Gregor, der »Todesengel von Auschwitz«, und Klaus Barbie alias Klaus Altmann, der »Schlächter von Lyon«. Ebenso SS-Standartenführer Walter Rauff, der die fahrbaren Gaskammern bauen ließ; SS-Hauptsturmführer Gerhard Bohne, Organisator der Nazi-Euthanasie; Franz Stangl, Komman-

156 Siehe Rena und Thomas Giefer, *Die Rattenlinien – Fluchtwege der Nazis*, Frankfurt a. M. 1991

157 Siehe dazu u.a.: John Loftus, *The Belarus Secret*, New York 1982; Christopher Simpson, *Der amerikanische Bumerang*, Wien 1988

158 Siehe u.a.: Ernst Klee, *Persilscheine und falsche Pässe*, Frankfurt a.M. 1991; Mark Aarons & John Loftus, *Des Nazis au Vatican*, Paris 1991

dant der Vernichtungslager Sobibor und Treblinka, sowie sein Stellvertreter Gustav Wagner. Auch Erich Priebke, mitverantwortlich für die Erschießung von 335 Geiseln in den Ardeatinischen Höhlen bei Rom; Walter Kutschmann, verantwortlich für Massenerschießungen in Polen; Eduard Roschmann, beteiligt an Massakern in Lettland; weiter ein Dutzend kroatische Ustascha-Führer, unter ihnen der blutrünstige Ante Pavelic, der eine halbe Million Zivilisten – Serben, Juden und Zigeuner – zum Teil auf bestialische Art und Weise ermorden ließ.

Ausgerechnet die kroatischen Faschisten, gegen deren Grausamkeit sogar die deutsche SS protestiert hatte, schienen in den Augen Juan Peróns besonders vertrauenswürdig. Das »Secretario de informaciones« im Präsidentenpalast, Juan Peróns Sicherheitsdienst, war durchsetzt von Ustaschis; Faschistenführer Ante Pavelic wurde Juan Peróns persönlicher Berater und Branco Benzon, der frühere Ustascha-Botschafter in Berlin, sein Leibarzt. Als Juan Perón sein Schlepperteam für Nazis zusammenstellte, griff er auf die Ustascha-Bande von Ante Pavelic zurück.

Der argentinische Entscheid, deutsche Wissenschaftler, Techniker und Facharbeiter anzuwerben, fiel zu einem sehr frühen Zeitpunkt. Dazu erklärte Juan Perón in einem Interview, das er im Jahre 1970 seinem Biografen Tomás Eloy Martínez gewährte: »Lange bevor der Krieg endete, hatten wir uns schon auf die Nachkriegszeit vorbereitet. Wir wussten, Deutschland war besiegt. Und die Sieger wollten ihre Vorteile aus den enormen technologischen Leistungen ziehen, die das Land während der vergangenen zehn Jahre vollbracht hatte. Die Maschinenkomplexe konnten nicht mehr verwertet werden, da sie zerstört waren. Das Einzige, was man nutzen konnte, waren die Menschen. Daran waren auch wir interessiert. Wir ließen die Deutschen wissen, dass wir ihnen den Krieg erklären würden, um Tausenden das Leben zu retten. Wir tauschten mit ihnen über die Schweiz und Spanien Nachrichten aus. Franco verstand unsere Absicht sofort und war uns behilflich. Auch die Deutschen waren einverstanden. Nachdem der Krieg zu Ende war, halfen uns diese nützlichen Deutschen, neue Fabriken zu bauen und die alten zu verbessern. Und so halfen sie gleichzeitig auch sich selbst.«[159]

159 Tomás Eloy Martínez, *Las Memorias del General,* a.a.O., S. 183

Den Entscheid, eine eigene argentinische Fluchthilfeorganisation für Nazis zu gründen, fällte Juan Perón erst im Herbst 1946, wenige Monate nachdem er das Amt des Staatspräsidenten übernommen hatte. Aufgebaut wurde die Organisation von Rodolfo Freude, Juan Peróns Privatsekretär und Chef des Sicherheitsdienstes. Es dauerte mehr als ein halbes Jahr, bis die argentinische »Rattenlinie« stand. Anfang Juni 1947, genau zu dem Zeitpunkt, als Evitas Europareise begann, rollte die illegale Emigration deutscher Nazis an. In Europa wurden die flüchtigen Nazis betreut von Schlepperbüros in Madrid, Rom, Genua, Paris und Bern – jenen Städten, in denen Evita während ihrer Europareise Station machte. Die logistische Zentrale befand sich in Bern.

»Alles 110-prozentige Nazis«

Die argentinischen Fluchthelfer hatten sich an der Marktgasse 49 eingemietet. Die Schweizer Behörden wussten davon. Ihre Meinungen über die Rechtmäßigkeit der Schlepperaktivitäten gingen stark auseinander. Die Berner Kantonspolizei ermittelte wegen illegaler Anwerbung von Auswanderern. Der Schweizer Botschafter in Buenos Aires warnte, und mehrere Chefbeamte im Außenministerium befürchteten Probleme mit den Alliierten. Trotzdem blieben die argentinischen Schlepper unbehelligt. Sie hatten einen mächtigen Freund: Heinrich Rothmund, Chef der Polizeiabteilung im Eidgenössischen Justiz- und Polizeidepartement. Er deckte sie, mehr noch, er arbeitete mit ihnen zusammen.

Am 20. Februar 1948 empfing Heinrich Rothmund in seinem Büro Oberstleutnant Gualtiero Ahrens und Legationsrat Enrique Moss, einen Mitarbeiter von Botschafter Benito Llambi. Die beiden Argentinier legten Wert darauf, »dass die Besprechung rein privaten, offiziösen Charakter haben und niemanden binden solle«.[160] Rothmund stimmte zu. »Mein Land hat großes Interesse daran, dass die Schweiz ein Büro für die Prüfung der Einwanderung nach Argentinien erlaubt«, sagte Oberstleutnant Ahrens. Als müsste er einer negativen Reaktion Rothmunds zuvorkommen, stellte er sofort klar: »Vorläufig ist das nur ein

160 Gesprächsprotokoll von Heinrich Rothmund, 20. Februar 1948, BAr.: 2001 (E) 1967/113 Bd. 373; siehe auch: BAr.: E 4800.1, 1967/111 Bd.70. Nachfolgend zitiert als Emigrationsbüro Bern

rein privater Plan.« Rothmund machte ein paar Notizen. Sein Gesichtsausdruck verriet weder Zustimmung noch Ablehnung.

Ahrens hielt einen langen Vortrag über Juan Peróns Fünfjahresplan, der die Industrialisierung vorantreiben werde und gleichzeitig eine Modernisierung der Landwirtschaft anstrebe. Ohne eine massive Zuwanderung wäre der Fünfjahresplan zum Scheitern verurteilt. Argentinien sei daher sehr daran gelegen, die Einwanderungsformalitäten drastisch zu vereinfachen. Fast beiläufig erwähnte er: »Davon kann auch die Schweiz profitieren. Ich habe gehört, dass es eine Liste von zirka 500 in der Schweiz internierten Flüchtlingen gibt, die nach Argentinien auswandern wollen. Wenn Sie einverstanden sind, werde ich mich dieser Sache annehmen.«

Erstmals meldete sich Heinrich Rothmund zu Wort. Was ihn besonders beschäftigte, war die Kostenfrage: »Die Flüchtlinge und Emigranten sind alle mittellos. Das Geld für die Reise wird vom Bund, von der Internationalen Flüchtlingsorganisation (IRO) sowie von Privaten aufgebracht werden müssen.« Rothmund nutzte die Gelegenheit, um ein Entgegenkommen Argentiniens anzuregen: »Vielleicht dürfte es zweckmäßig sein, wenn Argentinien die Frage der Herabsetzung der Visumsgebühren auf eine reine Kanzleitaxe prüfen würde. Heute beträgt sie 200.– Franken.« Oberstleutnant Ahrens notierte den Vorschlag.

Der Chef der Polizeiabteilung ließ offen, ob die Schweiz ein Einwanderungsbüro bewilligen werde. Oberstleutnant Ahrens lieferte eine wichtige Information nach, die die Schweizer Behörden zu einem positiven Entscheid bewegen könnte: »Geplant ist, dass Legationsrat Moss – neben seiner Tätigkeit an der Gesandtschaft – die Leitung des Büros übernimmt.« Rothmund signalisierte, dass er die Idee sehr gut finde: »Die beste Garantie für eine korrekte Abwicklung der Geschäfte wäre geboten, wenn Herr Legationsrat Moss das Büro in Bern übernehmen würde, und wir also wüssten, dass die argentinische Gesandtschaft dahintersteht.« Und er betonte: »Die Hauptsache für uns ist, es muss sich um etwas ganz Klares, Offizielles handeln.« Dem stimmte auch Oberstleutnant Ahrens zu, und Legationsrat Moss doppelte nach: »Es muss vollständig mit offenen Karten gespielt werden.«

Das waren offensichtlich Sätze für das offizielle Protokoll und die

Aktensammlung im Justiz- und Polizeidepartement. Denn das geplante Einwanderungsbüro, für das die beiden Argentinier beim Chef der Polizeiabteilung um eine Bewilligung nachsuchten, war seit langem in Betrieb. Oberstleutnant Ahrens, ein Argentinier deutscher Abstammung, war bereits im Herbst des vergangenen Jahres in die Schweiz eingereist und hatte an der Marktgasse 49 mehrere Büros angemietet. Nicht als Privatmann, sondern in offizieller Mission. Er war vom argentinischen Kriegsministerium in die Schweiz geschickt worden, »um Produkte der schweizerischen Industrie zu kaufen und sich in der Schweiz, in Deutschland und Österreich nach Fachleuten – ›technisches Personal für fábricas militares‹ – umzusehen.« Kurz nach seiner Ankunft in Bern hatte er Heinrich Rothmund über seinen Auftrag informiert und ihn danach regelmäßig getroffen. Mitte Februar 1948 stand er mit rund zwanzig Waffenexperten in Verhandlung; einer von ihnen war Direktor einer Waffenfabrik. Die Vermittlungsgespräche fanden in den Büros an der Marktgasse 49 statt. Rothmund hatte Einblick in die Dossiers der Wunschkandidaten des argentinischen Kriegsministeriums.

Offiziell jedoch tat Rothmund so, als wüsste er von nichts. Im Anschluss an das Gespräch vom 20. Februar informierte er diverse Abteilungen der Bundesverwaltung, dass Argentinien die Errichtung eines Einwanderungsbüros in Bern plane und ein entsprechendes Gesuch hinterlegt habe. Die konsultierten Abteilungen äußerten sich mit großer Skepsis. Der Chef der Sektion für Auswanderung gab zu bedenken: »Ich kann mich nicht des Verdachts erwehren, dass das geplante Büro letzten Endes der Durchschleusung von Deutschen nach Südamerika dienen soll. Wenn es sich wirklich um legitime Einwanderung handelte, könnte die argentinische Gesandtschaft diese Aufgabe übernehmen. Der Umstand, dass ein Büro, für das keine offizielle argentinische Stelle die Verantwortung trägt, die Einwanderungsfragen beantworten soll, macht mich misstrauisch.«[161] Ebenso ablehnend äußerte sich das Außenministerium. Minister Alfred Zehnder antwortete: »[...] die Schweiz bleibt nach wie vor ein Transitland par excellence. [...] Dagegen sollte die Schweiz nicht als Drehscheibe dienen für solche Leute, die

161 Brief vom 18. März 1948, Emigrationsbüro Bern, BAr., a. a. O.

ohne Bewilligung der Besatzungsbehörden Deutschland über die grüne Grenze verlassen.«[162] Am deutlichsten sprach sich der Schweizer Botschafter in Buenos Aires gegen das Einwanderungsbüro aus. Per Telegramm teilte er Rothmund mit: »Einrichtung Büro Marktgasse wird hier als überflüssig und Alliierten gegenüber gefährlich abgelehnt.«[163]

Die Bewilligung für das Emigrationsbüro stand noch immer aus. Die Argentinier reagierten ungehalten. Am 4. Mai wurden sie erneut vorstellig und drängten auf einen schnellen Entscheid. Diesmal schaltete sich Botschafter Benito Llambi persönlich ein. In einer diplomatischen Note teilte er dem EPD mit: »Die argentinische Regierung hat verfügt, an der Marktgasse in Bern ein offizielles argentinisches Auswanderungsbüro zu eröffnen.« Doch das EPD gab nach wie vor keine Antwort. Wieder war es Heinrich Rothmund, der sich für die Argentinier stark machte. Er schlug vor, das Büro wenigstens »offiziös anzuerkennen«. »Wir sind überzeugt, dass wir ein großes Interesse an der Errichtung eines solchen Büros haben«, argumentierte er Anfang Mai in einem Schreiben an den Chef der Abteilung Politische Angelegenheiten.[164] Drei Wochen später doppelte er nach: »Bisher hat sich die Sache durchaus zu unseren Gunsten ausgewirkt. Eine gewisse Zahl unserer Flüchtlinge ist bereits nach Argentinien verreist, und wir dürfen hoffen, noch ziemlich viele nach diesem Land verschiffen zu können.«[165]

Inzwischen war die Berner Polizei auf das Emigrationsbüro aufmerksam geworden. Am 19. April 1948 verfasste sie einen ausführlichen Bericht, mit dem sie den Polizeidienst der Bundesanwaltschaft auf die illegalen Aktivitäten der »Zentrale für Auswanderungen nach Argentinien« aufmerksam machte.[166] In den Büros an der Marktgasse 49 waren ein halbes Dutzend Argentinier tätig. Ohne Arbeitsbewilligung. Doch das

162 Brief vom 20. März 1948, Emigrationsbüro Bern, BAr., a. a. O.

163 Telegramm vom 16. April 1948, Emigrationsbüro Bern, BAr., a. a. O.

164 Rothmund an Minister A. Zehnder, Brief vom 5. Mai 1948, Emigrationsbüro Bern, BAr., a. a. O.

165 Rothmund an Botschafter Edouard Feer, Brief vom 26. Mai 1948, Emigrationsbüro Bern, BAr., a. a. O.

166 Rapporte der Sicherheits- und Kriminalpolizei der Stadt Bern an Polizeidienst der Bundesanwaltschaft vom 19. April 1948 und vom 5. August 1948, Emigrationsbüro Bern, BAr., a. a. O.

war nicht der einzige Verstoß gegen Recht und Gesetz. Sie hatten die Auswanderungszentrale ohne Bewilligung der Behörden in Betrieb genommen. Auch fehlte ihnen die dazu gesetzlich vorgeschriebene Konzession des Bundesrates. Die Berner Polizei hatte ermittelt: »Leiter dieser Zentrale scheint formell Herr Dr. Moss, Legationsrat der argentinischen Gesandtschaft in Bern zu sein. Mit den Auswanderungsangelegenheiten befasst sich aber zur Hauptsache Herbert Georg Adolf Helferich, argentinischer Staatsbürger, früher Deutscher, Architekt, wohnhaft in Bern.«

Herbert Helferich, Nachfolger von Oberstleutnant Ahrens, hatte zuvor in Deutschland eine geheime Schlepperorganisation aufgebaut, die er jetzt von Bern aus leitete. Wer legal aus Deutschland ausreisen wollte, benötigte ein »Exit-Permit«, eine Reisebewilligung der Besatzungsmächte. Nur die wenigsten Auswanderer, für die sich Argentinien interessierte, erhielten eine Reiseerlaubnis. Von Helferich geführte Fluchthelfer organisierten ihre illegale Ausreise. Die Berner Zentrale stattete sie mit neuen Papieren aus, beschaffte ihnen Schiffsplätze oder Flugtickets für die Weiterreise nach Argentinien.

Heinrich Rothmund, Symbolfigur der restriktiven und antisemitischen Flüchtlingspolitik während des Zweiten Weltkrieges, brachte der illegalen Auswanderung erstaunlich viel Verständnis entgegen. »Die Argentinier haben übrigens gar nicht so unrecht, wenn sie versuchen, den alliierten Militärbehörden auf diesem Wege beizukommen. Die vier Besetzungsmächte in Deutschland scheinen es ja in keiner Weise besser zu machen«, fand Rothmund.[167] Entsprechend groß war die Sympathie, die er für die argentinischen Nazi-Fluchthelfer empfand. Oberstleutnant Ahrens, der erste Chef der Berner Schlepperzentrale, machte auf ihn einen »sehr guten, zuverlässigen und bescheidenen Eindruck«.

Anfang August 1948 stellte die Berner Polizei in einem weiteren Bericht für die Bundesanwaltschaft fest, dass die Aktivitäten der argentinischen Auswanderungszentrale unvermindert weitergingen. Die einzige Veränderung seit April: Die Zentrale war personell verstärkt worden. Die Berner Polizei meldete zwei neue Namen: Georg Weiß, ein Inge-

167 Rothmund an Botschafter Edouard Feer, Brief vom 26. Mai 1948, Emigrationsbüro Bern, BAr., a. a. O.

nieur aus Deutschland, und Carlos Fuldner, ein deutschstämmiger Industrieller mit argentinischem Pass, angeblich der neue Chef der Nazi-Schlepperzentrale.

Ausgehend von den Polizeirapporten der Berner Polizei stellte der Schweizer Botschafter in Buenos Aires eigene Nachforschungen an. Das Ergebnis dieser Nachforschungen war in höchstem Maße beunruhigend: »Das Trio Fuldner, Helferich und Weiß ist mir schon lange [...] in ungünstigem Sinne bekannt. In hiesigen administrativen Kreisen, die nicht gerade zur engen, aber sehr aktiven Gruppe der argentinischen Nazi gehören, werden Carlos Fuldner, Herbert Helferich und Dr. Georg Weiß als Intriganten, Abenteurer und als 110-prozentige Nazi bezeichnet. [...] Am besten wäre es, wenn wir gleich verhindern könnten, dass alle drei – Fuldner, Helferich und Dr. Weiß – ihre zweifelhafte Tätigkeit in der Schweiz noch weiter ausüben. Von Vertrauensleuten hier wird mir Dr. Weiß als besonders gefährlich bezeichnet, da er früher in Deutschland für die Gestapo tätig gewesen sein soll.«

»Der eigentliche Auftraggeber der drei Personen«, so der Schweizer Botschafter weiter, »ist ein Dr. (Rodolfo) Freude, persönlicher Sekretär des Präsidenten Perón, welch ersterer die umstrittenste Person im heutigen Regime ist. Es ist außerordentlich heikel, z. B. gegen Carlos Fuldner vorgehen zu wollen, ohne zu riskieren, die Gefühle des sehr einflussreichen Dr. Freude zu verletzen.«[168]

Heinrich Rothmund hatte die Warnungen des Schweizer Botschafters in Buenos Aires nie ernst genommen. Auch diesmal nicht. Er brach die Kontakte zur Berner Schlepperzentrale keineswegs ab. Im Gegenteil, zum neuen Chef Carlos Fuldner unterhielt er eine besonders freundschaftliche Beziehung.

Carlos Fuldner und das Nazi-Schlepperbüro in Bern

Carlos Fuldner war ein fanatischer Hitler-Bewunderer und typisch für die argentinisch-deutsche Nazi-Szene. In Juan Peróns »Ratline« spielte er eine herausragende Rolle. Er war maßgeblich an der Flucht von Na-

168 Brief des Schweizer Botschafters in Argentinien an die Eidgenössische Fremdenpolizei, 15. November 1948, Emigrationsbüro Bern, BAr., a. a. O.

zi-Kriegsverbrechern beteiligt. Vor allem aber war er damit beschäftigt, Nazi-Kriegsbeute und Nazivermögen in Sicherheit zu bringen.

Alberto Carlos Horst Fuldner wurde im Jahre 1910 in Buenos Aires als Sohn einer deutschen Einwandererfamilie geboren. Anfang der 20er-Jahre kehrte seine Familie nach Deutschland zurück und ließ sich in Hamburg nieder. Nach der Mittelschule studierte er ein paar Semester Jura und wurde Exportkaufmann. Sehr früh schloss er sich den Nazis an. Im Jahre 1932 trat er der NSDAP bei. Ein Jahr zuvor hatte er sich bei der SS beworben. Er wurde Offizier und brachte es bis zum Hauptsturmführer. 1935 nahm seine SS-Karriere ein abruptes Ende. Nachdem er bei einem Exportgeschäft große Verluste erlitten hatte, veruntreute er SS-Gelder. Als ihm die Geheime Staatspolizei auf die Schliche kam, tauchte er unter. Am 17. Oktober schiffte er sich in Hamburg auf dem Passagierdampfer »Antonio Delfino« ein. Noch während der Überfahrt nach Argentinien wurde er jedoch verhaftet, zurück nach Hamburg gebracht und der Gestapo übergeben. Wegen Fahnenflucht und Betrugs wurde SS-Hauptsturmführer Fuldner öffentlich degradiert und zu einer längeren Gefängnisstrafe verurteilt. Nachdem er seine Strafe abgesessen hatte, wurde er an die Ostfront nach Russland geschickt. Dort diente er von August 1941 bis März 1944 als Übersetzer bei der Blauen Division, in deren Reihen rund 47 000 spanische Soldaten kämpften.[169]

Ende 1944 tauchte Fuldner, der sich jetzt nicht mehr Horst, sondern Carlos nannte, in Madrid auf. Es war der Beginn seiner Agentenkarriere und gleichzeitig ein spektakulärer Aufstieg innerhalb der SS. Vor neun Jahren noch war er als Deserteur und Betrüger öffentlich degradiert worden, jetzt gehörte er dem Sicherheitsdienst (SD) an. Der SD überwachte im Auftrage Hitlers den Staatsapparat und die politischen Parteien, bespitzelte Presseleute und Kulturschaffende, und er unterwanderte die Wirtschaft. SD-Agenten galten als »Elite der Herrenmenschen«. Sie mussten besonders hohen Anforderungen genügen. Nur wer

169 Zur Biografie von Horst Fuldner: »Su secuestro en alta mar por orden del Gobierno del Reich«, Archiv des argentinischen Außenministeriums (RREE), Buenos Aires, Alemania, Expediente 16, 1935. Siehe auch: Uki Goñi, *Perón y los Alemanes*, a. a. O. S., 255 ff.

für die Nazi-Partei außergewöhnliche Verdienste erworben und seine absolute Hitlertreue mehrfach unter Beweis gestellt hatte, durfte SD-Mitglied werden. Fuldner war vom SD-Amt VI, dem Ausland-Nachrichtendienst der SS, rekrutiert und dort dem Referat Wirtschaft (»Einbau der Wirtschaft in den Ausland-Nachrichtendienst«) zugeteilt worden.

Es war Walter Schellenberg, Chef des SS-Ausland-Nachrichtendienstes, der Fuldner im November 1944 mit einer Geheimmission nach Madrid schickte: Im Hinblick auf den absehbaren Zusammenbruch des Dritten Reiches sollte er die Flucht prominenter Nazis nach Südamerika vorbereiten und bereits damit beginnen, Nazivermögen, Firmenbeteiligungen, Partei-, Rüstungs- und Industriegeheimnisse vor dem Zugriff der Alliierten in Sicherheit zu bringen.

In Madrid tarnte sich SD-Spezialagent Fuldner als Mitarbeiter der Handelsgesellschaft »Sociedad Financiera e Industrial« (Sofindus), eine Holding, die mehr als ein Dutzend Firmen kontrollierte. Bei diesen Firmen handelte es sich fast ausschließlich um deutsche Tochtergesellschaften: Chemieunternehmen (Siemens, IG-Farben), Transportgesellschaften (Comercial Marítima de Transportes), Elektrizitätswerke (AEG), Versicherungen und vor allem Banken (Banco Alemán Transatlántico, Banco Germánico).[170] Die Sofindus spielte für die deutsche Kriegswirtschaft eine zentrale Rolle. Sie garantierte der Rüstungsindustrie Zugang zu seltenen Rohstoffen. Vor allem aber entwickelte sie sich – nicht zuletzt aufgrund ihrer starken Verflechtung mit Schweizer Banken – zu einer unentbehrlichen Finanzdrehscheibe. Sie übernahm Gold, Devisen und Wertschriften, die die Nazis in den besetzten Gebieten zusammengestohlen hatten, tauschte diese gegen dringend benötigte Fremdwährungen oder kaufte damit ausländische Beteiligungen. Deutsche Investitionen in Südamerika und dort vor allem in Argentinien wurden großenteils über die Sofindus abgewickelt.

An der Spitze der Sofindus stand der deutsche Geschäftsmann und Waffenhändler Johannes Bernhardt. Er war Mitglied der Auslandorganisation der NSDAP und ein hochrangiger SS-Offizier. In Franco-Spanien galt er als Kriegsheld. Er war entscheidend daran beteiligt gewe-

170 Uki Goñi, *Perón y los Alemanes*, a. a. O., S. 258

sen, dass General Franco während des spanischen Bürgerkrieges Militärhilfe aus Deutschland erhielt.[171] Am 24. Juli 1936 hatte er eine Maschine der Lufthansa in seine Gewalt gebracht, mit der er nach Berlin flog, um Adolf Hitler ein persönliches Hilfegesuch von Franco zu überbringen. Bernhardts Mission war ein voller Erfolg beschieden. Bereits am folgenden Tag hatte Hitler dem spanischen Putschgeneral seine Unterstützung zugesichert. In der Folge lieferte Deutschland Waffen und schickte mehrere Fliegerstaffeln.[172] Eine dieser Staffeln – die Legion Condor – erlangte mit der totalen Zerstörung des baskischen Städtchens Guernica traurige Berühmtheit. Die deutsche Militärhilfe trug wesentlich zum Sieg Francos über die Republikaner bei.

Direktor Johannes Bernhardt hatte die Sofindus voll in den Dienst von Walter Schellenberg gestellt. Auslandoperationen des SS-Geheimdienstes wurden großenteils über die deutsch-spanische Holding finanziert. Sofindus-Gesellschaften dienten SD-Agenten als Tarnadresse. Der Hauptgrund aber, warum Carlos Fuldner die Sofindus als Operationsbasis auswählte, war: Sie unterhielt besonders gute Beziehungen zu Südamerika; in Argentinien waren sogar sämtliche Sofindus-Firmen mit Zweigniederlassungen vertreten. In Madrid hatte Fuldner überdies zahlreiche mächtige Freunde, auf die Verlass war. Neben Sofindus-Direktor Bernhardt gehörten dazu der Polizeichef von Madrid sowie mehrere Offiziere, mit denen er am Russlandfeldzug teilgenommen hatte. Der einflussreichste Fuldner-Vertraute war ohne Zweifel General Agustín Muñoz Grandes, der ehemalige Oberkommandeur der Blauen Division und nachmalige Kriegsminister sowie Stellvertreter des Diktators Francisco Franco. Zum engeren Kreis, der Fuldner beim Aufbau der Fluchthilfe-Organisation half, zählte auf jeden Fall in der Startphase ebenfalls der deutsche General Wilhelm Faupel.

Faupel war einer der erfahrensten Südamerika-Experten der deutschen Wehrmacht und galt als Wegbereiter des Bündnisses zwischen Argentinien und Nazideutschland. Als junger Major war er von 1910

171 Holger M. Meding, *Flucht vor Nürnberg?*, a.a.O., S.105ff.

172 Die deutsche Militärhilfe an General Francisco Franco lief großenteils über die Compañía Hispano-Marroquí de Transportes (HISMA), eine Firma von Johannes Bernhardt, die später von der Sofindus übernommen wurde.

bis 1914 Ausbildner an der argentinischen Kriegsakademie gewesen. Nach dem Ersten Weltkrieg war er nach Argentinien zurückgekehrt und hatte von 1921 bis 1926 als Berater der Heeresleitung gedient. Nach einem Abstecher nach Peru, wo er ebenfalls als Militärberater tätig gewesen war, hatte ihn Joseph Goebbels, Reichsminister für Volksaufklärung und Propaganda, nach Berlin geholt und ihm die Leitung des Ibero-Amerikanischen Institutes übertragen. Im Jahre 1936 hatte ihn Hitler zum Botschafter in Madrid ernannt.

Von Spanien aus soll er den Aufbau mehrerer Auslandorganisationen der NSDAP in Lateinamerika geplant und überwacht haben. Die Alliierten beschrieben ihn sogar als Gestapochef für ganz Südamerika. Diese Darstellung wurde allerdings in Zweifel gezogen.[173] Belegen dagegen lassen sich Wilhelm Faupels intensive Kontakte zu Juan Perón und der geheimen Offiziersloge GOU.

Carlos Fuldner und seinen faschistischen Freunden blieb nicht viel Zeit. Nur wenige Monate nachdem sie die Arbeit aufgenommen hatten, überrollten die Alliierten Deutschland. General Faupel beging Selbstmord, zahlreiche Agenten und Kuriere wurden verhaftet, Fuldner und Bernhardt kamen auf die Liste der meistgesuchten Nazis. Ihre Fluchthilfeorganisation drohte im allgemeinen Kriegschaos unterzugehen.

Nachdem General Francisco Franco ab 1946 auf Druck der internationalen Staatengemeinschaft den Alliierten gestattete, auch in Spanien nach untergetauchten Nazis zu fahnden, floh Fuldner nach Buenos Aires. Bernhardt, dessen deutsche Frau in Argentinien aufgewachsen war, folgte ihm wenig später.

Ende 1947, knapp zwei Jahre danach, kehrte der frühere SS-Offizier und SD-Agent Carlos Fuldner nach Madrid zurück. Sein Auftrag war noch immer derselbe: Nazifluchthilfe. Gewechselt hatte dagegen sein Auftraggeber. Jetzt arbeitete er nicht mehr für den SS-Ausland-Nachrichtendienst, sondern für den Sicherheitsdienst des argentinischen Staatspräsidenten; sein Chef hieß nicht mehr Walter Schellenberg, sondern Rodolfo Freude. Fuldner war zudem Mitglied der »Kommission Peralta«, die für politische Flüchtlinge zuständig war.

173 Siehe u. a.: Holger M. Meding, *Flucht vor Nürnberg?*; a. a. O., S. 107

Bei dieser Kommission handelte es sich um eine geheime Sonderabteilung der Einwanderungsbehörde. Staatspräsident Juan Perón persönlich hatte sie ins Leben gerufen. Den Anlass dazu hatte ihm das Nürnberger Kriegstribunal geliefert. In seiner Biografie wird er sich später erinnern, wie sehr ihn die »infame Rachejustiz« der Siegermächte schockiert hatte: »In Nürnberg führte man damals etwas durch, was ich persönlich als Infamie und als unheilvolles Lehrstück für die Zukunft der Menschheit ansah – es ist die größte Ungeheuerlichkeit, die die Geschichte nicht vergeben wird.«[174] Der Prozess vor dem Internationalen Militärtribunal in Nürnberg hatte am 20. November 1945 begonnen und 219 Verhandlungstage gedauert. Seit den letzten Kriegsmonaten war die größte Menschenjagd der Geschichte im Gange. Die Siegermächte hatten eine Million Deutsche auf ihre Suchliste gesetzt. Aus »humanitären Gefühlen« beschloss Juan Perón, die Grenzen für all jene zu öffnen, die von den Siegermächten gesucht und gejagt wurden.

Die »Kommission Peralta« hatte die Aufgabe, die Einreisedossiers flüchtiger Nazis und Kollaborateure zu prüfen. Anschließend reichte sie die Dossiers, versehen mit einer Empfehlung, weiter an Juan Peróns Sicherheitschef Rodolfo Freude, der in letzter Instanz entschied, wer einreisen durfte und wer nicht. An der Spitze der Kommission standen Oberst Enrique González sowie die beiden Direktoren der Einwanderungsbehörde: Santiago Peralta und Pablo Diana. Oberst González, Mitbegründer der Geheimloge GOU, gehörte zum engsten Vertrautenkreis von General Perón. Peralta, der der Kommission seinen Namen lieh, war ein notorischer Antisemit. Die Kommission zählte total zwanzig Mitglieder, unter ihnen mehrere ehemalige SS-Angehörige wie Fuldner.

Ab März 1948 war Fuldner immer häufiger in der Schweiz anzutreffen. Er gab sich als Industriekaufmann aus und wohnte im Hotel Gotthard in Bern. Rasch wurde die Berner Polizei auf ihn aufmerksam. Sie vermutete hinter dem argentinischen Industriekaufmann den wahren Chef der illegalen Schlepperzentrale an der Marktgasse 49. Doch er blieb unbehelligt. Auf Intervention der Bundesbehörden schritt die Ber-

174 Torcuato Luca de Tena u. a., *Yo, Juan Domingo Perón*, Barcelona 1976, S. 85

ner Polizei nicht ein und ließ ihn gewähren. Heinrich Rothmund, Chef der Bundespolizei, stellte dem mutmaßlichen Chef der illegalen Schlepperzentrale ein vorteilhaftes Zeugnis aus: »Herr Fuldner ist Spezialdelegierter der Präsidentschaft. Er arbeitet nicht über die Schweiz. Seine Hauptaufgabe ist die Auswanderung von DPs [Displaced Persons, Vertriebene (A. d. A)] über Österreich und Italien. Herr Fuldner hat uns Plätze für Flüchtlinge in Italien zur Verfügung gestellt.«[175]

Diese Darstellung war falsch und irreführend. Sie machte glauben, dass Fuldner eventuell in Österreich und Italien illegal handelte, nicht aber in der Schweiz. Sie unterschlug, dass er einer der Hauptverantwortlichen der argentinischen »Ratline« war. Dabei wusste Rothmund über Fuldner sehr genau Bescheid. Die beiden Männer arbeiteten eng zusammen. Diese Zusammenarbeit war hochbrisant und musste unter allen Umständen geheim gehalten werden. Besprechungsprotokolle belegen, dass Fuldner Rothmund in die streng geheimen Pläne der argentinischen Fluchthilfe einweihte.[176]

Carlos Fuldner war in die Schweiz gekommen, um zusammen mit Botschafter Benito Llambi die Auswanderung nach Argentinien neu zu organisieren. Sie hatten vor, die Auswanderungszentrale von der Marktgasse 49 in die argentinische Botschaft zu verlegen. »Das Büro an der Marktgasse würde dann als ständige Einrichtung verschwinden«, notierte Rothmund. Und: »Herr Fuldner sagt, [...] er strebe an, ein Auswanderungsbüro für ganz Europa einzurichten, von dem aus die Auswanderung von Europa nach Argentinien geleitet werden soll. [...] Die politischen und diplomatischen Fragen würden von der argentinischen Gesandtschaft in Bern behandelt werden.« Mit den »materiellen Fragen der Auswanderung« dagegen werde sich ein Büro in Italien befassen, voraussichtlich ein Büro in Genua, wegen der Verschiffung, so Fuldner gegenüber Rothmund.

Die Zusammenarbeit mit den französischen Besatzungsbehörden gehörte zu den bestgehüteten Geheimnissen der argentinischen Nazi-

175 Heinrich Rothmund, Brief vom 31. März 1948, Emigrationsbüro Bern, BAr. a. a. O.
176 Heinrich Rothmund, Besprechungsprotokoll vom 3. Juni 1948, Emigrationsbüro Bern, BAr., a. a. O.

schlepper. Sie konnte bis heute verborgen gehalten werden. Kein Historiker hat sie untersucht, kein Reporter beschrieben. Fuldner und seiner Organisation war es gelungen, bei Regierungsstellen in Paris und im Hauptquartier der französischen Besatzungsbehörde in Baden-Baden Komplizen zu finden. Sie beschafften den Nazischleppern Exit-Permits, Reisedokumente für illegale Auswanderer aus Deutschland.

Carlos Fuldner verriet Heinrich Rothmund: »Um irreguläre Ausreisebewilligungen zu erhalten, wurde bei hohen französischen Stellen ›nachgeholfen‹. Ja, in Paris ist geschmiert worden.« Er fügte bei: »Es sind Schritte im Tun, um von der französischen Besatzungsbehörde zu erreichen, dass Ausreisebewilligungen für Argentinien-Aspiranten ganz offen erteilt werden.« In den nächsten Tagen war ein weiteres Gespräch mit den Franzosen geplant. Es sollte in der argentinischen Botschaft in Bern stattfinden. Fuldner lud Rothmund ein, daran teilzunehmen. Rothmund lehnte zwar ab, zeigte sich aber hochinteressiert. Er erläuterte Fuldner seinen Standpunkt und legte ihm nahe, worauf er beim Treffen mit den Franzosen besonders zu achten hätte. Rothmund: »Wenn uns die französische Botschaft offiziell mitteilt, dass die und die Bewilligungen zum Verlassen der Zone für die Weiterreise durch die Schweiz nach Argentinien ordnungsgemäß erteilt würden, hätten wir keine Bedenken, den Trägern solcher Bewilligungen den Transit zu gewähren für die Weiterreise nach Argentinien.«

Das Protokoll der Besprechung Rothmund–Fuldner ist höchst aufschlussreich. Der Chef der Polizeiabteilung im Eidgenössischen Justiz- und Polizeidepartement bekennt darin offen, dass er die argentinische Nazifluchthilfe nicht nur kannte, sondern aktiv unterstützte, damit bewusst schweizerisches Recht brach und sogar gegen internationale Abmachungen verstieß. Heinrich Rothmund: »Falls es möglich sein sollte, von der französischen Botschaft eine solche Erklärung zu erhalten, wären wir endlich gedeckt. Dann wären keinerlei schwarze Ausreisen aus Deutschland oder gar Einreisen nach der Schweiz mehr notwendig für die Reise nach Argentinien, sondern es könnte alles auf dem ordnungsgemäßen Weg abgewickelt werden. Es könnte uns auch niemand einen Vorwurf daraus machen, wenn deutsche Persönlichkeiten auf diesem Wege die Schweiz passieren würden, die nach der politischen Richtung angezweifelt werden, da wir uns auf eine Abmachung zwischen Frankreich und Argentinien stützen könnten.«

Wie bis anhin unterstützte Rothmund weiterhin illegale Auswanderer. Seine Polizeiabteilung stattete Flüchtlinge nach Argentinien mit schweizerischen Identitätsausweisen und mit Rückreisevisa aus. Dank dieser Unterlagen konnten sie nach Genua reisen, wo die argentinische Schlepperzentrale für sie auf einem Auswandererschiff Plätze reserviert hatte. Aus den öffentlich zugänglichen Archiven geht nicht hervor, wie viele Illegale davon profitierten. Die Berner Polizei war jedoch überzeugt: »Aus Deutschland müssen sehr oft Auswanderer durch die Schweiz gekommen sein, um nach Genua zu gelangen.« Sie hatte zudem ermittelt, dass Auswanderer aus Österreich, denen die Berner Zentrale Papiere besorgte, nicht durch die Schweiz, sondern direkt nach Italien reisten.

Paul Schaufelberger und der argentinisch-schweizerische Schlepperring

Mehrmals drohte der argentinisch-schweizerische Schlepperring aufzufliegen. Kurz vor Ostern 1948 griff die Polizei in Schaffhausen mehrere Schlepper zusammen mit einer Gruppe Illegaler auf. Fast zur selben Zeit verhaftete die Berner Polizei Herbert Helferich, einen der Hauptverantwortlichen des Emigrationsbüros an der Marktgasse. Nach wenigen Stunden jedoch waren alle wieder auf freiem Fuß. Beide Male intervenierte Heinrich Rothmund persönlich. Die in Schaffhausen verhafteten Schlepper bedankten sich daraufhin bei Rothmund, dass er sie bei der Polizeidirektion »herausgepaukt« hatte, und versicherten, sie hätten »restloses Vertrauen« zu ihm und seinen Mitarbeitern.[177]

In Bern war es Oberstleutnant Paul Schaufelberger, der die Freilassung der Schlepper erwirkte. Die Sicherheits- und Kriminalpolizei der

177 Heinrich Rothmund, Besprechungsprotokoll vom 31. März 1948, Emigrationsbüro Bern, BAr., a.a.O. Es handelte sich um eine Besprechung mit Samuel Pomeranz, Chemiker, wohnhaft in Zürich, der in Schaffhausen verhaftet worden war. Pomeranz war Mitglied der argentinischen Schlepperorganisation. Er gehörte einer Gruppe von Schweizern an, die die illegalen Einwanderer an der Grenze in Empfang nahmen und danach bis zu ihrer Weiterreise nach Genua betreuten.

Stadt Bern bekundete offensichtlich große Mühe, den Anweisungen Heinrich Rothmunds zu folgen. Sie konnten nicht nachvollziehen, warum der Chef der Bundespolizei sie daran hinderte, dem argentinischen Schlepperbüro endlich das Handwerk zu legen. Dabei war die Beweislast gegen die Argentinier erdrückend. Sie verfügten weder über eine Aufenthalts- noch über eine Arbeitsbewilligung; und sie betrieben ein Vermittlungsbüro ohne die dazu notwendige Konzession des Bundesrates. Die Berner Polizei hatte zudem ermittelt, dass die Schlepperorganisation in mehreren Kantonen aktiv war und entlang der Grenze zwischen Basel und St. Margrethen zahlreiche Anlaufstellen für Illegale eingerichtet hatte. Sie hatte sogar Hinweise erhalten, wonach Grenzwächter, aber auch Beamte der Fremdenpolizei bestochen würden.

All das wusste Rothmund. Auf seinem Schreibtisch lagen mehrere Untersuchungsberichte der Berner Polizei. Doch er leitete diese Ermittlungsergebnisse weder an die betroffenen Kantone weiter, noch wurde er selbst aktiv. Im Gegenteil, immer wenn die Kriminalbeamten der Stadt Bern gegen die Schlepper vorgingen, wurden sie von Rothmund zurückgepfiffen. Sie ermittelten jedoch unbeirrt weiter. Erst im Herbst 1948 zogen sie sich aus der Marktgasse 49 zurück und stellten die Überwachung des illegalen Emigrationsbüros endgültig ein.

Die Beamten der Sicherheits- und Kriminalpolizei der Stadt Bern waren nicht leicht zu überzeugen. Oberstleutnant Paul Schaufelberger benötigte dazu beinahe ein halbes Jahr. Im April 1948 hatte er den Stadtpolizisten in einem ersten Gespräch zu erklären versucht, »die argentinische Auswanderungszentrale in Bern hält sich bezüglich Einreise von Auswanderern in die Schweiz an die Vereinbarungen mit Herrn Dr. Rothmund«.[178] Die Polizisten wollten partout nicht begreifen, wie der Chef der Polizeiabteilung des EJPD Vereinbarungen treffen konnte, die illegale Aktivitäten zuließen.

Erst als Schaufelberger sich als Mitglied des militärischen Nachrichten- und Sicherheitsdienstes zu erkennen gab und höhere Landesinteressen geltend machte, gaben die Polizisten ihre Begriffsstutzigkeit auf. Letzte Zweifel allerdings blieben bestehen. Um sich abzusichern,

178 Rapport der Sicherheits- und Kriminalpolizei der Stadt Bern an Polizeidienst der Bundesanwaltschaft vom 5. August 1948, Emigrationsbüro Bern, BAr., a. a. O.

protokollierten die Berner Polizisten die Treffen mit dem hohen Militär: »Herr Oberstleutnant Schaufelberger hat [...] gesagt, die durch die Schweiz reisenden ausländischen Fachleute, die nach Argentinien auswandern wollen, könnten in Bern von ihm befragt werden, was für das schweizerische Wehrwesen nützlich sei.«[179] Und so wurde aktenkundig, was Rothmund und Schaufelberger geheim halten wollten: Die argentinische Nazischlepperzentrale in Bern wurde mit dem Einverständnis des Chefs der eidgenössischen Polizeiabteilung sowie des militärischen Nachrichtendienstes eingerichtet. Rothmund und der militärische Nachrichtendienst arbeiteten Hand in Hand mit den Nazischleppern. Für die Zusammenarbeit hatte Rothmund mit den Argentiniern geheime Vereinbarungen getroffen. Der genaue Wortlaut dieser Absprachen ist nach wie vor unbekannt.

Nur ein ganz kleiner Kreis kannte die enge Beziehung der Nazischlepper zu Heinrich Rothmund. Die Zusammenarbeit mit dem Nachrichtendienst war streng geheim. Nicht einmal der Schweizer Botschafter in Buenos Aires war eingeweiht worden. Obwohl Rothmund mit dem Botschafter in ständigem Kontakt stand und auf seine Mitarbeit dringend angewiesen war, verschwieg er ihm die Vereinbarungen mit dem Emigrationsbüro. Die Beteiligung des Nachrichtendienstes erwähnte er mit keinem Wort. Der Schweizer Botschafter hatte vor den »110-prozentigen Nazi« Carlos Fuldner, Herbert Helferich und Georg Weiß gewarnt. Rothmund täuschte Entrüstung vor und ließ sich zum Schein sogar auf eine Diskussion darüber ein, »wie wir verhindern könnten, dass alle drei – Fuldner, Helferich und Weiß – ihre zweifelhafte Tätigkeit in der Schweiz noch weiter ausüben«.

Als der Botschafter auf Oberstleutnant Schaufelberger aufmerksam wurde und Auskunft über dessen Rolle erbat, wich Rothmund aus, gab keine Antwort. »Ich wäre Ihnen dankbar für eine vertrauliche Mitteilung über Oberstleutnant Schaufelberger«, schrieb der Botschafter schließlich an Henri Tzaut, Adjunkt bei der Eidgenössischen Fremdenpolizei: »Es ist mir unerklärlich, was für eine Rolle Herr Oberstleutnant Schaufelberger, Schwanengasse 6, Bern, spielt, der von den

179 Ebd.

drei argentinischen Agenten immer wieder als Gewährsmann bezeichnet wird. M. E. sollte er vor dem Verkehr mit diesen Leuten gewarnt werden.«[180] Doch Tzaut konnte nicht weiterhelfen, denn auch für ihn war offenbar schleierhaft, was Paul Schaufelberger mit den argentinischen Agenten verband.

Jacques-Albert Cuttats Geschäfte in Buenos Aires

Jacques-Albert Cuttat, Protokollchef im schweizerischen Außenministerium, wirkte im Hintergrund – und beinahe ohne Spuren zu hinterlassen. Er betätigte sich als Berater des argentinischen Botschafters Benito Llambi, mit dem er befreundet war, seit sie gemeinsam Evitas Schweizer Reise eingefädelt und organisiert hatten. Beim IKRK in Genf, das ihn gelegentlich als Argentinien-Experten beizog, setzte er sich für »papierlose« Flüchtlinge ein und verhalf ihnen so zu einem IKRK-Pass. Anfang 1949, er war eben zum stellvertretenden Chef der Politischen Abteilung befördert worden, verhinderte er, dass gegen die argentinischen Fluchthelfer ein Gerichtsverfahren eingeleitet wurde.

Frankreich hatte in Bern gegen illegale Aktivitäten einer »oficina argentina para la inmigración« protestiert und eine Untersuchung gefordert. Die Franzosen behaupteten, illegale deutsche Auswanderer, ausgestattet mit gefälschten kubanischen Pässen, würden via die Schweiz nach Argentinien geschleust. Das argentinische Emigrationsbüro besorge die gefälschten kubanischen Pässe; die Zürcher Zweigstelle des katholischen Hilfswerkes Caritas kümmere sich um die Weiterreise von der Schweiz nach Argentinien.[181] Minister Guyon von der französischen Botschaft in Bern war bereits damit beschäftigt, eine Klage vor Gericht vorzubereiten.

Cuttat gelang es, ihn davon abzuhalten. Er schaffte es sogar, dass Frankreich schließlich darauf verzichtete, von Bern eine Untersuchung zu fordern. Man darf vermuten, dass er die Franzosen zum Schweigen brachte, indem er sie auf die exzellenten Kontakte des argentinischen Emigrationsbüros nach Paris und ins Hauptquartier der französischen

180 Brief des Schweizer Botschafters in Argentinien an die Eidgenössische Fremdenpolizei, 15. November 1948, Emigrationsbüro Bern, BAr., a. a. O.

181 Brief von Heinrich Rothmund an Jacques-Albert Cuttat, 9. März 1949, Emigrationsbüro Bern, BAr., a. a. O.

Besatzungstruppen in Baden-Baden aufmerksam machte. Ende März berichtete er Heinrich Rothmund von seiner erfolgreichen Intervention: »Wir haben Herrn Minister Guyon von der französischen Botschaft mündlich orientiert, dass es [...] nicht möglich sei, eine Untersuchung gegen das argentinische Bureau oder den Caritasverband einzuleiten.« Und er fügte vieldeutig bei: »Immerhin würden wir es als nützlich erachten, wenn Sie den Caritasverband gelegentlich in geeigneter Form auf die französischen Vorwürfe hinweisen und zur Vorsicht ermahnen könnten.«[182]

Es war keine Überraschung, dass Cuttat dem Geheimzirkel von Rothmund und Schaufelberger angehörte, der die argentinischen Nazischlepper unterstützte. Kein Schweizer kannte die Dreierbeziehung Nazideutschland-Schweiz-Argentinien besser als er. Als Diplomat in Buenos Aires (1938–1946) hatte er sie unmittelbar miterlebt, zuletzt sogar entscheidend mitgestaltet. Nachdem Argentinien am 27. Januar 1944 die diplomatischen Beziehungen mit Berlin abgebrochen hatte, war es Cuttat, damals interimistischer Leiter der Schweizer Botschaft, der in Buenos Aires die deutschen Interessen vertrat. Er engagierte sich so sehr für dieses Mandat, dass er darob seinen eigentlichen Auftrag vergaß und die Schweizer Botschaft völlig vernachlässigte.

Wir haben bereits darauf hingewiesen, dass Argentinien die Beziehungen zu Nazideutschland nur zum Schein abgebrochen hatte. Berlin hatte seinen Botschafter in Buenos Aires abberufen. Doch er war insgeheim sofort ersetzt worden – durch Ludwig Freude, die »Nummer 1 der argentinischen Nazi-Szene«, »Hitlers Stellvertreter in Südamerika«. Jacques-Albert Cuttat wurde sein Vollzugsgehilfe.

Die Aufgabe des Schattenbotschafters bestand darin, die deutsch-argentinische Zusammenarbeit zu tarnen. Dabei benutzte er unter anderem Schweizer Strohmänner und Briefkastenfirmen. Im Spätsommer 1944 kam ein zweiter Auftrag hinzu. Nachdem sich die Niederlage Hitlerdeutschlands immer deutlicher abzeichnete, ging es jetzt darum, die Zeit nach dem Krieg vorzubereiten. Ludwig Freude traf erste Vorkeh-

182 Schreiben von Jacques-Albert Cuttat an Polizeiabteilung (EJPD), 22. März 1949, Emigrationsbüro Bern, BAr., a. a. O.

rungen, um prominenten Nazis die Flucht nach Südamerika zu ermöglichen, und er fing an, Nazivermögen, Rüstungs- und Industriegeheimnisse in sichere Verstecke abzuziehen. Er handelte auf Anweisung von Berlin und in enger Zusammenarbeit mit Carlos Fuldner in Madrid.

Während seiner Zeit als Interessenvertreter Deutschlands in Argentinien hatte sich Cuttat in der ehemaligen deutschen Botschaft in Buenos Aires eingerichtet. Bekannt ist, dass Ludwig Freude jeden Tag die deutsche Botschaft aufsuchte. Meist kam er in Begleitung seines Sohnes Rodolfo. Fest steht weiter, Cuttat kannte auch Fuldner. Ob der offizielle Hausherr der deutschen Botschaft beim Aufbau der Nazi-Fluchthilfeorganisation bereits damals eine aktive Rolle spielte, lässt sich micht mehr feststellen. Wichtige Unterlagen wurden vernichtet. Rodolfo Freude verweigert jede Auskunft.

Als Botschafter Jenny nach langer Krankheit wieder die Leitung der Schweizer Gesandtschaft in Buenos Aires übernahm, setzte er die Abberufung seines Stellvertreters Cuttat durch. Er warf ihm zweifelhafte Nazi-Beziehungen und ein zu großes Engagement für die Achsenmächte vor. Er war sogar überzeugt, dass sein Stellvertreter die engen Kontakte zur deutsch-argentinischen Nazi-Szene eigenmächtig und ohne Absprache mit Bern aufgebaut hatte. Offenbar war Jenny zu lange krank gewesen und nicht mehr auf dem neuesten Stand. Alles deutet darauf hin, dass Cuttat nicht aus privater, ideologischer Überzeugung, sondern auf Anweisung seiner Vorgesetzten im Politischen Departement in Bern gehandelt hatte.

Bern hatte allen Grund, den Schattenbotschafter Ludwig Freude nicht aus den Augen zu lassen. Die versteckte Wirtschaftszusammenarbeit zwischen Argentinien und Nazideutschland erwies sich für die Schweiz als politisch hochbrisant. Ebenso die geplante Fluchthilfe für Nazi-Kriegsbeute und Nazivermögen. Mehrere Schweizer Banken – nicht zuletzt die Schweizerische Nationalbank – sowie ein ganzer Rosenkranz von Schweizer Firmen und Finanzgesellschaften waren an den argentinisch-deutschen Kriegsspielen beteiligt.

Aus der Sicht des Bundesrates leistete Cuttat ganze Arbeit. Zwischen 1944 und 1950, in jenen Jahren also, in denen er sich innerhalb der argentinisch-deutschen Fluchthilfeorganisation bewegte, wurde er nicht weniger als vier Mal befördert, zuletzt zum stellvertretenden Geschäftsträger der Botschaft in Washington, der wichtigsten diplomatischen Vertretung. Später war er Geschäftsträger in Kolumbien und Ecuador, Botschafter in Indien und Ceylon. Seine Diplomatenkarriere beendete er 1969 in Griechenland. Nicht freiwillig. Nachdem er bei öffentlichen Auftritten mehrmals Partei für die Obristen ergriffen und die großen Verdienste der griechischen Militärdiktatur gelobt hatte, wurde er als Botschafter abberufen und musste den diplomatischen Dienst verlassen.

Heinrich Rothmunds Interesse am argentinischen Schlepperbüro war prosaischer. Er wollte möglichst viele in der Schweiz internierte Flüchtlinge loswerden. Dafür schien ihm jedes Mittel recht. Den Nazischleppern erfüllte er beinahe alle Wünsche, vorausgesetzt er durfte im Gegenzug Flüchtlinge aus der Schweiz nach Argentinien abschieben. Dass sie auch Kriegsverbrechern via die Schweiz zur Flucht verhalfen, kümmerte ihn wenig. Es störte ihn auch nicht, dass die Berner Schlepperzentrale schweizerisches Recht verletzte und gegen internationale Abkommen verstieß. Das Einzige, was für ihn beim Deal mit den Nazi-Schleppern zählte, war, möglichst viele Flüchtlinge möglichst kostenlos nach Argentinien zu schicken. Zuerst gab er sich mit Einreisevisa zufrieden. Später verlangte er zusätzlich freie Schiffsplätze, feilschte um jeden Franken. Zum Schluss übernahm Argentinien für Flüchtlinge aus der Schweiz sämtliche Unkosten, verzichtete sogar auf die sonst übliche Visumsgebühr, die pro Flüchtling bei 200 bis 300 Franken lag.

Als Chef der Eidgenössischen Polizeiabteilung hatte Rothmund die fremdenfeindliche und antisemitische Flüchtlingspolitik der Schweiz entscheidend mitbestimmt.[183] Gegenüber den von den Nazis verfolgten Juden trat er besonders herzlos auf. Er hatte sich sogar damit gebrüstet, seit über zwanzig Jahren energisch »gegen die Verjudung der

183 Unabhängige Expertenkommission Schweiz–Zweiter Weltkrieg, *Die Schweiz und die Flüchtlinge zur Zeit des Nationalsozialismus*, Zürich 2001. Siehe auch: Heinz Roschewski, *Rothmund und die Juden – Eine historische Fallstudie des Antisemitismus in der schweizerischen Flüchtlingspolitik 1933–1957*, Basel, Frankfurt a.M. 1997. Siehe auch: Stefan Keller, *Grüningers Fall. Geschichten von Flucht und Hilfe*, Zürich 1998 (4. Aufl.)

Schweiz« gekämpft zu haben.[184] Auch nachdem verlässliche Informationen über die systematische Deportation der Juden in Vernichtungslager vorlagen, war er dagegen, dass Juden als politische Flüchtlinge anerkannt wurden. Im Juli 1942 empfahl er dem Bundesrat eine totale Grenzsperre für Juden.

Gegenüber illegalen Auswanderern aus Deutschland, unter denen sich auch Kriegsverbrecher befanden, zeigte er plötzlich Herz. Es fällt auf, wie er in Gesprächen mit Vertretern der Nazi-Schlepperzentrale immer wieder humanitäre Gefühle geltend machte. Einen von Carlos Fuldner ausgewählten Argentinien-Kandidaten, der an der Grenze bei Schaffhausen festsaß, ließ er zum Beispiel einreisen mit der Begründung: »Der erwähnte Fall sei [...] menschlich so gelagert, dass wir es nicht verantworten können, bloss wegen Fehlens von vorgeschriebenen Formalitäten den Mann zurückzustellen.«[185]

Die Affäre Schaufelberger

Paul Schaufelberger war Berufsoffizier und Spion aus Leidenschaft. Er diente bei der 5. Sektion der Generalstabsabteilung, von Zivilisten kurz Nachrichtendienst genannt. Seit 1942 leitete er das »Bureau Technische Studien«, eine Sondereinheit des militärischen Nachrichtendienstes, die dem »Bureau Deutschland« angegliedert war.[186] Sein Auftrag: Beschaffung und Auswertung von Informationen über neue Waffensysteme und Rüstungspläne.

Seit Kriegsbeginn stellten Auslandreisende eine wichtige Quelle des Nachrichtendienstes dar. Bei ihrer Rückkehr mussten sie Erlebnisberichte abliefern. Mit der Zeit ging der Nachrichtendienst dazu über, Einreisefichen zu erstellen. Wer in die Schweiz einreiste, vor allem aus Deutschland oder Österreich, wurde von speziell ausgebildeten Offizie-

184 Brief von Heinrich Rothmund an Armeekommando (Oberstleutnant Müllener, Sektion »Heer & Haus«), 19. Februar 1941, BAr.: E 4800 (A) 1967/111, Nr. 206

185 Heinrich Rothmund, Besprechungsprotokoll Horst Fuldner, 5. Juni 1948, Emigrationsbüro Bern, BAr., a. a. O.

186 Pierre-Th. Braunschweig, *Geheimer Draht nach Berlin – Die Nachrichtenlinie Masson–Schellenberg und der schweizerische Nachrichtendienst im Zweiten Weltkrieg*, Zürich 1989, S. 114

ren systematisch befragt. In erster Linie profitierte davon der politische Nachrichtendienst. Für die Sondereinheit von Paul Schaufelberger fiel höchst selten etwas ab. Nach Kriegsende änderte das schlagartig. Deutsche Ingenieure und Techniker tauschten ihr Fachwissen gegen eine sichere Zukunft für sich und ihre Familien; Kriegsverbrecher, hohe Offiziere und Nazi-Funktionäre verkauften Rüstungsgeheimnisse, um ihre Flucht und unbeschwerte Tage im Untergrund zu finanzieren.

In vielen Forschungsbereichen, speziell aber in der Entwicklung neuer Kriegstechnologien war Nazideutschland den übrigen Nationen weit überlegen. Auf der Suche nach Industrie- und Rüstungsgeheimnissen durchkämmten die Siegermächte das besetzte Deutschland. Die begehrteste Siegesbeute jedoch waren Ingenieure und Wissenschaftler. Bereits vor Kriegsende war unter den Alliierten ein unerbittlicher Konkurrenzkampf entbrannt. Sie übertrafen sich gegenseitig mit immer extravaganteren Angeboten, um deutsche Techniker und Waffenexperten für sich zu gewinnen. Die höchsten Angebote erhielten Raketenbauer und Atomwissenschaftler. Die kleine Schweiz hatte keine Chance, in diesem Wettlauf mit den Großmächten Sowjetunion, USA und Großbritannien mitzuhalten. Sie versuchte es trotzdem, denn sie verfolgte Rüstungspläne, die nicht erst aus heutiger Sicht absurd anmuten. Sie träumte von der eigenen Atombombe.

Die Schweiz suchte die Zusammenarbeit mit Argentinien, das sich im Rahmen seiner Großmachtpolitik am Wettlauf um die deutsche Elite beteiligte. Argentinien drängte sich als Partner auf. Beide Länder unterhielten ausgezeichnete Kontakte zu führenden Nazis, und beide Länder waren eng mit der deutschen Kriegswirtschaft verflochten. Die argentinisch-deutschen Wirtschaftsbeziehungen liefen sogar weitgehend über die Schweiz. Die Nazi-Schlepperzentrale in Bern war nur das sichtbare Ergebnis dieser Zusammenarbeit. Die Geheimagenten Oberstleutnant Schaufelberger und Ex-SS-Hauptsturmführer Fuldner verstanden sich auf Anhieb. Das lag gewiss auch daran, dass die beiden Diplomaten Jacques-Albert Cuttat und Benito Llambi vortreffliche Vorarbeit geleistet hatten.

Staatspräsident Juan Perón und die Generaldirektion der Militärfabriken stellten dem Spezialdienst von Rodolfo Freude und Carlos

Fuldner scheinbar unbeschränkte finanzielle Mittel zur Verfügung. Paul Schaufelberger vom Schweizer Nachrichtendienst dagegen verfügte nicht einmal über ein eigenes Budget, um deutsche Waffentechnologie einzukaufen. Er war mehr Trittbrettfahrer als vollwertiger Partner. Trotzdem kam er voll auf seine Rechnung. Er durfte von Argentinien angeworbene Ingenieure und Techniker befragen. Horst Fuldner ließ ihn sogar an Gesprächen mit Naziunterhändlern teilnehmen, die Rüstungsgeheimnisse und Konstruktionspläne neuer Waffen anboten. Als Gegenleistung durfte die argentinisch-deutsche Fluchthilfeorganisation ihre Zentrale in Bern einrichten und die Schweiz als Operationsbasis benutzen. Unterstützt vom Chef der eidgenössischen Polizeiabteilung Rothmund sorgten Schaufelberger und sein Dienst dafür, dass illegale Einwanderer aus Deutschland unbehelligt in die Schweiz einreisen konnten. Sie halfen bei der Beschaffung neuer Papiere für die Argentinien-Kandidaten, und sie hielten den argentinischen Agenten und Nazischleppern die Polizei vom Halse.

Paul Schaufelberger war einer der brillantesten Köpfe des Nachrichtendienstes. Er galt als überdurchschnittlich intelligent und verfügte über ein außergewöhnliches technisches Wissen. Er stammte aus Deutschland, wo er aufgewachsen war und längere Zeit arbeitete.[187] Obwohl er den größten Teil seines Lebens in der Schweiz verbrachte, sprach er kein Schweizerdeutsch. Im Jahre 1939 wurde er dem Nachrichtendienst zugeteilt. Zwei Jahre später, inzwischen Major geworden, übergab ihm Roger Masson, Chef des Nachrichtendienstes, das Kommando der Spezialeinheit »Bureau Technische Studien«. Seine Spionagetätigkeit konzentrierte sich auf Deutschland und dort vor allem auf die geheimnisumwitterten »Vergeltungswaffen« V-1 und V-2, die Vorläuferinnen der Cruise Missiles. Auch nach dem Krieg verfolgte er fasziniert die Entwicklung der neuen Raketentechnik. Er trat dafür ein, dass auch die Schweizer Armee mit diesen modernen Lenkwaffen ausgerüstet werde. Anfang der 50er-Jahre entwarf er zusammen mit deutschen Ingenieuren sogar einen eigenen Raketentyp. In diese Zeit fällt auch sei-

187 Sylvain Besson, »Schaufelberger – l'agent qui a couvert la fuite des savants nazis«, in: *Le Temps*, Genf, 5. Februar 1999

ne Zusammenarbeit mit der Genfer Waffenschmiede Hispano-Suiza. Die Hispano-Suiza, die in Spanien und Argentinien Niederlassungen unterhielt, unternahm damals gewaltige Anstrengungen, um ins Raketengeschäft einzusteigen. Paul Schaufelberger unterstützte sie dabei. Er vermittelte der Genfer Waffenfabrik mehrere deutsche Ingenieure und stellte seinen Spionagering in ihren Dienst. Er pflegte nämlich immer noch intensive Kontakte zu deutschen Technikern und Waffenexperten, die nach dem Krieg geflohen waren und jetzt in den verschiedensten Ländern tätig waren. Über diese Kontakte und nicht zuletzt durch seine Agenten bezog die Hispano-Suiza wertvolle Informationen über Pläne und Projekte der Konkurrenz.

Schaufelbergers Zusammenarbeit mit der Hispano-Suiza führte schließlich zu seinem Sturz. Er war fünfzig Jahre alt und inzwischen Oberst geworden, als er im Juni 1953 seine Demission einreichte. Hinter dieser Demission verbarg sich ein handfester Skandal, der vom Bundesrat und von der Armeeleitung vertuscht wurde.[188]

Kurz zuvor hatte die Waadtländer Polizei gegen den Spionageoffizier und Hispano-Suiza-Berater eine Untersuchung eingeleitet. Sie ermittelte gegen ihn wegen illegalen Waffenhandels; angeblich hatte er bei Waffenverkäufen der Hispano-Suiza Kommissionen kassiert. Zudem verdächtigte ihn die Polizei, dass er Bundesgelder veruntreut hatte, eine besonders gravierende Anschuldigung. Seine militärischen Vorgesetzten rührten keinen Finger, um ihn zu verteidigen. Im Gegenteil, er musste feststellen, dass sie die Polizeiermittlungen ausgelöst hatten. Im Zorn nahm er den Hut. Er fühlte sich gedemütigt und in seiner Offiziersehre verletzt. Er beschloss, sich zu verteidigen – nötigenfalls mit allen Mitteln und ohne Rücksicht auf Verluste. Bald schon sollte die Armeeleitung bitter bereuen, dass sie dem Spionageoberst die Polizei auf den Hals gehetzt hatte.

Es war im Herbst 1954, als Paul Schaufelberger zum Gegenangriff überging. Eugen Bircher, ein mit ihm befreundeter Parlamentarier, ritt die erste Attacke. Am 6. Oktober reichte er im Nationalrat einen Vor-

188 Sylvain Besson, »Comment l'agent suisse ami des nazis a fait chanter le Conseil fédéral«, in: *Le Temps*, Genf, 26. April 1999

stoß zum Fall Paul Schaufelberger ein. Er verlangte vom Bundesrat eine Stellungnahme und schlug vor, dass eine unabhängige Kommission die näheren Umstände untersuche, die zum Rücktritt von Paul Schaufelberger geführt hatten. Offensichtlich entging dem Bundesrat die politische Brisanz der Anfrage. Nichts ahnend reichte er sie zur Beantwortung an die zuständigen Militärstellen weiter.

Am 29. November 1954 berichtete Generalstabschef Louis de Montmollin dem Bundesrat: »[Die Waadtländer Untersuchung] beweist gleich mehrfach, dass unser Verdacht, den wir leider erst 1953 hatten, begründet war, nämlich dass sich Oberst S. mit Fragen beschäftigte, die mit seinem Dienst nichts zu tun hatten, und wodurch er den Generalstab in große Schwierigkeiten bringen konnte.«[189] Der Bericht kam zum Schluss, dass »Oberst S.« auch zu Recht beschuldigt wurde, Bundesgelder veruntreut zu haben. Seit 1948 hatte »Oberst S.« größere Beträge aus dem Militärbudget für seine deutschen Kontakte abgezweigt. Laut de Montmollin gehörten zu diesen Kontakten »ein Ex-Luftwaffen-General der Wehrmacht sowie zahlreiche andere Herren.«

Schaufelberger bestätigte die Aufwendungen für seine Kontakte. Er sprach von »Geschenken in Naturalien«, die er allerdings nicht näher präzisierte. Zu seiner Verteidigung führte er an, dass diese Geschenke vom Chef des Nachrichtendienstes, Roger Masson, abgesegnet waren. In einem Brief an den Bundesrat unterstrich er seine loyalen Dienste als Offizier, verlangte eine Entschuldigung und forderte Wiedergutmachung. Als der Bundesrat nicht sogleich einlenkte, doppelte er nach. Jetzt trat er nicht mehr als loyaler Offizier auf, sondern als knallharter Erpresser. Es sei im Interesse aller Beteiligten, dass die Untersuchung gegen ihn möglichst schnell und ohne Aufsehen eingestellt werde, legte er dem Bundesrat nahe. Er beteuerte nochmals, dass seine Vorgesetzten über alles informiert waren. Sie hätten sowohl seine angeblich außerdienstlichen Aktivitäten wie auch seine Nazi-Kontakte gekannt, behauptete er. »Ich weiß sehr viel«, drohte er ganz offen: »Wie durch eine Vorahnung habe ich eine Reihe von Dokumenten aufbewahrt, mit denen ich jetzt meine Ehre verteidigen kann. [...] Obwohl diese Beweise ausreichen

189 Zitiert nach Sylvain Besson: *Le Temps*, 26. April 1999, a. a. O.

dürften, um die von mir geforderte Entschuldigung und Wiedergutmachung zu erhalten, hoffe ich noch weitere Dokumente zu finden.«[190]

Die Drohung wirkte. Der Bundesrat drängte in der Folge Nationalrat Eugen Bircher, dass er seine Anfrage zurückziehe. »Auch ich will alles daransetzen, damit sich diese Affäre nicht zu einem Skandal ausweitet. Ein Skandal ist alles andere, was wir im Moment gebrauchen können«, antwortete Nationalrat Bircher versöhnlich und schlug einen Kompromiss vor.[191] Er zog zwar seine Anfrage nicht zurück, ließ aber die Forderung nach einer unabhängigen Untersuchungskommission fallen. Am 2. Dezember 1955 beantwortete der Bundesrat schließlich die Anfrage von Nationalrat Eugen Bircher. Er attestierte Paul Schaufelberger »große Verdienste für unser Land« und erklärte, dass keiner der Verdachtsmomente gegen den Spionageoberst hätte erhärtet werden können. Geschrieben hatte die bundesrätliche Antwort Nationalrat Max Rohr. Max Rohr war der Anwalt von Paul Schaufelberger.

IKRK-Pässe

Das Migrationsbüro an der Marktgasse 49 wurde Mitte Februar 1949 geschlossen.[192] Die illegale Auswanderung jedoch ging weiter. Sie wurde jetzt von der argentinischen Botschaft aus gesteuert.

Carlos Fuldner kehrte nach Buenos Aires zurück. Er war inzwischen ein wohlhabender Mann. Neben seiner Tätigkeit als Geheimagent und Mitglied der Einwanderungskommission hatte er genügend Zeit gefunden, um eine eigene kleine Bank aufzubauen. Die Büros der Bank Fuldner lagen an der Avenida Córdoba 374, unten beim Hafen, auf halber Strecke zwischen der Hauptpost und dem Bahnhof Retirado. An derselben Adresse hatte sich die Reiseagentur Vianord eingemietet, an der Horst Fuldner vermutlich größere Geschäftsanteile besaß. Sie wurde von einem ehemaligen Mitglied der Waffen-SS, dem Schweden Hans-Caspar Krüger, geleitet.

190 Ebd.

191 Schreiben von Nationalrat Eugen Bircher an den Bundesrat, 17. Januar 1955, zitiert nach Sylvain Besson: *Le Temps*, 26. April 1999, a. a. O.

192 Schreiben von Heinrich Rothmund an EPD, 9. März 1949, Emigrationsbüro Bern, BAr., a. a. O.

Die Agentur Vianord stand in ständigem Kontakt mit der Berner Schlepperzentrale. Bern übermittelte ihr die Daten der falschen Ausweise oder Reisepapiere, die in Europa an illegale Auswanderer abgegeben wurden. Aufgrund dieser Angaben beantragten Vianord-Mitarbeiter bei der Einwanderungsbehörde in Buenos Aires Einreisegenehmigungen. Die Einreisegenehmigung, »libre desembarco« genannt, war ein wichtiges Dokument. Damit konnte auf jedem argentinischen Konsulat in Europa ein Visum eingeholt werden. Ein Visum wiederum war Voraussetzung, um einen Reisepass beziehungsweise eine Durchreiseerlaubnis zu beantragen.

Im Sommer 1950 gründete Fuldner auf Initiative des argentinischen Nazi-Führers Ludwig Freude eine weitere Firma: die argentinische Gesellschaft für industrielle Projekte und deren Realisierung, Compañía Argentina para Proyectos y Realizaciones Industriales, kurz CAPRI.[193] Sie lebte fast ausschließlich von Staatsaufträgen, die ihr vom Wasser- und Energiekonzern Agua y Energía Eléctrica (AyEE) zugehalten wurden. Der AyEE-Konzern war im Jahre 1947 gegründet worden. Er beschäftigte ein halbes Dutzend deutsche Wissenschaftler, Emigranten, die im Dritten Reich fast ausnahmslos bedeutende Posten innegehabt hatten.

Der Hauptsitz der Firma CAPRI befand sich in Buenos Aires. Die Direktion war im Gebäude der Bank Fuldner untergebracht. Doch die ersten Großaufträge erhielt die CAPRI in den Provinzen Tucumán und Santiago del Estero, im argentinischen Nordwesten. Der staatliche AyEE-Konzern plante dort mehrere Stauseen und Elektrizitätswerke. Zugleich sollten weit verzweigte Bewässerungskanäle für Baumwollfelder und Zuckerrohrplantagen gebaut werden. Die CAPRI hatte die Aufgabe, Wasservermessungen sowie geologische Studien durchzuführen. Dabei arbeitete sie eng mit der Universität der Provinzhauptstadt San Miguel de Tucumán zusammen, damals ein Eldorado für deutsche und kroatische Emigranten. Diese Universität zählte rund 100 Professoren und Institutsleiter, jeder dritte stammte aus Deutschland. Viele von ihnen waren auf Vermittlung der Berner Schlepperzentrale nach Argentinien gekommen.

193 Siehe dazu: Holger M. Meding, *Flucht vor Nürnberg?*, a. a. O., S. 214 ff.

Anfang der 60er-Jahre sorgte die CAPRI für dicke Schlagzeilen. Erst jetzt erfuhr die breite Öffentlichkeit, was es mit dieser Fuldner-Firma auf sich hatte, wer ihre Mitarbeiter waren. Im Jahre 1960 hatte ein israelisches Kommando Adolf Eichmann in Argentinien aufgegriffen und nach Israel ausgeflogen, wo er ein Jahr später zum Tode verurteilt und hingerichtet wurde. Im Verlaufe des Prozesses wurde bekannt, dass er vier Jahre lang in der Provinz Tucumán für die CAPRI gearbeitet hatte.

Dem früheren SS-Obersturmbannführer Adolf Eichmann, der die Deportationen der Juden aus ganz Europa in die Vernichtungslager im Osten organisiert hatte, war im Jahre 1950 die Flucht nach Argentinien gelungen. Als ihm seine Familie zwei Jahre später nachreiste, lebte er in Rio Potrero, einer verlassenen Gegend im Norden der Provinzhauptstadt von Tucumán, wo es weder Telefon noch elektrischen Strom gab. »Das war ein schönes Leben in der Wildnis«, erinnerte sich später sein ältester Sohn Klaus.[194] Adolf Eichmann, der den falschen Namen Ricardo Clement angenommen hatte, arbeitete als Experte für Gesteinsforschungen bei einer Außenstelle der Firma CAPRI. »Er verwaltete auch das Dynamitlager. Sie brauchten dort unten viel Dynamit, weil sie ganze Berge wegen eines geplanten Staudammes sprengen mussten«, erzählte Klaus Eichmann. Auf die Frage, warum sein Vater ausgerechnet bei der Firma CAPRI untergekommen war, antwortete er: »Die CAPRI war eine deutsch-argentinische Nachkriegsgründung, die viele Regierungsaufträge bekam und überall im Lande Deutsche beschäftigte. Bei der CAPRI arbeiteten viele ehemalige Nationalsozialisten. Sie machten dort ihre ersten Schritte in Argentinien.« Im Jahre 1954 verließ Adolf Eichmann die CAPRI-Außenstelle in Tucumán und wechselte zum Hauptsitz in Buenos Aires. Bald schon musste er sich nach einem neuen Job umsehen. Die CAPRI nämlich steckte in großen Schwierigkeiten. Für das kommende Jahr waren kaum noch Staatsaufträge eingegangen. Ende 1955 musste sie Konkurs anmelden.

Für die Flucht nach Südamerika hatte Eichmann einen IKRK-Pass benutzt – wie mindestens zehn weitere Nazi-Größen, darunter Josef

194 »Eichmanns Sohn in Deutschland« (Interview mit Klaus Eichmann), in: *Quick*, Ausgabe vom 2. Januar 1966

Mengele, Klaus Barbie und Erich Priebke. Angeblich war das IKRK nichts ahnend zum Komplizen der Nazi-Fluchthelfer geworden.

Nach einer vorsichtigen Schätzung hatte der Zweite Weltkrieg 30 Millionen Menschen zu Flüchtlingen gemacht. Dazu kamen bei Kriegsende nochmals viele Millionen deutsche Vertriebene aus Polen, der Tschechoslowakei, Ungarn und Jugoslawien.[195] Das Flüchtlingselend war unerträglich, und der Ansturm der Hilfesuchenden so gewaltig, dass er, wie es schien, kaum zu bewältigen war. Obwohl Europa vor einer beinahe unlösbaren Aufgabe stand, hatte sich die Lage nach dem Krieg erstaunlich schnell normalisiert. Trotzdem, im Jahre 1950 gab es in Europa noch immer 4,5 Millionen Flüchtlinge in Not, »die weder vorübergehend noch endgültig in die Wirtschaft der jeweiligen Gastländer integriert werden konnten«.[196] Die schnelle Bewältigung des Flüchtlingsproblems war weitgehend das Verdienst der internationalen Hilfswerke. Eine herausragende Rolle spielte vor allem das IKRK. Es war nicht nur das bekannteste unter den Hilfswerken, sondern auch das mit der größten Erfahrung. Doch trotz der großen Erfahrung war auch das IKRK in den ersten Nachkriegsjahren massiv überfordert. Alle bisher bewährten Organisationsmodelle versagten. Sie waren dem Ansturm der Flüchtlinge und Vertriebenen nicht gewachsen. Die Folge: Es herrschte ein unbeschreibliches Chaos. Niemand hatte den Überblick. Eine Kontrolle war schlicht undurchführbar. Auch beim IKRK. Illegale Auswanderer und Nazi-Schlepper nutzten das allgemeine Chaos gnadenlos aus.

Das international große Ansehen wurde dem IKRK zum Verhängnis. Viele Lokalbehörden und Institutionen ließen IKRK-Ausweise häufig als Identitätskarte gelten. Mehrere Länder, namentlich Argentinien, gingen sogar dazu über, den IKRK-Ausweis als Pass, als offiziellen Personalausweis anzuerkennen. Der IKRK-Pass jedoch taugte kaum mehr als irgendeine Klubkarte. Die Angaben des Gesuchsstellers wurden nicht überprüft. Der Antragsteller musste nur ein Empfehlungsschrei-

195 Paul A. Ladame, *Le rôle des migrations dans le monde libre*, Genf/Paris 1958, S. 235 ff.

196 Conseil de l'Europe, »Rapport du Comité d'experts sur le problème des réfugiés et des excédents de population«, Straßburg, Mai 1952

ben vorlegen. In den meisten Fällen genügte es schon, wenn er einen Bekannten mitbrachte, der seine Angaben bestätigte. Es war zudem ein Kinderspiel, diese IKRK-Ausweise zu fälschen. Die Fotos waren lediglich mit einem Hefter befestigt und konnten problemlos ausgetauscht werden.

Nach Angaben des IKRK wurden derartige Ausweise an mehrere Zehntausend Flüchtlinge und Vertriebene abgegeben.[197] Sie wurden allen Personen ausgestellt, »die der Krieg auf diese oder jene Weise gezwungen hat, ihr reguläres Aufenthaltsland zu verlassen, unter der Bedingung, dass ihnen ein gültiger Pass fehlt, ein neuer nicht beschaffbar ist, das Land ihres Aufenthalts sie ausreisen und das Land, wohin sie sich zu begeben wünschen, sie einreisen lässt«.[198] Die IKRK-Zentrale Genf verteilte paketweise Passformulare an seine Zweigstellen und überließ es ihnen zu entscheiden, wer Anrecht auf einen Pass hatte. »In einigen Fällen war Missbrauch betrieben worden«, bedauert ein IKRK-Sprecher und betont: »Das IKRK hat erst viele Jahre nach dem Krieg erfahren, dass mehrere Nazi-Größen für ihre Flucht IKRK-Pässe benutzt hatten. Wir waren über die wahre Identität dieser Männer nicht informiert; sie hatten Papiere mit falschen Namen vorgelegt.«[199]

Namhafte Autoren haben diese Darstellung angezweifelt. Zum Beispiel Rena und Thomas Giefer, die für ihren Film *Die Rattenlinie* eine der zuverlässigsten Dokumentationen über die Fluchtwege der Nazis zusammengetragen haben: »Vor dem Hintergrund der Untätigkeit des IKRK gegenüber den Menschenrechtsverletzungen durch die deutsche Wehrmacht und die SS-Einsatzgruppen in Osteuropa in den Jahren zuvor fällt es schwer zu glauben, dass der Einsatz des Roten Kreuzes nur humanitären Gesichtspunkten gehorchte – ganz ohne politisch-ideologische Hintergründe.«[200] In der Tat, Überlastung und Nachkriegschaos

197 IKRK-Pressecommuniqué, Genf, 18. Februar 1999

198 Zitiert nach Hans-Jakob Stehle, »Pässe vom Papst? Aus neu entdeckten Dokumenten: Warum alle Wege der Ex-Nazis nach Südamerika über Rom führten«, in: *Die Zeit*, Hamburg, Dossier, 4. Mai 1984

199 IKRK-Sprecher Urs Bögli auf Anfrage, Ende Februar 1999

200 Rena & Thomas Giefer, *Rattenlinie*, a. a. O., S. 103

allein erklären nicht, warum Nazis so leicht an IKRK-Pässe kamen. Es lässt sich auch nicht mehr aufrechterhalten, dass das IKRK völlig ahnungslos war und erst »viele Jahre nach dem Krieg« vom Missbrauch mit IKRK-Pässen erfuhr.

Dokumente belegen: Bereits mehrere Monate bevor die von Juan Perón befohlene argentinische Fluchthilfeorganisation stand, kursierten in Rom Informationen über den Missbrauch mit IKRK-Ausweisen. Eines dieser Dokumente stammt von Vincent La Vista, einem New Yorker Anwalt, den das US-amerikanische Außenministerium nach Rom geschickt hatte, um die »illegalen Emigrationsbewegungen in und durch Italien« zu untersuchen. In einem Bericht, datiert vom 15. Mai 1947, schilderte er, wie einfach es war, einen IKRK-Pass zu bekommen.[201] Dabei stützte er sich nicht allein auf Zeugenaussagen. Er schickte zwei Ungarisch sprechende Undercoveragenten los, die sich als Flüchtlinge ausgaben. Sie erzählten ein frei erfundenes Flüchtlingsschicksal und gaben Fantasienamen an. Der eine bestätigte jeweils die Angaben des andern. Beide erhielten einen IKRK-Pass.

Nazischlepper hatten Zweigstellen des IKRK unterwandert und sogar einen direkten Draht zur IKRK-Zentrale in Genf. Im Jahre 1985 wies ein Untersuchungsausschuss des amerikanischen Repräsentantenhauses erstmals darauf hin. Der Ausschuss »Einwanderung, Flüchtlinge & internationales Recht« beschäftigte sich mit der Rolle, welche die US-Regierung bei der Flucht von Nazi-Kriegsverbrechern gespielt hatte. Besondere Aufmerksamkeit widmete er SS-Hauptsturmführer Klaus Barbie, dem »Schlächter von Lyon«.

Barbie gehörte zu den zehn Nazi-Größen, die auf ihrer Flucht einen IKRK-Pass benutzt hatten. Nach Darstellung des amerikanischen Untersuchungsausschusses war es kein Geringerer als André François-Poncet, Präsident der ständigen Kommission des Internationalen Roten Kreuzes, der dem Nazi-Kriegsverbrecher Klaus Barbie zu einem IKRK-Pass verholfen haben soll.

201 Vincent La Vista, »Illegal Emigration Movements in and through Italy« (*La Vista Report*), 15. Mai 1947, National Archives, Washington D.C., FW 800.0128/5-1547, Record Group 59. Der La-Vista-Bericht wurde als Faksimile abgedruckt in: *Intelligence Parapolitics*, Heft Nr. 3/54–56, Juli–August 1984, Paris

Der Franzose André François-Poncet war ein brillanter Diplomat und berühmter Schriftsteller. Er galt als Wegbereiter der französisch-deutschen Annäherung nach dem Zweiten Weltkrieg. Die französische Tageszeitung *Le Monde* rühmte ihn als »wahre Institution der III. und IV. Republik«.[202]

In den 20er-Jahren gehörte François-Poncet mehreren Regierungen an. Von 1931 bis 1938 war er Botschafter in Berlin, danach in Rom. 1940, bei Kriegseintritt Italiens, zog er sich nach Grenoble zurück, wo er sich als Schriftsteller und Publizist betätigte. Sein Bericht über die Abschiedsaudienz bei Adolf Hitler in Berchtesgaden ging in die Weltliteratur ein. Für das konservative Blatt *Le Figaro* schrieb er regelmäßig Leitartikel, in denen er Adolf Hitler angriff. Irritiert und verärgert, beschloss Adolf Hitler, dem Exdiplomaten den Mund zu stopfen. André François-Poncet wurde verhaftet und im Jahre 1943 deportiert, zuletzt in ein Lager im Tirol. Nach dem Krieg wirkte er als politischer und diplomatischer Berater von General Marie-Pierre Koenig, dem französischen Militärgouverneur in Deutschland; ab Mai 1949 war er Hoher Kommissar in Baden-Baden und damit oberster Chef der französischen Besatzungsbehörde. Im selben Jahr übernahm er die Leitung der »ständigen Kommission des Internationalen Roten Kreuzes«, die er während sechzehn Jahren präsidierte. 1952 wurde er in die Académie Française gewählt. Seine Karriere beendete er als französischer Botschafter in Bonn. Er starb im Jahre 1978.

Bei den Vorwürfen gegen François-Poncet stützte sich der amerikanische Untersuchungsausschuss auf Aussagen von John Loftus, einem der wenigen, die damals Zugang zu den Geheimarchiven der Armee und der Nachrichtendienste hatten. Loftus, früher Anwalt in Boston, leitete im Justizministerium das »Office of Special Investigations« (Amt für Sonderermittlungen), kurz OSI. Das Sonderamt OSI war im Jahre 1979 vom Kongress eingesetzt worden und hatte den Auftrag, die illegale Einschleusung von Nazi-Kriegsverbrechern durch Armee und Nachrichtendienste aufzuklären.

202 »Un germanophile détesté par Hitler«, in: *Le Monde*, Paris, 10./11. Mai 1987

Sonderermittler John Loftus wurde am 17. Oktober 1985 vom Untersuchungsausschuss angehört. Bereits vor diesem Auftritt waren Einzelheiten über die Flucht von Klaus Barbie veröffentlicht worden.[203] Bekannt war, dass sich der frühere Gestapochef von Lyon nach dem Krieg den Amerikanern gestellt und von 1947 bis 1951 für das Gegenspionagekorps der CIC (Army Counterintelligence Corps) gearbeitet hatte. Bisher war man davon ausgegangen, dass es der amerikanische Geheimdienst CIC war, der Barbies Flucht organisiert hatte. Jetzt behauptete Sonderermittler John Loftus: »Tatsächlich war es François-Poncet, der französische Hochkommissar für Deutschland, der Barbies Auslieferung verhinderte und der ihm vermutlich auch die Transitpapiere besorgte.«[204]

Loftus legte dem Untersuchungsausschuss nicht Beweise vor, sondern berief sich lediglich auf Dokumente, die er in Geheimarchiven der Armee und der Nachrichtendienste eingesehen hatte. Gemäß diesen Dokumenten war André François-Poncet von Barbie verhaftet und zusammen mit einer Gruppe prominenter französischer Politiker interniert worden. Zu dieser Gruppe hatten unter anderen der frühere Staatspräsident Albert Lebrun sowie der ehemalige Ministerpräsident Edouard Daladier gezählt, Politiker, die wie François-Poncet dem konservativen Lager zugehörten. Sie waren mehrfach von Barbie persönlich verhört worden und sollen dem Gestapochef von Lyon kommunistische Widerstandskämpfer ans Messer geliefert haben.

André François-Poncet und seine prominenten Mitgefangenen gehörten aufgrund der hohen Staatsämter, die sie bis vor kurzem innegehabt hatten, zu einem ganz kleinen Kreis, der die beiden antikommunistischen Geheimorganisationen »Technica« und »Intermarium« gekannt

203 Erhard Dabringhaus, *Klaus Barbie*, Washington D.C. 1984. Der Amerikaner Dabringhaus diente nach dem Krieg als Geheimagent bei einer Einheit des Gegenspionagekorps der Armee CIC, das den Kriegsverbrecher Barbie rekrutiert hatte. Er war Barbies Agentenführer.

204 »Prepared Statement of John Loftus, Oversight Hearing on GAO Report on Nazi War Criminals in the United States«, 17. Oktober 1985. Das Protokoll der Aussage von John Loftus wurde als Faksimile abgedruckt in: *Le Monde du Renseignement/ Parapolitque*, Paris, Heft Nr. 94, Oktober 1987

hatten.[205] »Intermarium« hieß eine der ältesten internationalen antikommunistischen Organisationen, die auch vom französischen Nachrichtendienst unterstützt wurde. Die »Technica« setzte sich aus Agenten des Nachrichtendienstes der französischen Armee zusammen. Sie hatte bereits vor dem Krieg die kommunistische Partei und ihr nahe stehende Organisationen unterwandert. Während des Krieges unterstützte sie nichtkommunistische Partisanen und alliierte Nachrichtendienste. Gleichzeitig setzte sie ihren Kampf gegen die Kommunisten fort. Gegen Kriegsende arbeiteten viele »Technica«-Agenten mit den Nazis zusammen. »Es gibt Beweise, dass Klaus Barbie die ›Technica‹ kannte. Das erklärt auch seine großen Erfolge gegen den linken Flügel des französischen Widerstandes«, sagte Sonderermittler John Loftus. Weiter erklärte er: »Poncet, der höchste französische Vertreter im besetzten Deutschland, wollte seine Beziehungen zur Gestapo verbergen. Er war während des Krieges ein Informant der Gestapo und lieferte Barbie Nachrichten über die kommunistischen Einheiten der Résistance.«

John Loftus hat für diese unerhörten Anschuldigungen bis heute keine Beweise vorgelegt. Als in *Le Monde* am Vorabend des Barbie-Prozesses, im Mai 1987, ein Interview mit Loftus erschien, entrüstete sich Jean François-Poncet, ein Sohn von André François-Poncet: »Ein Skandal, so etwas zu behaupten. Die angeblichen Beziehungen meines Vaters zu Barbie sind völlig aus der Luft gegriffen.«[206] Er bezeichnete die Aussagen von Loftus als ehrverletzend, reichte aber weder eine Klage ein, noch forderte er Zugang zu Archiven, die die Ehre seines Vaters hätten retten können. Das offizielle Frankreich hüllte sich in Schweigen. Bis heute. Und die Archive sind noch immer unter Verschluss.

Enthüllungen über Klaus Barbies Flucht bestätigen indirekt die schlimmen Vorwürfe von John Loftus. Am 16. Mai 1947 und am 28. November 1952 wurde Klaus Barbie in Frankreich im Abwesenheitsverfahren zum Tode verurteilt. Das Gericht machte ihn verantwortlich für die Deportation von 7591 Menschen, die Verhaftung und Folterung von

205 Siehe auch: »La mise en cause de l'ancien ambassadeur de France en Allemagne«, in: *Le Monde*, Paris, 10./11. Mai 1987, S. 16

206 »Le démenti de M. Jean François-Poncet«, in: *Le Monde*, Paris, 10./11. Mai 1987, S. 16.

14311 Partisanen und die persönliche Teilnahme an 4342 Hinrichtungen. Das prominenteste Opfer des »Schlächters von Lyon« hieß Jean Moulin. Er war Chef der Résistance und stand der kommunistischen Partei nahe. Die französische Regierung bedauerte, dass Klaus Barbie nicht verhaftet werden konnte. Zuerst hieß es, der Kriegsverbrecher wäre untergetaucht, niemand wisse, wo er sich aufhalte. Später warf Frankreich den Amerikanern vor, sie hätten sich geweigert, Klaus Barbie auszuliefern. Im Jahre 1983 entschuldigten sich die USA deswegen sogar offiziell bei der französischen Regierung. Tatsache aber ist, die Franzosen hatten sehr wohl gewusst, wo sich Klaus Barbie aufhielt. Mehr noch, sie hatten kein Auslieferungsgesuch gestellt.

Louis G. Bibes, Kommissar bei der französischen Gerichtspolizei, hatte Barbie bereits im Herbst 1947 ausfindig gemacht.[207] Ein paar Monate später hatten ihm die Amerikaner erlaubt, Barbie einzuvernehmen. Das erste Verhör fand am 14. Mai 1948 in Frankfurt a.M. statt, das zweite vier Tage später in Augsburg, das letzte am 16. Juli, wiederum in Augsburg. Bibes informierte den Geheimdienst SDECE über seinen Fahndungserfolg. Die Verhörprotokolle schickte er an die zuständigen Justizbehörden: ein Militärgericht, das den zweiten Prozess gegen Barbie vorbereitete, und ein Gericht in Lyon, das die Ermordung des Résistance-Chefs Jean Moulin untersuchte. Daraufhin beantragten die Untersuchungsrichter Barbies Auslieferung. Dafür zuständig war das Justizministerium in Paris. Dann mischte sich die Politik ein. Was die Untersuchungsrichter nicht wussten: Das Justizministerium und die französische Besatzungsbehörde in Baden-Baden hintertrieben das Auslieferungsverfahren. Klaus Barbie blieb unbehelligt und arbeitete noch während drei Jahren für das amerikanische Gegenspionagekorps CIC in Deutschland. Im März 1951 verhalfen ihm seine französischen und amerikanischen Beschützer zur Flucht nach Südamerika.

In seiner Funktion als französischer Hochkommissar in Baden-Baden und als Präsident der »ständigen Kommission des IKRK« schützte François-Poncet nicht nur den Nazi-Kriegsverbrecher Barbie. Sonderermittler Loftus vor dem amerikanischen Untersuchungsausschuss: »Er

207 Ladislas de Hoyos, *Barbie*, Paris 1984, S. 141ff.

lieferte dem US-amerikanischen und britischen Geheimdienst Dokumente, um weiteren Nazis bei der Flucht zu helfen.« Ob er auch die Berner Schlepperzentrale mit solchen Papieren eindeckte, lässt sich erst feststellen, wenn Frankreich die Archive des Hochkommissariates endlich freigeben wird. Der Verdacht drängt sich jedoch aus mehreren Gründen auf. Carlos Fuldner, Chef der argentinischen Schlepperzentrale in Bern, unterstrich in Gesprächen mit Heinrich Rothmund seine guten Kontakte zum Hauptquartier der französischen Besatzungsbehörde in Baden-Baden. Er prahlte damit, dass er sich dort Exit-Permits und Reisedokumente für illegale Auswanderer aus Deutschland beschaffte. Die argentinische Botschaft in Bern stellte regelmäßig auf IKRK-Passformularen Visa aus. Vor allem aber benutzte Barbie für seine Flucht nach Südamerika eine argentinische Nazi-Fluchtroute, die von der Berner Schlepperzentrale kontrolliert wurde.

Barbie schiffte sich am 22. März 1951 in Genua ein. Er wies sich mit einem IKRK-Pass aus, zu dem ihm François-Poncet verholfen hatte. Er war nun »Klaus Altmann, Mechaniker aus Kronstadt, verheiratet, gerade Nase«. Das Schiff hieß »Corrientes« und gehörte Alberto Dodero, der Evitas Europareise mitfinanziert hatte. Die Bordkarte trug die Nummer 15659 und nannte als Reiseziel Buenos Aires.

Barbie, seine Frau Regina, ihre beiden Kinder waren mit dem Zug von Salzburg angereist. In Genua hatte sie Krunoslav S. Draganovic vom Bahnhof abgeholt und war nicht mehr von ihrer Seite gewichen, bis sie sicher im Bauch der »Corrientes« verschwanden. Er hatte ihre Schiffskarten gekauft und dafür gesorgt, dass sie alle Polizei- und Hafenkontrollen unbehelligt passierten.

Die kroatischen Freunde des Vatikans

Krunoslav Stjepan Draganovic war Priester und ein fanatischer Ustascha-Faschist. Er leitete die wichtigste Außenstelle der Berner Schlepperzentrale, nämlich diejenige in Genua, und spielte eine zentrale Rolle für Juan Peróns »Rattenlinie«. Geboren 1903 in Brcko, Bosnien, studierte er in Wien und Rom Theologie.[208] 1935 wurde er Sekretär des

208 Ernst Klee, *Persilscheine und falsche Pässe*, a.a.O., S. 30 ff.

Erzbischofs von Sarajevo, Ivan Saric, der aktiv die Ausrottungspolitik des Ustascha-Regimes unterstützte. Später war er zudem »Umsiedlungs-Beamter« und an Deportationen von Juden und Serben beteiligt. Im August 1943 kehrte er als Vertreter der Ustascha[209] und des kroatischen Roten Kreuzes in den Vatikan zurück. Sein Auftrag: der Aufbau einer Fluchtroute für kroatische Nazis und Kriegsverbrecher, in erster Linie aber für Ustascha-Führer Ante Pavelic und seine Clique.

Draganovic installierte seine Fluchthilfezentrale im Gebäude des Istituto S. Jeronimo, in der Via Tomacelli 132, direkt gegenüber dem Mausoleo Augusto. Er tarnte die Fluchtzentrale als frommen Orden, den er »Bruderschaft des heiligen Girolamo« nannte. Dank Empfehlungsschreiben kroatischer Erzbischöfe wurde er regelmäßig im Vatikan empfangen, auch von Papst Pius XII. Man darf annehmen, dass er sich häufig mit Kardinal Giovanni Montini traf.[210] Giovanni Montini, der spätere Papst Paul VI., war Unterstaatssekretär und zuständig für die »Pontifica Commissione Assistenza« (PCA), die päpstliche Hilfskommission, die sich um Flüchtlings- und Gefangenenbetreuung kümmerte.

Der Vatikan gewährte der »Bruderschaft des heiligen Girolamo« einen offiziellen Status. Er anerkannte sie als »kroatisches Komitee«. Das bedeutete: Draganovics Fluchthilfezentrale wurde eine Sektion der päpstlichen Hilfskommission für Flüchtlinge PCA und hatte damit auch Anrecht auf finanzielle Unterstützung der katholischen Kirche. Es scheint jedoch, dass das »kroatische Komitee« Kirchengelder kaum in Anspruch nahm. Denn Draganovic verfügte über riesige Geldmittel. Sie stammten aus dem Verkauf von Schmuck, Gold und Vermögenswerten, welche die Ustaschen ihren Opfern abgenommen hatten.[211] Was der Ustascha-Faschist und seine Fluchtorganisation jedoch dringend brauchten, waren Kontaktadressen und Vertrauensleute, die untergetauchte Ustaschen vorübergehend aufnahmen und sie sicher zum nächsten Versteck brachten. Die guten Beziehungen zu höchsten Stellen im Vatikan, der offizielle Status als PCA-Sektion verschafften Krunoslav S. Draganovic und seinen Fluchthelfern – fast ausnahmslos kroatische Priester – nicht nur großes

209 Ustascha (Ustasa) heißt wörtlich übersetzt der »Aufständische«
210 Mark Aarons & John Loftus, *Des Nazis au Vatican*, Paris 1991, S. 103
211 Ebd., S. 141

Ansehen. Vor allem öffneten sie ihnen innerhalb der Kirche Tür und Tor: Pfarrämter, Klöster, kirchliche Vereinigungen, katholische oder der katholischen Kirche nahe stehende Hilfswerke boten ihre Unterstützung an.

Die Beziehung des Vatikans zum verbrecherischen Ustascha-Staat zählt ohne Zweifel zu den dunkelsten Kapiteln der katholischen Kirche. Das kroatische Faschistenregime unter Ante Pavelic hatte systematisch Juden, Orthodoxe und Muslime ausgerottet, über 500 000 Menschen in KZs gesperrt, gefoltert und abgeschlachtet. Es geschah immer auch im Namen der katholischen Kirche. »Die Grundlage für die Bewegung der Ustaschen ist die Religion. Für Minderheiten wie Serben, Juden und Zigeuner haben wir drei Millionen Kugeln. Wir werden einen Teil der Serben umbringen. Die andern werden wir abtransportieren und den Rest werden wir zwingen, die römisch-katholische Religion anzunehmen. So wird das neue Kroatien alle Serben in seiner Mitte loswerden, um innerhalb von zehn Jahren zu hundert Prozent katholisch zu werden.«[212] Die Kirche hatte diese Massenmorde nicht nur gebilligt, sondern ausdrücklich unterstützt. Bischöfe hatten dazu aufgerufen, und viele Priester hatten am schrecklichen Gemetzel sogar aktiv teilgenommen. So war beispielsweise das Vernichtungslager Jasenovac – das jugoslawische Auschwitz – zeitweise vom Franziskanerpater Miroslaw Filipovic geleitet worden. Im Vernichtungslager Jasenovac waren, nach einer vorsichtigen Schätzung, rund 200 000 Juden und Serben gefoltert und ermordet worden. Unter den Opfern befanden sich über 7500 Kinder. Der Vatikan hatte zwar den Ustascha-Staat völkerrechtlich nicht anerkannt, aber mit ihm trotzdem ausgesprochen freundschaftliche Beziehungen unterhalten. Papst Pius XII. und häufiger noch Kardinal Giovanni Montini, der spätere Papst Paul VI., hatten regelmäßig Abgesandte des Ustascha-Führers Ante Pavelic empfangen.

Der Heilige Stuhl hat sich nie von seiner Politik gegenüber dem Verbrecherstaat Ustascha distanziert. Im Gegenteil. Er betreibt heute sogar dessen Rehabilitierung. Anlässlich seiner Kroatienreise Anfang Oktober 1998 sprach Papst Johannes Paul II. den früheren Erzbischof Alojzije

212 Mile Budak, Ustascha-Minister für Kultur und Erziehung, in einer öffentlichen Erklärung vom 22. Juli 1941, zitiert nach: Vladimir Dedijer, *Jasenovac – das jugoslawische Auschwitz und der Vatikan*, Freiburg i. Br. 1991, S. 82f.

Stepinac selig. Stepinac hatte den Ustascha-Führer Ante Pavelic als »Retter Kroatiens und des Katholizismus« aktiv unterstützt. Er hatte an Paraden der Nazis und Faschisten teilgenommen. Im Januar 1942 war er von Papst Pius XII. zum apostolischen Militärvikar der Ustascha-Armeen ernannt worden. In dieser Funktion waren ihm alle Militärseelsorger unterstellt. Diese Priester in Uniform waren nicht nur seelsorgerisch tätig gewesen, sie hatten auch militärische Aufgaben übernommen, zum Teil als Truppenführer. Zahllose Militärseelsorger hatten eigenhändig gefoltert und gemordet. Auch sehr viele Priester der Diözese des nunmehr seligen Erzbischofs Stepinac.

Die Kirche ließ ihre Ustascha-Freunde nicht hängen. Fluchthelfer Krunoslav S. Draganovic durfte sein Hauptquartier in der Nähe des Vatikans aufschlagen und bekam die erhoffte Hilfe. Es war kein Zufall, dass seine Schlepperorganisation der päpstlichen Hilfskommission für Flüchtlinge PCA angegliedert wurde. Innerhalb der PCA nämlich gab es bereits eine eigenständige Nazi-Fluchthilfeorganisation, bekannt geworden als »Klosterlinie« oder »Vatikanische Rattenlinie«.[213] Die PCA umfasste etwas mehr als zwanzig Sektionen oder »nationale Unterkomitees«, darunter das »kroatische Komitee« von Draganovic. An der Spitze der österreichischen Sektion stand Bischof Alois Hudal, ein notorischer Nazi. Der Ustascha-Faschist und der braune Bischof verstanden sich auf Anhieb. Es war der Beginn einer engen Zusammenarbeit.

Alois Hudal, früher Theologieprofessor an der Universität in Graz, war seit 1923 Rektor des deutschen Priesterseminars »Collegio Teutonico« in Rom. 1933 hatte ihn Kardinal Eugenio Pacelli, der spätere Papst Pius XII., zum Bischof geweiht. Hudal hatte seine Nazi-Ideen nie versteckt. Im Gegenteil, er hatte stets lautstark für sie geworben. Ein beredtes Zeugnis dafür ist sein Buch *Die Grundlagen des Nationalsozialismus,* erschienen 1937, das er als theologische Rechtfertigung des »christlichen Nationalsozialismus« verstanden hatte. Auch nach dem Zusammenbruch des Dritten Reiches blieb er ein bekennender Nazi.

213 Die »Klosterlinie« oder »Vatikanische Rattenlinie« ist gut erforscht und wurde von zahlreichen Autoren beschrieben. Siehe u.a.: Ernst Klee, *Persilscheine und falsche Pässe*, a.a.O.; Mark Aarons/John Loftus, *Des Nazis au Vatican*; Paris, a.a.O.; Holger M. Meding, *Flucht vor Nürnberg?*, a.a.O.

Die Nürnberger Prozesse verurteilte er als gigantische Propaganda-Operation und tat sie als perfide Geschichtsfälschung ab.[214]

Nachdem Monsignore Giovanni Montini, der spätere Papst Paul VI., im August 1944 die Leitung der päpstlichen Hilfskommission PCA übernommen hatte, vertraute er die österreichische Sektion Hudal an. Es war Hudals erklärtes Ziel, Deutschen zu helfen, die sich durch Flucht einem Zugriff der Alliierten entzogen. Seine Organisation schleuste mehrere Hundert Nazis über Graz nach Italien, versteckte sie vorübergehend in Klöstern oder im deutschen Priesterseminar in Rom, wo sie einen günstigen Zeitpunkt für die Weiterreise nach Südamerika oder in den Nahen Osten abwarteten. Bischof Hudal wurde von der mächtigen Caritas Internationalis unterstützt und hatte das Vertrauen der IKRK-Zweigstelle in Rom, die ihm bedenkenlos IKRK-Pässe für seine Nazi-Schützlinge ausstellte.[215] »Es war für ihn [Bischof Hudal] verhältnismäßig einfach, das zu erreichen: er war schließlich Bischof, vergessen Sie das nicht. [...] Wie konnten wir uns weigern, das Wort von Priestern zu akzeptieren?«, rechtfertigte sich später IKRK-Mitarbeiterin Gertrude Dupuis.[216]

Die Fluchthilfeorganisationen von Hudal und Draganovic halfen sich gegenseitig aus und benutzten zum Teil dasselbe Kontaktnetz. Beide wurden von der Berner Schlepperzentrale eingesetzt. Bei der »Schleusung« – Schlepperjargon für illegale Auswanderung – bedienten sich die Argentinier gleichzeitig mehrerer Fluchtrouten. Auch bei der Übersiedlung des berühmten Flugzeugkonstrukteurs Kurt Tank und seiner Gruppe gingen sie so vor.

Hitlers Flugzeugbauer in Peróns Diensten

Professor Kurt Tank hatte von Staatspräsident Juan Perón den Auftrag erhalten, eine neue Flugzeugindustrie aufzubauen. Er war bestimmt

214 Alois Hudal, »Ein Gruß übers Meer«, in: *Der Weg* (Buenos Aires), Jahrgang 1949 (Januar-Heft), Band I., S. 89

215 Mark Aarons/John Loftus, *Des Nazis au Vatican*. a. a. O., S. 61 ff.

216 Zitiert nach: Gitta Sereny, *Am Abgrund: Gespräche mit dem Henker – Franz Stangl und die Morde von Treblinka*, München 1995, S. 374. Sereny hatte für die Biografie von Franz Stangl, Kommandant des Vernichtungslagers Treblinka, mit zahlreichen Zeitzeugen gesprochen, die Bischof Alois Hudal persönlich gekannt hatten.

der prominenteste Einkauf Argentiniens. Er zählte zu den erfahrensten deutschen Flugzeugbauern und Raketentechnikern. Von 1931 bis Kriegsende war er technischer Leiter und Chefkonstrukteur der Focke-Wulf-Flugzeugwerke in Bremen gewesen. Er hatte das erste Passagierflugzeug entwickelt, das im Non-Stop-Flug die Überquerung des Ozeans schaffte. Während des Krieges hatte er eine Reihe von Kampfflugzeugen gebaut und vor allem den hochmodernen Düsenjäger Ta 183 entworfen, der ihm später Weltruhm einbrachte. Mit den Plänen des Düsenjägers Ta 183 bauten die Sowjets die berühmten MIG-15-Maschinen.

Ende 1947 übernahm Kurt Tank die Leitung der staatlichen Flugzeugwerke in Córdoba. Daneben hatte er einen Lehrstuhl an der dortigen Universität und unterrichtete an der Escuela Superior de Aeronáutica, einer Militärakademie. Zusammen mit deutschen Ingenieuren baute er den ersten südamerikanischen Jagdbomber »Pulqui II«. Der argentinische »Blitz« – Pulqui bedeutet in der Indianersprache Pfeil oder Blitzstrahl – sorgte weltweit für großes Aufsehen. Er zählte damals zu den schnellsten und wendigsten Düsenjägern und stand den modernsten amerikanischen und britischen Kampfjets in nichts nach. Trotzdem ging der Pulqui nie in Serienproduktion. Im Jahre 1955, nach dem Sturz von Juan Perón, wurde das Prestigeprojekt gestoppt.[217]

Das Tank-Team umfasste weit über 50 Spezialisten, die fast ausnahmslos aus Deutschland stammten, ehemalige Mitarbeiter der Focke-Wulf-Werke, aber auch von Daimler-Benz, Dornier oder Messerschmitt: Ingenieure, Flugzeugstatiker, Raketentechniker, Werkstoffspezialisten und nicht zuletzt Testpiloten. Rekrutiert wurden sie vom argentinischen Emigrationsbüro in Bern. Die Einstellungsgespräche führten zuerst Oberstleutnant Gualtiero Ahrens, später der ehemalige SS-Angehörige und Spezialagent Carlos Fuldner. Das Berner Büro organisierte auch

217 Zu diesem Zeitpunkt hatten Tank und ein Teil seiner Mitarbeiter Argentinien bereits verlassen. Ab 1955 arbeitete Tank während zehn Jahren für die indische Luftwaffe, danach übernahm er im Auftrag der ägyptischen Regierung die Leitung der Militärflugzeugfabrik Heluan. Zu seinem Mitarbeiterstab in Ägypten zählten wiederum Flugzeugtechniker und Raketenbauer aus Deutschland. Sie entwickelten später zusammen mit Ingenieuren der Waffenfabrik Córdoba die argentinische Rakete »Condor«. (Siehe Teil I, S. 41 ff.)

die Argentinienreise der Tank-Mitarbeiter. Ein schwieriges Unterfangen, denn sie konnten Deutschland nur illegal verlassen. Fast alle hatten, wie Kurt Tank, Berufs- und Reiseverbot; vielen drohte die Internierung; mehrere mussten sogar befürchten, als Kriegsverbrecher vor Gericht gestellt zu werden. Es verging mehr als ein Jahr, bis der letzte Tank-Mitarbeiter in Córdoba eintraf.

Professor Tank reiste zusammen mit einer kleinen Gruppe über Amsterdam nach Südamerika. Auch die mikroverfilmten Archive der Focke-Wulf-Werke, darunter die Konstruktionspläne des Düsenjägers Ta 183, der später den Namen »Pulqui II« bekam, wurden auf diesem Wege nach Argentinien geschafft.

Die zahlenmäßig größte Gruppe floh zuerst in die Schweiz. Mehrere Tank-Mitarbeiter wurden von der Polizei in St. Gallen und Bern als Illegale aufgegriffen und verhaftet, kurz darauf aber wieder auf freien Fuß gesetzt – auf Intervention von Heinrich Rothmund, oberster Bundespolizist, und Paul Schaufelberger vom militärischen Nachrichtendienst. Nachdem die für Argentinien rekrutierten Rüstungsexperten von Schaufelberger über neue deutsche Waffensysteme befragt worden waren, erhielten sie vom Berner Schlepperbüro neue Personalpapiere und eine Fahrkarte nach Argentinien. Danach wurden sie Draganovics Organisation übergeben, von der sie meist nach Genua, seltener nach Barcelona oder Cádiz begleitet und dort auf ein Emigrantenschiff von Alberto Dodero geschleust wurden.

Wann immer möglich, setzte die argentinische Rattenlinie Krunoslav S. Draganovic ein. Er galt als besonders erfahren und vertrauenswürdig. Er hatte sich persönlich um die Flucht des Ustascha-Führers Ante Pavelic gekümmert. Der »kroatische Hitler« hatte sich mit einem IKRK-Pass, ausgestellt auf den Namen Pablo Aranyos, absetzen können. Zuvor hatte Draganovic bereits praktisch die gesamte Führungsclique der Ustascha sicher nach Argentinien geschleust: fast alle Minister der Pavelic-Regierung, zahlreiche hohe Offiziere und Polizeichefs, die beinahe ausnahmslos als Kriegsverbrecher zur Verhaftung ausgeschrieben waren. Juan Perón hielt, wie bereits erwähnt, besonders große Stücke auf die Ustaschen. Ante Pavelic ernannte er zu seinem persönlichen Sicherheitsberater, mehrere Offiziere rekrutierte er für den speziellen Nachrichtendienst, der von Rodolfo Freude geleitet wurde und dem auch Carlos Fuldner angehörte. Seinen Leibarzt Branco Benzon, den ehemaligen Ustascha-Botschafter in Berlin, berief er in die »Kommission Peralta«, eine geheime Sonderabteilung der Einwanderungsbehörde, die die Einreisedossiers flüchtiger Nazis und Kollaborateure prüfte.

Eine andere Gruppe des Flugzeugbauers Kurt Tank benutzte für ihre Flucht nach Argentinien die »Klosterlinie«. Zu dieser Gruppe gehörte auch der höchstdekorierte Soldat Hitlers, das Fliegerass Hans-Ulrich Rudel, dem Kurt Tank bei der Generaldirektion der argentinischen Waffenfabriken einen Beraterjob vermittelt hatte. Seine Flucht führte über Graz und Rom. In Rom versteckte er sich bei Bischof Hudal, der ihm einen IKRK-Pass mit dem falschen Namen Emilio Meier besorgte. »Durch ihn ist Rom für viele Menschen der Verfolgung nach der ›Befreiung‹ zu einer Zuflucht und Rettung geworden«[218], lobte Alt-Nazi Rudel in seinen Memoiren den braunen Bischof und schloss die katholische Kirche in seinen Dank ein: »Man mag sonst zum Katholizismus stehen wie man will. Was in diesen Jahren durch die Kirche, vor allem durch einzelne menschlich hervorragende Persönlichkeiten innerhalb der Kirche, an wertvoller Substanz unseres Volkes gerettet worden ist, oft vor dem sichern Tod gerettet worden ist, soll billigerweise unvergessen bleiben.«[219]

In Argentinien wurde Fliegerveteran Rudel wie ein Held empfangen. Staatspräsident Juan Perón suchte seine Freundschaft und machte ihn zu seinem Luftwaffenberater. Im Nebenjob handelte er mit Waffen und betätigte sich als Vertreter großer Firmen wie Mercedes-Benz. Die Einkünfte aus den Waffengeschäften und den hoch dotierten Beraterverträgen steckte er in das »Kameradenwerk«, auch »Eichmann-Runde« genannt. Um das »Kameradenwerk« entstanden unzählige Legenden. Für die einen war es ein harmloser Klub von Ewiggestrigen, für andere dagegen die bedeutendste Vereinigung untergetauchter Nazis und Kriegsverbrecher in Südamerika. Der berühmte Nazi-Jäger Simon

218 Hans-Ulrich Rudel, *Zwischen Deutschland und Argentinien – Fünf Jahre in Übersee*, Göttingen 1954, S. 200

219 Ebd., S. 46

Wiesenthal sah in ihm sogar die sichtbare Spitze der gefürchteten Organisation der ehemaligen SS-Angehörigen (ODESSA).[220]

Henry le Petit will groß ins Geschäft kommen

Es war Ende Februar 1947. Ein kalter Wintertag. Botschafter Benito Llambi, erst seit zwei Monaten in Bern, vermisste die argentinische Sonne. Er saß in einem ruhigen Café in der Altstadt und unterhielt sich mit einem befreundeten Schweizer über Evita Perón und die geheimen Pläne ihres Schweizer Besuches. Plötzlich wechselte der Schweizer das Gesprächsthema. »Ist die argentinische Regierung eventuell an den Konstruktionsplänen der Bombe V-3 interessiert?«, fragte er. »Ich war für Minuten sprachlos«, erinnert sich Botschafter Benito Llambi, »die Amerikaner, die Sowjets, die Briten, alle waren sie hinter den Plänen der deutschen Wunderwaffe her. Jetzt wurden sie uns angeboten. Ich konnte es kaum fassen.«[221]

Der Schweizer, der Argentinien die Pläne der Geheimwaffe V-3 anbot, war Oberst und hieß Henry Guisan, der Sohn des Generals. Das Angebot war ernst gemeint. Ein paar Tage später, am 7. März, traf Botschafter Benito Llambi in Paris einen deutschen Unterhändler. Er nannte sich L. Halmos und verhandelte im Namen eines engen Mitarbeiters von Wernher von Braun. Halmos lieferte ein paar technische Angaben, die der Botschafter allerdings nicht zu beurteilen vermochte. Bei der V-3 handle es sich, wie schon der Name verrate, um eine Weiterentwicklung der Vergeltungswaffe V-2. Die neue Rakete, so versicherte Unterhändler Halmos, schaffe eine Reichweite von 5000 Kilometern, erreiche Spitzengeschwindigkeiten von 1500 Kilometern und besitze die Zerstörungskraft mehrerer V-2-Geschosse. Der Bau einer V-3-Fabrik würde höchstens fünf oder sechs Monate dauern. Innert Jahresfrist könnten die ersten Raketen getestet und installiert werden. Halmos verlangte 2,5 Millionen Schweizer Franken als Anzahlung für die Pläne sowie für die Übersiedlung der Raketenbauer und ihrer Familien nach Argentinien. Er schlug ein Treffen mit argentinischen Experten vor, um ihnen

220 Holder M. Meding, *Flucht vor Nürnberg?*, a. a. O., S. 174
221 Gespräch mit Benito Llambi Ende November 1997 in Buenos Aires. Siehe auch: Benito Llambi, *Medio siglo*, a. a. O., S. 109f.

die V-3-Pläne zur Prüfung vorzulegen. Als Treffpunkt wählte der Unterhändler Bern.

Noch am selben Tag informierte Botschafter Llambi Buenos Aires über das »hochinteressante Angebot«: »Ich halte dies wirklich für eine ausgezeichnete Gelegenheit, um an ein Geheimnis heranzukommen, dem sowohl die Nordamerikaner wie die Russen mit allen verfügbaren Mitteln nachjagen«, schrieb Llambi an Brigadegeneral Oscar R. Silva.[222] Er berief sich ausdrücklich auf das Urteil von Oberst Henry Guisan: »Oberst Guisan hat mir versichert, dass Herr L. Halmos sein absolutes Vertrauen genieße.« Brigadegeneral Oscar R. Silva und Oberst Henry Guisan kannten sich, laut Llambi waren sie sogar befreundet. In der Tat, seit den letzten Kriegsmonaten lebte Guisan in Argentinien. Er betätigte sich als Waffenverkäufer – unter anderem war er Vertreter der Genfer Waffenfabrik Hispano-Suiza – und hatte daher regelmäßig mit Brigadegeneral Silva zu tun. Ihr nächstes Treffen war noch im gleichen Monat geplant. Am 23. März fand in der Nähe von Buenos Aires ein Demonstrationsschießen statt. Henry Guisan führte argentinischen Militärs und Rüstungsexperten die neueste Fliegerabwehr-Kanone der Hispano-Suiza vor.

Das V-3-Geschäft kam nicht zustande, behauptet Botschafter Benito Llambi. Doch diese Darstellung scheint wenig glaubhaft. Denn Tatsache ist, dass Argentinien in den 50er-Jahren eine eigene Rakete entwickelte, die, wie wir im ersten Teil dieses Buches aufgezeigt haben, auf den Plänen der deutschen Vergeltungswaffe V-2 und V-3 basierte. Gebaut wurde die argentinische Rakete von deutschen Ingenieuren und Technikern, die von der Berner Schlepperzentrale rekrutiert und nach Argentinien geschleust worden waren.[223]

Henry Guisan oder »Gigi«, wie ihn seine Freunde nannten, war der

222 Silva leitete unter Staatspräsident Perón die Secretaría Militar de la Presidencia de la Nación. Sein Bruder, Pater José Clemente Silva, war Anfang 1947 im Rahmen der neuen Immigrationspolitik zum Sonderbotschafter im Vatikan ernannt worden. Juan Perón hatte angekündigt, Argentinien werde vier Millionen europäische Immigranten aufnehmen. José Clemente Silva hatte die Aufgabe, zu entscheiden, wer als Einwanderer für Argentinien in Frage kam.

223 Siehe S. 182ff.

Sohn des Generals.[224] Davon lebte er. Er selbst sah sich gerne als großen Sportler. In jungen Jahren hatte er tatsächlich viel Sport getrieben: Reiten, Segeln, Bergsteigen. Er hatte ein paar Springrennen gewonnen. Ihm hatte die teuerste Segelyacht auf dem Genfersee gehört, mit der er regelmäßig an internationalen Regatten teilgenommen hatte. Besonders stolz war er auf sein Bergführerpatent. Sein Lieblingsberg war das Täschhorn im Wallis, weil er dessen Nordwand, wie er behauptete, als Erster bezwungen hatte.

Als sein Vater Henri Guisan im Jahre 1939 zum General der Schweizer Armee gewählt wurde, war »Gigi« gerade vierzig Jahre alt geworden. In der Armee hatte er es bis zum Oberstleutnant gebracht. Außer Militärdienst hatte »Henry le Petit« – so sein Spitzname in der Armee – bisher nicht viel geleistet. Er hatte vielmehr das unbeschwerte Leben eines reichen Herrensöhnchens genossen, womit er sich den wenig schmeichelhaften Ruf eines Angebers und Frauenhelden eingehandelt hatte.[225] Er fuhr den teuersten Sportwagen, wohnte in Luxushotels und liebte ausgelassene Partys. Doch das aufwändigste Vergnügen, das er sich gönnte, waren seine Reisen. Nach ein paar Semestern an der ETH Zürich, wo er wie sein Vater Agronomie studiert hatte, bummelte er um die halbe Welt. Nach den USA und Argentinien, damals schon, bereiste er Indien und Persien, besuchte den Yemen, war in Mekka und zog mit den Nomadenhirten Tuareg durch die Sahara, mehrmals hielt er sich an der Elfenbeinküste auf.

Nach der Wahl seines Vaters zum General versuchte sich Henry Guisan als Geheimagent und Geschäftsmann. Eine brisante Mischung. Als Agent war er ein ständiges Sicherheitsrisiko, als Geschäftsmann eine Katastrophe – er ging in Konkurs und trieb damit seinen Vater, den General, an den Rand des Ruins. Aus Rücksicht auf den General, den die Schweizer wie eine Ikone verehrten, wurden seine zweifelhaften Geschäfte totgeschwiegen und die Agentenabenteuer vertuscht. Bis heute. Selbst die ansonst gründliche und fleißige Bergier-Kommission

224 Lilian Perrin, *Familienalbum von General Guisan,* Altstätten/München 1986, S. 19

225 Pierre-André Stauffer, »Le fils du général Guisan sous surveillance«, in: *L'Hebdo* (Lausanne), 10. Juli 1997

»Schweiz – Zweiter Weltkrieg« hielt sich vornehm zurück. Erstaunlich, denn Oberst Henry Guisan führt ins Zentrum der argentinisch-schweizerischen Schlepperorganisationen, die Nazis und Kriegsverbrechern, Wissenschaftlern und Waffenspezialisten zur Flucht verhalfen und die gleichzeitig Rüstungs- und Industriegeheimnisse, vor allem aber Nazivermögen und Nazi-Kriegsbeute, in Sicherheit brachten. Er wirft ein völlig neues Licht auf die Rolle des militärischen Nachrichtendienstes der Schweiz.

Schweizer Baracken für deutsche Konzentrationslager?

Der Handel mit SS-Baracken flog eher zufällig auf. Alles begann mit einer peinlichen Bettgeschichte. An seiner Sitzung vom 29. Dezember 1942 befasste sich der Bundesrat mit Henry Guisans Beförderung zum Oberst. Was im Normalfall eine reine Formsache war, führte diesmal zum Eklat. Grund: Dem Bundesrat lagen Berichte der Bundesanwaltschaft und des Nachrichtendienstes vor, die Henry Guisan Kontakte zu einer deutschen Agentin vorhielten. Gegen Frau L., eine seiner vielen Nachtklub-Bekanntschaften, lief in Lausanne ein Ermittlungsverfahren wegen Spionageverdachts. Der Bundesrat vertagte darum Henry Guisans Beförderung und beschloss, zusätzliche Abklärungen abzuwarten. Henry Guisan hatte Glück und wurde schließlich wie geplant zum Jahresbeginn befördert. Der Spionageverdacht gegen Frau L. hatte sich nicht erhärten lassen.

Doch das bundesrätliche Zögern hatte ein Nachspiel. Inzwischen nämlich hatte der General davon erfahren. Hinter seinem Rücken war sein Sohn überwacht worden, weder die Bundesanwaltschaft noch sein eigener Nachrichtendienst hatten ihn darüber informiert. Der General war außer sich vor Wut. Er stellte Bundesrat Eduard von Steiger, Vorsteher des Justiz- und Polizeidepartementes, zur Rede und forderte Einblick in die Untersuchung der Bundesanwaltschaft. Doch Bundesrat Eduard von Steiger ließ den aufgebrachten General abblitzen: »Da wir nicht in einem Polizeistaat leben, dürfen wir ipso jure der Armee die Unterlagen der Fremdenpolizei nicht zur Verfügung stellen.«[226] Danach

226 Ebd.

wandte sich der General an Bundesrat Karl Kobelt, Chef des Militärdepartementes. Bundesrat Karl Kobelt wählte eine andere Strategie. Er ließ sich sämtliche Dossiers über Henry Guisan bringen und stellte zusätzlich eigene Nachforschungen an. Prompt fand er ein Argument, das die Kritik des Generals sofort verstummen ließ. Das Argument: Sohn Henry Guisan war an einer Gesellschaft beteiligt, welche der SS Holzbaracken verkaufte und dabei sehr viel Geld verdiente.[227]

Es handelte sich um die Extroc S.A., eine Import-/Exportfirma mit Domizil in Lausanne. Die Hauptaktionäre: zwei Basler Geschäftsleute, die im Polizeiregister als »gefährliche Schieber« geführt wurden. Zur Gründung der Firma kam es, nachdem Henry Guisan im Sommer 1941 den Deutschen Hans W. Eggen kennen gelernt hatte. Hans W. Eggen war Major der Waffen-SS und Vertreter der Warenvertriebs G.m.b.H. Berlin, einer SS-Tarnfirma.

Ein halbes Jahr später bestellte die Warenvertriebs G.m.b.H. Berlin bei der Extroc S.A. in Lausanne 2000 Holzbaracken. Henry Guisan, damals noch Oberstleutnant, besorgte beim Volkswirtschaftsdepartement in Bern die nötige Ausfuhrbewilligung. Ein erster Liefervertrag wurde am 22. Januar 1942 in Berlin unterzeichnet, zwei Tage nach der berühmten Wannseekonferenz über die »Endlösung der Judenfrage«. In den nächsten zwei Jahren kam es zu weiteren Geschäftsabschlüssen, insgesamt in der Höhe von über 12 Millionen Schweizer Franken. Angeblich waren die Holzbaracken für deutsche Truppen an der Ostfront bestimmt. Die ersten Lieferungen erfolgten im Frühjahr und Sommer 1942. Allerdings nicht an die Ostfront, sondern nach Oranienburg und Dachau, damals bereits bekannte Stätten schrecklicher Konzentrationslager. Im KZ Oranienburg war zudem die Hauptverwaltung aller Konzentrations- und Vernichtungslager untergebracht.

Aus Schweizer Sicht war der Barackenhandel ein höchst einträgliches Geschäft, aus deutscher Sicht dagegen, so schien es, machte er

227 Die Informationen über den Barackenhandel erhielt Bundesrat Kobelt von Wilhelm Lützelschwab, Staatsanwalt und Chef der Politischen Polizei des Kantons Basel-Stadt. Ausführliche Darstellung des Barackenhandels siehe: Pierre-Th. Braunschweig, *Geheimer Draht nach Berlin*, Zürich 1989, S. 182ff. Und: Sebastian Speich u. a., *Die Schweiz am Pranger*, Wien 1997, S. 132ff.

wenig Sinn. Henry Guisan und seine Partner erhielten fette Kommissionen. Das »Schweizerische Holzsyndikat«, ein halbstaatliches Kartell, das die Baracken im Auftrag der Extroc S.A. herstellte, konnte zu Vorzugspreisen liefern. Die Deutschen stellten den Schweizer Fabrikanten zum Teil sogar das Bauholz zur Verfügung. Es wurde aus dem Schwarzwald angeliefert. Dabei war in Deutschland Bauholz Mangelware. Und die SS bezahlte meist mit harten Schweizer Franken, obwohl sie unter Devisenknappheit litt. Trotzdem war der Barackenhandel keine Fehlinvestition der SS. Im Gegenteil. Mit dem scheinbar unsinnigen Geschäft begann eine der spektakulärsten Geheimdienstoperationen.

Der Barackenhandel spielte eine Schlüsselrolle beim Aufbau der Geheimkontakte zwischen SS-General Walter Schellenberg und Oberstbrigadier Roger Masson, zwischen dem Chef des deutschen Ausland-Nachrichtendienstes und dem des schweizerischen Nachrichtendienstes. Eingefädelt wurde diese geheime Nachrichtenlinie von SS-Major Hans W. Eggen und Henry Guisan, damals Oberstleutnant.

Hans W. Eggen war Verbindungsoffizier zwischen dem Reichswirtschaftsministerium und dem Reichssicherheitshauptamt (RSHA), auch Ausland-Nachrichtendienst genannt. Er stand daher in engem Kontakt mit Walter Schellenberg. SS-Major Eggen eroberte den schweizerischen Nachrichtendienst (ND) im Sturm. Der Name Henry Guisan wirkte wie ein »Sesam, öffne dich!«. In kürzester Zeit stand er in Kontakt mit den ND-Spitzen. Die erste wichtige Begegnung fand am 30. Oktober 1941 im Hotel Schweizerhof in Bern statt. Guisan stellte ihm seinen Anwalt Paul Meyer-Schwertenbach vor, einen alten Dienstkameraden und eine ziemlich schräge Agentengestalt. Er residierte auf Schloss Wolfsberg, das er sein Eigen nannte, schrieb minderwertige Kriminalromane und beriet als Wirtschaftsjurist zahlreiche zweifelhafte Firmen wie die Extroc S.A. In der Armee war er Hauptmann und Chef des Spezial- und Sicherheitsdienstes, einer Abteilung, die direkt dem ND-Chef Roger Masson unterstellt war. Meyer-Schwertenbach und Eggen wurden schnell Freunde und bald auch Geschäftspartner. Eggen engagierte den Schweizer ND-Agenten als Rechtsberater der SS-Tarnfirma Warenvertriebs G.m.b.H. Berlin und hielt ihm SS-Schiebergeschäfte zu.

Noch vor Abschluss des ersten Barackengeschäftes hatte Eggen auch das Vertrauen des ND-Chefs Oberstbrigadier Roger Masson gewonnen. Offensichtlich waren beide Seiten an einer Zusammenarbeit interessiert. Doch die Initiative ging stets von Berlin aus. Ab Sommer 1942 schaltete sich SS-General Walter Schellenberg persönlich ein. Am 8. Juli empfing er im Gästehaus der SS am Wannsee Paul Meyer-Schwertenbach. Nur wenige Wochen später legte er einen fetten Köder aus, um ND-Chef Roger Masson für ein Geheimtreffen zu gewinnen. Er schickte seinen Verbindungsoffizier Eggen mit einer alarmierenden und zugleich schmeichelhaften Botschaft nach Bern: Nur er, Masson, und Schellenberg könnten das angespannte Verhältnis zwischen Deutschland und der Schweiz entschärfen und schlimmes Unheil verhindern. Im Reichsinnenministerium von Heinrich Himmler herrsche die Meinung vor, »dieses kleine Organ [...] Schweiz sei krank und müsse aus dem europäischen Bauch herausgeschnitten werden. Deutschland kenne von den Exponenten in der Schweiz niemand, mit dem es auf freundschaftlich-vertrauens[voller] Basis die allgemeinen Probleme lösen könne – *er, Masson, habe die Chance, die Schweiz zu retten.*«[228] Roger Masson biss an. Am 8. September 1942 kam es im württembergischen Städtchen Waldshut zu einem ersten Treffen zwischen Masson und Schellenberg.

Ende Oktober erwartete Walter Schellenberg einen weiteren prominenten Schweizer: Heinrich Rothmund, Chef der Polizeiabteilung im Eidgenössischen Justiz- und Polizeidepartement. Zum Abschluss des Treffens lud er Rothmund zu einer Jagdpartie am Wannsee ein. Anfang 1943 fand es ND-Chef Roger Masson an der Zeit, dass auch General Henri Guisan den deutschen Spionagechef persönlich kennen lernte. Der General sah das auch so. Bereits am 2. März reiste Schellenberg über Kreuzlingen in die Schweiz ein. Alles war streng geheim. Nur gerade ein halbes Dutzend Personen waren eingeweiht. General Henri Guisan hatte nicht einmal den Bundesrat informiert. Walter Schellenberg kam als Privatperson. Masson-Agenten sorgten dafür, dass er un-

228 Zitiert nach Pierre-Th. Braunschweig, *Geheimer Draht nach Berlin*, a.a.O., S. 213. Aufzeichnungen von Paul Meyer-Schwertenbach, Waldshut, BAr J.I.121/1

kontrolliert und unerkannt die Grenze passierte. Danach chauffierten sie ihn auf Schloss Wolfsberg, wo er sich zusammen mit Hans W. Eggen und Schlossherr Paul Meyer-Schwertenbach auf die Treffen mit General Guisan vorbereitete. Am nächsten Tage wurde er von Masson abgeholt und nach Bern begleitet. Das erste Treffen mit General Guisan fand noch am gleichen Abend im Gasthof »Zum Bären« in Biglen, einem kleinen Dorf in der Nähe von Bern, statt. Am darauf folgenden Tag kam es in Arosa zu einer zweiten Begegnung. Bevor Schellenberg nach Deutschland zurückkehrte, war er nochmals zu Gast auf Schloss Wolfsberg, dem wichtigsten Agententreffpunkt der geheimen »Nachrichtenlinie Masson–Schellenberg«.

Die Öffentlichkeit erfuhr erst nach dem Krieg von der geheimen Zusammenarbeit des schweizerischen Nachrichtendienstes und der SS-Spionagezentrale. Die Bekanntgabe der Verbindung Masson-Schellenberg löste einen politischen Skandal aus und führte schließlich zum Rücktritt des ND-Chefs Roger Masson.

Schweizer Nachrichtendienst: die »Affäre Masson«

Die Meldung schlug wie eine Bombe ein. Sie erschien am 28. September 1945 während der Herbstsession.[229] Im Nationalrat hatte der Geschäftsbericht des Militärdepartementes eine stürmische Debatte ausgelöst. Viele Parlamentarier waren unzufrieden. Wie bereits anlässlich der Frühjahrssession hatten sie vom Bundesrat detaillierte Auskunft über die politische und militärische Bedrohung der Schweiz während des Zweiten Weltkrieges verlangt. Doch der zuständige EMD-Chef lehnte dies ab und vertröstete auf später. Sogar die *Neue Zürcher Zeitung* kritisierte diese Hinhaltetaktik und bemängelte, dem Bundesrat fehle der »Sinn für die seelischen Bedürfnisse des Volkes«.[230] Plötzlich stand in der Zeitung, was der Bundesrat dem Parlament bisher vorenthielt. Am Freitag der zweiten Sessionswoche druckten die Mittagsblätter eine Agenturmeldung mit dem Titel »Was der Schweiz 1943 drohte«. Es handelte sich um die Zusammenfassung eines sensationellen Inter-

229 Presseagentur *Exchange* (London), »Was der Schweiz 1943 drohte«, in: *Der Bund* (Abendausgabe), 28. September 1945

230 *Neue Zürcher Zeitung*, 7. Oktober 1945

views mit ND-Chef Masson, das die *Chicago Daily News* am Vortag veröffentlicht hatte.[231]

»Roger Masson erklärte« – so die Agenturmeldung –, »die Deutschen hätten im März 1943 die Absicht gehabt, in die Schweiz einzubrechen und diese nach Beendigung des Feldzuges zu annektieren. Hitler persönlich habe alle Vorbereitungen für diesen militärischen und politischen Feldzug angeordnet und insgesamt 30 besonders zusammengestellte Divisionen in der Nähe der Grenze konzentrieren lassen.« Masson stellte den SS-General Schellenberg als großen Helden hin, der die Schweiz gerettet hatte. Er behauptete, der Angriffsplan sei überraschend aufgegeben worden, »nachdem Himmlers rechte Hand, Walter Schellenberg – der Leiter des deutschen Geheimdienstes – in einer Generalstabssitzung am 19. März 1943 Hitler überzeugen konnte, dass eine neutrale Schweiz zweckdienlicher sei als eine besetzte, da sie eine bessere Deckung der südlichen deutschen Flanke darstelle. In der stürmischen Sitzung habe Schellenberg – so berichtete Masson weiter – sich mit seinem Ehrenwort dafür verpfändet [...], dass die Schweizer Armee ohne jeden Zweifel den Kampf aufnehmen würde, falls alliierte Armeen einen Angriff auf die Federation begehen sollten.«

Fast beiläufig gab Masson zu, dass der schweizerische Nachrichtendienst mit dem deutschen Geheimdienstchef zusammengearbeitet hatte. Die Absicht dahinter war überdeutlich. Masson reklamierte zumindest einen Teil der Retterrolle für sich und seinen Dienst. Im Klartext: Als Schellenberg Hitler umstimmte und damit die geplante Annexion der Schweiz verhinderte, führten im Hintergrund Masson und seine Agenten Regie.

Das Masson-Interview löste eine Welle der Entrüstung aus. Sämtliche Zeitungen und Gazetten – vom kommunistischen *Vorwärts* bis zur freisinnigen *Neuen Zürcher Zeitung* – verurteilten den ND-Chef und seine Geheimkontakte zu Walter Schellenberg. Noch heftiger reagierte das Parlament. Die »Affäre Masson« drohte sich zum EMD-Skandal auszuweiten. Der Bundesrat sah sich gezwungen einzugreifen. Am 4. Ok-

231 *Chicago Daily News*, 27. September 1945. Das Interview erschien unter dem Titel »How Himmler's Top Aid foiled Attack on Switzerland« und war vom Pariser Korrespondenten Paul Ghalil realisiert worden.

tober trat Bundesrat Karl Kobelt, Vorsteher des Militärdepartementes, vor das Parlament.[232] Und er schaffte das Kunststück, den Sturm der »Affäre Masson« auf Wasserglas-Dimension zurückzustufen. Seine Intervention dauerte über eine Stunde. Es war eine typische Politikerrede nach dem Muster »Zuckerbrot und Peitsche«. Bundesrat Karl Kobelt bedauerte das Interview seines ND-Chefs Roger Masson, um dann in geradezu überschwänglichen Tönen dessen »große Verdienste um den Ausbau und die Leitung des schweizerischen Nachrichtendienstes« zu rühmen. Der Bundesrat habe »mehrmals auf die Untragbarkeit der Beziehung des Chefs des schweizerischen Nachrichtendienstes mit dem SS-General Schellenberg hingewiesen«, räumte Kobelt ein, relativierte diese Kritik aber sofort mit dem Hinweis: »Masson unterhielt, in Ausübung seiner Funktionen, auch mit hochgestellten Persönlichkeiten der andern Kriegspartei Beziehungen.« Schließlich kündete Kobelt eine Administrativuntersuchung an. Enttäuscht und beleidigt gab Roger Masson seinen Rücktritt als ND-Chef.

Mit der Administrativuntersuchung gegen Masson wurde Bundesrichter Louis Couchepin beauftragt. Er sollte abklären, wie es zur »Nachrichtenlinie Masson–Schellenberg« gekommen war und was sie militärisch sowie politisch gebracht hatte. Im Zentrum der Untersuchung standen aber die Fragen: Hatte sich Roger Masson korrekt verhalten oder aber strafbar gemacht? Hatte er das Einverständnis des Generals und des Bundesrates? Ende November, keine zwei Monate später, legte Couchepin einen ersten Bericht vor. Deutlich mehr Zeit benötigte der Bundesrat für eine pressetaugliche Sprachregelung. Erst am 8. März 1946 informierte er die Öffentlichkeit über den Ausgang der Administrativuntersuchung. Schnell wurde klar, der Berg hatte eine Maus geboren.

Masson erhielt eine Rüge und einen Verweis. Er wurde gerügt, weil er für das Treffen mit Walter Schellenberg in Waldshut illegal die Grenze nach Deutschland passiert hatte. Und er sollte mit einem Verweis bestraft werden, weil er gegen das Dienstreglement verstoßen hatte, als er ohne Absprache mit seinen Vorgesetzten der *Chicago Daily News* ein

232 Stenographisches Bulletin des Nationalrates, 4. Oktober 1945

Interview gegeben hatte. Doch in allen wesentlichen Punkten attestierte ihm der Bundesrat korrektes Verhalten. ND-Chef Roger Masson wurde praktisch auf der ganzen Linie rehabilitiert. In seiner Presseerklärung hielt der Bundesrat fest: »Oberstbrigadier Masson hat seine Verbindung mit SS-General Schellenberg im Einverständnis und mit Billigung seiner militärischen Vorgesetzten aufgenommen und unterhalten. Auch wenn man über die Zulässigkeit und Nützlichkeit dieser Verbindung geteilter Meinung sein mag, so sei anerkannt, dass Masson in der guten Absicht, dem Land zu dienen, gehandelt hat.«[233] Der Bundesrat gestand dem ND-Chef zu, dass er sich darum bemüht habe, die Schwierigkeiten in den Beziehungen zwischen Deutschland und der Schweiz zu beheben. »Es steht auch fest, dass er weder persönliche Vorteile gesucht, noch erlangt hat. Seine Ehrenhaftigkeit bleibt unangetastet«, schrieb der Bundesrat und schloss mit der Feststellung: »Damit erachten wir diese Angelegenheit für abgeschlossen.«

Die Gefahr, dass sich die »Affäre Masson« zu einem Skandal ausweitete, war gebannt. Die Administrativuntersuchung hatte ihr Ziel erreicht. Mit der Unterstützung von General Guisan war es Masson gelungen, den Bundesrichter Couchepin und den Bundesrat davon zu überzeugen, dass die »Nachrichtenlinie Masson–Schellenberg« im März 1943 die Schweiz vor dem Einmarsch der Hitlertruppen bewahrt hatte. Zeitlebens waren Masson und Guisan fest davon überzeugt, dass Schellenberg den Führer in letzter Minute umgestimmt hatte. Heute wissen wir, dass dies nicht zutraf.

Die Intervention des SS-Generals war frei erfunden. ND-Chef Masson und General Guisan hatten sich einen Bären aufbinden und sich über den Tisch ziehen lassen. Pierre-Th. Braunschweig zeigt in seinem Standardwerk *Geheimer Draht nach Berlin* auf, »dass Massons Informationsstrategie nicht wirklich geholfen hat, die Deutschen von einem Überfall abzuhalten. Die Akten über den ›März-Alarm‹ lassen vielmehr den Schluss zu, dass Schellenbergs ›Eingreifen zu Gunsten der Schweiz‹ keine Tatsache, sondern eine nachträglich erfundene (zumindest gehörig

233 Eidgenössisches Militärdepartement (EMD), Amtliche Mitteilung an die Presse zur Angelegenheit Oberstbrigadier Roger Masson, *Neue Zürcher Zeitung,* 10. März 1946

übertriebene) Behauptung war.«[234] Braunschweig fällt über die »Nachrichtenlinie Masson–Schellenberg« ein vernichtendes Urteil. Er findet, dass sie nur sehr magere beziehungsweise »fragwürdige Erfolge« aufzuweisen hatte. Schlimmer noch: Sie hatte ein erhebliches Risiko dargestellt. Roger Masson hatte eine sehr hohe Meinung von Walter Schellenberg, den er in seinen Aufzeichnungen liebevoll »Schelli« nannte und für den er, wie mehrere Quellen belegen, aufrichtige Freundschaft empfand. »Zu Schelli hatte ich sofort einen guten Draht; wir waren auf derselben Wellenlänge.«[235] Braunschweig über Masson: »Er nahm alles, was von seinem ›Schelli‹ und von Eggen kam, unkritisch, beinahe blindlings als Wahrheit an. Seine Vertrauensseligkeit konnte somit von der SS-Führung hemmungslos ausgenutzt werden.«[236] Diese Vertrauensseligkeit wurde Roger Masson wohlwollend als Naivität ausgelegt. Doch wenn Nachrichtendienstler sich bewusst dumm stellen, ist Vorsicht geboten. In der Tat, Roger Masson hatte wissen müssen, dass der SS-General die Schweiz nicht nur als Spionagebörse, sondern vor allem auch als Devisendrehscheibe und Versteck für Kriegsbeute benutzt hatte.

Deutscher Ausland-Nachrichtendienst: Walter Schellenbergs Geldpresse

Als Chef des deutschen Ausland-Nachrichtendienstes war Walter Schellenberg für ein weltumspannendes Spionagenetz verantwortlich und verfügte über beinahe unbeschränkte Mittel. Sein Monatsbudget überstieg mehrere Millionen Reichsmark, in besondern Fällen erhielt er die Vollmacht, »ohne Limite zu arbeiten«.[237] Seine Agenten und ihre Spionageaktionen bezahlte er über deutsche Firmen im Ausland, die oft hinter Tarnfirmen versteckt waren. Die Gelder stammten nur zu einem geringen Teil von deutschen Steuereinnahmen. Das Amt VI des Sicherheitsdienstes, so die offizielle Bezeichnung des Ausland-Nachrichtendienstes, lebte weitgehend von Kriegsbeute und Raubgut: Gold, Wertschriften und Fremdwährungen aus den besetzten Gebieten, vor allem aber auch

234 Pierre-Th. Braunschweig, *Geheimer Draht nach Berlin*, a. a. O., S. 307
235 Zitiert nach Pierre-Th. Braunschweig, *Geheimer Draht nach Berlin*, a.a.O., S. 228
236 Ebd., S. 314
237 Walter Schellenberg, *Memoiren*, Köln 1955, S. 109

Kunstgemälde, Schmuck und Vermögenswerte, die SS-Greiftrupps Juden abgenommen hatten. Die Finanzierung der Auslandspionage stellte Schellenberg vor riesige Probleme. Problem eins: Er benötigte astronomische Summen Devisen. Da Hitlerdeutschland andauernd unter einer extremen Devisenknappheit litt, musste er sich diese im Ausland beschaffen. Problem zwei: Die Spionagegelder mussten mehrfach gewaschen werden. Um die Agenten nicht zu gefährden, durfte nicht die geringste Spur zum deutschen Nachrichtendienst führen. Bei den Geldern, die aus dem Verkauf von Kriegsbeute und Raubgütern stammten, ging es zudem darum, die kriminelle Herkunft zu verschleiern und jeden Rückschluss auf die wahren Besitzer zu verunmöglichen. Kurz, Schellenbergs Spionagering war angewiesen auf Geldwaschanlagen mit einer gigantischen Waschkapazität: monatlich mehrere Millionen Reichsmark.

Die Finanzakrobaten und Devisenschieber der Auslandspionage saßen im Sonderreferat »Wirtschaft«, das im Organigramm des SD-Amtes VI unter dem Kürzel »Referat VI-Wi« aufgeführt wurde. In seinen Memoiren präzisierte Schellenberg Auftrag und Funktion dieses Sonderreferates: »Dem Referat lag auch die Bearbeitung der vom Reichswirtschaftsministerium erteilten Aufträge ob. Nunmehr begann auch die Ausbildung von Spezialagenten eigens für die Wirtschaftsspionage in fremden Ländern. VI-Wi wurde gleichzeitig das Gelenk zwischen dem Reichswirtschaftsministerium und den übrigen Sektoren des Geheimdienstes – so auf dem Gebiet von Geldtransferierungen beim Ausbau oder Unterhalt von Tarnfirmen oder Bankunternehmen, Schmuggel von lebenswichtigen Rohstoffen für unsere Kriegsindustrie, Ausnutzung wirtschaftlicher Querverbindungen sowie Zuteilung von Devisen und Rohstoffkontingenten an Firmen, die als Gegenleistung besondere Aufträge für den Geheimdienst im Ausland zu erfüllen hatten.«[238]

Als konkretes Beispiel aus der Praxis wählte Schellenberg Südamerika. Dabei wird deutlich, wie eng der Nazi-Geheimdienst mit der Wirtschaft zusammenarbeitete. Die Verflechtung war total. Schellenberg schrieb: »In Südamerika erforderte der Aufbau von Spionageringen erhebliche Devisen. Die wirtschaftliche Durchdringung südamerikani-

238 Ebd., S. 215

scher Staaten durch deutsche Großfirmen brachte es mit sich, dass eingefrorene Kredite aufgetaut und kaschierte Devisenfonds wieder mobilisiert werden konnten. Dank der Vermittlung durch das Reichswirtschaftsministerium standen mir diese Betriebsmittel zur Verfügung. Als Gegenleistung bot ich den betroffenen Firmen einen entsprechenden Ausgleich innerhalb Europas an. [...] Jetzt genügte ein Funkspruch, um unseren Verbindungen in Südamerika die Betriebsmittel zuzuführen.«

Man darf annehmen, dass das Sonderreferat von Walter Schellenberg besonders häufig mit Argentinien, speziell aber mit der Schweiz in Funkverbindung stand. Zur Erinnerung: In Südamerika waren deutsche Unternehmen vor allem in Argentinien präsent. In den 30er-Jahren baute Hitlerdeutschland die Wirtschaftsbeziehungen zu Argentinien massiv aus. Während des Krieges waren sie für die deutsche Kriegsindustrie sogar lebenswichtig. Sie liefen weitgehend über die Schweiz. Deutsche Kapitalbeteiligungen an argentinischen Betrieben wurden von Schweizer Holdinggesellschaften kontrolliert, deutsche Investitionen über Schweizer Banken oder Finanzgesellschaften abgewickelt.

Neben Kriegsbeute, Raubgütern und Reichsministerium verfügte Spionagechef Schellenberg über eine vierte und höchst überraschende Geldquelle. Er unterhielt nämlich eigene Geldfälscherwerkstätten. Betrieben wurden sie von der Abteilung »Technische Hilfsmittel für den Ausland-Nachrichtendienst«, internes Kürzel »Gruppe VI-F4«, die unter der Leitung des SS-Sturmbannführers Bernhard Krüger stand. Das ehrgeizigste Projekt der Gruppe VI-F4 trug den Namen »Aktion Bernhard«. Walter Schellenberg und Bernhard Krüger hatten geplant, die britischen Finanzmärkte mit falschen Pfundnoten zu überschwemmen und so in den Ruin zu treiben. Walter Schellenberg über seine Falschgeldproduktion: »Als sich unsere Devisenlage im Laufe des Krieges immer mehr verschlechterte, startete unser Geheimdienst die ›Aktion Bernhard‹, das heißt, er ging dazu über, englische Pfundnoten für seinen eigenen Bedarf anzufertigen. Für die ›Fabrikation‹ hatten unsere Fachleute zwei Jahre gebraucht. [...] Danach arbeiteten die Graveure – sie waren kriegsdienstverpflichtet und standen unter Eid – fast ununterbrochen in drei Schichten. Allein zwei Papierfabriken wurden als

Kriegsbetriebe für diese Aufgabe umgestellt.«[239] Die Fälscherwerkstätten lagen in Oranienburg, in einem speziell abgesicherten Trakt am Rande des Konzentrationslagers Sachsenhausen. Für den Druck und die Fälscherarbeit setzte Schellenberg ausnahmslos Juden ein. Sie sollten nach Abschluss der Arbeit umgebracht werden.

Über die Menge der falschen Pfundnoten, die von Schellenbergs Blüten-Brigade hergestellt wurden, liegen keine verlässlichen Zahlen vor. Die Schätzungen bewegen sich zwischen 100 und 135 Millionen Pfund Sterling.[240] Erst ein Vergleich macht deutlich, um welche astronomischen Summen es sich handelte. Im Jahre 1933 beliefen sich zum Beispiel die britischen Goldreserven bei der Bank von England auf nur gerade zwei Millionen mehr – nämlich auf 137 Millionen Pfund Sterling. In Walter Schellenbergs Fälscherwerkstätten wurden nicht nur Pfundnoten gedruckt. Sie fälschten auch Rubelscheine sowie jugoslawische Banknoten.[241]

In Umlauf gebracht wurde das Falschgeld vom Sonderdezernat VI-Wi, das dafür eine eigene Abteilung unter der Leitung von SS-Sturmbannführer Fritz Schwend geschaffen hatte. Auch fünf Jahre nach Kriegsende tauchten immer wieder gefälschte Pfundnoten auf. »Noch immer zirkulieren Himmlers Pfunde«, titelte die britische Tageszeitung *Daily Mail* im Sommer 1950 und berichtete: »... und ein Ende ist nicht absehbar. Meist kommen sie aus europäischen Ländern, aber einige fließen aus dem entfernten Argentinien und Australien zurück.«[242]

Die spektakulärste und geheimnisvollste Operation, die Schellenbergs Finanzakrobaten vom Sonderdezernat VI-Wi durchzuführen hatten, startete spätestens im Herbst 1944; die ersten Vorbereitungen wa-

239 Ebd., S. 343

240 Julius Mader, *Der Banditenschatz,* Berlin Ost 1966, S. 68. Mader schätzt die gefälschten Pfunde auf 8,9 Millionen Banknoten im Gesamtwert von 134,6 Millionen Pfund Sterling. Die Schätzungen der alliierten Nachrichtendienste lagen etwas tiefer. Sie gingen von wenigstens 100 Millionen Pfund Sterling aus. Siehe dazu u. a.: Peter Woog, »Rapport concernant les Fonds ›secrets‹ du nazisme«, Saint-Vincent, 22. Oktober 1966. Woog war ein Mitarbeiter des amerikanischen Nachrichtendienstes OSS.

241 Julius Mader, *Der Banditenschatz*, a. a. O., S. 68

242 *Daily Mail*, Ausgabe vom 5. Juni 1950

ren jedoch bereits Monaten zuvor angeordnet worden. Im Verlaufe des Jahres 1943 hatte sich die militärische Lage Deutschlands massiv verschlechtert. Immer mehr führende Nazis erkannten, dass der Krieg nicht mehr zu gewinnen war. Der Sicherheitsdienst begann darum, vorsorglich Pläne für den Rückzug und das Überleben im Untergrund auszuarbeiten. Vor dem Zusammenbruch Hitlerdeutschlands sollten führende Nazis, SS- und Parteikader evakuiert werden, ebenso das Nazivermögen sowie Partei- und Rüstungsgeheimnisse. Dabei sollte die Wirtschaft eine Schlüsselrolle übernehmen.

Die Geheimkonferenz von Straßburg

Am 10. August 1944 bestellten Naziführer die bedeutendsten Vertreter der deutschen Großindustrie nach Straßburg ins renommierte Hotel Maison Rouge und weihten sie in die geheimen Rückzugspläne ein. Die Sitzung fand hinter verschlossenen Türen statt. Von der Konferenz wurde kein Protokoll erstellt, nicht einmal private Notizen durften angefertigt werden. Es galt höchste Geheimhaltungsstufe. Nach Kriegsende versuchte die alliierte Kriegsverbrecherkommission in London herauszufinden, was während der Straßburger Geheimkonferenz besprochen worden war. Anfang November 1945 gab sie vereinzelte Ermittlungsergebnisse bekannt.[243] An der Konferenz hatten Partei- und SS-Spitzenfunktionäre sowie Delegierte mehrerer Ministerien teilgenommen, unter anderem das Reichswirtschaftsministerium sowie das Ministerium für Rüstung und Kriegsproduktion. Von Seiten der Industrie waren unter anderem anwesend: Vertreter von Krupp, Röchling (Panzerstahl), Messerschmitt, Rheinmetall, Brown Boveri und der Volkswagenwerke. Sie hatten in Straßburg beschlossen, »dass die deutsche Industrie Vermögenswerte ins Ausland transferieren werde, damit nach der Niederlage ein starkes [Deutsches] Reich wiedererstehen könne«, teilte die Kriegsverbrecherkommission mit.

Laut Geheimdienstberichten der Alliierten fanden im Hotel Maison Rouge an jenem 10. August zwei Geheimkonferenzen statt.[244] Bei der

243 Meldung der Nachrichtenagentur *Reuter*, 8. November 1945

244 Supreme Headquarters Allied Expeditionary Force, G-2, Intelligence Report NO, EW-Pa 128, 27. November 1944

ersten Konferenz standen Finanzfragen im Zentrum. Ein hoher SS-Offizier, der den Vorsitz innehatte, erklärte den Industrievertretern: »Jetzt muss auch die deutsche Industrie zur Kenntnis nehmen, dass der Krieg nicht gewonnen werden kann und dass man Schritte einleiten muss, um die Nachkriegszeit wirtschaftlich vorzubereiten. Jeder Industrielle muss Kontakt zu ausländischen Firmen aufnehmen und versuchen, mit ihnen Allianzen zu schließen. Das muss individuell geschehen und ohne Misstrauen zu wecken. Im übrigen soll der Schwerpunkt auf Finanzoperationen gelegt werden, über die nach dem Krieg im Ausland möglichst hohe Anleihen aufgenommen werden können.«

An der zweiten Konferenz nahmen neben Nazi- und SS-Funktionären sowie einem Vertreter des Ministeriums für Rüstung und Kriegsproduktion nur eine kleine Gruppe von Industriellen teil. Sie diskutierten die Zukunft der Nazi-Partei NSDAP. »Die Industriellen müssen sich ihrerseits darauf vorbereiten, die Nazi-Partei zu finanzieren, die gezwungen sein wird, in den Untergrund zu gehen. [...] Von jetzt an wird die Regierung den Industriellen beträchtliche Gelder zur Verfügung stellen, so dass sie im Ausland sichere Reserven für die Nachkriegszeit anlegen können. Diese im Ausland angelegten Finanz-Reserven müssen der Partei zur Verfügung stehen.«

Im Vordergrund der zweiten Geheimkonferenz jedoch stand die Flucht wichtiger Nazi-Führer sowie die Frage: Wie können Rüstungsgeheimnisse vor dem Zugriff der Alliierten in Sicherheit gebracht werden? »Die Nazi-Partei geht davon aus, dass ihre bekanntesten Führer nach der Niederlage Deutschlands als Kriegsverbrecher verurteilt werden. Mit den Industriellen ist daher eine Zusammenarbeit zu vereinbaren. Besonders wichtige Parteimitglieder, die aber in der Öffentlichkeit nicht so bekannt sind, sollen von deutschen Fabriken als Exportfachleute, Techniker oder Forscher angestellt werden«, heißt es im bereits zitierten Agentenbericht. Die Diskussion über die Sicherstellung von Rüstungsgeheimnissen fasste er wie folgt zusammen: »Zudem ist es dringend erforderlich, dass die großen Fabriken in Deutschland sofort kleine technische Büros oder Forschungseinheiten schaffen. Diese müssen absolut unabhängig sein, und sie dürfen keine erkennbaren Verbindungen zu den Fabriken aufweisen. Sie werden die Pläne und Entwicklungsprogramme sowohl für neue Waffen erhalten wie auch die Unterlagen, die sie benötigen, um ihre Forschung fortzusetzen, und die unter keinen Umständen in die Hände des Feindes fallen dürfen.«

Die Beschlüsse der Geheimkonferenzen von Straßburg wurden in die Tat umgesetzt. Damit begann die größte Kapitalflucht aller Zeiten. Es ging nicht nur um Kapital, das in Deutschland lag: Gelder der Nazi-Clique, die sich maßlos bereichert hatte, Partei- und SS-Vermögen, Besitzstand der von Reichsministerien kontrollierten Staatsbetriebe, Kriegsgewinne und Kapitalanlagen deutscher Wirtschaftsunternehmen … Zum Fluchtkapital gehörten ebenso die Kriegsbeute und der Raubschatz, den die Nazis im Ausland horteten: Gold und Kunstschätze, die sie in ganz Europa zusammengestohlen hatten, Valuten und Devisen, Firmenbeteiligungen und Wertschriften. Kapitalwerte in unvorstellbarer Höhe. Sie sollten in einem schwarzen Loch verschwinden. Und das schwarze Loch hatte einen Namen: Finanzplatz Schweiz.

»Die deutschen Industriellen sind dabei, ihre Guthaben ins Ausland zu bringen, insbesondere in neutrale Länder. Abgewickelt wird dieser Kapitalexport hauptsächlich über zwei Banken: die Basler Handelsbank und die Schweizerische Kreditanstalt in Zürich. Weiter gibt es in der Schweiz zahlreiche Finanzgesellschaften und Agenturen, die gegen eine Kommission von fünf Prozent in der Schweiz via Schweizer Strohmänner Vermögenswerte aufkaufen.«[245] Das hatte ein Agent des französischen Nachrichtendienstes »Deuxième Bureau« im Herbst 1942 herausgefunden und ins Hauptquartier der Alliierten gemeldet. Der französische Agent hatte sich ins Vertrauen mehrerer deutscher Industrieller eingeschlichen, die an den Geheimkonferenzen von Straßburg teilgenommen hatten. Das US-amerikanische Wirtschaftsministerium behauptete in einem 1946 veröffentlichten Report, die Nazis hätten für die Kapitalflucht im Ausland rund 750 Tarnfirmen gegründet; 214 davon befanden sich in der Schweiz, 112 in Spanien und 98 in Argentinien.

Bei der größten Kapitalflucht aller Zeiten spielte Spionagechef Walter Schellenberg eine herausragende Rolle. »Es war das Sonderreferat

245 Ebd.

VI-Wi unter der Leitung von Walter Schellenberg, SS-General und Chef des RSHA-Amtes VI, das mit den Kapitaltransfers ins Ausland beauftragt wurde«, stellte der ehemalige OSS[246]-Mitarbeiter Peter Woog in einem Analysepapier über »geheime Nazigelder« fest.[247] Schellenberg bestätigte diese Darstellung in seinen Memoiren, allerdings ohne dabei seine Fluchtrouten zu verraten. Er sprach von einer Geheimmission. Zur Erinnerung: Anfang November 1944, knapp drei Monate nach der Geheimkonferenz von Straßburg, hatte Schellenberg im Rahmen dieser Geheimmission einen gewissen Carlos Fuldner nach Madrid geschickt. Fuldner, der spätere Chef der Berner Schlepperzentrale, hatte den Auftrag, die Flucht prominenter Nazis nach Südamerika in die Wege zu leiten sowie geheime Transfers von Nazivermögen, Firmenbeteiligungen, Partei- und Rüstungsgeheimnissen zu organisieren.

Die gigantischen Kapitalflucht-Operationen wie auch schon die Finanzierung des Ausland-Nachrichtendienstes, großteils mit kriminell erworbenen Geldern, wickelte Schellenberg vorwiegend über die Schweiz ab. Die guten Beziehungen zum Chef des schweizerischen Nachrichtendienstes, Oberstbrigadier Roger Masson, mit dem ihn seit 1942 sogar eine persönliche Freundschaft verband, wirkten sich dabei höchst vorteilhaft aus. Der Fall Eggen belegt: Schellenbergs dunkle Finanzgeschäfte wurden von Masson nicht nur stillschweigend geduldet, sondern auch aktiv unterstützt.

Hans W. Eggen, Mitglied der Waffen-SS und Verbindungsoffizier zwischen Schellenberg und dem Reichswirtschaftsministerium, hatte als stellvertretender Geschäftsführer der Warenvertriebs G.m.b.H. Berlin das infame Barackengeschäft mit Henry Guisan eingefädelt. Die Polizei des Kantons Basel-Stadt war schon früh auf den deutschen Agenten aufmerksam geworden. Sie hielt ihn für einen »gefährlichen Schieber« und bewirkte darum beim Justiz- und Polizeidepartement in Bern ein Einreiseverbot. Doch dann kam ihm ND-Chef Roger Masson zu Hilfe. Seine Agenten schleusten den unerwünschten »gefährlichen Schieber«

246 Office of Strategic Services (OSS, Amt für strategische Dienste), amerikanischer Geheimdienst.

247 Peter Woog, »Rapport concernant les Fonds ›secrets‹ du nazisme«, a. a. O.

über die Schweizer Grenze und hielten ihm die Polizei vom Hals. Genauso handelten ein paar Jahre später Heinrich Rothmund und Oberstleutnant Paul Schaufelberger, als sie illegale Einwanderer der Berner Schlepperzentrale abschirmten.

Unter dem speziellen Schutz von Roger Masson besuchten Eggen und seine Agenten während Jahren regelmäßig die Schweiz. Niemand kontrollierte ihr Gepäck. Unbehelligt konnten sie für ihren Chef Schellenberg beliebig viel Gold und Geld, Aktienpapiere und andere Wertschriften in die Schweiz schmuggeln. Ebenso unbehelligt konnten sie in der Schweiz ihren kriminellen Finanzgeschäften nachgehen – und selbst dabei wurden sie vom schweizerischen Nachrichtendienst aktiv unterstützt.

Hans W. Eggen kontrollierte zahlreiche SS-Firmen, die Siegesbeute und Raubgüter verwalteten. Auch in der Schweiz. Zum Beispiel die Interkommerz A.G. in Zürich.[248] Nach außen jedoch traten zwei Schweizer als Besitzer auf. Der Direktor der Firma hieß Paul Holzach, Offizier der Schweizer Armee und ein enger Mitarbeiter von ND-Chef Masson. Bevor er zur Interkommerz A.G. kam, war er kaufmännischer Leiter der Holzverzuckerungs A.G. Ems, die mit deutschen Patenten Ersatztreibstoff – das berühmte »Emser-Wasser« – herstellte. Aus der Holzverzuckerungs A.G. ging die heutige Ems Chemie von Christoph Blocher hervor. Im Verwaltungsrat der Interkommerz A.G. saß ein weiterer enger Mitarbeiter von Masson: Hauptmann Paul Meyer-Schwertenbach, der Schlossherr von Wolfsberg. Die beiden Nachrichtenoffiziere gaben nicht nur ihre Namen her für die SS-Firma, sie besaßen auch größere Aktienpakete und kassierten bei den Nazi-Geschäften kräftig mit.

Wegen der zweifelhaften Beziehungen zum Waffen-SS-Offizier Eggen wurden gegen Roger Masson noch während des Krieges zwei Untersuchungen eingeleitet. Die erste Ende 1943, die zweite kurz vor Kriegsende, im April 1945. Bundesrat Eduard von Steiger, Vorsteher

248 Die beiden Zürcher Publizisten Shraga Elam und Sebastian Speich haben die Interkommerz A.G. näher unter die Lupe genommen. Eine Zusammenfassung ihrer Recherche ist abgedruckt in: Sebastian Speich u. a., *Die Schweiz am Pranger*, a. a. O. S., 132ff.

des Justiz- und Polizeidepartementes, wehrte sich dagegen, dass der ND-Chef Entscheide seines Departementes unterlaufen und Eggen in die Schweiz eingeschleust hatte. »Sogenannte ›Passeure‹ werden bestraft, Oberstbrigadier Masson hat sich nicht anders verhalten als ein Passeur. Er hat seine militärische Stellung missbraucht, um Aufgaben zu lösen, die nicht in seinen Bereich gehören«, begründete Bundesrat Eduard von Steiger gegenüber dem Armeeauditor seine Klage.[249] Doch General Guisan stellte sich schützend vor seinen ND-Chef, welcher denn auch beide Untersuchungen ohne Schaden überstand.

Als unmittelbar nach Kriegsende die bisher geheime Nachrichtenlinie Masson–Schellenberg aufflog, führte die vom Bundesrat angeordnete Untersuchung zwar zum Rücktritt Massons. Doch diese Untersuchung verwedelte mehr, als dass sie aufklärte. So wurde die Rolle von Henry Guisan, Sohn des Generals, völlig vertuscht. Ebenso die Mithilfe des schweizerischen Nachrichtendienstes bei Schellenbergs Finanzgeschäften und Kapitalflucht-Operationen.

Die Kapitalflucht-Operationen liefen indes munter weiter. SS-Agenten verkehrten nach wie vor in der Schweiz. Zum Teil erhielten sie vom Nachrichtendienst sogar Personalausweise. Dies traf namentlich zu für Mitarbeiter des SS-Sturmbannführers Fritz Schwend, Leiter der Falschgeld-Vertriebszentrale.[250] Auch der Schellenberg-Intimus Hans W. Eggen genoss weiterhin den Schutz des schweizerischen Nachrichtendienstes. Nach dem Krieg hatte er sich als Flüchtling gemeldet und war interniert worden. Im Gegensatz zu den übrigen politischen Flüchtlingen saß er nicht in einem Gefängnis. Er durfte sogar – mit ausdrücklicher Bewilligung des Nachrichtendienstes – seinen Geschäften nachgehen. Am 30. September 1945, zwei Tage nachdem die »Nachrichtenlinie Masson–Schellenberg« aufgeflogen war, wurde er nach Deutschland ausgewiesen. Vermutlich sollte so verhindert werden, dass er von Bundesrichter Louis Couchepin im Rahmen der Untersuchung gegen Roger Masson befragt werden konnte.

SS-General Walter Schellenberg durfte bis zu seinem Tod auf seine

249 Zitiert nach Pierre-Th. Braunschweig, *Geheimer Draht nach Berlin*, a. a. O., S. 26. Bundesrat Eduard von Steiger an Armeeauditor; 27. April 1945; BAr E 27/10024
250 Walter Hagen, *Unternehmen Bernhard*, Wels und Starnberg 1955

treuen Schweizer Freunde zählen. Nach dem Krieg gewährte ihm Schweden vorübergehend Asyl. Im Sommer 1945 allerdings wurde er an die Alliierten ausgeliefert. Im Jahre 1949 kam er in Nürnberg als Kriegsverbrecher vor Gericht. Und am 14. April wurde er wegen Verbrechen gegen die Menschlichkeit, Ermordung von Kriegsgefangenen sowie Zugehörigkeit zu der kriminellen Vereinigung SS zu 6 Jahren Gefängnis verurteilt. Das überraschend milde Urteil verdankte er seinen Schweizer Freunden.

Roger Masson hatte zu seinen Gunsten eine umfassende Entlastungsschrift verfasst. Darin attestierte er, dass der angeklagte Kriegsverbrecher alles andere als ein fanatischer Nazi gewesen sei. Er bezeugte vor allem die, wie wir heute wissen, frei erfundene Geschichte, wonach Walter Schellenberg die Schweiz vor dem Einmarsch der Hitlertruppen bewahrt und damit ein schreckliches Blutvergießen verhindert hatte. Die Entlastungsschrift, datiert vom 10. Mai 1948, endete mit der von Hand verfassten Anmerkung: »Ich bestätige die Richtigkeit der hier vorliegenden Erklärung, namentlich der Angaben betreffend die guten Dienste, die W. Schellenberg der Schweiz erwiesen hat.« Gezeichnet: »General Guisan, Oberbefehlshaber der Armee 1939–1945«.[251] Da Schellenberg schwer erkrankt war, wurde er im Jahre 1951 begnadigt und aus der Haft entlassen. Sein Freund Roger Masson holte den Schwerkranken heimlich in die Schweiz und ließ ihn in einem Freiburger Spital pflegen.[252] Als die Behörden vom Aufenthalt des ehemaligen Chefs des SS-Nachrichtendienstes erfuhren, wiesen sie ihn aus. Danach lebte er kurze Zeit in Pallanza am Lago Maggiore. Am 31. März 1952 starb er im Alter von nur 42 Jahren in einem Spital in Turin.

Die Bevölkerung und das Parlament waren ahnungslos. Sie wussten nichts von dieser Kumpanei zwischen SS-Agenten und dem schweizerischen Nachrichtendienst. Sie glaubten, dass der Bundesrat spätestens nach der »Affäre Masson« die unsägliche »Nachrichtenlinie Masson–Schellenberg« demontiert hatte. Doch das Gegenteil war der Fall. Die Kontakte zwischen Massons Nachrichtenoffizieren und Schellenbergs

251 Roger Masson, »Attestation«, 10. Mai 1948, National Archives, Washington, RG 238, M 897 R 114

252 Francis Lang, *Memoire d'un médecin de campagne*, Fribourg 1992

SS-Agenten liefen unvermindert weiter. Während der Bundesrat das Parlament und die Bevölkerung mit einer Alibi-Untersuchung gegen ND-Chef Roger Masson ruhig stellte, installierte die Armeeleitung sogar eine neue geheime Linie Bern–Buenos Aires.

Die Exponenten dieser alt-neuen Verbindung: Carlos Fuldner, Leiter der Berner Schlepperzentrale, vormals SS-Offizier und Mitarbeiter des von Walter Schellenberg geleiteten Sonderreferates VI-Wi, und Oberstleutnant Paul Schaufelberger, früher einer der engsten Vertrauten von Roger Masson und immer noch zuständig für Beschaffung und Auswertung von Informationen über neue Waffensysteme und Rüstungspläne. Die Verbindung Schaufelberger–Fuldner war effizienter, weil besser abgesichert. Im Gegensatz zur Linie Masson–Schellenberg genoss sie die volle Unterstützung des Eidgenössischen Justiz- und Polizeidepartements. Heinrich Rothmund, Chef des Polizeidienstes im EJPD, spielte vermutlich sogar die wichtigste Rolle in der neuen Nazi-Connection Bern-Buenos Aires. Wie schon bei der Nachrichtenlinie Masson–Schellenberg war Oberst Henry Guisan, der Sohn des Generals, wieder mit von der Partie. Sein neuer Wohnsitz: Buenos Aires.

Hochzeit in Buenos Aires

Henry Guisan lebte nach dem Krieg während acht Jahren in Argentinien. Laut Passeintrag reiste er 1946 als Tourist ein; zwei Jahre danach ließ er sich in Buenos Aires nieder und wohnte im »Palace Alvear«, dem nobelsten Hotel der Stadt. Er kam als Vertreter der Genfer Waffenfabrik Hispano-Suiza. Später gründete er eine kleine Handelsgesellschaft. Vorübergehend war er an einem Unternehmen beteiligt, das ohne Erfolg nach Erdölvorkommen suchte. Er selbst gab an, dass er während dieser acht Jahre »auf sozialem Gebiet zusammen mit Eva Perón arbeitete«.[253]

In Buenos Aires vermag sich heute niemand mehr an diese Zusammenarbeit erinnern. Lilian Lagomarsino de Guardo, Evitas beste Freundin, sagt: »Acht Jahre sind eine lange Zeit, eigentlich müsste er mir aufgefallen sein, aber ich kann mich nicht an ihn erinnern.« Benito Llambi, der während seiner Zeit als argentinischer Botschafter in Bern

253 Lilian Perrin, *Familienalbum General Guisan*, a. a. O., S. 19

mit Henry Guisan befreundet war, antwortet spontan: »Das kann nicht sein. Ich stand Evita sehr nahe, sie hätte mir bestimmt von Henry erzählt.« Nach einer kurzen Denkpause fällt ihm ein: »Henry machte große Geschäfte; vielleicht unterstützte er eines der Sozialwerke von Evita, wollte aber anonym bleiben.«

Nur Maria-Theresa Schrank, eine hochbetagte Dame, die heute in Deutschland lebt, bestätigt: »Henry Guisan kannte Eva Perón. Er bewunderte sie. Sie müssen wissen, er war ein begeisterter Anhänger von General Juan Perón.«[254] Von seinem sozialen Engagement an der Seite Evitas allerdings hört sie zum ersten Mal. »Das sieht ihm ähnlich. Er war ein Hochstapler, der allen Honig ums Maul schmierte. Auch mich hat er so reingelegt«, sagt sie verbittert. Maria-Theresa Schrank war zehn Jahre mit Henry Guisan verheiratet. Sie hatte ihn in Buenos Aires kennen gelernt.

Maria-Theresa traf zusammen mit ihren Eltern und ihrem vierjährigen Sohn im Februar 1946 mit dem Flüchtlingsschiff »Axel Johnson« in Buenos Aires ein. Es ging ihnen besser als den meisten Vertriebenen. Maria-Theresa hatte Bekannte in der Stadt, bei denen sie wohnen durften. Sie fand sogar einen Job, zuerst als Übersetzerin, später als Sprechstundenhilfe in der Praxis eines bekannten Frauenarztes. Sie verdiente genug, um sich auch um ihre Eltern zu kümmern. Trotzdem war sie unglücklich. Sie vermisste ihren Mann. Die Amerikaner hatten ihn kurz vor Kriegsende verhaftet und hielten ihn seither in einem Internierungslager im fernen Deutschland fest.

Maria-Theresa hatte in Prag 1941 den Arzt Paul Schrank geheiratet; ein Jahr später wurde ihr Sohn Thomas geboren. Es war eine Ewigkeit her, seit sie ihren Mann zum letzten Mal gesehen hatte. Das war am 28. August 1945 auf dem Bahnhof in Pilsen gewesen. Die Amerikaner hatten einen Güterzug mit offenen Waggons bereitgestellt. Deutsche Gefangene waren von tschechischen Uniformierten in die Waggons getrieben worden. Unter ihnen Paul Schacht.

Von Buenos Aires aus versuchte Maria-Theresa mit allen Mitteln, ih-

254 Interview, 25. Juni 1998, Autobiografie von Maria-Theresa Schrank (unveröffentlichtes Manuskript)

ren Mann legal aus Deutschland herauszubekommen. Doch obwohl alle ihre Bemühungen scheiterten, gab sie die Hoffnung nicht auf. Maria-Theresa: »Eines Tages spielte mir der Zufall Name und Adresse eines Schweizers in die Hand, der durch hervorragende Verbindungen mit hochgestellten Persönlichkeiten die Ausreise so manch eines Deutschen veranlasst hatte.« Der Schweizer hieß Henry Guisan. Maria-Theresa traf ihn in seinem Hotel. »Er sagte zu mir, dass er tatsächlich schon verschiedene Deutsche in die Schweiz und von dort nach Argentinien gelotst hatte«, erzählt Maria-Theresa. Guisan konnte im Moment nicht helfen, da sein Kontingent, wie er sich ausdrückte, bereits ausgeschöpft war.

Schließlich klappte die »Rettungsaktion« Paul Schacht. Eine Schlepperorganisation holte ihn illegal aus Deutschland in die Schweiz. Kurz nach Weihnachten 1947 landete er in Buenos Aires. Auch er fand sehr schnell Arbeit. Als Spitalarzt im entfernten Iguazu an der Grenze zu Paraguay. Das wiedergefundene Familienglück jedoch war von kurzer Dauer. Maria-Theresa weigerte sich, ihm zu folgen. Sie hatte sich inzwischen in Oberst Henry Guisan verliebt und war entschlossen, ihn zu heiraten. Ihre Eltern machten sich Sorgen. Sie versuchten, ihr die Heirat auszureden, denn in ihrem deutschen Bekanntenkreis in Buenos Aires kursierten ziemlich wilde Gerüchte über den Schweizer Oberst. »Henry Guisan ist ein dubioser Waffenschieber; er benutzt den Namen seines berühmten Vaters als Aushängeschild für schmutzige Geschäfte«, hieß es. »Ich schlug die Warnung in den Wind. Ich dachte, meine Eltern störte nur der große Altersunterschied. Henry Guisan war fast zwanzig Jahre älter als ich«, erinnert sich Maria-Theresa.

Die Hochzeit fand am 2. Januar 1949 statt und war genauso abenteuerlich wie die folgenden Jahre an der Seite von Henry Guisan. Am frühen Morgen flog das Brautpaar hinüber nach Montevideo, der Hauptstadt von Uruguay. Dort bestiegen sie ein Taxi, das sie immer weiter aus der Stadt hinausfuhr und schließlich in einem gottverlassenen Vorort anhielt. »Ich hatte keinen Trauzeugen«, beginnt Maria-Theresa die Schilderung ihrer Trauung. »›Das werden wir gleich haben‹, sagte der Standesbeamte, der aussah wie ein mexikanischer Bürgermeister in einem kitschigen Wildwestfilm. Er befahl seinem Schreiber: ›Hol José, wir haben Kundschaft!‹. José war ein Bettler von der nächsten Straßenecke. Wir unterschrieben ein paar Formulare. Der Standesbeamte drückte uns die Hand und sagte: ›Le felicito, eso es todo!‹ Henry Guisan steckte ihm ein paar Geldscheine zu; und schon saßen wir wieder im Taxi.« Zurück in Montevideo kehrten sie in einem feinen Speiselokal ein. Henry Guisan nutzte das Hochzeitsessen für einen wichtigen Termin. Er war mit einem Geschäftsmann verabredet. »Am selben Abend flogen wir nach Buenos Aires zurück. Ich habe nie erfahren, warum unsere Trauung in einem gottverlassenen Vorort von Montevideo stattfinden musste«, sagt Maria-Theresa. Für Theresa, ihren Sohn und seine Schwiegereltern mietete Henry Guisan im noblen Vorort Martínez eine große Villa mit Garten. Er selbst war nur selten da, denn er befand sich fast ständig auf Geschäftsreisen. Alle sechs bis acht Wochen flog er nach Europa: Madrid, Paris, Stockholm. Sehr oft hatte er in Prag zu tun. Wenn er in Buenos Aires war, begab er sich täglich in seine Firma, die Rhona A.G., an der zwei Perser und zwei Araber beteiligt waren. Es handelte sich um eine kleine Handelsgesellschaft, die vier oder fünf Angestellte beschäftigte und deren Büros an der Straße Chile lagen.

Guisan sprach mit seiner Frau nie über seine Geschäfte. Gelegentlich brachte er Geschäftsfreunde mit nach Hause, die sich nur mit Vornamen vorstellten. »Leute sind zu uns gekommen, wo ich gedacht habe, also lieber nicht die Hand geben. Nach dem Essen wurde ich rausgeschickt. Henry und seine Gäste besprachen ›les affaires‹, die Geschäfte. Es ging immer um Millionen«, erinnert sich Maria-Theresa.

Geld spielte keine Rolle. Während seiner langen Geschäftsreisen schickte er Maria-Theresa und seine Schwiegereltern nach Bariloche, damals ein Ferienparadies für Reiche, oder er bezahlte ihnen ein teures Strandhotel an einem wunderbaren Badeort zwischen Montevideo und Mar del Plata. Während der argentinischen Wintermonate Juli und August machte er mit seiner Frau und dem kleinen Thomas Ferien in der Schweiz. »Es war ein Leben im großen Luxus«, gerät Maria-Theresa ins Schwärmen, »wir wohnten in Saint-Sulpice bei Lausanne. Dort besaß mein Exmann direkt am Genferseeufer eine Traumvilla. Sie hieß ›Bonne Brise‹ und es gab bestimmt vier oder fünf Hausangestellte: Köchin, Hausdame, Gärtner, Chauffeur und ein Angestellter speziell für das Segelboot, eine hochseetüchtige Yacht mit mehreren Kajüten.«

Henry Guisan hatte seine Aktivitäten im Jahre 1946 nach Argentinien verlegt – kurz nachdem General Juan Perón triumphal zum Staatspräsidenten gewählt worden war. Solange Juan Perón an der Macht war, verdiente Guisan Geld wie Heu. Es waren ziemlich genau sieben fette Jahre, bis Ende 1953. Damals begann die Macht des Generals langsam zu bröckeln. Für Guisan bedeutete dies den Anfang vom Ende. Seine Geschäfte brachen ein und kamen schließlich völlig zum Erliegen. Im Sommer 1955, wenige Monate bevor Juan Perón ins Exil gejagt wurde, kehrte er in die Schweiz zurück.

Für Henry Guisan endete das Argentinien-Abenteuer als Katastrophe. Seine Frau Maria-Theresa ließ sich von ihm scheiden. Obwohl ohne Einkommen und hoffnungslos verschuldet, gab er seinen aufwändigen Lebensstil nicht auf. Mit immer größeren Krediten vermochte er sich vorerst über die Runden zu bringen. Doch dann setzten seine Gläubiger dem Leben auf Pump ein abruptes Ende. Die Traumvilla in Saint-Sulpice am Genfersee, seine teuren Autos und die hochseetüchtige Luxusyacht reichten nicht aus, um seinen riesigen Schuldenberg abzutragen. Der Konkurs fraß zudem einen Großteil des Vermögens seines Vaters: General Henri Guisan musste seine Villa und das davor liegende Landgut mit schweren Hypotheken belasten.

Die Zürcher Bank Johann Wehrli & Co

Eigentlich müssten sich Henry Guisan und Peter Wehrli in Buenos Aires getroffen haben. Sie kannten sich seit vielen Jahren und hatten gemeinsame Geschäftsfreunde. Im Jahre 1926 hatte der junge Guisan in der Zürcher Kreuzkirche Annemarie Wehrli, Peters Schwester, geheiratet.[255] Ihr Vater besaß die Bank Johann Wehrli & Co. Diese unterhielt später besonders gute Verbindungen zu Hitlerdeutschland.[256] Einer

255 Henry Guisan war dreimal verheiratet. Seine zweite Frau hieß Anne Gould und galt als eine der reichsten Frauen in den USA. Im Jahre 1949 heiratete er Maria-Theresa Schacht.

256 Als Erster hatte darauf Nicholas Faith hingewiesen: *Safety Numbers*, London 1982, S. 105 ff. Siehe auch: Sebastian Speich u. a., *Die Schweiz am Pranger*, a. a. O. S. 150 ff., und: Unabhängige Expertenkommission Schweiz–Zweiter Weltkrieg (Hrsg.), Band 9: *Tarnung, Transfer, Transit*, 2001 Zürich, S. 265 ff.

ihrer prominentesten Kunden: der deutsche Spionagechef Walter Schellenberg, der über Henry Guisan die »Nachrichtenlinie Masson–Schellenberg« aufgebaut hatte.

Peter Wehrli kümmerte sich in Buenos Aires um drei Finanzgesellschaften, die so genannten »S-Firmen«: San Juan, Securitas und Stella. Es handelte sich um Tarnfirmen der Nazis, die von der Wehrli-Bank kontrolliert wurden und die ihrerseits wiederum eine ganze Reihe von Briefkästen beherrschten. Das hatten die Amerikaner bereits während des Krieges vermutet. Die US-Botschaft in Buenos Aires meldete im Dezember 1944 nach Washington, die Securitas besitze Aktien einer amerikanischen Firma.[257] Die Aktien gehörten der deutschen Sektherstellerfirma Henkel beziehungsweise Außenminister Joachim von Ribbentrop, dessen Frau eine geborene Henkel war.

Laut Dokumenten amerikanischer Untersuchungsbehörden waren die drei »S-Firmen« im Jahre 1939 gegründet worden. Das Gründungskapital (250000 US-Dollar) hatte die Bank Johann Wehrli & Co. beigesteuert.[258] Immer wieder meldeten US-Agenten, dass die Wehrli-Bank große Geldmengen nach Argentinien verschob. Diese Informationen stammten fast immer nur aus dritter Hand. Oft handelte es sich lediglich um Gerüchte. Konkrete Beweise fehlen bis heute. Die entsprechenden Bankunterlagen gibt es nicht mehr, oder sie werden unter Verschluss gehalten. Trotzdem bestehen kaum noch Zweifel, dass die »S-Firmen« Nazigelder versteckten.

»Sie gehörten zu einem Firmen-Pool der Nazis«, erklärt Rogelio García Lupo, einer der erfahrensten Recherchierjournalisten Argentiniens.[259] Ein Teil dieser Firmen entstand gegen Kriegsende; ihre Verwaltungsräte deckten sich weitgehend mit jenen der »S-Firmen«; und ihre Büros befanden sich in demselben Gebäude an der Avenida Corrientes 311, das den Nazis als Handels- und Geheimdienstzentrale diente. »Alle Spuren

257 US-Botschaft Buenos Aires, Foreign Funds Control – Lists of Reports of Axis Accounts and Investments in Argentina, 22. Dezember 1944, National Archives, Washington

258 Safehaven Report (Interim Report on Johann Wehrli & Co., Zürich), 13. Juli 1945, National Archives, Washington, RG 226, Entry 26, Box 173

259 Interview mit Rogelio García Lupo, 8. Mai 1998

führen zu Thilo Martens. Er war der Besitzer des Häuserblocks an der Avenida Corrientes. Und er kontrollierte zusammen mit dem argentinischen Naziführer Ludwig Freude den Firmen-Pool, zu dem auch die ›S-Firmen‹ gehörten«, so Rogelio García Lupo. Freudes Sohn Rodolfo, seinerzeit Sicherheitschef von Juan Perón und Hauptorganisator der argentinischen »Rattenlinien«, besitzt heute noch Büros in der ehemaligen Nazi-Zentrale an der Avenida Corrientes.

Thilo Martens, ein ehemaliger Marineoffizier, war im Jahre 1933 nach Buenos Aires gekommen. Er wurde Direktor der deutschen Schifffahrtsgesellschaften und überwachte den Handelsverkehr im Hafen von Buenos Aires. »Thilo Martens war nicht nur Schifffahrtsunternehmer. Man kann sagen, dass er eine Schlüsselrolle in der Beziehung Hitlerdeutschland–Argentinien spielte. Er war der deutsche Spionagechef in Argentinien. Seine Finanzgeschäfte machten einen wichtigen Teil seiner Geheimdienstaktivitäten aus«, behauptet García Lupo.

Die Bank Johann Wehrli & Co. war eine kleine Zürcher Privatbank. Sie wurde im Jahre 1920 zum großen Teil mit deutschem Kapital gegründet. Sie spezialisierte sich auf Kapitalflucht und Umgehungsgeschäfte. Das war damals nichts Ungewöhnliches, sondern lag im Trend. Die Schweiz wurde geradezu von Fluchtgeldern überschwemmt. Diese Fluchtkapitalien machten die Schweiz bald zum wichtigsten Finanzplatz Europas, und sie begründeten gleichzeitig die einzigartige Erfolgsstory der Schweizer Banken.

Gegen Ende des Ersten Weltkrieges hatte Europa einen schmerzhaften Umbruch erlebt. Politische Instabilität vertrieb Investoren und verhinderte den wirtschaftlichen Wiederaufbau. Der Hochadel hatte seine Macht und Privilegien verloren und versuchte wenigstens seine Reichtümer zu retten. Frankreich litt unter einem Währungszerfall; die Reichen zogen ihre Gelder trotz eines strengen Kapitalexport-Verbots ab. Und Deutschland, das den Krieg verloren hatte, brach unter den extrem hohen Reparationslasten beinahe zusammen. Vor allem aber hatten die Siegermächte Deutschland radikale Einschränkungen aufgezwungen. Sie enthielten nicht nur ein weitgehendes Rüstungsverbot, sondern verhinderten praktisch eine Entfaltung der Wirtschaft. Deutsche Unternehmen und Banken, Financiers und Anleger wichen darum ins Ausland aus, mit Vorliebe in die Schweiz. Sogar der Staat unterlief auf diese Weise die Auflagen der Siegermächte und investierte im Verborgenen in österreichische und schweizerische Rüstungsfirmen, die in Tat und Wahrheit nichts anderes als deutsche Tarnunternehmen waren.

Die europaweite Kapital- und Steuerflucht führte in der Schweiz zu einem nie da gewesenen Gründungsboom von Banken, Geldinstituten, Finanzgesellschaften und Holdings, deren einzige Existenzberechtigung Verschleierung und Tarnung waren. Die Bank Johann Wehrli & Co. war nur eine dieser Neugründungen.

Die Wehrli-Bank fand ihre ersten internationalen Kunden beim europäischen Hochadel. Sie verwaltete das Vermögen der bulgarischen Königsfamilie und des Exkönigs von Griechenland, beriet den Kronprinzen von Bayern ebenso wie den Erzherzog von Österreich.[260] Die Zürcher Privatbank entwickelte sich rasant, vor allem als in Deutschland die Nazis die Macht übernahmen. Neben der Vermögensverwaltung nahmen Devisenhandel und bald auch Umgehungsgeschäfte einen immer breiteren Platz ein. Die bereits zitierten »Safehaven-Berichte« sagten Direktoren der Wehrli-Bank persönliche Beziehungen zu Adolf Hitler sowie zu den Nazigrößen Hermann Göring, Joachim von Ribbentrop und Walter Schellenberg nach.

Ob Adolf Hitler tatsächlich Kunde bei der Wehrli-Bank war, lässt sich nicht belegen. Fest steht dagegen, dass mehrere Schieber, die für Reichsmarschall Hermann Göring mit Raubkunst handelten, die Wehrli-Bank benutzten. Dokumente aus dem amerikanischen Nationalarchiv belegen: Reichsaußenminister Joachim von Ribbentrop vertraute sein Geld der Zürcher Kleinbank an. Bereits in den ersten Kriegsjahren hatte er einen Teil seines Vermögens nach Argentinien in Sicherheit gebracht. Die Transaktionen nach Argentinien erfolgten via Tarnfirmen und Strohmänner. Abgewickelt wurden sie von der Bank Wehrli.[261]

Der berühmte Sekthersteller Otto Henckell, Joachim von Ribbentrops Schwiegervater, zählte ebenfalls zum Kundenkreis der Wehrli-

260 Sebastian Speich u. a., *Die Schweiz am Pranger*, a. a. O., S. 152.

261 Siehe u. a.: OSS-Meldung Nr. 33178B, 5. Februar 1945, National Archives, Washington, RG 226, Entry 71, Box 427

Bank, genauso wie die Henkel-Werke in Düsseldorf. Jost Henkel, Enkel des Gründers der Henkel-Werke (Persil, Henko und andere Waschmittel), besaß in der Schweiz mehrere Holdinggesellschaften.[262] Besonders brisant war seine Lonza-Beteiligung. Henkel gehörten nicht weniger als 41.2 Prozent der Lonza Elektrische Werke und Chemiefabrik A.G., Basel.[263] Damit war er Hauptaktionär eines für die Schweizer Armee wichtigen Unternehmens. Die Lonza produzierte neben Ersatzbrennstoff vor allem auch Schießpulver und Sprengstoff. Nach dem Zweiten Weltkrieg war sie zudem in das topgeheime Projekt »Schweizer Atombombe« eingebunden, sie stellte Schweres Wasser her.

Wehrli-Mitarbeiter reisten jede Woche nach Deutschland und betätigten sich als Nazi-Kuriere, schmuggelten Wertschriften, Devisen und ohne Zweifel auch Gold über die Schweizer Grenze: Die kleine Zürcher Privatbank war eine erstklassige Adresse für die Nazis. Das geht schon daraus hervor, dass sie die Vertrauensbank des SS-Nachrichtendienstes von Walter Schellenberg war. Sie deckte den Nachrichtendienst mit Devisen ein und tarnte dessen Einkünfte aus kriminellen Raubgutgeschäften. Das gegenseitige Vertrauen war so groß, dass sie für die SS-Spione sogar rein operative Aufgaben übernahm. Spionagechef Walter Schellenberg hat im Verhör mit den Alliierten zugegeben, dass SS-Agenten von der Wehrli-Bank in die Schweiz geschleust wurden.[264]

Zu einem sehr frühen Zeitpunkt waren die westlichen Alliierten auf die Wehrli-Bank aufmerksam geworden. Als Erste wiesen US-amerikanische Agenten in Argentinien auf die Schweizer »Nazi-Bank« hin. Die Alliierten warnten daraufhin die Zürcher Privatbank und drohten, sie auf die schwarze Liste zu setzen. Direktor Carl Wehrli ergriff die Flucht nach vorn und suchte das Gespräch mit den Alliierten. Er verteidigte sich sehr geschickt. Er versicherte, dass sich seine Bank völlig neutral

262 Safehaven Report Nr. 550 (Henkel & Cie Interests in Switzerland), 15. November 1945, Archiv für Zeitgeschichte der ETH Zürich

263 Safehaven Report Nr. 463 (Henkel & Cie Interests in Switzerland), 6. Oktober 1945, Archiv für Zeitgeschichte der ETH Zürich

264 »Interrogation of Walter Schellenberg and Notes in Connection with German Assets in Switzerland«, 1. Mai 1946, National Archives, Washington, RG 84, Entry 3223, Box 113

verhalte. Und er konnte das sogar ein Stückweit belegen. Er legte offen, dass die Wehrli-Bank zahlreiche Kunden in den USA und in Großbritannien hatte. Mehr noch, er verriet, dass einer seiner Schwiegersöhne, ein Engländer, für den britischen Nachrichtendienst arbeitete. Ob dieser Enthüllung gerieten sich die Amerikaner und Briten in die Haare. Die Briten wollten nicht auf ihren Schweizer Bankspion verzichten und weigerten sich darum, die Wehrli-Bank auf die schwarze Liste zu setzen. Durch diesen Streit gewann Carl Wehrli viel Zeit. Schließlich kam es zu einem Kompromiss. Nur Direktor Carl Wehrli wurde auf die schwarze Liste gesetzt, nicht aber seine Bank.

Ende 1943 und dann vor allem nach den Konferenzen im Hotel Maison Rouge von Straßburg, als die große Rettungsaktion für Nazivermögen, Partei- und Rüstungsgeheimnisse anrollte, schossen sich die Amerikaner erneut auf die Wehrli-Bank ein. Ihr Verdacht hatte sich erhärtet. Amerikanische Agenten beobachteten stark zunehmende Kontakte der Wehrli-Bank zur spanisch-deutschen Holding Sofindus sowie zu den beiden bekannten Finanzdrehscheiben der Nazis in Buenos Aires: Banco Alemán Transatlántico und Banco Germánico.

Ein weiterer Grund für das neu erwachte Interesse der Amerikaner war der »argentinische Munitionskönig« Fritz Mandl. Er galt als »frontman« bei den geheimen Kapitaltransfers der Nazis nach Argentinien. Neuere Agentenberichte meldeten, dass er für Staatspräsident Juan Perón Gelder verwaltete, Nazigelder, so die Vermutung der Amerikaner. Fritz Mandl war ein langjähriger Kunde der Wehrli-Bank.[265]

Fritz Mandl war Waffenfabrikant. Er stammte aus Österreich. Längere Zeit lebte er in der Schweiz. Im Jahre 1939 ließ er sich in Buenos Aires nieder, drei Jahre später wurde er argentinischer Staatsbürger. Er kannte den italienischen Duce Benito Mussolini und war mit dem argentinischen Staatspräsidenten Juan Perón befreundet.

Anfang der 20er-Jahre übernahm Fritz Mandl in Österreich die Hirtenbergwerke, damals eine der größten Patronenfabriken in Europa. Auf dem Papier jedoch befand sich die Fabrik fest in Schweizer Hand.

265 Siehe u. a.: Safehaven Report (Interim Report on Johann Wehrli & Co, Zürich), 12. Juni 1945, National Archives, Washington: RG 226, Entry 19, Box 154

Im Verwaltungsrat saß ein prominenter Solothurner Politiker, der spätere Bundesrat (1935–1940) Hermann Obrecht. Und die Hirtenberg-Aktien waren zu 100 Prozent im Besitz der Hubertus A.G., einer schweizerischen Holding mit Büros in Zürich. In den 30er-Jahren engagierte sich Mandl an der Seite der Austrofaschisten. Zusammen mit Mussolini – einem seiner wichtigsten Kunden – finanzierte und bewaffnete er die faschistische Heimwehr.

Im Jahre 1938 trat er die österreichische Patronenfabrik an die Nazis ab. »Die Hirtenbergwerke – Mandels österreichische Munitionsfabrik – überwiesen ihre Aktiven an die Deutschen. Abgewickelt wurde diese Transaktion von der Wehrli-Bank über ein Treuhandkonto der Gustloff-Stiftung. Ein Bücherexperte beschreibt die Gustloff-Stiftung als einen Fonds, der aus Vermögenswerten, Titeln und Anteilscheinen bestand, welche die Nazis jüdischen Geschäftsleuten in den von Deutschland besetzten Ländern abgenommen hatten. Der Bücherexperte kennt den Hintergrund dieses Fonds aus persönlicher Erfahrung, da er vor dem Krieg viele Jahre lang in Deutschland gelebt hatte.«[266]

Zu diesem Zeitpunkt lebte Mandl bereits seit längerem in der Schweiz. Im Jahre 1928 hatte er hier die Waffenfabrik Solothurn gegründet.[267] Der freisinnige Politiker Hermann Obrecht wurde Verwaltungsratspräsident. Die Hirtenbergwerke besaßen 50 Prozent der Aktien. Ebenfalls mit 50 Prozent beteiligt war die deutsche Waffenfabrik Rheinmetall-Borsig A.G. Sie lieferte zudem das technische Know-how: Konstruktionspläne sowie Prototypen für automatische Waffen. In den 30er-Jahren beschäftigte die Solothurner Fabrik vorwiegend deutsche Ingenieure.

Außer in der Schweiz und in Österreich besaß das Gespann Hirtenberg–Rheinmetall Waffenfabriken in Holland, Polen und Argentinien. Es handelte sich um typische deutsche Tarnunternehmen, welche die Versailler Friedensverträge torpedierten. Der Historiker Ramón Bill über die Solothurner Waffenfabrik: »Unter Hermann Obrechts Amtszeit als Verwaltungsratspräsident wurden 1935 zwei größere Aufträge für

266 Ebd.
267 Ramón Bill, *Waffenfabrik Solothurn (1923–1961) – Schweizer Entwicklungsstätte für deutsche Waffentechnologie*, Solothurn 2002

Österreich und Ungarn ausgeführt. Beide verletzten die Friedensbestimmungen massiv, denn einerseits war der Waffenexport für diese beiden Staaten grundsätzlich verboten, und andererseits war deren Bewaffnung mit automatischen Waffen streng limitiert. Der Bundesrat wusste von dieser Verletzung der Friedensverträge und tolerierte sie.«[268]

Im Jahre 1938 verließ Fritz Mandl die Schweiz. Nach einem längeren Aufenthalt an der Côte d'Azur – er war vorübergehend paraguayischer Ehrenkonsul in Monte Carlo – wanderte er nach Buenos Aires aus. In kurzer Zeit stieg er zum »argentinischen Munitionskönig« auf. Doch Waffen waren nicht mehr sein einziges Geschäft. Er beteiligte sich an zahlreichen Finanzgesellschaften, investierte unter anderem in die Schifffahrt und wurde Partner des größten argentinischen Reeders: Alberto Dodero, der Evitas Europareise mitfinanzierte. Fritz Mandl blieb Kunde der Bank Johann Wehrli & Co.

Doch die Nazi-verrufene Zürcher Privatbank vermochte dem Druck der Amerikaner auf die Dauer nicht standzuhalten. Ende 1945 beschloss der Verwaltungsrat, das Bankgeschäft einzustellen. Ausschlaggebend war vermutlich, dass in den USA sämtliche Guthaben der Bank sowie ihrer Kunden blockiert worden waren. Nach Darstellung der Familie wurde die Bank von der Schweizerischen Bankgesellschaft, der heutigen UBS, übernommen.[269] Die Johann Wehrli & Co. A.G. indes blieb bestehen, angeblich ohne jede wirtschaftliche Aktivität. Sie wurde schließlich im Jahre 1989 aus dem Handelsregister gelöscht. Die Wehrli-Niederlassungen in Argentinien, die drei »S-Firmen« Securitas, San Juan und Stella, wurden durch die Ereignisse am Hauptsitz in Zürich nicht beeinträchtigt.

Bern und Buenos Aires: der Traum von der Atombombe

Das Bankett im Hotel Baur au Lac in Zürich, an dem rund 200 Bankiers und Geschäftsleute teilgenommen hatten, war Evitas letzter großer Auftritt in der Schweiz gewesen. Eingeladen hatte die Gesellschaft

268 Ramón Bill/Hermann Obrecht – »Vom Kanonenkönig zum Widerstandssymbol«, in: *Neue Zürcher Zeitung*, Ausgabe vom 27. Juli 1999, S. 13

269 Paul Kläui, *Geschichte der Familie Wehrli*, Zürich 1961

Schweiz-Argentinien, ein Lobby-Verein, der eigens im Hinblick auf Evitas Schweizer Reise gegründet worden war. Nach Evitas Besuch schlief er wieder ein. Benito Llambi, der damalige argentinische Botschafter in der Schweiz, sieht das anders: »Auch nach Evitas Besuch blieben wir gute Freunde. Präsident William Dunkel und seine Vereinigung waren sehr aktiv. Viele Schweizer Firmen haben davon profitiert. Aber nicht nur. Ich erinnere mich an Gespräche über eine Zusammenarbeit zwischen Universitäten. Dank William Dunkel hatten wir einen viel versprechenden Kontakt zu Professor Paul Scherrer, der wie William Dunkel an der ETH Zürich lehrte.« Was aus diesem »viel versprechenden Kontakt« wurde, daran kann sich Llambi nicht mehr genau erinnern. »Ende 1949 verließ ich die Schweiz und wurde Botschafter in Schweden. Ich weiß aber, dass Professor Paul Scherrer mehrmals nach Argentinien eingeladen wurde. Ich glaube, er besuchte auch Bariloche. Mit Sicherheit waren Mitarbeiter von Professor Paul Scherrer in Bariloche«, behauptet Llambi.

Bariloche und Paul Scherrer war eines gemeinsam – der Traum von der Atombombe. Doch der Versuch, mit Hilfe deutscher Physiker in den Besitz der Bombe zu gelangen, verkam zur Farce. Es war eine argentinisch-schweizerische Lachnummer. Dabei hätte alles durchaus bitterer Ernst werden können.

Juan Perón, der das »Neue Argentinien« als zukünftige Großmacht verstand, hatte beschlossen, eine Atombombe zu bauen.[270] Er hatte die nötigen Kredite bereitgestellt, um Hitlers Bombenbauer einzukaufen; Botschafter Llambi und Carlos Fuldner koordinierten in Europa die Jagd auf deutsche Wissenschaftler und Waffenkonstrukteure; die Berner Schlepperzentrale organisierte ihre Flucht. Bereits gab es Kontakte zu Werner Heisenberg, dem Star der deutschen Atomphysiker, dessen Forscherteam seit 1939 versucht hatte, für Adolf Hitler die Atombombe zu bauen. Als Benito Llambi im Dezember 1946 in Bern seine Spezialmission antrat, liefen die Verhandlungen mit Heisenberg auf Hochtouren.

270 Zur Geschichte der argentinischen Atombombe siehe: Mario Mariscotti, *El secreto atómico de Huemul – Crónica del origen de la energía atómica en la Argentina*, Buenos Aires 1987

Nur wenige Wochen später kam es zum Eklat. Ein Physiker in Buenos Aires hatte die Atompläne Juan Peróns ausgeplaudert. Am 24. Februar 1947 enthüllte die US-amerikanische Zeitschrift *New Republic:* »Mit der Einladung an den weltweit berühmten Atomspalter W. Heisenberg durch die Regierung Perón und mit beträchtlichen, kürzlich entdeckten Uranvorkommen startet Argentinien ein militärisches Programm der Nuklearforschung und steht davor, die Pandorabüchse der Atomenergie sperrangelweit zu öffnen.«[271] Der sensationelle Bericht blieb nicht ohne Folgen. Die Regierungen der USA und Großbritanniens intervenierten. Werner Heisenberg, eben noch bereit, einen Zweijahresvertrag zu unterschreiben, sprang ab. Die Argentinier unternahmen alles, um ihn wieder umzustimmen. Die Aussicht auf Erfolg jedoch war praktisch null. Nur Benito Llambi rechnete sich eine leise Chance aus, das Unmögliche zu schaffen. Dabei setzte er auf Professor William Dunkel, Präsident der Gesellschaft Schweiz-Argentinien, der ihn bei Paul Scherrer einführte.

Paul Scherrer, der »Vater der schweizerischen Atomforschung«, war bereits damals ein weltberühmter Kernphysiker.[272] Er stammte aus St. Gallen und hatte in Göttingen, Deutschland, Physik studiert. Im Jahre 1920, eben dreißigjährig geworden, erhielt er einen Lehrstuhl an der ETH Zürich und wurde dort Direktor des Physikalischen Institutes. Seit 1928 widmete er sich ausschließlich der Kernphysik. Mit seinen Forschungen sorgte er immer wieder für internationales Aufsehen. In den 30er-Jahren konstruierte er drei verschiedene Beschleuniger, darunter das berühmte ETH-Cyclotron. Später gründete er das Eidgenössische Institut für Reaktorforschung in Würenlingen, das heute seinen Namen trägt, und er wurde Mitgründer des CERN in Genf.

Zu einem sehr frühen Zeitpunkt hatte er Zugang zur US-amerikanischen Atomforschung. Während des Zweiten Weltkrieges waren Scherrer-Schüler in den USA sehr gefragt. Im Atomwaffenlaboratorium von Oak-Ridge, das der höchsten militärischen Geheimhaltung unterstand,

271 Zitiert nach Holger M. Meding, *Flucht vor Nürnberg?*, a. a. O., S. 195

272 Peter Hug, *Geschichte der Atomtechnologie-Entwicklung in der Schweiz* (Lizentiatsarbeit), Bern 1987

waren nicht weniger als acht Professoren ehemalige Scherrer-Schüler. Kein Zweifel, die außergewöhnlich guten Beziehungen in den USA bewiesen, dass Scherrer zu den führenden Kernphysikern seiner Zeit zählte. Doch das war nicht der einzige Grund, warum Benito Llambi seine Nähe suchte. Was ihn weit mehr interessierte: Paul Scherrer und Werner Heisenberg waren seit vielen Jahren eng befreundet. Heisenberg hatte immer wieder an der ETH in Zürich Vorträge gehalten, ließ sich auch jetzt noch gelegentlich einladen. Und während all der Jahre hatte er seinen Schweizer Freund über die geheimen Atomprogramme von Adolf Hitler auf dem Laufenden gehalten.

Heisenberg blieb bei seinem Entscheid und ging nicht nach Argentinien. Llambi bestreitet allerdings, dass er mit Paul Scherrer den »Fall Heisenberg« besprochen hatte. Ihm sei es einzig und allein um eine Zusammenarbeit zwischen der ETH und argentinischen Hochschulen gegangen. Benito Llambi: »Argentinien benötigte für die geplante Industrialisierung dringend gut ausgebildete Ingenieure, Physiker, Chemiker … Aber unsere Universitäten hatten vor allem in den technischen Disziplinen einen riesigen Nachholbedarf. Wir suchten daher eine Zusammenarbeit mit europäischen Hochschulen wie der ETH, die als Technische Hochschule damals schon einen ausgezeichneten Ruf genoss. Das war der einzige Grund für meine Kontakte mit den beiden ETH-Professoren William Dunkel und Paul Scherrer.«

Es gelang Llambi tatsächlich, Scherrers Interesse für Argentinien zu wecken. Allerdings, die von Llambi bemühte Zusammenarbeit zwischen der ETH und argentinischen Universitäten diente nur als Vorwand. Der wahre Grund galt als Staatsgeheimnis. Man mag es kaum glauben, doch Tatsache ist: Argentinien und die Schweiz verfolgten dasselbe Ziel – beide wollten ihre eigene Atombombe bauen. Llambi hatte sich in der Wahl seines Ansprechpartners nicht getäuscht. Paul Scherrer war gewissermaßen der schweizerische Heisenberg; er leitete das streng geheime Atombombenprojekt.

Am 5. November 1945 war in Bern die »Studienkommission für Atomenergie« (S.K.A.) gegründet worden.[273] An der Gründungsver-

273 Ebd., S. 74ff.

sammlung, präsidiert von Bundesrat Karl Kobelt, Chef des EMD, hatten fast ausschließlich hohe Militärs teilgenommen. Drei Monate später, am 1. Februar 1946, wurde Scherrer zum Präsidenten der S.K.A. ernannt, und die Kommission erhielt einen ersten Kredit von 500000 Franken zugesprochen. Anfang Juni segnete der Bundesrat offiziell die S.K.A.-Gründung ab. Und bis Ende Jahr verabschiedete das Parlament einen Rahmenkredit in der Höhe von 18 Millionen Franken, angeblich zur Förderung wissenschaftlicher Arbeiten auf dem Gebiet der Kernenergie für Grundlagenforschung und wirtschaftliche Auswertung. »Es soll geprüft werden, wie die wissenschaftliche und technische Forschung zur Gewinnung der Atomenergie maßgebend gefördert werden kann«, umschrieb Bundesrat Karl Kobelt die Aufgabe der S.K.A.

Dem Parlamentsentscheid war eine heftige Debatte vorausgegangen. Mehrere Abgeordnete hatten vor einem militärischen Missbrauch gewarnt. Sie hatten dem Forschungskredit nur zustimmen wollen, falls er mit einem »Verzicht auf die Entwicklung und Herstellung von Atombomben« gekoppelt werde. Doch Bundesrat Kobelt war es schließlich gelungen, den Widerstand zu brechen. Im Brustton der Überzeugung hatte er dem Parlament versichert: »Wir haben weder die Absicht, noch wären wir in der Lage, Atombomben herzustellen.« Erst Jahrzehnte später sollten Parlament und Öffentlichkeit erfahren, dass sie vom Bundesrat belogen und getäuscht worden waren.

Von allem Anfang an stand fest, das Ziel der S.K.A. hieß nicht Grundlagenforschung, sondern die Beschaffung der Atombombe. Die ersten Richtlinien, welche die Aufgaben der S.K.A. umschrieben, hielten fest: »Die S.K.A. soll als Hauptzweck die Schaffung einer schweizerischen Uranbombe oder anderer geeigneter Kriegsmittel, die auf dem Prinzip der Atomenergieverwendung beruhen, anstreben.«[274] Weiter wurde der S.K.A. aufgetragen, verschiedene Einsatzarten zu prüfen,

274 Zitiert nach Peter Hug, *Geschichte der Atomtechnologie*, a.a.O., S. 76. Es handelt sich um den ersten Entwurf, den eine Generalstabsabteilung Bundesrat Kobelt vorlegte. Dieser Entwurf wurde für die Schlussfassung nur leicht abgeändert. In den verabschiedeten Richtlinien, datiert vom 5. Februar 1946, heißt es unter Ziffer 3: »Die S.K.A. soll überdies die Schaffung einer schweizerischen Bombe oder anderer geeigneter Kriegsmittel, die auf dem Prinzip der Atomenergie beruhen, anstreben.«

namentlich: »Uranbomben als Zerstörungsmittel ähnlicher Art wie Minen […]; Uranbomben als Artilleriegeschosse; Uranbomben als Flugzeugbomben.« Diese Richtlinien unterschrieb EMD-Chef Kobelt bereits am 5. Februar 1946, mehr als ein halbes Jahr bevor das Parlament dem S.K.A.-Kredit zustimmte. Das Dokument trägt den Stempel »Geheim« und wurde dem Parlament vorenthalten.

Die Schweizer Regierung und ihre Heerführer hatten von der Atombombe – trotz der apokalyptischen Bilder aus Nagasaki und Hiroshima – ziemlich schräge Vorstellungen. »Der mit Atombomben bombardierte Boden ist nach vorliegenden Untersuchungen beinahe nicht radioaktiv. […] Die Gesamtwirkung einer explodierenden Atombombe beruht fast ausschließlich auf der Wirkung der Druckwelle«, gab Kernphysiker Paul Scherrer während der S.K.A.-Gründungsversammlung vom 5. November 1945 zum Besten.[275]

Die Forschungen der S.K.A. vermochten das Niveau der militärischen Einsichten nicht zu heben. Im Jahre 1963 empfahl eine Arbeitsgruppe für Versuche mit nuklearen Sprengköpfen von 5, 20 und 100 Kilotonnen als Testgelände »eine unbewohnte Gegend, in der ein Radius von zwei bis drei Kilometern vollständig abgesperrt werden kann«.[276] Die geplanten Atombomben sollten ausschließlich auf Schweizer Territorium eingesetzt werden.

Für die Kontakte mit Benito Llambi konnte sich Paul Scherrer auf einen von Bundesrat Karl Kobelt unterzeichneten Geheimauftrag stützen. In der Tat, in den Richtlinien für das geheime Atombombenprojekt heißt es unter Ziffer 1: »Die S.K.A. soll durch ihre Arbeit in die Lage kommen, die militärischen Behörden so genau als möglich über den Stand der Entwicklung der Atomenergie-Verwendung für militärische Zwecke im Ausland zu orientieren.« »Insbesondere sollen festgestellt werden«, so präzisierte der Spionageauftrag weiter: »Lage und Produktionskapazität der ausländischen industriellen Anlagen für militärische Ausnutzung der Atomenergie.« In Argentinien gab es solche Anlagen in der Nähe der Städte Córdoba und San Carlos de Bariloche.

275 Zitiert nach Peter Hug, *Geschichte der Atomtechnologie*, a. a. O., S. 75
276 Peter Hufschmid, »Bombenstimmung«, in: *Tages-Anzeiger-Magazin*, 15. Juli 1995

Nachdem die Verhandlungen mit Heisenberg gescheitert waren, beauftragte Juan Perón den österreichischen Kernphysiker Ronald Richter mit dem Bau der argentinischen Atombombe. Während des Zweiten Weltkrieges hatte Richter in Berlin im Laboratorium von Manfred von Ardenne gearbeitet, der später an der Entwicklung der sowjetischen H-Bombe beteiligt war. Es war der berühmte Raketenbauer und Flugzeugkonstrukteur Kurt Tank, der ihn nach Argentinien holte. Ronald Richter war weder Nazi, noch wurde er als Kriegsverbrecher gesucht. Er konnte frei reisen und musste nicht, wie die meisten Tank-Mitarbeiter, vom Berner Schlepperbüro heimlich nach Argentinien geschleust werden.

In den ersten Jahren arbeitete er in Córdoba. Bezahlt wurde er vom Instituto Aerotécnico der Luftwaffe. Er verfügte über ein eigenes Labor und durfte seine Mitarbeiter frei wählen. Doch mehrere Wunschkandidaten Richters lebten im Untergrund oder saßen in Deutschland fest. Das Instituto Aerotécnico beauftragte darum seinen Headhunter Carlos Fuldner und das Berner Schlepperbüro, sie nach Argentinien zu bringen.

In Córdoba tüftelte Richter an einem damals ziemlich futuristischen Projekt. Im Auftrag von Raketenbauer Tank versuchte er atomare Antriebe für Raketen und Flugzeuge zu entwickeln. Aber Córdoba behagte ihm nicht. Er beschwerte sich über mangelnde Sicherheit und tat ganz verzweifelt, weil die ihm zur Verfügung stehenden Forschungsmittel vorne und hinten nicht ausreichten. Er stellte exorbitante Ansprüche, die sogar das Budget der Generaldirektion der argentinischen Waffenfabriken zu sprengen drohten. Kurt Tank schlug ihm darum vor, sich direkt an Staatspräsident Perón zu wenden.

Was in Córdoba keiner für möglich hielt, traf ein. Juan Perón ließ sich von Ronald Richter begeistern. Er bewilligte ihm ein Atomforschungszentrum und stellte beinahe unbeschränkte Geldmittel zur Verfügung.

Ende 1949 verließ Richter Córdoba und reiste nach San Carlos de Bariloche nahe der Grenze zu Chile im Norden Patagoniens. Bariloche liegt mitten in einer zauberhaften Berglandschaft und am Ufer des Nahuel-Huapi-Sees mit der romantischen Insel Huemul. Diese Insel wählte er als Standort für sein Atomlabor.[277] Die Bauarbeiten dauerten über ein Jahr. Aus Sicherheitsgründen wurden sie von Einheiten der Armee ausgeführt. Überhaupt galten in Huemul außergewöhnliche Sicherheitsbedingungen. Tag und Nacht überwachten Patrouillenboote den See und schirmten die Insel ab. Vor jeder Anlage standen schwer bewaffnete Soldaten. Richter war direkt Staatspräsident Perón unterstellt, der ihm unbeschränkte Vollmachten erteilt hatte. Er war sogar ermächtigt, Verdächtige, Spione und Saboteure zu erschießen.

Ronald Richter beschäftigte rund 200 Mitarbeiter und gab für das Huemul-Projekt 62 Millionen Pesos oder rund 10 Millionen Dollar aus. Der gewaltige Aufwand schien sich zu lohnen. Am 24. März 1951 informierten Perón und Richter in Buenos Aires die Weltpresse über die Arbeiten in den Atomlabors von Huemul: »In Huemul arbeiten argentinische Techniker im Gegensatz zu den ausländischen Plänen auf der Grundlage der thermonuklearen Reaktionen, die denen gleich sind, die Atomenergie auf der Sonne befreien. Um diese Reaktionen zu verursachen, werden Temperaturen von Millionen von Graden benötigt.« Stolz verkündete Juan Perón: »In den Labors für Atomenergie auf der Insel Huemul bei San Carlos de Bariloche wurden am 16. Februar 1951 kontrollierte thermonukleare Reaktionen im technischen Maßstab ausgelöst.« Es handelte sich um Kernfusion des Wasserstoffs in kontrollierter Form, die an der Pressekonferenz als »Kugelblitz« beschrieben wurde.

Das war eine riesige Sensation. Die Weltpresse staunte. Washington und Moskau waren geschockt. Das US-amerikanische Außenministerium ersuchte Buenos Aires um ergänzende Erklärungen. Der Kreml rief seine besten Atomphysiker zu einer Krisensitzung zusammen. Die Aufregung war verständlich. Die Erfolgsmeldung aus den Huemul-Labors bedeutete, dass Argentinien die Atommächte USA und UdSSR überflügelt hatte.

277 Peter Alemann, Artikelserie über das Atomlabor Huemul & Ronald Richter (Manuskripte), Archiv *Argentinisches Tageblatt*, Buenos Aires. Peter Alemann, Journalist und Mitinhaber der deutschsprachigen Zeitung *Argentinisches Tageblatt* in Buenos Aires, hatte sich jahrelang mit Ronald Richter und der argentinischen A-Bombe beschäftigt. Er hatte Richter mehrfach interviewt, aber auch mit zahlreichen führenden Kernphysikern in den USA, der UdSSR sowie Deutschland gesprochen. Siehe auch: Mario Mariscotti, *El secreto atómico de Huemul*, a. a. O.

Richter gab an: »Im Verlaufe unserer Arbeiten im thermonuklearen Reaktor konnten die Probleme der sogenannten Wasserstoffbombe intensiv studiert werden.« Als Argentinien »kontrollierte thermonukleare Reaktionen« meldete, hatten die USA nicht einmal »unkontrollierte Reaktionen« im Griff – die erste amerikanische Wasserstoffbombe wurde erst im November 1952, eineinhalb Jahre später, gezündet.

Staatspräsident Juan Perón bedankte sich überschwänglich bei Ronald Richter, überhäufte ihn mit Ehrenauszeichnungen und sprach neue Kredite. Sein Glaube an Richter war unerschütterlich. »Perón setzte so viele Hoffnungen auf Richter, dass er sogar die Neuausrüstung der Elektrizitätswerke nach dem Krieg vernachlässigte, ›weil wir ja doch bald die Atomkraft haben werden‹«, schrieb Peter Alemann.[278]

Doch die Freude an der »Sensation von Huemul« war von kurzer Dauer. Die Meldung über die argentinische Bombe sollte sich als dreister Bluff entpuppen. Perón und das »Neue Argentinien« waren bis auf die Knochen blamiert.

Die internationale Fachwelt hatte von Anfang an mit größter Skepsis reagiert. Renommierte Kernphysiker wie Werner Heisenberg hatten Richters Versuchsergebnisse für »wenig wahrscheinlich« gehalten. »Phantasie und wissenschaftliche Wirklichkeit vermischen sich bei ihm so sehr, dass man sich auf seine Arbeitsergebnisse nicht verlassen kann«, hatte Manfred von Ardenne in Moskau über seinen früheren Mitarbeiter Richter erklärt. Und US-amerikanische Wissenschaftler hatten Juan Peróns Schützling sogar übel beschimpft, ihn als »Hofalchimisten« und »Scharlatan« betitelt.

Nachdem auch argentinische Physiker und vor allem zahlreiche Parlamentarier Zweifel anmeldeten, stimmte Perón einer Untersuchungskommission zu. Wissenschaftler sollten Richters Versuche wiederholen. Das Resultat war niederschmetternd. Die Kommission kam zum Schluss: Die nukleare Reaktion konnte weder experimentell noch theoretisch nachgewiesen werden. »Atomzauberer« Ronald Richter wurde zum Teufel gejagt. Anfang 1953 musste er Bariloche verlassen. Argentiniens Versuch, die Atombombe zu bauen, endete als Farce.

278 Peter Alemann, »Das Atomgeheimnis von Huemul«, in: *Argentinisches Tageblatt*, Buenos Aires, 11. Mai 1985

»Das ist nun mal gründlich misslungen. Das Resultat ist Nullkommanix«, kommentierte Peter Alemann im *Argentinischen Tageblatt*.

Das Huemul-Projekt gibt bis heute Rätsel auf. War vielleicht doch was dran am Kugelblitz? Richter hatte eine Antwort verunmöglicht. Weil er das Geheimnis der Kernfusion nicht preisgeben wollte, hatte er sich einer Wiederholung seiner Versuche widersetzt und die Arbeit der Untersuchungskommission sabotiert. Seine Berechnungen und Versuchsprotokolle hatte er zurückbehalten und nie publiziert.

So viel jedoch steht fest: Richters Atomlabor bei Bariloche hatte damals ein enormes Interesse geweckt. Nicht nur der Schweizer Paul Scherrer hatte versucht, das Geheimnis von Huemul zu knacken. Gordon Dean, Leiter der Atomenergie-Kommission der USA, hatte sich am Huemul-Projekt beteiligen wollen. Nachdem Richter abgelehnt hatte, bewilligte die amerikanische Atomenergie-Kommission einen Forschungskredit in der Höhe von 50 Millionen für ein Projekt, das sich ausdrücklich auf Richter bezog.[279] Ebenso hatte der holländische Multi Philips eine Zusammenarbeit angeboten. Im Juni 1951 hatte Perón den holländischen Kernphysiker C. J. Bakker zu Verhandlungen über das Philips-Angebot empfangen. Anschließend war Bakker nach Bariloche geflogen und hatte die Atomlabors auf der Insel Huemul besucht.[280] Unmittelbar nach seiner Rückkehr nach Europa hatte er in Zürich Paul Scherrer aufgesucht. Sie hatten über Ronald Richter gesprochen.[281]

Paul Scherrer interessierte sich nicht nur als Chef des Geheimprojektes »Schweizer Bombe« für die argentinischen Atompläne. Er tat dies, so darf man vermuten, auch für die USA. Dokumente aus dem amerikanischen Nationalarchiv nämlich belegen, dass er Agent mehre-

279 Mario Mariscotti, *El secreto atómico de Huemul*, a. a. O., S. 143

280 Peter Alemann allerdings behauptet, Richter habe sich geweigert, Bakker zu empfangen. Nach Angaben des Schweizer Botschafters in Den Haag jedoch hat das Treffen Bakker–Richter tatsächlich stattgefunden. Der Schweizer Botschafter berichtete in einem Schreiben an das EPD, aufgrund der Reise Bakkers habe Argentinien für die Atomlabors von Huemul bei Philips ein Zyklotron für Atomspaltungsversuche bestellt. Siehe Berichte des Schweizer Botschafters in Den Haag an EPD, BAr.: 5150 (B) 1968 / 10, Bd. 210

281 Peter Hug, *Geschichte der Atomtechnologie* ; a. a. O., S. 112

rer US-Geheimdienste war.[282] Bereits während des Krieges hatte »Flute«, so Scherrers Agentenname, für den US-amerikanischen Geheimdienst gearbeitet. Er hatte seinen Freund Werner Heisenberg ausgehorcht und konnte so dem amerikanischen Auftraggeber über Hitlers Atompläne berichten.

Evita stirbt

Evita starb am 26. Juli 1952 im Alter von nur 33 Jahren. Ihr Tod löste eine kollektive Hysterie aus.

Es war kurz vor 21 Uhr. Im ganzen Land läuteten die Totenglocken. Alle Radiostationen unterbrachen ihr Programm und sendeten Trauermusik. Alle paar Minuten wiederholten sie die Meldung: »Señora Eva Perón, die geistige Führerin der Nation, hat um 20 Uhr 25 Unsterblichkeit erlangt.« Kinos und Theaterhäuser brachen ihre Vorstellungen ab. In den Straßen umarmten sich wildfremde Passanten und weinten. Vor der Präsidentenvilla und dem Arbeitsministerium versammelten sich Evita-Anhänger, zündeten Kerzen an und beteten die ganze Nacht hindurch.

Die Regierung war zu einer Sondersitzung zusammengetreten und hatte eine Staatstrauer für 30 Tage angeordnet. Die Gewerkschaft CGT hatte ihre Anhänger angewiesen, während 72 Stunden die Arbeit ruhen zu lassen. In den nächsten Tagen blieben alle Läden und Geschäfte geschlossen. Ganz Argentinien hielt den Atem an und trauerte.

Seit dem vergangenen Herbst hatte Evita ihr Krankenbett nur ein Mal verlassen: am 4. Juni, als Juan Perón seine zweite Amtszeit als Staatspräsident antrat. Im November 1951 war er mit einer überwältigenden Mehrheit wiedergewählt worden. Er hatte doppelt so viele Stimmen wie sein Gegenkandidat von der radikalen Partei erhalten. Eigentlich hätte Evita als Vizepräsidentin kandidieren sollen. Aus gesundheitlichen Gründen hatte sie jedoch verzichten müssen. Sie war an Krebs erkrankt. Jetzt aber bestand sie darauf, obwohl todkrank, an der

282 Peter Frey, »Paul Scherrer: Nazi-A-Bombe verhindert?«; in: *Tages-Anzeiger* (Zürich), 27. April 1995. Siehe auch: Peter Hufschmid, »Ein entlarvendes Dokument«, in: *Tages-Anzeiger* (Zürich), 12. Mai 1995

Vereidigung Juan Peróns teilzunehmen. Es sollte ihr letzter öffentlicher Auftritt sein. Und ein unglaubliches Schauspiel.

Juan Perón wurde in einer offenen Limousine von der Präsidentenresidenz zum Kongress gefahren. Die Präsidentengarde in Galauniform und hoch zu Ross führte den Umzug an. Hinter der Präsidentenlimousine marschierten alle Minister, gefolgt vom neu gewählten Parlament. Tausende von Schaulustigen jubelten dem Präsidentenpaar zu. Juan Perón und Evita winkten. Doch Evita war zu schwach, um sich aus eigener Kraft auf den Beinen zu halten. Ein Gestell aus Draht und Gips, versteckt unter ihrem weiten Nerzmantel, hielt sie aufrecht. Vor der Fahrt zum Kongress hatte sie mehrere Morphiumspritzen bekommen. Wenige Tage später fiel sie ins Koma, aus dem sie nicht mehr aufwachte.

Evita wurde zuerst im Arbeitsministerium und später im Kongressgebäude aufgebahrt. Sie lag unter einem Leichentuch in den Farben der argentinischen Fahne. Um die gefalteten Hände gewickelt der Rosenkranz, den ihr Papst Pius XII. geschenkt hatte. Hunderttausende nahmen am offenen Sarg Abschied. Es kam zu herzzerreißenden Szenen. An die tausend Menschen erlitten Schwächeanfälle oder fielen in Ohnmacht. Vor dem Arbeitsministerium hatte es sogar Tote gegeben. Eine hysterisch gewordene Menge hatte mehrere Menschen zu Tode getrampelt.

Am 10. August wurde der Sarg verschlossen und in die Zentrale der Gewerkschaft CGT überführt. Entlang der Straße zwischen Kongress und CGT-Zentrale standen 20000 Soldaten Spalier. Eine Kompanie berittene Grenadiere führte den Trauerzug an. Eine Militärkapelle spielte den Trauermarsch von Chopin. Der Sarg mit Evita war auf eine Militärlafette gebettet, die von 35 anonymen, hemdsärmeligen Arbeitern, Descamisados, gezogen wurde. Dem Sarg folgten Juan Perón, Evitas Mutter und Geschwister, dahinter die Generalität, Minister, Abgeordnete, Gewerkschaftssekretäre und all die Delegationen der unzähligen Evita-Organisationen. Aus den Fenstern und von den Balkonen herab ergoss sich ein Blumenregen auf den Trauerzug. Zwei Millionen Menschen sollen an der Trauerfeier teilgenommen haben.

Peróns Informationsminister Raúl Apold, »der argentinische Goebbels«, hatte für die Trauerfeier den berühmten Kameramann der 20th

Century Fox Edward Cronjagar einfliegen lassen. Er drehte das monumentale Rührstück *Y la Argentina detuvo su corazón* (Und Argentinien blieb das Herz stehen).

Gemäß Evitas Wunsch sollte die CGT-Zentrale ihre letzte Ruhestätte werden. Vorläufig wurde sie im zweiten Stock des Gewerkschaftshauses aufgebahrt. Später sollte sie ihr eigenes Mausoleum erhalten, dessen Bau das Parlament bereits beschlossen hatte. Geplant war das größte Denkmal der Welt, bestehend aus einer Plastik, die eine Gruppe Descamisados darstellte, und einer Evita-Statue aus Carrara-Marmor. Die Figur Evita hätte die Freiheitsstatue von New York um das Doppelte überragt. Weder das Mausoleum noch das Denkmal wurden fertig gestellt.

Nach ihrem frühen Tod erreichte der Personenkult um Evita den Höhepunkt und nahm geradezu religiöse Züge an.[283] Die Titel, mit denen ihre Huldiger sie bedachten, lesen sich wie eine Heiligenlitanei: Heldin des Volkes, Mutter der Besitzlosen, Patronin der Rechtlosen, Fürbitterin der Frauen, Madonna der Demütigen ... Am 1. August 1952, knapp eine Woche nach Evitas Tod, schrieb die Gewerkschaft der Nahrungsmittelarbeiter im Namen ihrer 160000 Mitglieder an Papst Pius XII. und ersuchte ihn, den Prozess der Heiligsprechung von Eva Perón einzuleiten. Die Antwort des Heiligen Vaters war zwar voraussehbar, wurde aber von den Gewerkschaftern als Beleidigung aufgefasst: »Sind im Falle der Señora Perón die bürgerlichen Tugenden durchaus in augenfälliger Weise praktiziert worden, so ist über ihre religiösen Tugenden nichts bekannt, und auf den ersten Blick scheint da nichts von dem Heroismus gewesen zu sein, der von der Kirche in solchen Fällen gefordert wird.«[284]

Nicht alle trauerten um Evita. Die argentinische Schriftstellerin Alicia Dujovne Ortiz, die nach Tomás Eloy Martínez die beste Evita-Biografie verfasste, berichtet, dass in Familien der argentinischen Oberschicht Evitas Tod mit Champagner begossen wurde.[285] Die Oligarchie hasste Evita. Für sie war sie keine Heilige, sondern eine Tyrannin und skrupellose Intrigantin.

283 Siehe u. a.: Alicia Dujovne Ortiz, *Evita Perón*, a. a. O., S. 381 ff.
284 Zitiert nach: John Barnes, *Evita Perón – Macht und Mythos*, München 1997, S. 264
285 Alicia Dujovne Ortiz, *Evita Perón*, a. a. O., S. 390

Fabian Philipp, Doyen der Journalisten des *Argentinischen Tageblattes*, teilt dieses Urteil: »Aus meiner Sicht war sie ein ausgesprochenes Miststück; sie wollte nichts anderes als Macht, immer mehr Macht, und dafür war ihr beinahe jedes Mittel recht.«[286] Fabian Philipp hatte die Evita-Epoche nicht mehr miterlebt, er war erst mehrere Jahre später nach Buenos Aires gekommen. Doch er hat sich einen Namen gemacht als Kenner der jüngeren argentinischen Geschichte. Er ärgert sich über die noch immer übliche Idealisierung Evitas und spricht von Geschichtsfälschung. »Die zur Heiligen hochstilisierte Evita war Aushängeschild und wichtige Stütze der von Juan Perón errichteten Diktatur. In den meisten Evita-Darstellungen wird das nur am Rande erwähnt oder sogar gänzlich unterschlagen. Ich halte das für einen sehr bedenklichen Umgang mit Geschichte, vor allem wenn man weiß, dass der Peronismus sehr viel Ähnlichkeit sowohl mit dem Faschismus wie auch mit dem Nationalsozialismus in Deutschland hatte«, begründet Redaktor Philipp. Dieser kritische Standpunkt hat Tradition beim *Argentinischen Tageblatt*. Philipps Vorgänger waren engagierte Gegner der peronistischen Diktatur, und sie verabscheuten die Nazis. Dafür bezahlten sie einen sehr hohen Preis.

Das *Argentinische Tageblatt* erscheint in Buenos Aires und ist heute die einzige größere deutschsprachige Zeitung Argentiniens. Sie war 1889 von Schweizer Einwanderern, der Berner Verlegerfamilie Alemann, gegründet worden. In den 30er-Jahren entwickelte sie sich zum Sprachrohr der antinationalsozialistischen Opposition und war regelmäßig Opfer gewalttätiger Übergriffe. Schlägertrupps überfielen Journalisten und Mitarbeiter des Verlages; nächtliche Einbrecher plünderten das Zeitungsarchiv und verwüsteten Redaktionseinrichtungen; auf die Druckerei wurde sogar ein Bombenattentat verübt. Die Schuldigen wurden nie gefunden. Fabian Philipp ist aber überzeugt: »Die Täter stammten ohne Zweifel aus den Reihen der Nazis, von denen es hier mehr als genug gab. Die NSDAP-Landesgruppe Argentinien war die mächtigste Auslandorganisation der deutschen Nazis und zählte mehr eingeschriebene Mitglieder als Österreich.« In Deutschland war das

286 Interview mit Fabian Philipp, 13. Mai 1998 in Buenos Aires

Argentinische Tageblatt bereits im Jahre 1933 verboten worden. Die Deutsche Botschaft in Buenos Aires unternahm mehrere Versuche, das Sprachrohr der Nazi-Gegner zum Schweigen zu bringen, indem sie Inseratenboykotte organisierte und die Verlegerfamilie Alemann mit Gerichtsklagen eindeckte. Unter Dikator Juan Perón wurde es kaum besser. Aus Rache für kritische Berichterstattung kürzte er dem Verlag die Importbewilligung für Zeitungspapier. Im Jahre 1950 ließ er Zeitung und Druckerei vorübergehend schließen.

»Um seine politischen Ziele zu erreichen, setzte Juan Perón immer auch Gewalt ein. Evita verhielt sich da nicht viel anders. Es stimmt zwar, dass sie eine Menge Geld für gute Zwecke ausgab. Doch ein Großteil dieser Gelder hat sie erpresst. Das lässt sich belegen. Dafür gibt es haufenweise Zeugen. Die ›Stiftung Evita Perón‹ war nichts anderes als ein riesiger Erpressungs- und Bestechungsfonds«, behauptet Fabian Philipp. Regelmäßig ging Evita Wirtschaftsunternehmen um Spenden für ihre Stiftung an. Die Höhe des Betrages jedoch bestimmte sie selbst. Die Unternehmer mussten einen Blankoscheck unterschreiben. »Sie hatte vor niemandem Respekt. Ob Minister oder Gaucho, sie sprach jeden mit ›Muchacho‹, Junge, an«, erzählt Fabian Philipp und fährt fort: »In einem Hotel hier in Buenos Aires trafen sich Vertreter der wichtigsten Industriebetriebe. Plötzlich platzte Evita in den Saal, unterbrach die Versammlung und trug ihr Anliegen vor. Offenbar steckte eines ihrer Hilfswerke in Geldnöten. ›Muchachos, hay que aflojar‹, erklärte sie den Industrievertretern, ›Jungs, jetzt müsst ihr mal bluten, macht mal locker.‹ Und dann hat sie denen ihr Geld abgenommen.« Alle bezahlten, weil sie Evitas Rache fürchteten. Fabian Philipp: »Ein Unternehmer, der nicht spurte, musste sich auf alles Mögliche gefasst machen. Als erste Warnung schickte ihm Evita einen ihrer Schlägertrupps ins Haus. In der Regel schlugen sie ein paar Maschinen kaputt oder steckten ein Büro in Brand. Wer noch immer nicht verstand, wanderte unter irgendeinem Vorwand ins Gefängnis und seine Fabrik wurde geschlossen.« Evita hatte bei der Karamellfabrik Mu-Mu 100 000 Packungen Bonbons bestellt. Der Mu-Mu-Hersteller hatte es gewagt, dafür Rechnung zu stellen. Daraufhin bekam er Besuch von einem Inspektor des Gesundheitsministeriums. Der fand angeblich Rattenhaare im

Karamellteig. Der Bericht des Inspektors wurde in der peronistischen Presse abgedruckt. Die Fabrik wurde geschlossen, und ein Gericht verurteilte den Mu-Mu-Hersteller zu einer gewaltigen Buße, die an die Evita-Stiftung überwiesen werden musste.[287] Ein Pharma-Unternehmen weigerte sich, den Spitälern der Evita-Sozialwerke Medikamente zum Vorzugspreis abzugeben. Die Pillenfabrik verlor ihr Verkaufspatent und ging Pleite.[288] Zahlreiche Unternehmer, unter ihnen Argentiniens bekanntester Bierbrauer Bemberg, flohen ins Exil.

Die Stiftung Eva Perón hatte in weniger als fünf Jahren Spenden- und Subventionsgelder in Milliardenhöhe bezogen. Ihre Jahreseinkünfte wurden auf rund 400 bis 500 Millionen Pesos geschätzt. Ihre wichtigste Geldquelle war der Staat. Ein Großteil der staatlichen Einnahmen aus Glücksspielen wie der Staatslotterie flossen direkt in die Kassen der Stiftung. Ebenso die Kino- sowie gewisse Erbschaftssteuern. Hinzu kamen staatliche Beihilfen, die das peronistisch kontrollierte Parlament in regelmäßigen Abständen absegnete. Beträchliche Mittel bezog sie zudem von den Gewerkschaften. Jedes Mitglied der mächtigen CGT stiftete alljährlich zwei Tageslöhne. Wenn eine Gewerkschaft Lohnerhöhungen durchsetzte, mussten die Arbeiter im ersten Monat die Erhöhung der Fundación Eva Perón abliefern. Analog zum Parlament beschlossen die Gewerkschaften Extrabeiträge, sehr oft in der Höhe mehrerer Millionen. Niemand weiß, wie viel Geld die Stiftung einnahm und wie viel davon von Evita verteilt wurden. Es gab keine Buchhaltung. Evita legte nie eine Abrechnung vor.

Evitas verschollene Schätze

»Millionen und Abermillionen sind durch ihre Hände gegangen. Der Präsident sagte ein Mal im Scherz, seine Frau habe bald mehr Geld in Händen als der Staat selber.«[289] Folgende Aufstellung lässt erahnen, wie viel Reichtum Evita angehäuft hatte. Sie besaß 1200 Gold- und

287 Peter Alemann, *Evita-Kurzbiographie* (Manuskript), Archiv *Argentinisches Tageblatt*, Juli 1952. Siehe auch: John Barnes, *Evita Perón – Macht und Mythos*, a. a. O., S. 186

288 Ebd.

289 Ebd.

Silberbarren, 756 Schmuckstücke aus Gold oder Silber, 650 Ringe, 144 Gegenstände aus Elfenbein, mehrere Colliers und Broschen aus Platin, eine Diamanten- und Edelsteinsammlung, deren Wert damals auf etwa 19 Millionen Pesos geschätzt wurde. Sie hatte in Immobilien investiert und für wenigstens 16 Millionen Pesos Aktien oder andere Anlagepapiere gekauft.[290] Ohne Zweifel hatte sie auch mehrere Bankkonten unterhalten. Die Präsidentengattin hatte ihren Reichtum nie verheimlicht. Im Gegenteil, sie hatte ihn offen zur Schau getragen und keine Gelegenheit ausgelassen, um der Welt kundzutun, über welche unbegrenzten Mittel sie verfügte.

Doch nach ihrem Tod blieb kaum etwas zurück von diesem immensen Reichtum. Niemand konnte sich vorstellen, dass er sich plötzlich in Luft aufgelöst hatte. Es war der Beginn einer hektischen und immer verzweifelteren Suche nach versteckten Bankeinlagen und Geheimkonten. General Juan Perón vermutete sie in der Schweiz. Evitas Mutter dagegen beschuldigte Juan Perón, er hätte sie um ihr Erbe betrogen. Sie wird ein Vermögen für Anwälte ausgeben, um an die verschollenen Evita-Gelder heranzukommen.

Kurz nach Evitas Tod hatte Perón erfahren, dass sie in den letzten Jahren heimlich Koffer voller Geld und Schmuck in die Schweiz schmuggeln ließ. In Schweizer Banktresoren soll sie so möglicherweise um die 60 Millionen Franken angehäuft haben, berichtet Evita-Biograf John Barnes.[291] Perón beschloss, seinen Privatsekretär Juan Duarte in die Schweiz zu schicken. Es war kein Zufall, dass er für diese Mission seinen Privatsekretär auswählte. Juan Duarte war Evitas Bruder. Niemand hatte Evita so nahe gestanden wie er; nicht einmal Juan Perón, ihr Mann. Evita und Juancinto waren unzertrennlich gewesen. Juancinto hatte zusammen mit Evita die Schweiz besucht, und er hatte an ihrer Seite gestanden, als sie damals Schweizer Bankiers getroffen hatte. Juancinto war einer der wenigen, wenn nicht der Einzige, der wissen konnte, auf welchen Schweizer Banken Evita Konten besaß.

290 Tomás Eloy Martínez, *Santa Evita*, Paris 1997, S. 119
291 John Barnes, *Evita Perón – Macht und Mythos*, a. a. O., S. 267

Juan Duarte war einen Monat lang unterwegs. Zuerst in Begleitung von Héctor Cámpora, später allein. Offenbar hatte der Präsident seinem Privatsekretär nicht ganz über den Weg getraut und ihm deswegen den früheren Parlamentspräsidenten Cámpora als Aufpasser zur Seite gestellt. Mit wem sich Duarte in der Schweiz getroffen und bei welchen Banken er nach Evita-Konten gesucht hatte, ist nie geklärt worden. Es hieß, er hätte ein einziges Schließfach gefunden, in dem aber angeblich nur ein paar Goldmünzen aufbewahrt wurden. Perón und auch Evitas Mutter hatten sogar diesen Fund dementiert.

Am Morgen des 9. April 1953, kurze Zeit nach seiner Rückkehr aus der Schweiz, fand man Juancinto tot im Schlafzimmer seiner Wohnung. Erschossen. Der Tote lag halb ausgezogen seitlich gegen das Bett gelehnt. Es sah aus, als habe er vor dem Bettrand gekniet und sei kopfvoran gegen das Bett gefallen. Direkt neben der Leiche ein Revolver der Marke Smith & Wesson, Kaliber 38. Auf dem kleinen Schemel beim Nachttisch gut sichtbar ein Abschiedsbrief, in dem Juancinto seinen Freitod begründete. Der Tod seiner Schwester Evita habe ihn in eine tiefe Depression gestürzt; das Leben habe ihn nur noch angewidert; ohne Evita wolle er nicht mehr weiterleben, schrieb Juancinto. Richter Pizarro Miguens hatte nicht den geringsten Zweifel. Es war Selbstmord. Juan Duarte hatte sich den Revolver gegen die Stirn gehalten und abgedrückt.

Nach Juan Peróns Sturz im September 1955 wurde der Fall Juan Duarte nochmals aufgerollt. Eine Parlamentarische Untersuchungskommission (PUK), die eng mit der Bundespolizei zusammenarbeitete, deckte auf: Duarte hatte sich nicht umgebracht, er war ermordet worden.[292] Die Mörder hatten sich so sicher gefühlt, dass sie nicht einmal

292 Aldo Luis Molinari, *Caso Duarte*, Buenos Aires 1958. Es handelt sich um die in Buchform veröffentlichte Version des PUK-Berichtes. Aldo Luis Molinari war Vizechef der Bundespolizei und Präsident der Untersuchungskommission. Siehe auch: »Un hecho oscuro – la muerte de Juan Duarte«, in: *Libro negro de la segunda tiranía*, Buenos Aires 1958, S. 202 ff. Das Schwarzbuch enthält den Schlussbericht der parlamentarischen Kommission, die im Oktober 1955 eingesetzt worden war, um die »kriminellen Machenschaften« während der Präsidentschaft von Juan Perón zu untersuchen.

ihre Spuren beseitigt hatten. Der Ermittlungsbericht des Richters Miguens wies haarsträubende Fehler und Lücken auf.

Der Revolver, der neben der Leiche gefunden wurde, hatte Kaliber 38. Die Kugel aber, die Juancintos Schädel zertrümmerte, stammte aus einer Waffe mit Kaliber 45. Der tödliche Schuss, so ergab die Autopsie, wurde aus mindestens 20 Zentimetern abgegeben. Die Gerichtsmediziner stellten zudem Kopfverletzungen fest, »wahrscheinlich eher durch Schläge mit einem harten Gegenstand hervorgerufen als durch den Aufschlag nach einem Sturz«.[293] Der Abschiedsbrief tauchte erst später am Tatort auf. Die Polizei gab an, er habe umgeschrieben werden müssen, weil er zu viele Schreibfehler enthielt.

Die Spur der Mörder führte direkt in den Präsidentenpalast. Alles deutete darauf hin, dass General Juan Perón persönlich den Mordauftrag erteilt hatte. Zu diesem Schluss kam die PUK, nachdem sie zahlreiche Augenzeugen angehört hatte. Am Vorabend und während der Todesnacht hatten sich im Haus an der Avenida Callao 1944, wo Juan Duarte wohnte, sonderbare Dinge zugetragen.

»Am frühen Morgen des 9. April, zwischen 2.00 Uhr und 2.30 Uhr, hörte ich ein Geräusch wie von einem Auto, das die Stoßstange eines anderen Wagens rammt«, erzählte eine Frau, die im ersten Stock direkt gegenüber von Juan Duartes Hauseingang wohnte.[294] Aufgeschreckt durch den Lärm trat sie auf ihren Balkon. »Vor Juan Duartes Haus stand ein Auto«, berichtete die Zeugin der PUK. »Ich konnte zwei Männer erkennen, die einen dritten mit sich führten; dieser ließ sich schleppen, die Arme hingen ihm herunter, es sah aus, als sei er ohne Bewusstsein.« Eine Nachbarin von Duarte, die gegen 2 Uhr nachts nach Hause kam, sagte aus: »Als ich mit dem Lift nach oben fuhr, sah ich Blutflecken. Die Türe zu Juan Duartes Wohnung im fünften Stock stand weit offen. In der Wohnung brannte Licht.«[295]

In der Eingangshalle war sie mehreren Männern begegnet. Drei von ihnen hatte sie erkannt, es handelte sich um sehr hohe Staatsfunktionä-

293 Autopsiebericht zitiert nach: *Libro negro de la segunda tirania*, a. a. O., S. 207
294 Aldo Luis Molinari, *Caso Duarte* (PUK-Bericht), a. a. O., S. 42f.
295 Ebd., S. 43f.

re, die zum engsten Kreis des Präsidenten zählten: Informationsminister Raúl Apold, Peróns Protokollchef Raúl Margueirat sowie der frühere Parlamentspräsident Héctor Cámpora, der als Aufpasser Juan Duarte in die Schweiz begleitet hatte. Hausbewohner hatten bereits am Vorabend beobachtet, wie diese drei hohen Perón-Funktionäre in Duartes Wohnung gegangen waren.

Die Inszenierung des als Selbstmord getarnten Mordes an Juan Duarte begann Ende März ausgerechnet in einem Theater. Am Rande einer Vorstellung im Teatro Colón, dem bekanntesten Theaterhaus in Buenos Aires, unterhielt sich Staatspräsident Juan Perón mit der Schauspielerin Maliza Zini. Was die Schauspielerin zu berichten wusste, war für den Präsidenten von so großem Interesse, dass er sie noch am selben Abend zu einem Privatgespräch einlud. Am nächsten Tag setzten sie die Unterhaltung fort; sie fand in der Residenz des Präsidenten statt. Die PUK nahm an, dass es bei diesen Gesprächen um Privatsekretär Juan Duarte ging. Denn kurz darauf nahm der Staatssicherheitsdienst die Schauspielerin Fanny Navarro vorübergehend fest und verhörte sie während mehrerer Stunden. Fanny Navarro gehörte zum Ensemble des Teatro Colón und war, wie Maliza Zini, eine ehemalige Mätresse Duartes. Zusätzlich zur Staatssicherheit schaltete Perón eine geheime Untersuchungskommission ein. Sie wurde von General León Justo Bengoa geleitet und setzte sich aus einem Dutzend hochrangiger Militärs zusammen. Die Staatssicherheit untersuchte den Korruptionsverdacht. Die geheime Militärkommission ließ Duarte rund um die Uhr überwachen und verhinderte, dass er untertauchte. Daneben konzentrierte sie sich auf die Sicherstellung wichtiger Dokumente. Sie durchsuchte mehrfach die Wohnung an der Avenida Callao 1944 sowie mehrere Büros bei der Präsidentschaft. Ihre größte Sorge war offensichtlich, so der PUK-Bericht, Duarte könnte Geheimpapiere und Bankunterlagen verschwinden lassen.

Am 6. April informierten die Staatssicherheit und die geheime Militärkommission Juan Perón über ihre bisherigen Ermittlungen. Die Angaben der Schauspielerinnen hätten sich als wahr erwiesen, berichteten sie. General Bengoa erklärte: »Die Machenschaften des Privatsekretärs sind eine ernsthafte Bedrohung für das Ansehen des Präsidenten.« Privatsekretär Juan Duarte wurde auf der Stelle entlassen. Die offizielle Begründung: Verdacht auf Korruption sowie illegale Bereicherung. Der Staatssicherheitsdienst hatte umfangreiches Material zusammengetragen, das Duarte schwer belastete. Die Vorwürfe reichten von illegalem Fleischexport über Schwarzhandel mit amerikanischen Autos bis hin zu Wettbetrug; Duarte war Eigentümer mehrerer Rennpferde. Bereits am 8. April legten General Bengoa und die Staatssicherheit ihren Schlussbericht vor. Am nächsten Morgen sollte Duarte vor der Regierung zu den Vorwürfen Stellung nehmen. Doch Peróns Privatsekretär erschien nicht. Er lag erschossen in seiner Wohnung.

Die zweieinhalb Jahre später eingesetzte PUK wies eindeutig nach, dass Juan Duarte sich nicht umgebracht hatte, sondern ermordet worden war. Es gelang ihr aber nicht, den mysteriösen Mord restlos aufzuklären, denn Duartes Mörder wurden nie verurteilt, und kein Gericht stellte fest, warum er sterben musste. Trotzdem, die PUK wies nach, dass engste Mitarbeiter Peróns an dem Mord beteiligt waren und dass Korruption und Bereicherung nicht die wahren Gründe waren, weshalb Perón seinen Privatsekretär loswerden wollte.

Juan Duarte war ein bekannter Schmuggler, seine zweifelhaften Geschäfte kein Geheimnis. Als Evita ihn Juan Perón vorstellte, trug er einen geliehenen Anzug und war arm wie eine Kirchenmaus. Keine fünf Jahre später nannte ihn die Presse den »reichsten Junggesellen Amerikas«. Sein Vermögen wurde auf rund 100 Millionen Franken geschätzt. Er besaß zahlreiche Häuser, fuhr die teuersten Autos, hielt sich Rennpferde; vorübergehend leistete er sich sogar ein Privatflugzeug. Wie viel der Privatsekretär des Präsidenten verdiente, wusste keiner besser als der Präsident. Jahrelang kümmerte es Perón nicht im Geringsten, woher das viele Geld kam. Plötzlich, nur kurz nach seiner Reise in die Schweiz, jagte er seinen Sekretär aus dem Amt und warf ihm »Unehrenhaftigkeiten und Schweinereien in großem Stil« vor. Niemand glaubte dem Präsidenten. »Oberfaul«, kommentierten mehrere Zeitungen. Kommt hinzu: Duarte hatte viele Partner, alles führende Peronisten, die meisten gehörten sogar zum engeren Freundeskreis des Staatspräsidenten und saßen in Schlüsselpositionen der Verwaltung. Obwohl sie in die Korruptionsaffäre verstrickt waren, blieben sie in Amt und

Würden. Sie setzten die zweifelhaften Geschäfte ihres Freundes Duarte fort. Die »Schweinereien in großem Stil« gingen munter weiter.

Über die wahren Gründe für den Mord an Juan Duarte wurde viel spekuliert. Zwei Erklärungsversuche wurden besonders häufig verbreitet, beide haben mit Evitas Schweizer Konten zu tun.[296] Erklärungsversuch eins: Duarte kam mit leeren Händen aus der Schweiz zurück, weil er nichts gefunden hatte. Präsident Perón aber glaubte ihm nicht und fühlte sich betrogen. Er war überzeugt, dass sein Sekretär die Evita-Konten gefunden und abgeräumt hatte. Erklärungsversuch zwei: Duarte hatte tatsächlich Evita-Konten gefunden. Er gab die Kontennummern brav preis und unterschrieb Dokumente, die es dem Präsidenten erlaubten, an Evitas Vermögen heranzukommen. Ob als Betrüger oder lästiger Mitwisser, in beiden Fällen hätte Evitas Bruder sein eigenes Todesurteil unterschrieben.

General Perón verliert die Macht

Juan Perón gab die Hoffnung nicht auf, das Geheimnis der Schweizer Evita-Konten zu knacken. Doch im Moment hatte er andere Sorgen. Argentinien wurde mit jedem Tag unregierbarer.

Präsident Perón war dabei, die Unterstützung selbst der Descamisados zu verlieren. Die Menschen waren enttäuscht. Das versprochene »Neue Argentinien« und der Aufstieg zur dritten Weltmacht hatten sich als Schimäre entpuppt. Als Juan Perón die Macht übernommen hatte, zählte Argentinien zu den zehn reichsten Ländern der Welt. Acht Jahre Diktatur hatten es heruntergewirtschaftet auf das Niveau eines armen Dritte-Welt-Landes. Im internationalen Vergleich stand es sogar schlechter da als zwanzig Jahre zuvor.

Der Machtzerfall begann mit Evitas Tod. Die Gewerkschaft – zu Evitas Zeiten die militanteste Jubeltruppe des Diktators – ging auf Distanz und wanderte Sektion um Sektion ins Lager der Perón-Gegner ab. Innerhalb der Armeen erwachten die alten Konflikte. Ende 1954 beging Perón einen fatalen politischen Fehler. Obwohl er bereits schwer angeschlagen war, ließ er sich auf einen Machtkampf mit der katholischen

296 Alicia Dujovne Ortiz, *Evita Perón*, a.a.O., S. 412

Kirche ein. Seine Begründung: Priester hätten die Gewerkschaften unterwandert und zum politischen Widerstand aufgerufen. Juan Perón forderte die Kirche auf, sich aus den Arbeiterorganisationen zurückzuziehen. Als sein Aufruf keine Wirkung zeigte, erklärte er der Kirche den Krieg. Er entzog ihr jede staatliche Finanzhilfe, ließ die katholischen Feiertage abschaffen und verbot in den Schulen den Religionsunterricht. Das Parlament beschloss die Trennung von Staat und Kirche. Peróns Attacke auf die Kirche erreichte ihren Höhepunkt, als er die Scheidung und, praktisch im gleichen Atemzug, die Prostitution legalisierte. Als die geschockten Katholiken mit Massenprotesten antworteten, setzte der Diktator seine Repressionsmaschine in Gang. Arbeiterpriester wurden systematisch verhaftet und gefoltert, mehrere Bischöfe des Landes verwiesen. In diversen Städten stürmte die Polizei Kirchen und steckte sie in Brand.

Ein halbes Jahr nach den ersten antikirchlichen Maßnahmen stand Argentinien am Rande eines Bürgerkrieges. Am 16. Juni 1955 schlossen sich aufständische Marine-Einheiten der katholischen Opposition an. Ein paar Stunden zuvor hatte der Papst Perón exkommuniziert und sein Regime als Unrechtssystem verurteilt. Gegen Mittag nahmen rebellierende Marinesoldaten die Casa Rosada, den Regierungspalast, unter Beschuss. Als peróntreue Truppen aufmarschierten, tauchte über der Stadt eine Staffel Militärflugzeuge auf und bombardierte in mehreren Angriffswellen die Plaza de Mayo und den Präsidentenpalast. Es gab über 300 Tote. Perón gelang es, die Militärrebellion niederzuschlagen. Doch seine Tage waren gezählt. Drei Monate später, am 16. September, übernahm die Armee die Macht. Der gestürzte Diktator floh mit einem Kanonenboot nach Paraguay. Später fand er vorübergehend Unterschlupf in verschiedenen südamerikanischen Diktaturen: Nicaragua, Venezuela, Dominikanische Republik. In Panama lernte er seine dritte Ehefrau kennen, die Sängerin und Nachtklubtänzerin María Estela Martínez, die sich Isabela nannte. Schließlich gewährte ihm sein alter Freund General Francisco Franco politisches Asyl.

Juan Perón war ein äußerst disziplinierter Mensch. Er verlor nur selten seine Haltung. Sogar für das Foto an Evitas Totenbahre hatte er noch daran gedacht, sein berühmtes Grinsen aufzusetzen. Doch wenn ihn jemand auf die Schweiz ansprach, verlor er die Beherrschung. »Die Schweiz ist jener Ort, wo all das versteckt wird, was andern gestohlen wurde [...] ein Land von Banditen und Halsabschneidern«, tobte er.[297] Er hasste die Schweiz, weil sie ihm kein politisches Asyl gewährt hatte. Dass die Schweiz ihn abweisen könnte, darauf wäre er nie gekommen. Im Gegenteil, er war sich seiner Sache so sicher gewesen, dass er es nicht einmal für nötig befunden hatte, Vorgespräche zu führen.

Für das Exil in der Schweiz war alles bestens vorbereitet gewesen. Nach dem missglückten Militärputsch vom Juni hatte Perón seine Mitarbeiter beauftragt, sich nach einem Haus umzusehen. Die Wahl fiel auf eine herrschaftliche Villa in der Nähe von Gland, einem Dorf zwischen Lausanne und Genf. Die Villa lag mitten in einem großen Park und direkt am Genferseeufer. Gekauft hatte sie der argentinische Geschäftsmann Silvio Carlos Tricerri, der seit vielen Jahren in Lausanne eine Finanzgesellschaft verwaltete und – laut Bericht der Bundespolizei – in sehr enger Beziehung zu Juan Perón stand.[298]

Kaum war er in Paraguay eingetroffen, erklärte er, er befinde sich nur auf Durchreise, denn er habe beschlossen, sich in der Schweiz niederzulassen. Nur zwei Wochen später kündete die Presse seine Abreise an. »Der frühere argentinische Präsident Perón wird sich in den nächsten Tagen zu dauerndem Aufenthalt in die Schweiz begeben.«[299] Am 14. Oktober sollte er auf dem Flughafen Zürich-Kloten eintreffen und danach in die Westschweiz weiterreisen.

297 Zitiert nach: Jorge Camarasa, *Odessa al sur. La Argentina como refugio de Nazis y criminales de guerra*, Buenos Aires 1995, S. 227

298 Bericht der Bundespolizei an Bundesrat Markus Feldmann, 6. Oktober 1955, Bar.: E2001 (E), 1970/217, Band 207, 1955–1957. Fernando Tricerri betätigte sich – wie sein Bruder Silvio Tricerri – als Financier. Er vermittelte Finanzkredite und Industrieaufträge. Dazu bediente er sich der Sofindus S.A., die beim Lausanner Handelsregister auf seinen Namen eingetragen war. Walter Schellenberg, Chef des SS-Nachrichtendienstes, arbeitete eng mit der Sofindus zusammen. Während des Krieges benutzte er sie zur Finanzierung der Auslandspionage, ab Ende 1944 dann vor allem, um Nazigelder, Kriegsbeute sowie Partei- und Rüstungsgeheimnisse vor dem Zugriff der Alliierten in Sicherheit zu bringen.

299 *Basler Nachrichten*, 27. September 1955

Die Villa in Gland war inzwischen bezugsbereit. Sie war für eine halbe Million Franken umgebaut worden. »Vor allem der Garten ist sehr prunkvoll angelegt. In fast allen Zimmern gibt es einen Fernsehapparat. Und im Park wurde ein schöner Pavillion für die zahlreichen und handverlesenen Bediensteten errichtet. In der Nähe der Garage stehen vier amerikanische Limousinen bereit«, berichtete die Lokalpresse.[300] Der Bundesrat dagegen dementierte. Weder im Bundeshaus noch bei südamerikanischen Gesandtschaften sei etwas über eine angebliche Schweizer Reise des früheren argentinischen Staatspräsidenten bekannt.[301]

Natürlich kannte der Bundesrat Peróns Reisepläne. Er war sogar sehr beunruhigt. Darum entsandte er einen Diplomaten nach Paraguay, um Juan Perón davon abzuhalten, in der Schweiz um politisches Asyl nachzusuchen. Gleichzeitig wies er alle Botschaften auf dem amerikanischen Kontinent an, Juan Perón unter keinen Umständen ein Einreisevisum auszustellen.

Bern hatte sich offensichtlich schnell den neuen politischen Verhältnissen angepasst. Gestern noch war General Juan Domingo Perón ein heißbegehrter Handelspartner und so vertrauenswürdig, dass sein Geheimdienst für besonders heikle Operationen die Schweiz als Basis benutzen durfte. Jetzt bezeichnete ihn der Schweizer Botschafter in Buenos Aires als »kommunen Verbrecher«.[302] Außenminister Max Petitpierre teilte diese Auffassung und schlug vor, es müsse verhindert werden, dass sich der General in der Schweiz niederlasse. Bundesrat Markus Feldmann, Vorsteher des Eidgenössischen Justiz- und Polizeidepartements (EJPD), pflichtete ihm bei: »Die Gewährung eines schweizerischen Asyls an General Perón kann nicht in Frage kommen.«[303]

Selbst als Tourist war Perón unerwünscht. Von seinem spanischen Exil aus versuchte er immer wieder, ein Touristenvisum für die Schweiz

300 *Curieux Neuchâtel*, 12. Oktober 1955

301 *National Zeitung* (Basel), 11. Oktober 1955

302 Schweizer Botschafter in Buenos Aires an EPD, 25. Oktober 1955, BAr.: E2001 (E), 1970/217, Band 207, 1955–1957

303 Bundesrat Markus Feldmann an Bundesrat Max Petitpierre, Brief vom 2. November 1955, BAr.: E2001 (E), 1970/217, Band 207 1955–1957

zu erhalten. Bern aber lehnte stets ab. Für den Exdiktator gab es dafür nur eine Erklärung: Evitas Konten.

Die »Aktion Feuerland«: Wohin verschwand der Nazischatz?

Die Schweizer gerieten zwischen Hammer und Amboss. Nach Perón versuchten nun auch die neuen Machthaber in Buenos Aires den Bundesrat weich zu klopfen, damit er ihnen Zugang zu den versteckten Konten von Perón und Evita verschaffte. Erste Nachforschungen einer Parlamentarischen Untersuchungskommission hatten ergeben, dass sich Juan Perón und seine Clique in den Jahren der Diktatur maßlos bereichert und den Staat um Hunderte von Millionen beraubt hatten. Die PUK vermutete, dass ein Teil dieses Raubschatzes, wie das verschollene Evita-Vermögen, auf Schweizer Banken liege.

Am 9. Dezember 1955 beschloss die argentinische Regierung per Dekret, sämtliche Vermögenswerte von Perón und seiner Clique einzuziehen. Bereits am nächsten Tag bat sie den Bundesrat bei der Suche nach den in der Schweiz versteckten Raubmillionen um Hilfe. Außenminister Petitpierre zeigte sich sehr skeptisch: »Auf den ersten Blick sehe ich kaum eine Möglichkeit, dass die argentinische Regierung allfällige in der Schweiz deponierten Guthaben des Ex-Präsidenten Juan Perón beschlagnahmen kann.«[304]

Doch er dachte nicht daran, der argentinischen Regierung zu helfen. Im Gegenteil, er unternahm alles, um die Suche nach den Raubmillionen zu hintertreiben. Der Schweizer Botschafter in Buenos Aires erhielt entsprechend klare Instruktionen. Größte Zurückhaltung sei geboten; er solle unter keinen Umständen mit argentinischen Behörden wieder Kontakt aufnehmen. »Je weniger Sie sich in dieser Angelegenheit mit den argentinischen Behörden unterhalten, um so besser wird es sein«, wies Bern den Botschafter an.[305]

Ende Dezember entschied der Bundesrat über das Gesuch der argentinischen Regierung. Die Antwort war unmissverständlich: »Es

304 Aktennotiz von Max Petitpierre, 15. Dezember 1955, BAr.: E2001 (E), 1970/217, Band 207, 1955–1957

305 Brief des EPD-Generalsekretärs an den Schweizer Botschafter in Buenos Aires, 29. Dezember 1955, BAr.: E2001 (E), 1970/217, Band 207, 1955–1957

besteht keine gesetzliche Grundlage, die den Bundesrat ermächtigt, die fraglichen Gelder zu beschlagnahmen. Gleichwohl, eine Geltendmachung kann nur dann erfolgen, wenn bekannt ist, wo die Guthaben deponiert sind. Doch das im Gesetz definierte Bankgeheimnis erlaubt uns nicht, die argentinische Regierung darüber zu informieren.«[306] Kurz, der Bundesrat machte den Argentiniern klar: Jede weitere Anstrengung, in der Schweiz Perón-Guthaben zu finden, ist pure Zeitverschwendung.

Die argentinischen Behörden aber gaben nicht auf. Ständig standen sie beim Schweizer Botschafter in Buenos Aires oder beim Bundesrat in Bern auf der Matte. Sie versuchten alles. Doch nichts half. In Argentinien schlug die Enttäuschung über die unnachgiebige Haltung des Bundesrates in offene Feindseligkeiten um. Peronisten und Antiperonisten beschimpften die »Suiza sucia«, die schmutzige Schweiz, als »Land der Hehler« und »Kassenschrank für Despoten«. Der Schweizer Botschafter beklagte sich, dass er auf offiziellen Empfängen regelmäßig angepöbelt werde. Er hatte Angst. Er warnte vor gewalttätigen Angriffen auf Schweizer Bürger oder Schweizer Firmen und befürchtete sogar Übergriffe auf die Botschaft. Darum ersuchte er den Bundesrat, den Entscheid vom Dezember nochmals zu überdenken. Auch er fand kein Gehör. Das Bankgeheimnis war dem Bundesrat wichtiger als das gute Ansehen der Schweiz in der Welt.

Während Monaten sorgte die PUK in Argentinien für Aufsehen und wartete mit immer neuen Enthüllungen über den extravaganten Reichtum von Juan Perón und Evita auf. Nur selten fehlte ein Hinweis auf Schweizer Bankkonten, meist standen diese Konten sogar im Zentrum der Enthüllungen. Gleich zu Beginn ihrer Nachforschungen machte die PUK einen sensationellen Fund. Sie stieß auf einen Beleg über einen Goldtransport nach Zürich. Am 4. und 16. Oktober 1946, drei Monate nachdem er das Präsidentenamt angetreten hatte, schickte Juan Perón zwei Tonnen Gold an die Schweizerische Kreditanstalt in Zürich.[307] Im März 1956 berichtete die *Herald Tribune*: »Gemäß Schätzungen einer

306 Ebd.

307 Bericht der Schweizer Botschaft in Buenos Aires an EPD, 30. September 1955, BAr.: E2001 (E), 1970/217, Band 207, 1955–1957

nationalen Kommission [...] versteckt der abgesetzte Diktator Juan Perón in den USA sowie in verschiedenen europäischen Ländern rund 700 Millionen Dollar. Diese Gelder werden großenteils in der Schweiz vermutet, wo sie vor mehreren Jahren von Peróns letzter Frau Eva, deren Bruder Juan Duarte und andern Emissären deponiert worden waren.«[308] Die PUK dementierte zwar, dass sie der nordamerikanischen Zeitung Einzelheiten über Juan Peróns Vermögen verraten hätte. Allerdings, die im Schlussbericht der PUK aufgelisteten widerrechtlich erworbenen Vermögenswerte von Juan Perón und Evita liegen weit über 700 Millionen.[309]

Die PUK, die die »kriminellen Machenschaften« während der Präsidentschaft von General Juan Perón untersuchte, war ein Mammutunternehmen. Sie wurde am 7. Oktober 1955 gegründet und bestand aus über 60 Unterkommissionen mit total 2500 Mitarbeitern, die während sechs Monaten im Einsatz standen. Die PUK hörte mehrere Tausend Zeugen an und beschlagnahmte Besitztümer im Wert von mehreren 100 Millionen Pesos.[310] Trotz des gigantischen Aufwandes gelang es der Kommission nicht, allen Hinweisen nachzugehen. Oft verlor sich die Geldspur im Ausland, oder Zeugenaussagen ließen sich nicht überprüfen. Dies traf namentlich zu für Angaben über die mutmaßlichen Nazigelder von Juan Perón und Evita. Daran hat sich bis heute kaum etwas geändert.

Es wurde berichtet, acht Tage vor den Geheimkonferenzen im Hotel Maison Rouge von Straßburg habe Heinrich Himmler 8000 argentinische Pässe und 1000 Personalausweise erhalten, ohne Foto und Fingerabdruck, aber mit Polizeistempel. Für die Aufnahme von Nazis und die Zusammenarbeit mit der Nazi-Fluchthilfe hätten Juan Perón und Evita zwischen 700 und 800 Millionen Dollar kassiert, die sie auf Schweizer Banken transferieren ließen.[311]

308 »Perón reported to have $ 700 000 000.– in U.S. and Europe«, in: *The Herald Tribune*, 9. März 1956

309 *Libro negro de la segunda tiranía*, a. a. O., S. 49 f. sowie S. 163 ff.

310 Ebd., S. 15

311 Siehe u. a.: Ladislas Farago, *Scheintot. Martin Bormann und andere NS-Größen in Südamerika*, Hamburg 1975

Augenzeugen beobachteten am 7. Februar 1945 und wiederum am 18. Juli, wie im Morgengrauen vor der Küste in der Nähe des mondänen Badeortes Mar del Plata ein deutsches U-Boot auftauchte. Auf ein Lichtsignal näherten sich dem U-Boot ein paar kleine Schiffe, die kaum größer waren als Barken und die wenig später voll beladen mit schweren Kisten zur Küste zurückkehrten. Die Kisten trugen die Aufschrift »Geheime Reichssache«.

Wenigstens drei Agenten der Alliierten hatten die mysteriösen Besuche deutscher U-Boote in Mar del Plata ausgekundschaftet. Sie hatten herausgefunden, dass die Kisten mit der Aufschrift »Geheime Reichssache« von Lastwagen zur Estancia Lahusen gebracht worden waren. Einer der Berichte nannte mehrere Namen von Augenzeugen, darunter drei Matrosen. Ein anderer listete sogar den Inhalt der Kisten auf: Geld in verschiedenen Währungen (4,6 Mio. Pfund Sterling, 17,5 Mio. Dollar, 24 Mio. Schweizer Franken, 187 Mio. Reichsmark), 2,5 Tonnen Gold, 4,6 Tonnen Diamanten, Brillanten und andere Edelsteine. Diese kostbare Fracht sei schließlich einer deutsch-argentinischen Bank anvertraut worden; verantwortlich für das Bankdepot: Ludwig Freude; und die Namen derer, denen sie gutgeschrieben wurden: Juan Domingo Perón sowie Eva María Duarte.

Diese Agentenberichte wurden später in den buntesten Farben ausgeschmückt, fantasievoll abgewandelt und ergänzt, sodass sich Fiktion und Fakten nur noch schwer auseinander halten lassen. Die argentinische Historikerkommission CAENA fand keine Beweise, die die Informationen über Kisten voller Geld und Gold hätten erhärten können, und stuft darum die oft zitierten Augenzeugenberichte als eine journalistische Erfindung ein.[312] Der deutsche Historiker Holger M. Meding, CAENA-Mitglied und einer der besten Kenner der deutsch-argentinischen Nazi-Vergangenheit, geht noch weiter. Er hält selbst das illegale oder unentdeckte Auftauchen deutscher U-Boote vor der Küste Argentiniens für unwahrscheinlich. Anders lautende Berichte qualifiziert er als »gelenkte Informationen des US-amerikanischen Geheimdienstes« oder

312 Auskunft von Ignacio Klich, Sprecher der Historikerkommission CAENA, Interview vom 22. Mai 1998

»antiperonistische Propaganda« ab.[313] Dabei stützt er sich allerdings auf eine ziemlich zweifelhafte Quelle: Alt-Nazi Wilfred von Oven, ehemals Pressereferent von Propagandaminister Joseph Goebbels, später in Argentinien Journalist und Chefredakteur bei mehreren deutschen Nazi-Zeitungen.[314]

»Für mich besteht kein Zweifel: Auch nachdem Argentinien Deutschland den Krieg erklärt hatte, hielten sich deutsche U-Boote in unseren Küstengewässern auf. Ab Kriegsende brachten sie heimlich Passagiere und Fracht. Die argentinische Marine wusste davon«, sagt Carlos Massey.[315] Noch immer befänden sich deutsche U-Boote in Argentinien, allerdings auf dem Meeresgrund, zwei U-Boote seien im Golf von San Matías versenkt worden. Carlos Massey weiß es aus sicherer Quelle: Er hatte Einblick in die geheimen U-Boot-Akten der argentinischen Marine.

Carlos Massey besitzt in Buenos Aires eine Firma für Schiffsbergung. Bis 1979 diente er bei der Marine, zuletzt als Offizier der »Prefectura Naval Argentina«, die für die Küstenwache zuständig ist. Er galt bereits damals als großer Bergungsspezialist. Im August 1978 hatte er vom Marinekommando den Auftrag erhalten, Pläne für die Bergung zweier deutscher U-Boote auszuarbeiten. Für diese Arbeit hatte er Zugang zu den geheimen U-Boot-Akten der Marine. Seither ließen ihm die deutschen U-Boote keine Ruhe mehr.

Laut Massey liefen die deutschen U-Boote systematisch die argentinische Küste an und arbeiteten Hand in Hand mit der argentinischen Marine. Um dies zu illustrieren, schildert der ehemalige Marineoffizier einen Zwischenfall, der sich Ende Juli 1945 in Punta Negra, im Süden von Mar del Plata, zugetragen hatte. Auf dem Polizeikommissariat eines kleinen Ortes zwischen La Punta und Mar del Plata wurde in der Nacht vom 27. Juli ein junger Mann denunziert, der von der Küste aus Licht-

313 Holger M. Meding, *Flucht vor Nürnberg?*; a.a.O., S. 65 f.

314 Wilfred von Oven verfasste mehrere Bücher, in denen er seine Nazi-Vergangenheit rechtfertigte. Siehe u.a.: *Mit Goebbels bis zum Ende* (2. Bände), Buenos Aires 1949, 1950. In Argentinien betätigte er sich auch als Korrespondent für das Nachrichtenmagazin *Der Spiegel*.

315 Interview in *Mar del Plata*, 19. Mai 1998

signale, vermutlich Morsezeichen, schickte, die von einem Schiff auf offenem Meer beantwortet wurden. Eine Polizeipatrouille holte den jungen Mann. Er war Deutscher und gab an, dass die Lichtsignale einem U-Boot gälten. Die Polizisten hielten den Mann für verrückt, schrieben aber trotzdem einen Rapport. Am nächsten Morgen beschloss ihr Chef, den Zwischenfall näher zu untersuchen.

Die Nachforschungen nahmen einen spektakulären Verlauf. Die Polizisten fanden an der Küste eine Landungsstelle. Aus den Spuren am Strand schlossen sie, dass hier in der Nacht eine größere Anzahl Personen an Land gegangen war. Es musste auch Fracht gelöscht worden sein. Die Polizisten konnten die Spuren etwa 15 Kilometer ins Landesinnere verfolgen; sie führten zu einer Estancia. Als sich die Polizisten dem Landsitz näherten, wurden sie von bewaffneten Männern in deutschen Uniformen abgefangen. Der Kommandant des kleinen Kommissariates fand lange keine Worte, so schwer wiegend schien ihm der Zwischenfall. Er sprach von Auflehnung gegen die Staatsgewalt. Er informierte seine Vorgesetzten, forderte Verstärkung an und war entschlossen, rücksichtslos zuzuschlagen. Bei der Polizei waren sich alle einig: die Estancia musste ausgeräuchert, die Besitzer exemplarisch bestraft werden. Doch dann schaltete sich Buenos Aires ein. »Das Kommissariat erhielt die Anweisung, die Verfolgung der Deutschen einzustellen und sich von der Estancia zurückzuziehen«, erzählt Carlos Massey.

Noch bevor Massey die Planungsarbeiten für die Bergung zweier deutscher U-Boote abgeschlossen hatte, war das Projekt Knall auf Fall und ohne jede Begründung gestoppt worden. »Als ich später in den Archiven der Marine wiederum Einblick in das Dossier über die deutschen U-Boote verlangte, erhielt ich zur Antwort: Ein solches Dossier hat es nie gegeben«, sagt Massey. Dieselbe Auskunft erhielt auch die von Staatspräsident Carlos Menem eingesetzte Historikerkommission CAENA.

Die U-Boot-Transporte liefen unter dem Code »Aktion Feuer-

316 Rémi Kauffer, »Les U-Boote évacuent le trésor nazi vers l'Argentine«, in: *Historia* (Paris), Heft vom September 1997, S. 56ff.

land«.[316] Sie waren Teil der von Walter Schellenberg organisierten geheimen Rettungsoperation, mit der NS-Parteikader, vor allem aber Nazivermögen, Partei- und Rüstungsgeheimnisse vor den Alliierten in Sicherheit gebracht wurden. Die U-Boot-Transporte nach Argentinien starteten von Spanien aus. Die Fracht, meist verstaut in Kisten mit der Aufschrift »Geheime Reichssache«, wurde in der Startphase per Lastwagen zuerst nach Frankreich und von dort weiter nach Spanien transportiert. Später gelangte sie auf dem Luftweg nach Spanien. Denn nach der Befreiung von Paris wurden Landtransporte via Frankreich zu gefährlich.

Ein Teil dieser Nazigelder floss schließlich auf Schweizer Banken. Der argentinische Publizist Jorge Camarasa, der die Beziehungen Peróns zu den Nazis untersuchte, meint: »Es ist erwiesen, General Juan Perón hat sich während seiner Präsidentschaft skrupellos bereichert. Wir wissen aber auch, dass er alles tat, um aus dem Zusammenbruch des Dritten Reiches den größtmöglichen Gewinn zu schlagen.« Jorge Camarsa fährt fort: »Der beste Beweis, dass es Schweizer Evita-Konten geben muss, ist eigentlich Juan Perón. Er schickte, vor allem nachdem er ins Exil musste, Leute auf die Suche nach diesen Konten. Dass Perón diese Konten suchte, lässt zumindest schließen, dass er von deren Existenz überzeugt war.«[317]

Es fällt in der Tat auf, mit welcher Beharrlichkeit Juan Perón nach Schweizer Konten suchte. Er stellte systematisch und über längere Zeit Nachforschungen an. »Er war felsenfest überzeugt von der Existenz dieser Konten und hatte alles versucht, um an sie heranzukommen. Er ließ viele Leute nach ihnen suchen: mehrere Anwälte, sogar seine dritte Ehefrau Isabela und auch mich schickte er in die Schweiz auf Kontensuche«, bestätigt der Industrielle Jorge Antonio, den die Freundschaft zu Juan Perón seinerzeit zum reichsten Mann Argentiniens gemacht hatte.[318]

Jorge Antonio war Argentiniens mächtigster Wirtschaftsboss. Die einen nannten ihn »Juan Peróns Finanzgenie«, für die andern galt er

317 Interview mit Jorge Camarsa, Buenos Aires, 11. Mai 1998
318 Interview mit Jorge Antonio, Buenos Aires, 6. Mai 1998

als Symbolfigur des peronistischen Bereicherungssystems. Aus dem Nichts hatte er ein riesiges Wirtschaftsimperium hervorgezaubert.[319] Als Juan Perón im Jahre 1946 die Macht übernahm, war er noch ein kleiner Angestellter mit einem Monatsgehalt von 600 Pesos und ohne Vermögen. Neun Jahre später besaß er nach eigenen Angaben rund 80 Millionen Pesos, das Auslandvermögen nicht mitgerechnet.

Im Jahre 1948 übernahm er die Gesellschaft Mercedes Benz Argentina (Aktienkapital: 220 Millionen Pesos) und gründete zwei Holdinggesellschaften, die Hunderte von Firmen und Unternehmen aufkauften und über die er weitgehend den argentinischen Außenhandel kontrollierte. Die PUK, die die »kriminellen Machenschaften« der Präsidentschaft Juan Perón untersuchte, bezeichnete die Gruppe Jorge Antonio als »gigantischen Polypen«. Der PUK-Schlussbericht über die Gruppe Jorge Antonio: »Angesichts der Einzelteile und des Gesamtumfangs der Gesellschaften, aus denen die Gruppe zusammengesetzt ist, muss man von einem eigentlichen Wirtschaftsimperium sprechen, das im Wesentlichen alle Elemente umfasste, welche eine Nationalökonomie ausmachen, von der Industrie über die Landwirtschaft/Viehzucht bis zu Finanz- und Verwaltungsdienstleistungen.«

Antonio weigerte sich, seine Kapitalgeber offen zu legen. Nachforschungen der PUK ergaben: Antonio war ein Strohmann von Juan Perón. Das Startkapital stammte aus Deutschland. Laut PUK aber übernahm General Juan Perón allmählich die Kontrolle über die Gruppe Jorge Antonio.

»Die üblichen Lügen und Unterstellungen der Antiperonisten«, kommentiert Antonio. Er sieht sich noch immer als Opfer des Militärputsches vom Jahre 1955. Nach dem Sturz von Juan Perón zogen die neuen Machthaber das gesamte argentinische Vermögen Antonios ein und zerschlugen sein Wirtschaftsimperium, den »gigantischen Polypen«. Antonio folgte dem gestürzten General Juan Perón ins spanische Exil. Siebzehn Jahre verbrachten sie gemeinsam in der Nähe von Madrid. »Wir sahen uns jeden Tag. Ich war Berater des Generals und küm-

319 »Fallo de la Junta Nacional de recuperación patrimonial sobre los bienes de Jorge Antonio«, in: *Libro negro de la segunda tiranía*, a. a. O., S. 291 ff.

merte mich um seine Finanzen. Es war sehr schwer. Diese Halunken von der Befreiungsrevolution hatten uns alles gestohlen«, erinnert sich Jorge Antonio. Sogar große Teile des Auslandvermögens hätte der General verloren. Zum Beispiel die Guthaben auf Schweizer Banken, seine eigenen und die von Evita. Jorge Antonio: »Wer die gestohlen hat, das haben wir nie herausgefunden. Auf jeden Fall waren die plötzlich spurlos verschwunden. Ich war in sechs Banken, ich erinnere mich vor allem an den Besuch bei der Schweizerischen Kreditanstalt. Ich hatte einen Brief von General Juan Perón, der mich ermächtigte, in seinem Namen nach Konten zu suchen. Aber ich fand nichts, weder Konten, noch Safes – nada.«

Wer immer sich mit der nazi-faschistischen Vergangenheit Argentiniens befasste, stieß auf Nazigelder und Schweizer Banken. Doch keiner fand heraus, in welche Kanäle diese Gelder schließlich versickerten. »Unmittelbar nach dem Krieg flossen riesige Geldmengen nach Argentinien. Vor allem Schweizer haben hier massiv investiert. Hinter den Schweizer Firmen verbargen sich auffällig oft Deutsche. Dass es sich bei diesen Investitionen zum Teil zumindest um Nazigelder handelte, muss man annehmen«, erklärt Fabian Philipp, der jahrelang im argentinisch-deutschen Nazi-Milieu recherchierte. Er hat die Hoffnung aufgegeben, jemals herauszufinden, in wessen Taschen die Gelder schließlich verschwanden. »An harte Papierbeweise kommt man nicht heran. Privatfirmen und Banken verweigern den Zugang zu ihren Archiven. Ehemalige Besitzer leiden unter akutem Gedächtnisschwund oder hüllen sich in Schweigen«, sagt Philipp.

Die Erkenntnisse der Historikerkommission »Proyecto Testimonio«, die sich seit 1992 mit dem Thema Nationalsozialismus und Argentinien befasst, decken sich mit Philipps Nachforschungen. »Die Schweiz diente den Nazis für ihre Geschäfte mit Argentinien als zentrale Drehscheibe. Es lässt sich belegen, dass bei den Transfers deutscher Gelder sowohl Schweizer wie auch die argentinische Botschaft in Bern eine wichtige Rolle spielten. Bereits während des Krieges hatten bekannte Nazigrößen wie Joseph Goebbels, Joachim von Ribbentrop oder Martin Bormann große Teile ihres Vermögens nach Argentinien transferiert«, sagt ein Historiker des »Proyecto Testimonio«.

Nach dem Bombenanschlag auf das jüdische Zentrum AMIA zogen die Testimonio-Forscher und ihre Mitarbeiter in ein Hochhaus in der Straße Ayacucho. Vor dem Haupteingang stehen Polizeipanzerwagen. Besucher werden von Polizisten einer Antiterror-Brigade durchsucht. Noch immer erhalten die Testimonio-Historiker regelmäßig Morddrohungen.

Im Frühjahr 1998 war die von Präsident Carlos Menem eingesetzte Historikerkommission CAENA voller Zuversicht, endlich die Spuren der verschollenen Nazigelder freizulegen. »Wir haben gute Gründe anzunehmen, dass die Geschäfte zwischen Argentinien und Hitlerdeutschland über die Schweiz abgewickelt wurden«, sagte Ignacio Klich, Koordinator der CAENA. Er war sich ziemlich sicher, sogar die verschollenen Bankeinlagen von Juan Perón und Evita zu finden. CAENA-Forscher waren im Justizministerium auf umfangreiche Unterlagen gestoßen. »Es handelt sich um Dokumente über die unrechtmäßige Bereicherung von Juan und Eva Perón«, erklärte Klich.

Nach Peróns Sturz waren im Justizministerium zahlreiche Anzeigen eingegangen. »Das Justizministerium hatte diese Anzeigen ernst genommen und jeweils eine Untersuchung eingeleitet«, erläuterte Klich. Die Dokumente aus dem Justizministerium enthielten zum Teil zumindest sehr konkrete Angaben. Ignacio Klich: »Ein Vertrauensmann von Adolf Hitler hatte für Juan Perón eine große Quantität Wertsachen hinterlegt: 1222 Kilo Brillanten, 1032 Kilo Gold, 6 Millionen holländische Gulden, Millionen von argentinischen Pesos und Aktien großer deutscher Firmen im Werte von 93 Millionen Reichsmark.«

Laut CAENA-Sprecher Klich befand sich unter den Dokumenten im Justizministerium auch eine Anzeige, die ganz konkret vom Vermögen handelte, das Evita in der Schweiz versteckt hatte. Gerne hätten wir die Dokumente eingesehen. Ein Termin war bereits vereinbart. Doch als uns Ignacio Klich die Dokumente zeigen wollte, war das ausgelagerte CAENA-Archiv, in dem die Unterlagen aus dem Justizministerium aufbewahrt wurden, für längere Zeit geschlossen. Ein Leitungsrohr sei geborsten und habe großen Wasserschaden angerichtet, hieß es. Klich bedauerte den peinlichen Zwischenfall und vertröstete auf später, doch später war keine Bewilligung mehr zu bekommen. Mit spöttischem

Unterton erinnerte der CAENA-Sprecher an die erfolglose Geldsuche früherer Untersuchungskommissionen: »Bereits drei Mal gab es in den letzten 50 Jahren konkrete Hinweise auf Geld und Vermögen von Evita in der Schweiz. Jedes Mal setzte Argentinien eine Untersuchungskommission ein. Jedes Mal wurden die Hinweise und Dokumente schubladisiert, die Untersuchungskommission aufgelöst – Ende der Durchsage.«

Die Historikerkommission CAENA wurde zwar nicht aufgelöst, inzwischen liegt ihr Schlussbericht vor. Doch dort sucht man vergeblich nach konkreten Hinweisen auf die Nazi-Geldspur. Abgesehen von einem Kapitel über die Bank Johann Wehrli & Co. wurde die Rolle der Schweiz als Drehscheibe für die ökonomische Vernetzung Nazideutschlands mit Argentinien weitgehend ausgeklammert. Kein Wort darüber, was aus den argentinisch-schweizerischen Strohmännern und ihren Briefkastenfirmen geworden ist. Nichts über den Verbleib der Nazi-Investitionen und Nazi-Fluchtgelder …

Und wo blieben die Dokumente aus dem Justizministerium mit den Hinweisen auf das verschollene Vermögen von Juan Perón und Evitas Guthaben bei Schweizer Banken? Sie erlitten dasselbe Schicksal wie die Akte »Deutsche U-Boote«. Offiziell gibt es keine solchen Unterlagen. Das sagt jetzt auch CAENA-Sprecher Ignacio Klich. Der Rohrbruch im Archiv muss einen verheerenden Schaden angerichtet haben.

TEIL IV

SCHIEBER-DREHSCHEIBE SCHWEIZ

»Herr Satan persönlich«

In den Jahren 1954 und 1955 drehte das amerikanische Filmgenie Orson Welles ein bitterböses Märchen über den Umgang der Hochfinanz mit ihrer dunklen Vergangenheit. Der Film *Confidential Report* – die deutsche Version trägt den Titel *Herr Satan persönlich* – erzählt die Geschichte des reichen und mächtigen Gregory Arkadin, der alle Spuren und Zeugen aus dem Weg räumt, damit seine Tochter Raina, die er über alle Maßen liebt, nie etwas über die kriminelle Herkunft seines immensen Reichtums erfährt. Er war Nazi-Bankier und »gewiss der skrupelloseste Abenteurer« der Hochfinanz. »Und das Geld, das er den Nazis abgenommen hatte, indem er ihnen versprach, es in Südamerika anzulegen, war seitdem nicht mehr aufgetaucht.«[320]

Der Plot des mörderischen Thrillers: Gregory Arkadin, ein Exilrusse, gibt vor, unter Amnesie zu leiden. Er kann sich nicht mehr an seine Herkunft erinnern, hat vergessen, wie er zu Macht und Reichtum kam. Darum soll der kleine Gauner Guy van Stratten seine verschüttete Lebensgeschichte ausgraben und sie in der Form eines »vertraulichen Berichtes« niederschreiben. Van Stratten bringt alles über Arkadin in Erfahrung, doch den Geheimbericht wird er nie abliefern. Wo immer er recherchiert, trifft er auf eine Spur des Todes. Alle Zeugen, mit denen er sprechen will, werden ermordet, und alle Beweise, die er ausfindig macht, verschwinden, bevor er sie zu Gesicht bekommt. In Wirklichkeit will Arkadin nämlich keinen Geheimbericht. Die Nachforschungen van Strattens sollen ihm nur helfen, die letzten Spuren seiner dunklen Ver-

320 Orson Welles, *Mr. Arkadin* (rororo-Taschenbuch), Hamburg 1996, S. 102. Es handelt sich um einen Kriminalroman, der dem Film *Confidential Report (Herr Satan persönlich)* als Vorlage diente. Die Originalausgabe erschien 1955 in Paris unter dem Titel *Monsieur Arkadin*.

gangenheit aus der Welt zu schaffen. Am Ende verschwindet sogar Gregory Arkadin. Als ihm van Stratten droht, er werde seiner Tochter Raina seine geheim gehaltene Lebensgeschichte verraten, begeht er Selbstmord. In der Schlussszene des Filmes löst sich das Geheimnis Arkadin gleichsam in Luft auf. Am Himmel über Barcelona kreist Arkadins Privatflugzeug, aber ohne Arkadin. Er muss sich aus dem Flugzeug gestürzt haben.

Die Kunstfigur Gregory Arkadin basiert auf einem realen Hintergrund. Bis heute streiten sich Filmkritiker darüber, bei wem Orson Welles für die Figur Arkadin Maß nahm. Für Herman Weinberg war es der britische Bankier Alfred Löwenstein, der tatsächlich aus seinem Privatflugzeug stürzte, als er den Ärmelkanal überflog.[321]

Andere erkannten im griechischen Waffenhändler Basil Zaharoff das Vorbild für Arkadin. Bereits zu Lebzeiten eine Legende, galt er als reichster Mann der Welt und als »Verkörperung des Bösen« schlechthin.[322] Basil Zaharoff, der unter den verschiedensten Namen auftrat, hatte während des Ersten Weltkrieges mit Kanonen und Munition ein Vermögen verdient. Später ließ er sich in Monte Carlo nieder, besaß dort angeblich ein Spielkasino. Doch niemand wusste, wie reich er wirklich war. Seine Geschäfte waren ein Geheimnis, seine wahre Herkunft unbekannt. Er versteckte sogar sein Gesicht, trug immer eine Maske. Wie schon der sowjetische Starregisseur Sergej Eisenstein war auch Orson Welles vom »geheimnisvollsten Mann Europas« fasziniert.

Das am häufigsten genannte Arkadin-Vorbild hieß Fritz Mandl, der österreichisch-argentinische Waffenhändler, der in Solothurn eine Waffenfabrik besaß und eng mit den Nazis zusammenarbeitete.[323] Orson Welles hatte über den Rüstungsfabrikanten aus Buenos Aires recherchiert. In einem längeren Text schilderte er ein Treffen mit Fritz Mandl am Comersee: »Da saß er, mit einer Blume im Knopfloch, ein Mädchen

321 Herman G. Weinberg, *Saint Cinema*, New York 1973, S. 124. Zu Alfred Löwenstein siehe: William Norris, *The man who fell from the sky*, New York 1987

322 Donald MacCormick, *Pedlar of Death*, London 1965. Siehe auch: Jean Canolle, *Sir Basil*, Paris 1977

323 Siehe Teil III, S. 256ff.

aus Argentinien an seiner Seite und ein ehrerbietiger Kreis Schweizer Bankiers um sich herum, und rauchte am Ufer eines italienischen Sees eine Havanna-Zigarre [...] vielleicht brütete er über dem Dritten Weltkrieg.«[324]

Die zündende Idee zum Film jedoch war ihm im Jahre 1951 in Rom gekommen. Er war damals mit den Dreharbeiten für den Film *Othello* beschäftigt und steckte wieder einmal in großen Finanzschwierigkeiten. Auf der Suche nach Geld begegnete er einem russischen Millionär, der alles in den Schatten stellte, was er bisher über Basil Zaharoff, Alfred Löwenstein oder Fritz Mandl gehört hatte.

Der mysteriöse Millionär bewohnte eine Dépendance der Villa Madama, des Sitzes der italienischen Regierung. Er war mit dem obersten Polizeichef von Rom befreundet und betätigte sich insgeheim als Berater des Finanzministers. Sogar Ministerpräsident Alcide de Gasperi und Giulio Andreotti, graue Eminenz der Democrazia Cristiana und späterer Ministerpräsident, gehörten zu seinem engeren Bekanntenkreis.

»Er ging selten aus. Er saß wie festgenagelt vor einer Batterie von Telefonapparaten, die ihn mit mysteriösen Korrespondenten verbanden. Er stand in ständigem Kontakt mit seinen Anwälten in den Hauptstädten all der Länder, in die er nicht einreisen durfte. Seine Eltern waren Exilanten und starben, als er noch ein Kind war. Er wusste nicht einmal, aus welchem Land er stammte; er vermutete Transsilvanien oder einen der baltischen Staaten. Er machte sich einen Spaß daraus, seine Pässe zu zeigen, ein halbes Dutzend, jeder von einem andern Land ausgestellt, aber alle unbrauchbar«, berichtet Maurice Bessy, der für Orson Welles die Romanfassung des Arkadin-Stoffes bearbeitete.[325]

Und so entstand, laut Maurice Bessy, das erste Exposé für den Film *Herr Satan persönlich*: »Orson Welles hatte wieder einmal kein Geld. Eines Abends war er zu Gast [beim mysteriösen Millionär]. Ihm gefiel seine Villa, und so beschloss er zu bleiben. Der mysteriöse Millionär – der Mann, der seine Herkunft vergessen hatte – bot ihm an, seinen

324 James Naremore, *The Magic World of Orson Welles*, Dallas 1989, S. 191

325 Zitiert nach Youssef Ishaghpour, *Orson Welles Cinéaste. Une Caméra Visible*, Paris 2001, Band III, S. 360

nächsten Film zu finanzieren. Wenige Tage später legte Orson Welles seinem Gastgeber eine Filmskizze auf den Frühstückstisch. Es war der erste Entwurf für das Exposé, aus dem später der Film *Monsieur Arkadin* entstehen sollte.«

Der mysteriöse Millionär fand jedoch wenig Gefallen an Orson Welles' Filmidee. Noch am gleichen Tag warf er seinen berühmten Gast auf die Straße. Später machte er ihm eine Menge Ärger und versuchte mit allen Mitteln zu verhindern, dass der Film in die Kinos kam. Vor einem New Yorker Gericht verklagte er Welles auf Schadenersatz in der Höhe von über 700000 US-Dollar, damals eine astronomische Geldsumme. Welles verlor die Rechte an seinem Film, noch bevor dieser ganz abgedreht war. Mit Orson Welles' Filmmaterial wurden nicht weniger als 8 verschiedene Versionen geschnitten, aber nicht eine einzige nach den Vorstellungen des Regisseurs. Heute noch ist unklar, wer die Filmrechte besitzt.

»Was an diesem Film irritierte, war nichts anderes als die Tatsache, dass er die historische Wahrheit über die Nachkriegsjahre, über Europa Anfang der 50er-Jahre erzählte«, findet Youssef Ishaghpour, der sich seit vielen Jahren mit Leben und Werk von Orson Welles auseinander setzt.[326] Der reale Hintergrund, die »historische Wahrheit« der Filmfigur Gregory Arkadin, ist nicht nur aus Schweizer Sicht von herausragender Bedeutung. Die Geschichte des »mysteriösen Millionärs«, Vorbild der Figur Gregory Arkadin, nämlich zeigt geradezu exemplarisch auf, warum die Suche nach den Nazigeldern fast immer scheitert, wieso Spuren und Beweise sich – analog zum Geheimnis Arkadin – gleichsam in Luft auflösen.

Koautor Maurice Bessy verschwieg zwar den Namen des »mysteriösen Millionärs«, beschrieb ihn aber so präzise, dass sich sein Name unschwer ermitteln lässt. Er hieß Michel Olian; in Rom nannte er sich Michele Holianski.

Die Römer Zeitung *Momento-sera* berichtete Anfang Januar 1951: »Der Filmschauspieler Orson Welles ist zurzeit Gast von Michele Holianski. Wie es heißt, soll er demnächst die Hauptrolle in einem von

326 Youssef Ishaghpour, *Orson Welles Cinéaste*, a. a. O., Band III, S. 362

Michele Holianski mitfinanzierten Film übernehmen.«[327] Olian-Mitarbeiter erkannten in Arkadin ihren Boss wieder. »Unter Olian-Bekannten war man sich einig, der Film erzählt, stark verfremdet, aber trotzdem gut erkennbar, Episoden aus dem Leben von Michel Olian. Auch mein Mann hatte ihn wiedererkannt«, behauptet Ingrid Traube. Ihr Mann, Thomas Traube, hatte Michel Olian sehr gut gekannt. Er hatte viele Jahre für ihn gearbeitet, und er war in erster Ehe mit seiner Tochter Tatiana verheiratet gewesen. »Lange Zeit kannte ich nicht einmal den Titel des Filmes, aber der Name Guy van Stratten war mir geläufig. Thomas nämlich behauptete: ›Guy van Stratten, das soll ich sein‹«, erinnert sich Ingrid Traube.

Thomas Traube war allerdings weder ein Kleinganove noch ein Erpresser. Wenn er sich in der Filmfigur wiedererkannte, hatte das andere Gründe. Seine erste Frau, Tatiana Olian, auch Tania genannt, trug alle Charakterzüge der Filmfigur Raina. Sie war die einzige Tochter eines über alle Maßen reichen und mächtigen Vaters, der sie abgöttisch liebte. Ihr Vater, Michel Olian, stammte angeblich aus Lettland, gab sich aber oft als Exilrusse aus. Wie Gregory Arkadin war er ein Finanzgenie. Und wie Arkadin hatte er während des Zweiten Weltkrieges eng mit den Nazis zusammengearbeitet, mit Schwarzhandel, Devisenschmuggel und Schiebereien aller Art ein Riesenvermögen angehäuft. Damit sind die Parallelen keineswegs erschöpft. Michel Olian versuchte den Vertrieb des Filmes *Confidential Report* zu verhindern, Gregory Arkadin den Geheimbericht von Guy van Stratten.

327 *Momento-sera* (Rom), 10. Januar 1951. Der Artikel erschien auf der Titelseite und unter der Überschrift »Michele Holianski, Mann des Geheimnisses – zu viele Millionen und zu viele Panzerwagen«. Er denunzierte Waffengeschäfte und erwähnte Holianskis geheimnisvolle Vergangenheit. Unter anderem hielt er fest, dass Holianski aus der Schweiz ausgewiesen worden war und dass mehrere Länder gegen ihn ein Aufenthaltsverbot erlassen hätten. Diese Angaben waren zwar korrekt, trotzdem wurde die Zeitung von einem Gericht verurteilt. Am 31. Mai musste *Momento-sera* richtigstellen »...dass Herr Olian sich in verschiedenen Ländern Europas frei niederlassen und bewegen darf; dass er in keinerlei politische Umtriebe oder irgendwelche Tätigkeiten involviert ist, die nicht korrekt wären, und dass er von den Gremien wohltätiger Institutionen weitherum geschätzt wird für seine wohltätigen Handlungen«.

Thomas Traube, 1917 in Berlin geboren, war bereits ein gesetzter Herr, als er die um viele Jahre jüngere und bildschöne Ingrid kennen lernte. Sie arbeitete bei einer großen Bank in Frankfurt. Er war Direktor bei der A.G. Industrielle Elektronik (AGIE) in Locarno. Er hatte ein bewegtes Berufsleben hinter sich und war viel herumgekommen. Mit zwölf Jahren kam er zusammen mit seiner Mutter in die Schweiz und besuchte ein Internat im Engadin, später die École Internationale in Genf.

Nachdem Adolf Hitler an die Macht gekommen war, verlor er, da jüdischer Herkunft, seine deutsche Staatsbürgerschaft. Er blieb in der Schweiz und studierte an der Eidgenössischen Technischen Hochschule (ETH) in Zürich Maschinen-Ingenieur. Als junger Assistent heiratete er im August 1943 Tatiana Olian, die an der ETH ein paar Semester Architektur studierte. 1948 zog das junge Paar für sechs Jahre nach Argentinien. Thomas war nach eigenen Angaben für eine ganze Reihe von Unternehmen tätig.[328] In Buenos Aires arbeitete er als Berater der »Industria S.A.«, einer Finanzholding von Michel Olian, der in Argentinien im großen Stil investierte; er leitete eine Chemiefabrik, die Kosmetika herstellte, plante den Bau einer Perlenfabrik und kümmerte sich zudem um Industriebetriebe in Paraguay.

1954 kehrte er in die Schweiz zurück. Er ließ sich im Tessin nieder, wo er bei der eben gegründeten AGIE Direktor wurde. Bereits lebte er getrennt von seiner Frau. Die Ehe wurde zwei Jahre später vom Gericht in Locarno geschieden.[329] Es war ein höchst merkwürdiges Scheidungsurteil. Das Sorgerecht für die Kinder, drei Knaben im Alter zwischen sieben und elf Jahren, erhielt nicht etwa Vater Thomas oder Mutter Tatiana, sondern Großvater Michel Olian. Ungewöhnlich war: Die Schweiz hatte Michel Olian wegen seiner zweifelhaften Geschäfte ausgewiesen, und der Landesverweis war noch immer rechtskräftig. Um die ihm zugesprochenen Kinder zu besuchen, benötigte Dunkelmann Olian eine spezielle Einreisegenehmigung der Bundespolizei.

328 Lebenslauf von Thomas Traube, 31. März 1956

329 Prefettura di Locarno-Città, Causa Inc. No 8450 – Traube / Traube (Scheidungsurteil), 29. Februar 1956

Thomas Traube liebte es, Ingrid mit Anekdoten aus seiner abenteuerlichen Vergangenheit zu unterhalten. Er schilderte, wie er während Monaten in halb Europa irgendwelchen Juwelen nachjagte, die sein damaliger Schwiegervater Olian vor Jahren in Monte Carlo für 16 Millionen Francs ersteigert und danach vergessen hatte; besonders gerne erzählte er von der Perlenfabrik, die er in Argentinien aufgebaut hatte; nur selten dagegen sprach er über seine überstürzte Abreise aus Argentinien hinüber nach Paraguay zu seinem Freund Klaus, einem Buschpiloten, der mit einem kleinen Propellerflugzeug, das er »Nafta« getauft hatte, Schmuggelware oder Menschen ohne Pass nach Uruguay, Brasilien oder Argentinien flog.

Ingrid hörte Thomas zwar interessiert zu, doch damals maß sie diesen Geschichten kaum Bedeutung bei. Erst Jahre später, Thomas war inzwischen verstorben, weckten Berichte über untergetauchte Nazis und verschollene Judengelder plötzlich ihr Interesse. In diesen Berichten tauchten Namen auf, die sie schon gehört hatte und die sie in alten Agenden von Thomas wiederfand.

Allmählich begann Ingrid Traube zu begreifen, für wen ihr Thomas gearbeitet hatte. Seither verbringt sie ihre ganze Zeit damit, die abscheuliche Vergangenheit des russischen Millionärs zu erforschen. Die Olian-Erben, zu denen auch die drei Söhne von Thomas zählen, können dem Forscherfleiß der alten Dame ganz und gar nichts Positives abgewinnen. Aber Ingrid lässt sich davon nicht beeindrucken, sondern sammelt unbeirrt weiter. Sie kann es noch immer nicht fassen, wie ihr Thomas, der doch jüdischer Herkunft war, für den Nazibankier und Finanzgangster Michel Olian arbeiten konnte. »Vielleicht hatte er keine Ahnung, wer sein Schwiegervater wirklich war«, redet sie sich ein.

Die Superlative des Monsieur Olian

Michel Olian, der »schlimmste Schieber«, den die Schweiz je gekannt hatte, war, obwohl selber Jude, einer der wichtigsten Devisenbeschaffer und Geldwäscher Nazideutschlands. Von 1939 bis 1948 lebte er in der Schweiz, zuerst in Genf, später in Basel. Schweizer Bankiers waren seine verschwiegensten Komplizen, Schweizer Firmen seine wichtigsten

Partner, und Schweizer Industrielle boten sich ihm als Strohmänner an. Die Justiz sah tatenlos zu; die Bundesbehörden deckten ihn. Polizisten und Zollfahnder dagegen, die ihm das Handwerk legen wollten, wurden versetzt oder entlassen. Olians Schiebereien mit und für die Nazis wurden bis heute nie untersucht.[330]

Michel Olian benutzte viele Namen: Oljan, Olijan, Olianow, Holianski ..., und er machte immer wieder abweichende Angaben über seine Herkunft. Laut schweizerischen Polizeiunterlagen wurde Moses Michael Oljan am 27. Juli 1897 in Riga geboren.[331] Er hatte fünf Geschwister. Sein Vater stammte aus Bialystok, seine Mutter vermutlich aus Kowno. Nach dem russisch-japanischen Krieg waren sie nach Riga gezogen und hatten dort eine Mehlhandlung übernommen. 1914 meldete sich Olian freiwillig zur Armee. 1916 begann er in St. Petersburg ein Jura-Studium, das er nach nur zwei Semestern abbrach. Zusammen mit seinem Studienfreund Nicolas Freudenstein floh er vor der russischen Revolution, kehrte vorübergehend nach Riga zurück. Danach wanderte er aus, lebte kurz in Wien, später in Berlin, wo er für mehrere Banken arbeitete. Mit Börsenspekulationen verdiente er in kurzer Zeit so viel Geld, dass er sich bei einer Berliner Kleinbank als Teilhaber einkaufen konnte.

1923 heiratete er Elisabeth Freudenstein, die Schwester seines Freundes Nicolas. Nach eigenen Angaben startete er noch im gleichen Jahr zu einer Weltreise. Doch er kam nur bis Prag, denn seine Frau Eli-

330 Im Bundesarchiv in Bern und im Staatsarchiv des Kantons Genf befinden sich umfangreiche Aktenbestände über Michel Olians Aktivitäten in der Schweiz. Trotzdem wurde der Fall Olian in Publikationen und Studien über die Schweiz im Zweiten Weltkrieg nur als Randnotiz abgehandelt. Die Unabhängige Expertenkommission Schweiz–Zweiter Weltkrieg (UEK) widmet ihm nur gerade zweieinhalb Seiten. Siehe: Lukas Straumann/Daniel Wildmann, *Schweizer Chemieunternehmen im »Dritten Reich«*, UEK-Band 7, Zürich 2001, S. 102ff. Als Erster wies der Journalist Kurt Pelda auf Michel Olian hin: Kurt Pelda, »Ein Finanzmann im Dienste des Dritten Reiches«, in: *Neue Zürcher Zeitung*, Ausgabe vom 6./7. Dezember 1997, S. 29. Pelda arbeitet zusammen mit Ingrid Traube an einem Buch über Michel Olian.

331 Aktennotiz und vertraulicher Rapport der Eidgenössischen Fremdenpolizei, 20. Dezember 1944 & 15. März 1944, BAr.: 2001 (E) 1968/78 Band 298

sabeth erkrankte schwer. Er beschloss, die Weltreise abzubrechen und sich in Frankreich niederzulassen. Eine andere Quelle der Fremdenpolizei gab an: Michel Olian musste Berlin verlassen, weil er wegen illegaler Bankgeschäfte von der Justiz gesucht wurde.

Frankreich erreichte er via Basel. Er reiste in Begleitung seiner Frau Elisabeth und zusammen mit seinen Schwiegereltern sowie den beiden Schwägern Nicolas und Georges Freudenstein. Zuerst wohnte er an der Côte d'Azur. Wenige Monate später zog er nach Paris weiter, wo er sich für die nächsten 15 Jahre installierte.

»Ich verfügte inzwischen über ein so großes Vermögen, dass ich und meine Familie unbeschwert von dessen Zinsen leben konnten«, erklärte Michel Olian gegenüber den Schweizer Behörden. Doch er begnügte sich nicht mit einem Rentnerdasein. Er wurde Teilhaber einer Geldwechslerstube, dehnte seine Aktivitäten bald einmal auf Devisenhandel aus und stieg schließlich ins Börsen- und Immobiliengeschäft ein.

Am 30. November 1924 wurde seine Tochter Tatiana geboren. 1925 lernte er den Genfer Privatbankier Gustav Hentsch kennen, ein paar Jahre später Carl Wehrli, der seinen Wohnsitz nach Paris verlegte, um für die Bank Johann Wehrli & Co. den französischen und spanischen Finanzmarkt zu erschließen.[332]

Wie schon in Berlin verstießen Olians Börsengeschäfte auch in Paris gegen das Gesetz. Im April 1926 wurde er von einem Gericht verurteilt. Grund: »unerlaubte Geldspekulationen sowie Verstoß gegen das Kreditwesen in Frankreich«. Das Vergehen wurde für so schwer wiegend eingestuft, dass gegen Michel Olian ein Landesverweis erlassen wurde. Doch die Ausweisung wurde nicht vollstreckt. Sie wurde zuerst mehrmals auf später verschoben und im Jahre 1934 schließlich endgültig aufgehoben, die Gerichtsakten vernichtet. Damals schon hatte der reiche Exilrusse mächtige Freunde.

Auch in der Schweiz hatte er bereits in jener Zeit Ärger mit den Behörden. Im Jahre 1928 wurde er in Genf zu einem Monat Gefängnis bedingt und einer Buße von 500 Franken verurteilt. Er hatte illegal

332 Sebastian Speich u. a., *Die Schweiz am Pranger*, Wien/Frankfurt 1997, S. 153

einen Radiosender betrieben, mit dem er zu Spekulationszwecken Börsenkurse übermittelte.[333]

Am 1. September 1939 befahl Adolf Hitler den Einmarsch nach Polen und löste damit den Zweiten Weltkrieg aus. Zu diesem Zeitpunkt hielt sich Michel Olian in Genf auf. Er war am 18. August angereist. Wie immer, wenn er in Genf zu tun hatte, wohnte er in der Präsidentensuite des Hôtel des Bergues, damals schon das eleganteste Hotel in der Rhonestadt. Als er vom Kriegsausbruch erfuhr, beschloss er, vorerst nicht nach Frankreich zurückzukehren. Er reservierte zwei weitere Suiten, ließ seine Frau und seine Tochter nachkommen. Seinen Genfer Anwalt wies er an, für ihn und seine Familie eine Aufenthaltsbewilligung für sechs Monate zu beantragen.

Es war kein Zufall, dass sich Olian für Genf entschied. Er hatte einflussreiche Freunde in der Stadt. Vor allem aber war Genf in den letzten Jahren für seine Geschäfte immer wichtiger geworden. Dank seiner Kontakte zu den Privatbankiers Hentsch und Wehrli hatte er Anfang der 30er-Jahre seine Spekulationsgeschäfte allmählich auf die Schweiz ausgedehnt. Als in Frankreich im Jahre 1936 die linke Volksfront mit Léon Blum an die Macht gekommen war, hatte er sein Vermögen großteils nach Genf transferiert. Bald sollte er einer der größten Kunden der Banken Pictet und Hentsch werden.

Bei der Bank Hentsch erinnert man sich heute kaum noch an den berühmt-berüchtigten Kunden Michel Olian. »In unseren Archiven finden sich keinerlei Unterlagen über Herrn Olian, ausgenommen ein Bericht von Price Waterhouse, datiert vom 7. Februar 1944«, erklärt Bankdirektor Jacques Rossier.[334] Laut Price Waterhouse hatte Michel Olian bei der Bank Hentsch & Cie ein einziges Konto unterhalten. Jacques Rossier: »Dieser Bericht bestätigt, dass Olian im Oktober 1937 bei unserer Bank ein Konto auf seinen Namen eröffnet hatte. Das Konto wurde auf Ende

333 Bericht der Genfer Polizei, 3. Juli 1941: Staatsarchiv des Kantons Genf, »Dossier d'expulsion de Michel Olian et sa femme Elisabeth, née Freudenstein 1944–1960«, Dossier n° 3629 (Etrangers J 445)

334 Interview mit Jacques Rossier, 9. März 2002. Rossier ist Mitinhaber der Genfer Privatbank Lombard Odier & Darier Hentsch sowie Mitglied des Leitenden Ausschusses »Finanzzentrum Schweiz« der Schweizerischen Bankiervereinigung.

1942 aufgelöst. In diesem Bericht gibt es nicht den geringsten Hinweis darauf, dass Olian bei uns andere Konten unterhalten hätte.« Und was schreibt Price Waterhouse über Michel Olian? Rossier: »Zur Person Olian äußert sich der Bericht mit keinem Wort; keine Einschätzung und schon gar nicht ein Werturteil. Price Waterhouse analysiert einzig und allein die Transaktionen, die Michel Olian über unsere Bank abgewickelt hatte. Der Bericht stellt fest, dass große Beträge auf Olians Konto einbezahlt wurden, allerdings ohne diese Beträge näher zu präzisieren; der Bericht nennt keine Geldbeträge, er enthält diesbezüglich keine einzige Zahl.

Aus der Analyse der Transaktionen von Olian geht hervor, dass es sich dabei im Wesentlichen um Immobiliengeschäfte in der Schweiz handelte, um Handel mit Aktien, die an der Genfer Börse kotiert waren, sowie um Kompensationsgeschäfte, welche die Eidgenossenschaft bewilligt hatte. Olian hatte bei unserer Bank auch Kunden eingeführt, aber nur wenige. Vielleicht waren diese Kunden mit Olian näher liiert, doch darüber steht nichts im Bericht.« Rossier unterstreicht, dass der Revisionsbericht von Price Waterhouse sowohl Michel Olian wie auch der Bank ein ausgezeichnetes Zeugnis ausstellte. Jacques Rossier: »Price Waterhouse hat – ich zitiere – ›keinerlei zweifelhafte oder verbotene Transaktionen von Michel Olian festgestellt‹. Diese Feststellung gilt selbstverständlich auch für alle übrigen Kunden unserer Bank, der damaligen Hentsch & Cie.«

Der Revisionsbericht von Price Waterhouse entpuppt sich rasch als wertloses Stück Papier. Es handelt sich um ein extremes Beispiel für ein Gefälligkeitsgutachten, in dem kaum mehr als das Datum und die Seitenzahlen etwas mit der Realität zu tun haben. Das belegen Dokumente im Staatsarchiv des Kantons Genf. Sechs Monate nach Price Waterhouse erhielt die Bank Hentsch & Cie Besuch einer eidgenössischen Aufsichtsbehörde, die die Herausgabe aller Unterlagen über Vermögenswerte und Konten von Michel Olian forderte. Die Bank gab Unterlagen zu sechzehn Konten heraus. Doch dies schien der Bundesbehörde etwas wenig. Sie hakte nach. Resultat: Es gab total mehr als achtzig Konten und Unterkonten.[335]

335 Staatsarchiv Genf, Dossier Olian: Briefrapporte (Revisionsabteilung der Schweizerischen Verrechnungstelle) vom 17. August 1945 und 5. September 1945

Die hohe Zeit der Geldwäsche

Kaum in Genf, entfaltete Michel Olian eine enorme Geschäftstätigkeit. Allein in der Stadt Genf kaufte er ein halbes Dutzend Häuser, meist in bester Lage: an der Seepromenade, im Bankenviertel oder an der berühmten Rue du Mont-Blanc zwischen Bahnhof und See. Er besaß zudem zahlreiche Immobilien in Lausanne, Fribourg und Zürich. Sehr schnell begann er systematisch Firmenbeteiligungen zu erwerben. Er besaß 2500 Aktien der angesehenen Compagnie Genevoise de l'industrie de Gaz, später soll er sogar »einer der Großaktionäre der Tageszeitung *La Suisse*« geworden sein.[336] Vor allem die überbordenden Immobilienspekulationen machten die Genfer Behörden misstrauisch. Sie leiteten eine Untersuchung ein und stellten fest: Olian besaß weder eine Arbeits- noch eine Aufenthaltsbewilligung. Am 23. Januar 1940 beschloss daher die Genfer Regierung seine Ausweisung.

Olian setzte sich zur Wehr und reichte Rekurs ein. »Ich übe in Genf keinerlei Berufstätigkeiten aus. Ich habe keinerlei Transaktionen abgewickelt, die direkt oder indirekt mit Immobiliengeschäften zu tun hätten«, versicherte er.[337] Das war zwar faustdick gelogen. Doch er sollte sich damit durchsetzen, nicht zuletzt dank prominenter Hilfe. Mehrere hoch gestellte Persönlichkeiten, unter ihnen Genfer Privatbankiers sowie mehrere Fabrikdirektoren und Universitätsprofessoren, verbürgten sich für ihn. Sein Anwalt Paul Lachenal vermittelte ihm einen Termin bei Bundesrat Eduard von Steiger, dem Vorsteher des Eidgenössischen Justiz- und Polizeidepartementes (EJPD). Prompt machte Bern die Ausweisung rückgängig. Olian bekam eine neue Aufenthaltsbewilligung, die laufend erneuert wurde. Bei jedem Aufenthaltsgesuch musste er sich schriftlich verpflichten, auf jede gewinnbringende Aktivität in der Schweiz zu verzichten. Das Dossier im Genfer Staatsarchiv belegt jedoch, dass er sich zu keinem Zeitpunkt an diese Auflage hielt.

Ende 1942 setzten die Alliierten Michel Olian auf die schwarze Liste. Sie warfen ihm Geschäfte mit den Nazis vor, und sie vermuteten,

336 Teilbericht (der Fremdenpolizei) zum Fall Olian, 21. August 1945, S. 6, BAr.: E 7160-07 (-) 1968/54, Band 1075

337 Siehe u.a.: Schreiben von Olian, datiert vom 24. Dezember 1940, Staatsarchiv Genf, Dossier Olian

dass er unter anderem über die Gesellschaft Pedasa S.A. Nazifirmen und Nazigelder verwaltete. Olian war alleiniger Inhaber der Pedasa S.A. Es handelte sich um eine in Panama eingetragene Finanzgesellschaft, die aber von der Schweiz aus verwaltet wurde, zuerst von der Privatbank Pictet & Cie in Genf, später von der Treuhandgesellschaft Fides in Basel.

Nachdem er auf die schwarze Liste gesetzt worden war, brach er angeblich seine Zelte in Genf ab. Die Bank Hentsch & Cie, die wegen Olian ebenfalls auf die schwarze Liste gekommen war, löste sein Namenskonto auf. Olian nahm offiziell in Basel Wohnsitz, wo er im Luxushotel Euler residierte. Und er verlegte auch seine Geschäfte weitgehend nach Basel. Von nun an achtete er streng darauf, dass sein Name weder bei Firmen noch bei Geschäftsabschlüssen auftauchte. Er setzte darum systematisch Briefkastengesellschaften und Strohmänner ein. Selbst angesehene Schweizer Unternehmer und Bankiers liehen ihm ihre Namen. Dazu zählten unter anderen leitende Angestellte der Versicherungsgesellschaft Patria und vor allem der Generaldirektor der Treuhandgesellschaft Fides, inzwischen eine der wichtigsten Partnerinnen von Michel Olian.

Obwohl er offiziell nach Basel gezogen war, wohnte seine Familie weiterhin im Hôtel des Bergues. Und nach wie vor wickelte er einen Großteil seiner Geschäfte von Genf aus ab. Zwar hatte er offiziell mit der Bank Hentsch & Cie gebrochen, doch das war, so muss man annehmen, ein reines Täuschungsmanöver. Mehrere Tage pro Woche arbeitete Véra D., persönliche Sekretärin von Bankdirektor Conrad Hentsch, bei Olian im Hôtel des Bergues.

Michel Olians illegale Geschäfte und vor allem seine engen Nazi-Kontakte waren für die Behörden ein offenes Geheimnis. Er kaufte gegen harte Devisen (Schweizer Franken, englische Pfund, US-Dollar) in mehreren von Deutschland besetzten Ländern oft in riesigen Mengen Lebensmittel ein, aber auch Rohstoffe und seltene Metalle für die Rüstungsindustrie. Seine Hauptaktivitäten jedoch waren Devisengeschäfte sowie Handel mit Anlagepapieren. Er stand in Verbindung mit Hermann Görings Anwalt, Carl vom Berg, der ihm bei Geldtransfers aus Deutschland in die Schweiz half. Im Auftrag der deutschen Luftwaffe besorgte er Pesetas in der Höhe von mehreren Millionen Schweizer Franken. Damit sollte der Bau von Militärflugplätzen in Spanien finanziert werden. Er unterhielt Geschäftsverbindungen zur Sofindus, über die Walter Schellenberg Teile des SS-Auslandnachrichtendienstes mit Geld versorgte. Besonders intensive Kontakte pflegte er mit dem Oberkommando der Wehrmacht (OKW) in Paris sowie mit mehreren Kleinbanken in Berlin, die hauptsächlich für das Reichswirtschaftsministerium arbeiteten. Er vermittelte ihnen Käufer für Anlagepapiere und Wertschriften, die fast immer aus deutsch besetzten Ländern stammten. Vor allem aber kaufte er ihnen französische Franken ab, meist in Millionenhöhe, es gab Käufe, bei denen Michel Olian zwischen 70 und 100 Millionen französische Franken übernahm.

Gegen Kriegsende ging bei der Schweizerischen Verrechnungsstelle eine vertrauliche Meldung aus Bern ein. Danach sollte die Bank Pictet & Cie »angeblich ein Depot von 45 Millionen Franken (bzw. schweizerischer Gegenwert) lautend auf den Namen Michel Olian verwalten«. Gemäß der vertraulichen Mitteilung handelte es sich bei diesen Millionen um Gelder, die 31 Angehörigen der NSDAP gehörten.[338] Eine fast gleich lautende Information hatten die Alliierten bereits Anfang 1945 verbreitet.

Der Direktor der Schweizerischen Nationalbank erklärte am 4. März 1942: »Die Aktivitäten von Olian können sich für die Schweiz nur nachteilig auswirken.« Und am 30. Mai 1942 sagte er: »Es lässt sich nicht wegdiskutieren, dass Olian jede Menge Operationen abwickelt, die im Ausland den guten Ruf unseres Landes beschädigen.«[339] Agenten des Nachrichten- und Sicherheitsdienstes der Schweizer Armee warnten im Mai 1942 die Bundesanwaltschaft: »Dieses Individuum betreibt Devisenschmuggel im ganz großen Stil.«[340] Nur wenige Tage später antwortet die Bundesanwaltschaft und beschwert sich über die Eidgenös-

338 Bericht der Schweizerischen Verrechnungstelle, 18. April 1946, BAr.: E 7160 – 03 (-) 1968/108, Band 29

339 »Affaire Olian – rapport pour M. le Chef de la Police fédérale des étrangers«, 20. Dezember 1942, BAr.: 2001 (E) 1968/78, Band 298

340 Mitteilung an Schweizerische Bundesanwaltschaft, 20. Mai 1942, BAr.: E4320 (B) 1971/78, Band 111

sische Fremdenpolizei: »Seit mehr als zwei Jahren beschäftigt sich unser Dienst mit dieser Person. Am 25. 7. 1940 haben wir der Eidgenössischen Fremdenpolizei mitgeteilt, dass wir uns einer Aufenthaltsbewilligung widersetzen. Trotzdem befindet sich Olian noch immer in der Schweiz, da er, wie es scheint, Bankiers große Dienste erwiesen habe.«[341] Die Bundesanwaltschaft gab an, sie werde Olian weiterhin überwachen. Während längerer Zeit hörte sie sein Telefon ab.

Im Herbst 1944 unternahm die Genfer Regierung einen neuen Anlauf, um Olian loszuwerden. Am 13. September verfügte sie seine Ausweisung aus der Schweiz und dem Fürstentum Liechtenstein – »für eine unbefristete Dauer«. Olian und seine Frau hatten zwei Wochen Zeit, ihre Koffer zu packen.

Doch erneut hob Bern den Ausweisungsentscheid auf. Wiederum hatte Olian mit Erfolg seine einflussreichen Freunde organisiert. EJPD-Chef Bundesrat Eduard von Steiger wurde regelrecht mit Zuschriften und Bittgesuchen überschwemmt. Die Generaldirektion der Basler Chemiefabrik Geigy wies den Bundesrat auf die enormen Dienste hin, die Olian der Schweizer Industrie leiste und geleistet habe. Sie führte unter anderem aus, dass der dienstbare Exilrusse es immer wieder geschafft habe, blockierte Geldbeträge oder Vermögenswerte aus deutsch besetzten Gebieten in die Schweiz zu schaffen. Dasselbe behaupteten die Aluminium-Industrie A.G., aus der später die Alusuisse hervorging, sowie ein halbes Dutzend weitere Firmen. Die Universität in Genf setzte sich für Michel Olian ein, weil er viel Geld gespendet hatte. Und sogar ein Bataillonskommandant der Schweizer Armee eilte ihm zu Hilfe, er hatte einen Fonds für notleidende Soldaten eingerichtet.

Ein Untersuchungsbeamter wird vom Dienst suspendiert

Der zweite Ausweisungsentscheid der Genfer Regierung blieb nicht ganz ohne Wirkung. Michel Olian verlor in Bern einen wichtigen Verbündeten: Bundesrat Eduard von Steiger, EJPD-Chef, wechselte die Seite. Was ihn dazu bewog, geht weder aus den Akten im Bundesar-

341 Brief der Bundesanwaltschaft an Armeekommando (Nachrichten- und Sicherheitsdienst), 27. Mai 1942, BAr.: E4320 (B) 1971/78, Band 111

chiv noch aus dem Olian-Dossier im Genfer Staatsarchiv hervor. Ausschlaggebend war vermutlich ein umfangreiches Dossier, das ihm der Genfer Regierungsrat Adrien Lachenal zukommen ließ. Lachenal konnte belegen: Unternehmer und Parteifreunde hatten den EJPD-Chef mit Falschinformationen auf ihre Seite gezogen; sie hatten ihm verschwiegen, dass sie an den zweifelhaften Nazi-Geschäften von Michel Olian beteiligt waren. Vielleicht aber passte sich Bundesrat Eduard von Steiger nur der veränderten politischen Lage an. Inzwischen nämlich zeichnete sich eine Niederlage Nazideutschlands und der Achsenmächte ab. Wie auch immer, Ende 1944 wies von Steiger den Chef der Eidgenössischen Fremdenpolizei an, »die Untersuchung im Fall Olian sei [...] so gründlich als möglich und mit allen Mitteln zu führen und zu fördern«.[342] Mit der Untersuchung betraut wurde der Sachbearbeiter Pierre Goël, Jurist und Experte für Finanz- und Wirtschaftsfragen.

Pierre Goël wusste, dass sich am Fall Olian bereits mehrere Beamte die Finger verbrannt hatten. Aber das störte ihn nicht. Er war ein Draufgänger; er liebte komplizierte und heikle Fälle. Mit großem Eifer packte er das heiße Eisen an. Er hatte davon gehört, dass der Exilrusse mit Nazis Geschäfte machte und dabei von einflussreichen Schweizern gedeckt wurde. Doch das Ausmaß dieser Protektion, die er während seiner Ermittlungen feststellen sollte, übertraf selbst die schlimmsten Befürchtungen: Staatsanwälte weigerten sich, gegen Olian zu ermitteln; Beamte in Kantonen und beim Bund hatten sich von ihm bestechen lassen; ein hoher Bundesbeamter arbeitete sogar als Strohmann für ihn.

Ein Vorfall, der sich in Genf zugetragen hatte, veranschaulicht die unglaubliche Protektion, welche Michel Olian genoss. Ein Basler Untersuchungsrichter hatte auf Betreiben der Genfer Regierung gegen Olian wegen Schwarzhandels ein Verfahren eingeleitet. Im Rahmen dieses Verfahrens ordnete der Basler Untersuchungsrichter Hausdurchsuchungen in Basel und Genf an. Für die Hausdurchsuchungen in Genf musste er – so die damals geltende Strafprozessordnung – in Bern beim

342 Siehe u.a.: Aktennotiz der Eidgenössischen Fremdenpolizei (Herrn Dr. Mäder, EFP – Untersuchung Goël), 27. Juni 1945, BAr.: E 4001 (C) Band 1/232

Eidgenössischen Justiz- und Polizeidepartement ein Rechtshilfegesuch stellen. Dieses wurde bewilligt. Am 10. Januar 1945 schickte das EJPD den Bundespolizisten Haslebacher nach Genf. Die Hausdurchsuchung sollte noch am gleichen Tag durchgeführt werden.[343]

Es war 15.04 Uhr, als Haslebacher in Genf eintraf. Beim Hôtel des Bergues und vor der Bank Hentsch & Cie waren bereits Polizisten postiert. Sie sollten verhindern, dass Olian floh oder wichtige Unterlagen wegschaffen ließ. Unmittelbar nach seiner Ankunft begab sich Haslebacher zum Generalstaatsanwalt Charles Cornu, der die bevorstehende Hausdurchsuchung absegnen musste. Eigentlich eine Formalität. Doch es kam ganz anders. Generalstaatsanwalt Cornu reichte den Bundespolizisten an den Untersuchungsrichter Foëx weiter. Der aber war erst am nächsten Morgen erreichbar. Als Haslebacher endlich im Büro des Untersuchungsrichters saß, verweigerte dieser seine Mitarbeit. »Foëx erklärte, dass er in dieser Angelegenheit in den Ausstand trete, da er gegen die Privatbank Hentsch & Cie eine Untersuchung geführt habe und nun vermeiden möchte, dass bei dieser Bank der Eindruck entstehe, er benütze jede Gelegenheit, um gegen dieselbe vorgehen zu können.«

Nun musste sich Haslebacher erneut an den Generalstaatsanwalt wenden. Jetzt stellte auch der sich quer. Er lehnte das Rechtshilfegesuch ab – wegen Formfehlern. Seine Begründung: »Das Rechtshilfegesuch müsse durch die Basler Behörde an ihn und nicht an das Justiz- und Polizeidepartement gerichtet sein; im vorliegenden Rechtshilfegesuch seien die in Genf vorzunehmenden Amtshandlungen nicht aufgeführt, mündlich gegebene Instruktionen seien nicht maßgebend.« Obwohl der Bundespolizist darlegen konnte, dass beim Rechtshilfegesuch strikt der vorgeschriebene Dienstweg eingehalten worden war, ließ sich der Generalstaatsanwalt nicht umstimmen. Er bestand darauf, dass die Basler Behörden ein neues Gesuch stellen müssten. Bis es so weit war, wurden die Polizisten vor Olians Hotel und vor der Bank Hentsch & Cie abgezogen.

343 Siehe »Bericht von Det. Haslebacher betr. Erhebungen in Genf i. S. Olian Michel«, 14. Januar 1945, BAr.: E 4320 (B) 1971/78, Band 111

Schließlich traf das korrekt adressierte Gesuch aus Basel ein, und die Hausdurchsuchung konnte mit einem Tag Verspätung durchgeführt werden. Sie geriet zur reinen Farce. Inzwischen nämlich hatte Michel Olian Genf verlassen. Den Safe im Hotel wagte die Polizei nicht zu öffnen. Er lautete auf den Namen von Olians Frau, gegen die aber gab es keinen Hausdurchsuchungsbefehl. Doch damit nicht genug. Kurz vor der Hausdurchsuchung war plötzlich Inspektor Nicolas Frizzi vom eidgenössischen Kriegsgewinnsteueramt aufgetaucht. Dazu Bundespolizist Haslebacher in seinem Protokoll: »Herr Frizzi [...] hat uns darauf aufmerksam gemacht, dass Olian mit schweizerischen Finanzgrößen und Rechtsberatern sowie mit hochgestellten Magistraten enge Beziehungen unterhalte und durch solche protegiert werde. Durch Olian sei die Eidgenossenschaft schon zu hohen Geldbeträgen gekommen.«

Pierre Goël von der eidgenössischen Fremdenpolizei fand später heraus, dass Inspektor Frizzi bereits einen Tag vor der Hausdurchsuchung in Genf eingetroffen war. Am Bahnhof war er von Olian persönlich abgeholt worden. In der Aktentasche des Inspektors befand sich das Personaldossier Michel Olian. Bern hatte sich mehrfach geweigert, kantonalen Polizei- und Justizbehörden dieses Dossier auszuhändigen. Es dürfe nur im Beisein einer eidgenössischen Amtsperson eingesehen werden, hieß es jeweils.[344]

Goël stellte weiter fest: Frizzi und Olian kannten sich seit langer Zeit. Regelmäßig ließ sich Frizzi von Olian einladen, er nahm auch großzügige Geschenke an, einen Pelzmantel für seine Freundin, mehrmals auch Geldscheine, ein Mal waren es 1000 Franken, an anderes Mal sogar 30000 Franken. Schließlich stellte sich heraus: Der hohe Bundesbeamte arbeitete als Strohmann, er kaufte im Auftrag von Michel Olian Aktien und Firmenbeteiligungen. Als Goël ihm auf die Schliche kam, demissionierte er als Bundesbeamter. Gegen ihn wurde ein Disziplinarverfahren eingeleitet, zu einem Strafverfahren allerdings kam es nicht, angeblich mangels Beweisen. Später tauchte der Name Nicolas Frizzi in Verwaltungsräten von Olian-Firmen auf.

344 Siehe u. a.: Bericht Haslebacher, a. a. O.

Frizzi war nicht der einzige Bundesbeamte, der an Michel Olians reich gedecktem Tisch saß.[345] Aber keiner wurde bestraft oder gar vor Gericht gestellt. Pierre Goël dagegen bezahlte einen sehr hohen Preis, weil er es wagte, Olians Machenschaften offen zu legen.

Dank seiner guten Kontakte zu Bundesbeamten und Regierungsräten wusste Olian stets Bescheid über den Stand von Goëls Ermittlungen.[346] Er unternahm alles, um den kleinen Fahnder der Fremdenpolizei auf seine Seite zu ziehen. Immer wieder versuchte er, ihn einzuladen, er ließ ihm kleine Geschenke überbringen, lockte ihn mit schönen Frauen. Aber der Beamte war nicht rumzukriegen. Im Gegenteil, die Bestechungsversuche schienen ihn erst recht scharf zu machen. Im Frühjahr 1945 unternahm Olian einen letzten »freundschaftlichen« Anlauf, wie er sich ausdrückte. Er machte Goël ein unglaubliches Angebot: Er versprach ihm eine Million Schweizer Franken.[347] Doch selbst diese horrende Geldsumme schlug der sture Beamte aus. Jetzt änderte Olian seine Taktik. Mit Erfolg. Er befahl mehreren Komplizen, sie sollten sich bei Goël als Zeugen melden und gegen ihn aussagen. Der Fahnder rieb sich die Hände und ahnte nicht, dass ihm Olian mit den auskunftsfreudigen Zeugen eine Falle stellte. In der Tat, mehrere Zeugen erhoben kurz nach ihrer Einvernahme schwere Vorwürfe gegen Pierre Goël. Ein Zeuge behauptete, dieser habe ihn während des Verhörs bedroht und zu falschen Aussagen gezwungen; ein anderer gab an, das Verhörprotokoll wäre nachträglich abgeändert worden.

345 Pierre Goël nennt in seinen Ermittlungsberichten mehrere Beamte, die mit Michel Olian befreundet waren und Geschenke angenommen hatten. Siehe u. a.: Goël-Bericht vom August 1945, BAr.: E 2001 (E) –/2, Band 567, oder den Bericht vom 12. April 1946, BAr.: E 4001 (C), Band 1/232

346 Michel Olian unterhielt zu mehreren Politikern sehr gute Beziehungen. Seit er in Basel wohnte, war er zum Beispiel mit Regierungsrat Fritz Brechbühl eng befreundet. Als Chef des Justiz- und Polizeidepartementes des Kantons Basel-Stadt hatte Brechbühl Einblick in Ermittlungsakten. Regelmäßig hat er zugunsten von Michel Olian interveniert.

347 Michel Olian hatte seinen früheren Sekretär Emile Rogé damit beauftragt, Pierre Goël eine Million Franken anzubieten. Siehe u. a.: Abhörung von Emile Rogé, Paris, 12. Dezember 1945, betreffend die Geschäfte von Michel Olian, BAr.: E 7160 –03 (-), 1968/108, Band 29

Goël wurde sofort vom Dienst suspendiert, gegen ihn wurde ein Disziplinarverfahren eingeleitet. Schließlich reichten Olians Anwälte gegen ihn eine Strafklage ein. Sie beschuldigten ihn illegaler Fahndungsmethoden, und, schlimmer noch, sie warfen ihm vor, er hätte gegenüber Zeugen vertrauliche Informationen über Olian ausgeplaudert und damit das Amtsgeheimnis verletzt. Die Zeugen, Olians Komplizen, bestätigten dies später vor Gericht. Goël geriet in Beweisnot. Das Verfahren endete mit einem Vergleich. Bundesrat Eduard von Steiger ließ den bedrängten Beamten im Regen stehen. Er lehnte eine bereits beschlossene Beförderung ab. Grund: Da der Prozess gegen Olian mit einem Vergleich ausgegangen war, sei er nicht ganz ohne Tadel. Angewidert verließ Pierre Goël die Fremdenpolizei und wechselte in die Privatindustrie. Die Untersuchung gegen Michel Olian versandete.

Das Geschäft mit der Nazi-Kriegsbeute

Die Genfer Regierung gab indes nicht auf. Am 12. Oktober 1945 beschloss sie zum dritten Mal die Ausweisung Michel Olians, diesmal mit Unterstützung Berns. Doch Olian durfte trotzdem bleiben. Seine Anwälte reichten Rekurs ein. Bis sie alle Verzögerungstricks durchgespielt hatten, gingen fast drei Jahre ins Land. Erst am 30. April 1948 wurde der Ausweisungsentscheid rechtskräftig. Olian und seine Frau mussten die Schweiz verlassen – acht Jahre nachdem Genf sie ein erstes Mal ausgewiesen hatte.

Der Ausweisungsentscheid vom Oktober 1945 ist eine vernichtende Anklageschrift gegen Olian und zugleich ein niederschmetterndes Dokument über den Finanzplatz Schweiz.[348] Die Genfer Regierung bezeichnet Olian als skrupellosen Geschäftemacher und »typischen Kriegsgewinnler«: »Seit Beginn seines Aufenthaltes hat Olian seine wahren Absichten verheimlicht. [...] Es steht fest, dass Olian in der Schweiz – trotz eines strikten Verbotes – wirtschaftlich tätig war und sehr umfangreiche Geschäfte abgewickelt hat, seine Geschäfte nahmen sogar außergewöhnliche Ausmaße an.«

348 Ausweisungsentscheid der Genfer Regierung, 12. Oktober 1945, Olian-Dossier, Staatsarchiv des Kantons Genf, a. a. O.

Die Ermittlungsakten, auf die sich der Ausweisungsentscheid abstützt, dokumentieren auf weit über 400 Seiten Hunderte von illegalen Geschäften, die Olian während des Krieges von der Schweiz aus abgewickelt hatte. »Auffällig ist, dass Olians Geschäfte, mit Ausnahme Portugals, ausschließlich die Achsenmächte und von den Achsenmächten besetzte Länder betrafen«, schreibt der Genfer Staatsrat. Und weiter: »Die vielfältigen Aktivitäten Olians waren direkt oder indirekt ein Verstoß gegen die schweizerische Neutralität und die schweizerischen Landesinteressen, was Olian sehr wohl wusste.

In besonderem Maße traf dies zu für die Gefälligkeiten, die Olian den deutschen Behörden erwies, als er in der Schweiz über den Kauf von französischen Francs verhandelte. Diese Francs waren von den Deutschen in die Schweiz verschoben worden. Es handelt sich dabei ganz offensichtlich um Gefälligkeiten, die Olian den Deutschen versprochen hatte oder erweisen musste, und zwar als Gegenleistung für die Geschäfte, die er mit ihrer Zustimmung in Frankreich und Deutschland abwickeln durfte.«

Michel Olians Rolle lässt sich am ehesten als die eines Nazi-Bankiers definieren. Gemäß den Dokumenten im Genfer Staatsarchiv bestand seine Hauptaktivität darin, den Nazis im großen Stil harte Devisen zu beschaffen. Ebenso bedeutend war sein Einsatz als Geldwäscher und Strohmann. Er stellte den Nazis ein Netz von Firmen und Finanzgesellschaften zur Verfügung, über die er Raubgut und Kriegsbeute in Sicherheit brachte: Nazigold, den Juden abgenommene Vermögen, gestohlene Wertschriften, Partizipationsscheine, Anlagepapiere ... Dabei entwickelte er eine Reihe höchst raffinierter Verschleierungstechniken, die beispielsweise Nachrichtendienste, aber auch Geldwäscher der italienischen oder der russischen Mafia zum Teil heute noch mit großem Erfolg anwenden.

Während Olian in der sicheren Schweiz saß und mit Nazi-Geschäften astronomische Gewinne einheimste – die Genfer Behörden schätzten sein Vermögen bei Kriegsende auf über 100 Millionen Franken –, wurde seine jüdische Familie in Lettland von den Nazis verfolgt und umgebracht. Und Olian wusste davon, was ihn jedoch nicht hinderte, weiterhin seinen Nazi-Geschäften nachzugehen. In einem Verhör mit der Bundesanwaltschaft erklärte er: »Meine Mutter, meine Schwestern, meine Schwäger und alle meine Verwandten wie Nichten und Neffen sind von den Deutschen am 18. Oktober 1942 füsiliert worden.«[349] Sein Vater war bereits 1941 ermordet worden – von Sowjet-Soldaten, wie Olian angab. Ein ähnlich grausames Schicksal erfuhr die Familie seiner Frau Elisabeth, die ebenfalls jüdischer Herkunft war.

Die große Stunde für den Finanzakrobaten Olian schlug im Juni 1940. Deutsche Truppen marschierten in Paris ein. Die Wehrmacht besetzte bereits rund zwei Drittel Frankreichs. Die besiegten Franzosen wurden gezwungen, für den Unterhalt der Wehrmacht und alle übrigen Besatzungskosten aufzukommen. Der französische Staat musste Hitlerdeutschland jeden Tag 300 Millionen, später sogar 500 Millionen Francs abliefern. In der Zeit von Juni 1940 bis August 1945 kassierten die deutschen Besatzer von Frankreich die unvorstellbare Summe von 705 Milliarden Francs. Diese Geldmenge stellte die Nazis vor riesige Probleme. Denn außerhalb Frankreichs waren französische Geldscheine für sie praktisch wertlos. Die Alliierten und ihre Verbündeten betrachteten sie als Feindgut und lehnten sie ab. Erst durch den Eintausch gegen eine harte Währung wie Schweizer Franken, englische Pfund oder US-Dollar konnte das Geld auch außerhalb Frankreichs benutzt werden.

Michel Olian erkannte in den Francs-Problemen der Nazis sofort das Geschäft seines Lebens. Er bot den Nazis seine Dienste als Spezialist für Devisenhandel und Geldtransfers an. Das Oberkommando der Wehrmacht und das Devisenschutzkommando in Paris wurden seine wichtigsten Auftraggeber. Doch erst die Zusammenarbeit mit Schweizer Banken und Firmen machte den Handel mit französischen Francs zum riesigen Geschäft. Ab 1940 transferierte Olian französische Geldscheine in Raten bis zu 100 Millionen Francs in die Schweiz und tauschte sie für die Nazis gegen harte Devisen ein.

Olian bestritt stets vehement, mit den Nazis Devisen- oder andere Finanzgeschäfte abgewickelt zu haben. Für den massiven Import

349 Abhörungsprotokoll (Einvernahme von Michel Olian durch die Schweizerische Bundesanwaltschaft), 12. Dezember 1945, BAr.: E 4320 (B) 1971/78, Band 111

französischer Francs in die Schweiz bot er eine wunderliche Erklärung an. Er behauptete, er hätte lediglich ein paar Schweizer Firmen geholfen, in Frankreich und Deutschland blockierte Guthaben in die Schweiz zurückzuführen. Dafür habe er nie ein Honorar verrechnet, sondern stets ganz selbstlos gehandelt, gewissermaßen als Dank für die schweizerische Gastfreundschaft. Dokumente im Bundesarchiv und im Genfer Staatsarchiv belegen in der Tat, dass Olian mehreren Dutzend Schweizer Firmen dabei half, im von Deutschland besetzten Ausland blockierte Vermögenswerte frei zu bekommen. Zu diesen Firmen zählten die Basler Chemieunternehmen Geigy und Sandoz, die Aluminium-Industrie A.G. (die spätere Alusuisse), die Treuhandgesellschaft Fides, mehrere Banken und Versicherungen sowie zahlreiche Import-Export-Unternehmungen. Die blockierten Guthaben lagen mehrheitlich in Frankreich und Deutschland, aber nicht ausschließlich. Bei der Rückführung in die Schweiz übernahmen die Firmen jeweils französische Francs, nicht selten auch Aktien oder Wertschriften.

Entgegen Olians Behauptung waren solche Kapitaltransfers ohne Beteiligung der Nazis völlig ausgeschlossen. Der Geld- und Warenverkehr unterlag einer totalen Kontrolle des Devisenschutzkommandos. Die Banken im besetzten Frankreich mussten ihre Bestände bis auf den letzten Centime melden. Über Devisen, Wertpapiere, Gold und Edelsteine durften sie ab dem 14. Juni 1940 nicht mehr ohne eine ausdrückliche Genehmigung des Devisenschutzkommandos verfügen.[350] Währungskonten bei ausländischen Banken wurden geschlossen, die Schließfächer sämtlicher Bankkunden gesperrt, sie durften nur noch in Gegenwart eines Beamten des Devisenschutzkommandos geöffnet werden. Ähnlich rigorose Bestimmungen galten in den übrigen von Deutschland besetzten Ländern.

350 Siehe Rundschreiben des Devisenschutzkommandos Frankreich vom 14. Juni 1940. Zudem hatte Frankreich bereits am 9. September 1939 ein Verbot für den Export französischer Geldnoten erlassen. Dieses Verbot blieb während der ganzen Zeit der deutschen Besatzung in Kraft. Mehr dazu siehe: Marc Perrenoud, *Aspects des relations financières franco-suisse (1936–1946)*, UEK-Band 25, Zürich 2002, S.122ff.

Die Abgeltung ausländischer Guthaben durch französische Francs, Aktien oder Wertschriften und ihre Rückführung in die Schweiz waren keine harmlose Finanzoperation, wie das Olian glauben machen wollte. Dadurch verhalfen Schweizer Banken und Firmen den Nazis zu harten Devisen. Mehr noch, diese Kompensationsgeschäfte dienten der Nazi-Geldwäsche. Bei den von Olian vermittelten französischen Francs, Aktien und Wertschriften handelte es sich zum Teil um Raubgüter.

In den besetzten Gebieten hatten die Nazis systematisch Banken und Firmen geplündert. Doch diese Kriegsbeute konnten sie nicht problemlos nutzen. Sie mussten sie zuerst waschen, deren kriminelle Herkunft verschleiern. Namentlich in Frankreich, aber auch in Belgien, Holland, Jugoslawien, Rumänien und in anderen Ländern setzten sie darum Schieber wie Michel Olian ein. Kompensationsgeschäfte waren eine bewährte Methode, um Beutegeld in die Schweiz zu bringen. Genauso wurde mit gestohlenen Aktien und Wertschriften verfahren. Einmal in der Schweiz, wurden sie auf die Namen von Strohmännern umgeschrieben und in Briefkastenfirmen geparkt. Wer mit den Nazis ins Geschäft kommen wollte, musste sich auf Kompensationsgeschäfte einlassen und gestohlene Guthaben übernehmen. Für die Vermittlung solcher Geschäfte und für das Waschen von Nazi-Diebesgeldern kassierte Olian riesige Kommissionen oder Vermittlungsgebühren.

Die Genfer Behörden hatten schon im Jahre 1940 auf diese höchst zweifelhaften Geschäfte des »jüdischen Emigranten« Olian hingewiesen, ebenso die Bundesanwaltschaft, später auch die Eidgenössische Fremdenpolizei.[351]

»Dass die Deutschen in den besetzten Ländern systematisch Bankdepots plünderten, war zu einem sehr frühen Zeitpunkt bekannt. Die Schweizer Banken wussten davon bereits ab Sommer 1940. Es gab auf jeden Fall hinreichend Informationen, um zu wissen, dass die Devisen aus Frankreich zweifelhaften Ursprungs sein konnten«, erklärt der Historiker Marc Perrenoud, der im Auftrag der Bergier-Kommission die Finanzbeziehungen Schweiz–Frankreich während des Zweiten

351 Siehe u. a.: Bericht an den Chef der Eidgenössischen Fremdenpolizei, 20. Dezember 1943, BAr.: E 2001 (E), 1968/78, Band 298

Weltkrieges untersuchte.[352] Die schweizerischen Bundesbehörden versuchten immer wieder, den Devisenhandel strenger zu kontrollieren. Doch ohne Erfolg, wie Perrenoud ausführt: »Alle Vorschläge der Schweizerischen Nationalbank sowie der Bundesverwaltung, die auf eine Reglementierung des Devisenhandels abzielten, blieben toter Buchstabe. Die politischen Behörden vermochten sich gegen die Banken und die Wirtschaft nicht durchzusetzen.«

Die Schweiz und die Plünderung Frankreichs

Es hatte viele Olians gegeben, aber nur wenige waren so mächtig und so raffiniert wie Michel Olian. Wie viele Nazigelder, gestohlene Wertschriften und Vermögenswerte sie in die Schweiz geschleust hatten, lässt sich nicht mehr feststellen. Anfang 1945 schätzte der Präsident der Nationalbank die in der Schweiz gehorteten französischen Gelder auf 7 Milliarden Schweizer Franken.[353] Und selbst diese Schätzung ist reine Spekulation. Denn in den Statistiken wurden zweifelhafte ausländische Gelder sehr oft als schweizerische Guthaben aufgeführt. Sie lagen bei Holdings und Finanzgesellschaften, die auf dem Papier Schweizern gehörten. Kommt hinzu: Sehr viele dieser Holdings und Finanzgesellschaften waren im Ausland beheimatet und wurden lediglich von der Schweiz aus verwaltet. Allein in Liechtenstein vermuteten die Amerikaner »Tausende von Verschleierungsgesellschaften«.

Frankreich verlangte eine Erhebung aller französischen Vermögenswerte in der Schweiz und bestand darauf, dass die von den Nazis gestohlenen Gelder und Wertschriften zurückerstattet würden. Der Bundesrat schien bereit, teilweise auf die Forderungen einzugehen. Damit löste er bei den Banken einen Aufschrei der Entrüstung aus.[354] Alfred

352 Interview mit dem UEK-Mitarbeiter Marc Perrenoud, 8. März 2002. Siehe auch: Marc Perrenoud u.a., *La place financière et les banques suisses à l'époque du national-socialisme*, UEK-Band 13, Zürich 2002. Und: Marc Perrenoud, »La diplomatie suisse et les relations financières avec la France 1936–1945«; in: Sébastien Guex, *La Suisse et les Grandes Puissances 1914–1945*, Genf 1999, S. 385ff.

353 Marc Perrenoud, *Aspects des relations financières franco-suisse (1936–1946)*, a.a.O., S. 31

354 Ebd., S. 27

Schäfer, Generaldirektor der SBG, sprach von »fatalen Folgen für französische Klienten, die ihr Geld in der Schweiz platziert hatten, um den Steuern zu entgehen«, und warnte, dass »Gesellschaften im Achsenbesitz« gefährdet würden. Die Schweizerische Bankiervereinigung befürchtete einen »Schaden für die gesamte Bankenindustrie«. Am heftigsten reagierte der Genfer Ständerat und Privatbankier Albert Pictet: »Es ist unnötig, dass die eidgenössischen Behörden den genauen Betrag der französischen Guthaben in der Schweiz kennen. Die geforderte Erhebung würde die Existenz der Schweizer Banken gefährden.« Die Banken erhöhten in der Folge die Geheimhaltung und erließen spezielle Sicherheitsmaßnahmen. Das Ziel dieser Maßnahmen war klar. »Es ging vor allem darum, die Suche nach gestohlenen Vermögenswerten und nach Steuerfluchtkapital zu verhindern«, erklärt Marc Perrenoud.

Frankreich war von den Deutschen systematisch geplündert und ausgeblutet worden. Niemand wusste das besser als die Schweizer Banken. Perrenoud fand in mehreren Bankarchiven Dokumente, die belegen, »dass die Schweizer Banken direkt an der Plünderung Frankreichs durch Deutschland beteiligt waren«.[355] Diese Dokumente belegen weiter, dass ein Großteil der deutschen Kriegsbeute in der Schweiz lag oder von Schweizer Banken verwaltet wurde. Doch als sich die französische Regierung nach Kriegsende bei den Schweizer Banken meldete, lehnten diese jedes Gespräch ab. Mehr noch, auf die Forderung, die geraubten Gelder und Vermögenswerte an die rechtmäßigen Besitzer zurückzugeben, antworteten sie mit einer Verschärfung des Bankgeheimnisses.[356]

355 Ebd., S. 122

356 Die ersten Opfer des verschärften Bankgeheimnisses wurden Angehörige von Juden, Zigeunern und politischen Gefangenen, die von den Nazis verschleppt und ermordet worden waren. Am 15. März 1946 beschloss die Schweizerische Bankiervereinigung betreffend »Nachforschungen nach Vermögenswerten, deren Eigentümer während der Kriegszeit im Ausland verstorben sind«: »Es sollen Auskünfte nur an Privatpersonen erteilt werden und nur, falls konkrete Anhaltspunkte dafür vorliegen, dass solche verstorbene Personen effektiv mit einer Schweizer Bank verkehrt haben, wobei sich die betreffende erbberechtigte Person als aktiv legitimiert für ihren Anspruch ausweisen muss.« Zitiert nach: Marc Perrenoud, *Aspects des relations financières franco-suisse (1936–1946)*, a.a.O., S. 172f.

Diese radikale Haltung der Banken trieb die Schweiz in eine totale politische Isolation. Frankreich und alle andern Alliierten reagierten mit heftigen Attacken. Sie bezeichneten die Schweiz als Hehlerstaat, der seinen Reichtum weitgehend mit unmoralischen und sogar kriminellen Kriegsgeschäften erworben hätte. Sie beschuldigten die Schweizer Banken und die Schweizer Wirtschaft, sie hätten durch ihre Komplizenschaft mit Hitlerdeutschland und den Achsenmächten den Krieg verlängert. Kurz, wegen der Schweizer Gewinnsucht hätten unzählige alliierte Soldaten ihr Leben lassen müssen.

Der politische Konflikt mit Frankreich erwies sich für die Schweiz als besonders bedrohlich. Keine andere Regierung der Alliierten verfügte über so umfangreiches und so belastendes Beweismaterial gegen Schweizer Banken und Schweizer Firmen wie die französische Regierung. Nach der Befreiung von Paris fielen den Franzosen unter anderem massenweise Unterlagen des Devisenschutzkommandos in die Hände. Daraus ging hervor: Hitlerdeutschland hatte Paris als zentrale Finanzdrehscheibe für gestohlene Devisen, Aktien und Wertpapiere benutzt.[357] Das Devisenschutzkommando in Paris hatte sich nicht nur um Gelder und Vermögenswerte gekümmert, die von den Deutschen in Frankreich geraubt und erbeutet worden waren, sondern auch um jene aus den übrigen von Deutschland besetzten Gebieten. Um diese Raubgelder und Siegesbeute in Sicherheit zu bringen, hatte das Devisenschutzkommando hauptsächlich mit Schweizer Banken und Schweizer Unternehmen zusammengearbeitet. Selbst die Finanzbeziehungen Hitlerdeutschlands zur Schweiz waren weitgehend von Paris betreut worden.

Die französische Regierung begnügte sich nicht mit heftigen Verbalattacken, sondern drohte offen mit Enthüllungen. Der Schweizer Außenminister, Bundesrat Max Petitpierre, erkannte sofort die Sprengkraft der Pariser Dokumente. Die Schweiz stand im Frühling 1946 kurz vor schwierigen Verhandlungen mit den Alliierten.[358] Vor allem die USA

357 Der Historiker Perrenoud hat als Erster auf die herausragende Rolle von Paris als Finanzdrehscheibe Hitlerdeutschlands hingewiesen. Siehe die bereits erwähnten Publikationen von Perrenoud.

358 Siehe Teil III, S. 164 ff.

forderten nicht nur die Herausgabe des Nazigoldes und der Kriegsgewinne, sondern auch Wiedergutmachung und sogar eine Beteiligung an den Kriegskosten der Alliierten. Die Schweiz sollte exemplarisch bestraft werden, weil sie mit den Achsenmächten zusammengearbeitet und am Krieg massiv profitiert hatte. Die Schweiz bestritt die ihr vorgehaltenen Kriegsgewinne. Kein Zweifel, Enthüllungen über die wirtschaftliche Zusammenarbeit mit Hitlerdeutschland am Vorabend der Washingtoner Verhandlungen hätten in der Tat einen katastrophalen Schaden angerichtet. Sie hätten die Forderungen der Alliierten gewaltig in die Höhe getrieben, und sie hätten bewiesen, dass die wirtschaftliche Zusammenarbeit mit den Nazis viel weiter ging, als dies die Schweiz bisher eingestanden hatte.

Außenminister Max Petitpierre ergriff die Flucht nach vorn und bot der französischen Regierung Verhandlungen an. Er schaffte es tatsächlich, die Pariser Bombe zu entschärfen. Frankreich schraubte seine Forderungen stark zurück, später wird es sie beinahe ganz vergessen. Eingeleitet wurde dieser politische Kurswechsel durch einen Kredit in der Höhe von 250 Millionen Franken, den die Eidgenossenschaft Frankreich zu extrem günstigen Bedingungen gewährte. Mit diesem Kredit kaufte Frankreich in der Schweiz liegende Wertschriften zurück. Der Konflikt mit Frankreich schien beigelegt. Doch beinahe wäre alles nur noch schlimmer geworden, denn der Rückkauf der Wertschriften geriet zu einer der größten Betrugsgeschichten der Schweiz, in die Bankiers, Anwälte und Politiker verwickelt waren. Als Strippenzieher im Hintergrund wurde Michel Olian vermutet.

Goldschmuggel und Kompensationsgeschäfte

André Sermoud leitete die Fahndungsabteilung bei der Zollkreisdirektion in Lausanne. Anfang 1948 war er einem groß angelegten Goldschmuggel zwischen der Schweiz und Frankreich auf der Spur.[359] Durch einen spektakulären Zufall stieß er auf den Namen Michel Olian.

359 André Sermoud hat uns freundlicherweise seine Ermittlungsunterlagen über diesen Schmuggelring zur Verfügung gestellt. Es handelt sich um Originalunterlagen der Fahndungsabteilung des Zollkreises V, Lausanne.

Steuerhinterzieher und vor allem Geschäftsleute und Unternehmer aus Frankreich, die mit den Nazis kollaboriert hatten, horteten ihre Gelder in der Schweiz. Jetzt tauschten sie diese Gelder gegen Gold, das sie illegal nach Frankreich brachten. Seit Monaten ließ André Sermoud verdächtige Schmuggler beschatten. Die Arbeit war schwierig. Er hatte zwar viele Namen ermittelt, aber es waren alles nur kleine Fische, Kuriere, die er in seinem Fahnderjargon »mulets«, Maultiere, nannte. An ihre Hintermänner war er bisher nicht herangekommen. Dann erhielt er einen heißen Tipp aus dem Wallis: Einer der höchsten Staatsbeamten in Sitten stehe an der Spitze einer Goldschmugglerbande – Charles Métry, Chefbuchhalter beim Kanton Wallis, im Nebenamt Professor am Kollegium in Sitten und vor allem ein führender Kopf der im Wallis allmächtigen Katholisch-Konservativen Volkspartei, Vorgängerpartei der heutigen CVP.

Am 23. April verhaftete Sermoud den prominenten Walliser. Einen Tag später durchsuchte er dessen Büro im Regierungsgebäude und stieß auf sensationelle Dokumente. »Im Tresor der Buchhaltungsabteilung des Staates Wallis fand ich mehrere Dossiers in gelben Umschlägen, die den [Gold-]schmuggel betrafen. [...] In einer großen Schublade von Métrys Schreibpult stieß ich auf weitere Dossiers. Als ich ein erstes Dossier durchsah, entdeckte ich Listen, auf denen die Nummern von Wertpapieren aufgeführt waren. Auch das zweite und dritte Dossier enthielten solche Nummernlisten. Bei näherer Prüfung stellte ich fest, dass es sich um ausländische Wertpapiere handelte. In einzelnen Dossiers lagen zudem orange Sichtmappen mit den Namen von Personen, die im Ausland domiziliert waren.«

Auf den ersten Blick hatten die Wertpapiere nichts mit dem Goldschmuggel zu tun, trotzdem beschlagnahmte Zollfahnder Sermoud sämtliche Dossiers. »Instinktiv spürte ich, dass da etwas sehr faul war. [...] Ich beschloss, eine alte Polizistenmaxime anzuwenden, nämlich ›beschlagnahme so viel wie möglich, lieber zu viel denn zu wenig‹. Mir war bewusst, dass ich damit meine Kompetenzen als Chef des Zollfahndungsdienstes überschritt.«

Nach der Hausdurchsuchung in Sitten wurde der mutmaßliche Goldschmuggler Charles Métry nach Lausanne ins Gefängnis Bois-

Mermet überführt. Métrys Verhaftung schlug hohe Wellen. Zahlreiche Walliser Persönlichkeiten protestierten. Sogar der spätere Bundesrat Josef Escher, damals Präsident der Katholisch-Konservativen und Vizepräsident des Nationalrates, intervenierte zu seinen Gunsten. Doch Sermoud ließ sich nicht beirren. Wenige Tage später schnappte er beim Grenzübergang in Vallorbe einen Schmuggler, der sich als diplomatischer Kurier auswies. Sein Diplomatenpass war gefälscht, und in seinem Auto, einem Buick mit Diplomatenkennzeichen, lag eine Tragtasche mit 2000 Goldmünzen. Der Schmuggler wurde verhaftet und, wie Métry, in Bois-Mermet eingesperrt. Innerhalb knapp eines Jahres hatte er Goldmünzen im Wert von 3,5 Millionen Franken illegal nach Frankreich geschmuggelt und dafür eine Kommission von rund 100 000 Franken eingesteckt. Der Schmuggler erzählte im Verhör, der Goldschmuggel werde über Schweizer Firmen und Banken abgewickelt, die er aber nicht kenne; er habe lediglich Kontakt zu Zwischenhändlern. Der Schmuggler nannte im Verhör ein Dutzend Namen; fast alle führten nach Paris zu Adressen, die André Sermoud zum Teil aus den Métry-Dossiers kannte.

Noch immer aber fehlten Namen von Schweizer Hintermännern. Das sollte sich bald ändern. Sermoud beschloss, sich mit seinen französischen Fahnderkollegen kurzzuschließen. Ende Mai traf er sie in Paris und tauschte mit ihnen Dossiers aus. Laut Ermittlungen des französischen Zolls arbeitete der Schmuggler von Vallorbe als Kurier für einen weit verzweigten Schieberring, der während des Krieges massenweise Nazigelder, gestohlene Aktien und Wertpapiere in die Schweiz geschleust hatte. Die französischen Zollfahnder hatten ein riesiges Organigramm aufgehängt, das beinahe eine ganze Bürowand zudeckte. Es zeigte mehrere Organisationen, die untereinander eng vernetzt waren.

An der Spitze einer der Organisationen stand der Name Michel Olian. Dicke Pfeile und Striche in verschiedenen Farben führten zu Banken, Treuhandbüros und Anwaltskanzleien in mehreren Schweizer Städten. Irgendwo mitten im Organigramm entdeckte André Sermoud eine Lausanner Firma: das Treuhandbüro Duboux. Er traute seinen Augen nicht, denn es handelte sich um eine der angesehensten Treuhandgesellschaften mit besten Beziehungen. Diese Beziehungen verdankte sie nicht zuletzt dem prominenten Mitinhaber Alexandre Petitpierre, einem Halbbruder von Bundesrat Max Petitpierre und Roger Petitpierre, Generaldirektor der Schweizerischen Kreditanstalt in Lausanne.

Zurück in Lausanne, verhörte Sermoud den Bankangestellten Robert Cornaz, einen ehemaligen Mitarbeiter des Treuhandbüros Duboux. Der Zeuge machte hochbrisante Aussagen. »Ich musste Buchhaltungen und Steuererklärungen manipulieren«, behauptete er. Dann denunzierte er seine früheren Arbeitgeber als Schmuggler und Schieber: »Duboux und Petitpierre beauftragten mich, auf dem Schwarzmarkt Gold zu finden. Es handelte sich meist um Goldmünzen, gelegentlich um Goldbarren.« Als Goldlieferanten nannte er einen Lausanner Notar, mehrere Waadtländer Staatsangestellte sowie Mitarbeiter der Großbanken SKA und Schweizerischer Bankverein in Lausanne. Der Zeuge schätzte die Zahl der schwarz beschafften Goldmünzen auf rund 100 000 und das Gewicht der Goldbarren auf wenigstens 70 Kilogramm.

Der illegale Goldhandel war nur ein Teil der zweifelhaften Geschäfte des prominenten Treuhandbüros. »Duboux und Petitpierre machten auch Kompensationsgeschäfte. Sie verkauften in der Schweiz französische Franken, die für Frankreich bestimmt waren. Das Geld aus diesen Verkäufen investierten sie in den Goldschmuggel«, erzählte der Zeuge. Bei diesen Kompensationsgeschäften ging es jeweils um viele Millionen. Cornaz: »Im September 1946 weilte ich in Paris wegen eines Kompensationsgeschäftes in der Höhe von 66 Millionen französischen Francs.«

Ein Zollfahnder wird vom Dienst suspendiert

Erst dank der Zeugenaussage von Robert Cornaz erfuhr Zollfahnder André Sermoud endlich, was es mit den Wertschriften auf sich hatte, die in den bei Charles Métry beschlagnahmten Dossiers aufgeführt waren. »Petitpierre hat mich mit Wertpapieren zu Charles Métry geschickt. [...] Métry sollte diese Titel später weiterverkaufen, nachdem er von einer Bank falsche Affidavits erhalten hatte. Diese falschen Affidavits waren mit Hilfe eines korrupten Anwaltes ausgestellt worden«, begann der Zeuge. Sermoud unterbrach ihn. Er hatte keine Ahnung, was ein »Affidavit« war. Es dauerte eine ganze Weile, bis er endlich den

Sinn der mysteriös klingenden Bezeichnung »Affidavit« begriff. Dabei war es ganz einfach.

Auf dem Schweizer Finanzmarkt befanden sich massenweise Wertschriften, die die Nazis in den besetzten Ländern zusammengestohlen hatten. Diese gestohlenen Titel waren über die verschiedensten Kanäle in die Schweiz gelangt. Schieber wie Michel Olian hatten sie importiert und mit ihnen im Auftrag der Nazis harte Devisen gekauft. Oder: Schweizer Firmen ließen sich Exporte nach Deutschland oder in von Deutschland besetzte Länder mit geraubten Wertpapieren bezahlen. Nach dem Krieg waren solche Titel oder Anlagepapiere praktisch wertlos; und die Besitzer dieser Papiere gerieten in den Verdacht, Kriegsgewinnler oder Nazi-Komplizen gewesen zu sein.

Mehrere Staaten wie Frankreich, Belgien oder Holland kauften nach Kriegsende gestohlene Titel zu stark reduzierten Preisen zurück, in der Regel bezahlten sie zwischen 20 und 25 Prozent des Nenn- oder Börsenwertes. Eine Wertschrift konnte nur dann zum vollen Preis veräußert werden, wenn der Besitzer nachwies, dass sie nicht gestohlen war. Um gestohlene oder zweifelhafte Titel von rechtmäßig erworbenen zu unterscheiden, stellte die Schweizerische Bankiervereinigung ein paar Regeln auf und führte das so genannte Affidavit ein, eine Art gutes Leumundszeugnis für Wertschriften. Ein Affidavit bescheinigte, dass eine Wertschrift nicht gestohlen war. Um ein Affidavit zu erhalten, musste eine Wertschrift mehrere Bedingungen erfüllen. Die zwei wichtigsten: Sie musste bereits zu Beginn des Krieges bei einer Schweizer Bank hinterlegt worden sein. Und der Besitzer musste nachweisen, dass er Schweizer war oder dass er seit Anfang des Krieges in der Schweiz seinen Wohnsitz hatte.

Falsche Affidavits wurden zum großen Geschäft, durch sie stieg der Wert eines gestohlenen Titels auf einen Schlag um das Vier- oder gar Fünffache, er konnte statt zu 20 oder 25 Prozent des Nennwertes zum vollen Preis verkauft werden.

Sermoud ließ sich nochmals die Métry-Dossiers bringen. Plötzlich war alles klar. Alexandre Petitpierre hatte im großen Stil wertlose Titel aufgekauft. Gleichzeitig beschaffte er sich Namen und Adressen von möglichen Besitzern, unter ihnen zahlreiche Franzosen. Die Titel und

Namenslisten reichte er an den hohen Staatsbeamten Charles Métry in Sitten weiter. Der wiederum beschaffte sich bei Gemeinden und bei Banken falsche Bescheinigungen. Damit waren alle Voraussetzungen für ein gewinnträchtiges Affidavit erfüllt.

Cornaz behauptete, dass Petitpierre und Duboux ganze Pakete mit französischen, englischen, belgischen und holländischen Wertschriften erhalten hätten. »Ich habe sofort begriffen, dass es sich um ein kriminelles Geschäft handelte. Regelmäßig musste ich solche Titel zu Métry nach Sitten bringen. Es kam auch vor, dass Métry persönlich sie im Büro von Petitpierre abholte«, gab der Zeuge zu Protokoll. Petitpierre hätte die Wertschriften im Durchschnitt zu 25 Prozent des Nennwertes gekauft, so der Zeuge weiter, später wären sie von Métry zu 65 Prozent weiterverkauft worden. »Einmal fragte ich Petitpierre, wie viel ihm dieser Handel einbringe. Petitpierre erklärte mir, dass Métry bestimmt mehr als 800 000 Franken verdient habe«, schloss Cornaz.

Die Zeugenunterschrift auf dem Einvernahmeprotokoll war noch nicht trocken, da hatte Sermoud bereits die Verhaftung von Duboux und Petitpierre sowie eine Hausdurchsuchung ihrer Firma veranlasst. Es war seine letzte Amtshandlung als Chef der Zollfahndung. Er wurde vom Dienst suspendiert; gegen ihn wurde eine Disziplinaruntersuchung eingeleitet. Als Vorwand diente die Klage eines Goldschmugglers. Die Untersuchung kam zu einem vernichtenden Ergebnis und erinnert verdächtig an das Disziplinarverfahren gegen den Bundesbeamten Pierre Goël, der drei Jahre zuvor versucht hatte, Michel Olian und seine Organisation auszuheben.

André Sermoud wurden unerlaubte Fahndungsmethoden, Verletzung des Amtsgeheimnisses und Erstellung falscher Dokumente vorgeworfen. Grund: Er hatte mit französischen Zollfahndern Informationen ausgetauscht. Und er hatte die Fahrt nach Paris als Dienstreise nach Kreuzlingen getarnt und abgerechnet. »In seinem blinden Eifer war Sermoud nicht mehr in der Lage, zwischen Erlaubtem und Verbotenem zu unterscheiden«, stellte die Oberzolldirektion fest. Sermoud wurde als Chef der Zollfahndung des Zollkreises V abgesetzt, zum kleinen Zollbeamten degradiert und strafversetzt. Sogar in der Armee – er war Hauptmann bei der Heerespolizei – wurde er zurückversetzt, man entzog ihm das Kommando. Im Jahre 1999 starb er in einem Altersheim in Genf.

Die Ermittlungen der Zollfahndung gegen die Organisation Michel Olians wurden schubladisiert. Den Fall Duboux/Petitpierre/Métry übernahm die Bundesanwaltschaft. Anfang 1950 sprach das Bundesgericht Urteile aus, die als Höchststrafen empfunden wurden. Der Chefbuchhalter des Staates Wallis, Charles Métry, wurde zu 3 Jahren und Alexandre Petitpierre zu 18 Monaten Gefängnis verurteilt. Nach der Verurteilung seines Halbbruders Alexandre dachte Bundesrat Max Petitpierre an Rücktritt. Doch seine Integrität war unbestritten. Seine Regierungskollegen sowie sämtliche Bundesratsparteien stellten sich geschlossen hinter ihn. Sie waren konsterniert ob seiner Rücktrittsabsichten und drängten ihn zu bleiben. Nur die kommunistische Parti du Travail von Léon Nicole schoss aus vollen Rohren.[360]

Bundesrat Max Petitpierre hatte als Außenminister mit Frankreich, Belgien und Holland Verträge ausgehandelt, in denen der Zeitpunkt und die Bedingungen für einen Rückkauf von Wertschriften festgelegt wurden. Kommunistenchef Léon Nicole behauptete in seiner Parteizeitung *La Voix Ouvrière*: Der Halbbruder des Außenministers, Alexandre Petitpierre, sei in die Verhandlungen eingeweiht gewesen, was ihm erlaubt habe, frühzeitig wertlose Titel aufzukaufen. Den 250-Millionen-Kredit der Eidgenossenschaft an Frankreich denunziert Léon Nicole als Skandal. Unter der Federführung von Außenminister Max Petitpierre gewährte die Schweiz Frankreich einen Millionen-Kredit, um von Hitlerdeutschland geraubte Wertschriften zurückzukaufen. Die Wertschriften, versehen mit falschen Affidavits, die sein Halbbruder verkaufte, seien zum Teil mit diesem Kredit bezahlt worden, monierte Nicole.

Der Fall Duboux/Petitpierre/Métry war nur die Spitze des Eisberges. Sie waren keineswegs die Einzigen, die sich mit falschen Affidavits und zweifelhaften Wertschriften eine goldene Nase verdienten. Im

360 René-Albert Houriet, *L'affaire des faux affidavits – »le plus grand scandale financier«*, Genf 1950. Es handelt sich um eine von der Parti du Travail (PdT) herausgegebene Broschüre, die die wichtigsten Berichte der Tageszeitung *La Voix Ouvrière* zusammenfasst.

Gegenteil, der Handel mit falschen Affidavits wurde geradezu als Nationalsport betrieben. Außer in Sitten und Lausanne platzten eine ganze Reihe von Affidavit-Affären. In Genf, Freiburg, Bern und Zürich liefen Polizei- und Gerichtsermittlungen. Eigenartig allerdings: Nicht eine einzige dieser Untersuchungen wurde abgeschlossen. Die Verfahren versandeten oder wurden eingestellt.

Niemand weiß, was aus den in der Schweiz gehorteten französischen Devisen in der Höhe von immerhin 7 Milliarden Schweizer Franken wurde; niemand weiß, was mit den von den Nazis gestohlenen Wertschriften geschah, wer sie kaufte und wohin die Gewinne aus diesen Verkäufen flossen. Historiker gehen davon aus, dass die Raubgelder der Nazis – die gestohlenen Devisen und Titel – von der Schweiz in die rechtmäßigen Besitzerländer zurückgeführt wurden. So zumindest wurde es unter anderem in den berühmten Washingtoner Verhandlungen zwischen der Schweiz und den westlichen Alliierten festgelegt. Die einzigen Belege dafür, dass die Raubgüter tatsächlich zurückgeführt wurden, basieren auf Angaben der Schweizer Banken. Doch nachprüfen lassen sich die Angaben nicht. Es liegen nicht einmal annähernd verlässliche Zahlen über die während des Krieges in die Schweiz verschobenen Raubgüter der Nazis und ihrer Komplizen vor.

Warum wurde die landesweite Betrugsaffäre mit den falschen Affidavits vertuscht? Warum wurde das Ausmaß der gestohlenen Devisen und Wertschriften nie offen gelegt? Warum wurden Polizeibeamte und Zollfahnder kaltgestellt, die gegen Nazi-Schieber wie Michel Olian vorgingen?

Auf diese Fragen lässt sich nur mit einer Vermutung antworten: Ein Aufdecken der unzähligen Affidavit-Affären, ein Offenlegen des illegalen Devisen- und Wertschriftenhandels sowie Prozessverfahren gegen Schieber wie Michel Olian hätten das wahre Ausmaß der Finanz- und Wirtschaftsbeziehungen mit den Nazis an den Tag gebracht. Zu einem höchst ungelegenen Zeitpunkt, nämlich als die Alliierten von der Schweiz die Herausgabe der Kriegsprofite und eine Wiedergutmachung forderten. Vermutlich wäre das für die Schweiz höchst vorteilhafte Washingtoner Abkommen geplatzt, und es hätte neu verhandelt werden müssen.

Am 31. April 1948 verließ Michel Olian zusammen mit seiner Frau die Schweiz in Richtung Mailand. Drei Tage zuvor hatte er sich mit den Schweizer Behörden auf einen Vergleich geeinigt.[361] Olian verpflichtete sich, Steuern in der Höhe von 560000 Franken nachzuzahlen. Zwischen 1939 und 1948 hatte er nur gerade 40000 Franken Einkommenssteuern entrichtet, sein Vermögen hatte er nie versteuert. Im Gegenzug erhielt er von den Schweizer Behörden einen Persilschein. Sie stellten sämtliche laufenden Verfahren und Untersuchungen gegen ihn ein. Damit garantierten sie ihm praktisch Straffreiheit für seine zweifelhaften Geschäfte während der Kriegsjahre.

Olians Vermögen und seine Schweizer Bankguthaben hatten sich gewissermaßen in Luft aufgelöst. Einzig frühere Nachforschungen von Pierre Goël und der Eidgenössischen Fremdenpolizei liefern ein paar wenige Hinweise. Olian besaß größere Bankguthaben in den USA, und er hatte im größeren Stil Aktien argentinischer Firmen und Gesellschaften gekauft. Bei der Privatbank Pictet & Cie will man den Namen Michel Olian nur aus der Presse kennen. Zum Zeitpunkt unserer Anfrage war ein einziger Zeitungsartikel über den »Finanzmann im Dienste des Dritten Reiches« erschienen.[362]

Jacques Rossier von der Banque Hentsch & Cie erklärt auf die Frage, was aus Olians Guthaben geworden ist: »Diese Frage geht über meine persönlichen Kenntnisse hinaus. In unseren Archiven gibt es keine Unterlagen betreffend Olian, ausgenommen den bereits erwähnten Bericht von Price Waterhouse. Ich kann lediglich festhalten, dass Olian – gemäß Price Waterhouse – sein Konto bei unserer Bank Ende 1942 aufgelöst hatte. Der Bericht erwähnt nicht einmal, wie viel Geld sich auf dem Konto befunden hatte.« Und es besteht nicht die geringste Chance, die Spuren der Olian-Gelder zu finden. Rossier: »›La vérité historique‹, die historische Wahrheit lässt sich nicht eruieren. Die [Bank-]Archive

361 Vergleich (über pendente Steuerforderungen) vom 28. April 1948, Olian-Dossier, Staatsarchiv des Kantons Genf, a. a. O. Von Seiten der Behörden wurde der Vergleich unterzeichnet von der Schweizerischen Eidgenossenschaft, dem Kanton Genf sowie den Kantonen Basel-Stadt und Baselland.

362 Es handelt sich um den erwähnten Artikel von Kurt Pelda in der *Neuen Zürcher Zeitung* vom 6./7. Dezember 1997

sind leer, und die Personen, die mit Monsieur Olian zu tun hatten, sind inzwischen verstorben. Diese Personen, die man ja nicht mehr befragen kann, sollte man nicht voreilig von einem moralischen Standpunkt aus verurteilen. Ich muss aber zugeben, dass sie zumindest extrem naiv handelten und auf jeden Fall die Situation falsch einschätzten, denn Michel Olian war kein ehrlicher Financier, sondern ein Betrüger, allerdings ein extrem geschickter und trickreicher.«

Privatbankier Rossier verrät, warum die Suche nach Nazigeldern ein hoffnungsloses Unterfangen bleibt. Riskante oder kritische Geschäfte wurden von den Banken und Finanzgesellschaften nicht dokumentiert. Sie tauchten weder in den offiziellen Bilanzen noch in den Buchhaltungen auf. »Wissen Sie, früher wurden die Geschäfte auf Vertrauensbasis abgeschlossen. Es war ein etwas mittelalterliches System, aber das System hat in der Finanzwelt lange überlebt. Vor allem in extrem bewegten und unsicheren Zeiten wie zum Beispiel während des Zweiten Weltkrieges wurden die Geschäfte ohne schriftliche Belege abgeschlossen – les affaires se faisaient justement sans papiers«, erzählt Jacques Rossier und fährt fort: »Sicherlich gab es Raubgelder der Deutschen und, ich erlaube mir beizufügen, auch von den Faschisten in Italien und vom Vichy-Regime in Frankreich. Sie können sich vorstellen, dass es darüber mit Sicherheit keine Statistiken gab. Darum denke ich, ist es praktisch unmöglich zu rekonstruieren, welche Geschäfte während dieser extrem unruhigen Periode, die bereits Anfang der 30er-Jahre begonnen hatte, tatsächlich abgewickelt wurden.«

Diese papierlose Geschäftsmethode erlaubt es den Schweizer Banken, sich aus der Geschichte und somit auch aus der Verantwortung zu stehlen. Denn für Historiker beginnt Geschichte erst mit einem schriftlichen Beleg. Was sich nicht schriftlich dokumentieren lässt, existiert nicht. Und so kommt es, dass einer der größten und skrupellosesten Nazi-Bankiers wie Michel Olian von der UEK auf Fußnoten-Format reduziert wird. UEK-Historiker Marc Perrenoud rechtfertigt sich: »Die Kommission hatte den Auftrag, historische Nachforschungen anzustellen; sie musste also auf der Grundlage von Dokumenten, schriftlichen Unterlagen arbeiten. Um Geldtransaktionen zu rekonstruieren und nachzuweisen, benötigt man schriftliche Belege. Das Problem bei diesen Geldtransaktionen besteht jedoch darin, dass diese schriftlichen Belege entweder zerstört wurden oder nie existierten. Das heißt, für die Rekonstruktion der Transaktionen, die Michel Olian oder andere Personen durchführten, verfügt man als Historiker nicht über genügend Unterlagen.«

Dieselbe Belehrung hatten wir bereits von der argentinischen Historikerkommission CAENA erfahren, als wir uns nach Evitas und Juan Peróns Nazigeldern erkundigten. Es existierten keine Buchungsbelege oder Bankdokumente und also auch keine Gelder, hieß es. Alle Schweizer Banken, die wir anfragten, bestätigten uns ebenfalls: Bei uns unterhielt weder Evita noch Juan Perón ein Konto. Und kein Bankensprecher vergaß, daran zu erinnern: Über Kunden machen wir grundsätzlich keine Angaben. Der Sprecher der Schweizerischen Kreditanstalt, bei der Juan Perón Evita-Konten vermutete, wiederholte auch nach mehrmaliger Nachfrage: »Wenn Evita oder ihr Mann Juan Perón bei uns jemals ein Konto besaß, hätten wir dieses in unseren Archiven mit Sicherheit gefunden. Unverbuchte Konten oder Gelder, das gibt es nicht.«

So wird es sein. Oh Weihnachtsmann, oh Weihnachtsmann. Reden wir über Kuckucksuhren und Tango.

ANHANG

QUELLEN
PERSONENREGISTER

Archive

Schweiz
Bundesarchiv (BAr), Bern:
E 2001 (E), 1969/121, Bd. 67
E 2001 (E), 1967/113, Bd. 436
E 4800.1, 1967/111 Bd.70
E 4800 (A) 1967/111, Nr. 206
E 27/10024
5150 (B) 1968 / 10, Bd. 210
E2001 (E), 1970/217, Band 207, 1955–1957
2001 (E) 1968/78 Band 298
E 7160-07 (-) 1968/54, Band 1075
E 7160-03 (-) 1968/108, Band 29
E4320 (B) 1971/78, Band 111
E 4001 (C) Band 1/232
E 7160-03 (-), 1968/108, Band 29
E 2001 (E), 1968/78, Band 298
Staatsarchiv des Kantons Genf
Archiv für Zeitgeschichte der ETH Zürich

USA
National Archives (NARA), Washington:
RG 238, M 897 R 114
RG 226, Entry 26, Box 173
RG 226, Entry 71, Box 427
RG 84, Entry 3223, Box 113
RG 226, Entry 19, Box 154

Argentinien
Archivo General de la Nación (AGN), Buenos Aires
Archiv *Argentinisches Tageblatt*
Archiv des argentinischen Außenministeriums (RREE), Buenos Aires

Frankreich
Archives nationales, Paris
Archives – Ministère des Affaires Etrangères, Paris

Deutschland
Bundesarchiv, Berlin

Zeitungen und Zeitschriften

Argentinisches Tageblatt, Buenos Aires
Basler Nachrichten
Berner Tagwacht
Chicago Daily News
Clarín, Buenos Aires
Curieux Neuchâtel
Daily Mail, London
Der Bund, Bern
Der Schweizerische Beobachter, Zürich
Die Woche, Schweiz
Die Zeit, Hamburg
Gente, Buenos Aires
L'Hebdo, Lausanne
La Nación, Buenos Aires
Le Monde du Renseignement / Parapolitique, Paris
Le Monde, Paris
Le Temps, Genf
Luzerner Neueste Nachrichten
Mar del Plata, Buenos Aires
Momento-sera, Rom
Nachrichtenagentur *Reuter*
National Zeitung, Basel
Neue Zürcher Zeitung
Noticias, Buenos Aires
Página 12 , Buenos Aires
Perfil, Buenos Aires
Primera Plana, Buenos Aires
Profil, Wien
Quick, Hamburg
Río Negro, Río Negro/Neuquén
SonntagsBlick, Zürich
Süddeutsche Zeitung, München
Tages-Anzeiger, Zürich
Todo es Historia, Buenos Aires
International Herald Tribune, London
Ultima Clave, Buenos Aires
Vaterland, Luzern
Voix Ouvrière
Yedioth Achronoth, Tel Aviv
24 Heures, Lausanne

Interviews

Saber Moustafa al-Halaby, Genf (diverse Gespräche)
Abdallah al-Zein, Ende Januar 2001
Jorge Antonio, Buenos Aires, 6. Mai 1998
Jorge Camarasa, Buenos Aires, 11. Mai 1998
Rogelio García Lupo, Buenos Aires, 8. Mai 1998
Uki Goñi, Buenos Aires, 15. Mai 1998
Hansjörg Hofer, Bern, 15. Juni 1998
Meinrad Hux, Los Toldos, 3. Mai 1998
Ignacio Klich, Buenos Aires, 22. Mai 1998
Lilian Lagomarsino de Guardo, Buenos Aires, 6. Mai 1998
Benito Llambi, Buenos Aires, Ende November 1997
Carlos Massey, Mar del Plata, 19. Mai 1998
Teresa Meschiati, Genf, Ende November 2000
Eamón Mullen, Buenos Aires, 17. Oktober 2002
Marc Perrenoud, Bern, 8. März 2002
Fabian Philipp, Buenos Aires, 13. Mai 1998
Jacques Rossier, Genf, 9. März 2002
Juan Salinas, Buenos Aires, Ende September 1999
Maria-Theresa Schrank, Feldafing (D), 25. Juni 1998
Ingrid Traube, Muralto (diverse Gespräche)

Literatur

Mark Aarons/John Loftus, *Des Nazis au Vatican*, Paris 1992 (*Ratlines. How the Vatican's Nazi networks betrayed Western intelligence to the Soviets*, London, 1991)

Peter Alemann, *Evita-Kurzbiographie* (unveröffentl. Manuskript)

Saber Moustafa al-Halaby, *Ayatolla-Connection*, unveröffentlichtes Manuskript

José María de Areilza, *Memorias exteriores, 1947–1964*, Barcelona 1984

Pascal Auchlin/Frank Garbely, *Das Umfeld eines Skandals. Ein Report über das organisierte Verbrechen und die Rolle der Schweizer Behörden*, Zürich 1990

Eduardo Barcelona/Julio Villalonga, *Relaciones carnales. La verdadera historia de la construcción y destrucción del misil Condor II*, Barcelona/Buenos Aires 1992

John Barnes, *Evita Perón. Macht und Mythos*, München 1997

Norberto Bermúdez, *La pista siria*, Buenos Aires 1993

Suzanne Bidault, *Je n'ai pas oublié*, Paris 1971

Ramón Bill, *Waffenfabrik Solothurn (1923–1961) . Schweizer Entwicklungsstätte für deutsche Waffentechnologie*, Solothurn 2002

Pierre-Th. Braunschweig, *Geheimer Draht nach Berlin. Die Nachrichtenlinie Masson–Schellenberg und der schweizerische Nachrichtendienst im Zweiten Weltkrieg*, Zürich 1989

Jorge Camarasa, *Odessa al Sur. La Argentina como refugio de Nazis y criminales de guerra*, Buenos Aires 1995

Jorge Camarasa, *La Enviada*, Buenos Aires, 1998

Jean Canolle, *Sir Basil*, Paris 1977

Linus von Castelmur, *Schweizerisch-allierte Finanzbeziehungen im Übergang vom Zweiten Weltkrieg zum Kalten Krieg. Die deutschen Guthaben in der Schweiz zwischen Zwangsliquidierung und Freigabe (1945–1952)*, Zürich 1992

Manfred von Conta, *Reportagen aus Lateinamerika*, Zürich 1982

Erhard Dabringhaus, *Klaus Barbie*, Washington D.C. 1984

DAIA/AMIA (Hrsg.), *La Denuncia*, Buenos Aires 1997

Vladimir Dedijer, *Jasenovac – das jugoslawische Auschwitz und der Vatikan*, Freiburg i. Br. 1991

Alicia Dujovne Ortiz, *Evita Perón. Die Biografie*, Berlin 1979

Tomás Eloy Martínez, *Santa Evita*, Buenos Aires 1995 (*Santa Evita*, Frankfurt am Main 1997)

Tomás Eloy Martínez, *Las Memorias del General*, Buenos Aires 1996

Carlos Escude, *Realismo periférico. Fundamentos para una nueva política exterior argentina*, Buenos Aires 1992

Nicholas Faith, *Safety Numbers. The mysterious world of Swiss banking*, London 1982

Ladislas Farago, *Scheintot. Martin Bormann und andere NS-Größen in Südamerika*, Hamburg 1975

Rosendo Fraga, *Relación Argentina–E.E.U.U. en el área de seguridad*, Centro de Estudios Unión para la Nueva Mayoría, Buenos Aires 1990

Frank Garbely, *Evitas Geheimnis – Die Schweizer Reise,* Dokumentarfilm, Gemeinschaftsproduktion von TRILUNA, SRG idée suisse und Arte, Zürich 1998

Juan Gasparini/Rodrigo de Castro, *La delgada línea blanca. Narcoterrorismo en Chile y Argentina*, Buenos Aires 2001

Jordán Bruno Genta, *La masonería y el comunismo en la Revolución del 16 de septiembre*, Buenos Aires 1955

Rena Giefer/Thomas Giefer, *Die Rattenlinie. Fluchtwege der Nazis, eine Dokumentation,* Frankfurt am Main 1991

Uki Goñi, *Perón y los alemanes. La verdad sobre el espionaje nazi y los fugitivos del Reich*, Buenos Aires 1998

Ignacio González Janzen, *La Triple-A*, Buenos Aires 1986

Walter Hagen, *Unternehmen Bernhard. Ein historischer Tatsachenbericht über die größte Geldfälschungsaktion aller Zeiten*, Wels und Starnberg 1955

Hamburger Institut für Sozialforschung (Hrsg.); *Nie wieder, ein Bericht über Entführung, Folter und Mord durch die Militärdiktatur in Argentinien*, Weinheim, Basel 1987

Joe J. Heydecker/Johannes Leeb, *Der Nürnberger Prozess. Bilanz der Tausend Jahre*, Köln 1958

Eric Hobsbawm, *Das Zeitalter der Extreme . Weltgeschichte des 20. Jahrhunderts*, München 1998

Hansjörg Hofer, *Völker, hört die Signale* (Autobiographie), Basel 1998

René-Albert Houriet, *L'affaire des faux affidavits – »le plus grand scandale financier«*, Genf 1950

Ladislas de Hoyos, *Barbie*, Paris 1984

Alois Hudal, »Ein Gruß übers Meer«, in: *Der Weg*, Band I, Buenos Aires, Januar 1949

Peter Hug, *Geschichte der Atomtechnologie-Entwicklung in der Schweiz* (Lizentiatsarbeit), Bern 1987

Glenn B. Infield, *Skorzeny – Chef des commandos de Hitler*, Paris 1984 (*Skorzeny: Hitler's Commando*, New York 1988)

Youssef Ishaghpour, *Orson Welles Cinéaste – Une Caméra Visible*, Band III, Paris 2001

Rémi Kauffer, »Les U-Boote évacuent le trésor nazi vers l'Argentine«, in: *Historia*, Paris (Heft vom September 1997)

Stefan Keller, *Grüningers Fall. Geschichten von Flucht und Hilfe*, Zürich 1998

Paul Kläui, *Geschichte der Familie Wehrli*, Zürich 1961

Ernst Klee, *Persilscheine und falsche Pässe, Wie die Kirchen den Nazis halfen*, Frankfurt a.M. 1991

Holger Koppe u.a., *Bomben-Geschäfte. Tödliche Waffen für die Dritte Welt*, München 1990

Manfred Kossok, »Sonderauftrag Südamerika – zur deutschen Politik gegenüber Lateinamerika, 1938–1942«, in: Walter Markov, *Studien zur Kolonialgeschichte und Geschichte der nationalen und kolonialen Befreiungsbewegung*, Bd. 6/7: *Lateinamerika zwischen Emanzipation und Imperialismus, 1810–1960*, Ostberlin 1961

Paul A. Ladame, *Le rôle des migrations dans le monde libre*, Genf/Paris 1958
Francis Lang, *Memoire d'un médecin de campagne*, Fribourg 1992
Vincent La Vista, »Illegal Emigration Movements in and through Italy« (La Vista Report), in: *Intelligence Parapolitics*, Heft Nr. 3/54-56, Juli-August 1984, Paris
Libro negro de la segunda tiranía, Buenos Aires 1958
Benito Llambi, *Medio siglo de política y diplomacia* (memorias), Buenos Aires 1997
John Loftus, *The Belarus Secret. The Nazi connection in America*, New York 1982
Torcuato Luca de Tena u.a, *Yo, Juan Domingo Perón. Relato autobiográfico*, Barcelona 1976
Donald MacCormick, *Pedlar of Death*, London 1965
Julius Mader, *Der Banditenschatz. Ein Dokumentarbericht über Hitlers geheimen Gold- und Waffenschatz*, Berlin Ost 1966
Mario Mariscotti, *El secreto atómico de Huemul. Crónica del origen de la energía atómica en la Argentina*, Buenos Aires 1987
Holger M. Meding, *Flucht vor Nürnberg? Deutsche und österreichische Einwanderung in Argentinien, 1945–1955*, Köln, Weimar, Wien, Böhlau 1992
Julio Meinvielle, *El Comunismo en Revolución Anticristiana*, Buenos Aires 1982
Aldo Luis Molinari, *Caso Duarte*, Buenos Aires 1958
James Naremore, *The Magic World of Orson Welles*, Dallas 1989
Götz Neuneck/Jürgen Scheffran, »Raketen im Golf: Ist der Geist schon aus der Flasche?«, in: *Informationsdienst Wissenschaft und Frieden*, Heft3/4, Marburg 1990
Detlef Nolte/Nikolaus Werz (Hrsg.), *Argentinien. Politik, Wirtschaft, Kultur und Aussenbeziehungen*, Schriftenreihe des Instituts für Iberoamerika-Kunde, Hamburg, Band 42, Frankfurt am Main 1996
William Norris, *The man who fell from the sky*, New York 1987
Juan Pablo Ortega, *El año que vino Eva Perón*, Madrid, 1995
Wilfred von Oven, *Mit Goebbels bis zum Ende* (2 Bände), Buenos Aires 1949, 1950
Eva Perón, *Mein Vermächtnis*, Bergisch Gladbach 1997
Marc Perrenoud u.a., *La place financière et les banques suisses à l'époque du national-socialisme*, UEK-Band 13, Zürich 2002
Marc Perrenoud, *Aspects des relations financières franco-suisse (1936–1946)*, UEK-Band 25, Zürich 2002
Marc Perrenoud, »La diplomatie suisse et les relations financières avec la France 1936–1945«; in: Sébastien Guex, *La Suisse et les Grandes Puissances 1914–1945*, Genf 1999
Lilian Perrin, *Familienalbum von General Guisan*, Altstätten/München 1986
Heinz Roschewski, *Rothmund und die Juden. Eine historische Fallstudie des Antisemitismus in der schweizerischen Flüchtlingspolitik 1933–1957*, Basel, Frankfurt a.M. 1997
Leslie B. Rout/John F. Bratzel, *The shadow war. German espionage and United States counterespionage in Latin America during World War II*, Maryland 1986

Hans-Ulrich Rudel, *Zwischen Deutschland und Argentinien. Fünf Jahre in Übersee*, Göttingen 1954

Juan Salinas, *AMIA, el atentado. Quiénes son los autores y por qué no están presos*, Buenos Aires 1997

Jürgen Scheffran, »Die heimliche Raketenmacht – Deutsche Beiträge zur Entwicklung und Ausbreitung der Raketentechnik«, in: *Informationsdienst Wissenschaft und Frieden*, Heft 1/2, Marburg 1991

Walter Schellenberg, *Memoiren*, Köln 1959

Maria-Theresa Schrank, *Autobiographie* (unveröffentl. Manuskript)

Gitta Sereny, *Am Abgrund: Gespräche mit dem Henker – Franz Stangl und die Morde von Treblinka*, München 1995

Christopher Simpson, *Der amerikanische Bumerang. NS-Kriegsverbrecher im Sold der USA*, Wien 1988

Otto Skorzeny, *Meine Kommandounternehmen. Krieg ohne Fronten*, Wiesbaden/München 1976

Sebastian Speich u.a., *Die Schweiz am Pranger. Banken, Bosse und die Nazis*, Wien/Frankfurt am Main1997

Reinhard Spitzy, *So entkamen wir den Alliierten. Bekenntnisse eines »Ehemaligen«*, München/Berlin 1989

Lukas Straumann/Daniel Wildmann, *Schweizer Chemieunternehmen im »Dritten Reich«*, UEK-Band 7, Zürich 2001

Jakobo Timerman, *Wir brüllen nach innen. Folter in der Diktatur heute*, Frankfurt am Main 1982.

Christiane Uhlig u.a., *Tarnung, Transfer, Transit. Die Schweiz als Drehscheibe verdeckter deutscher Operationen 1939–1952*, UEK-Band 9, 2001 Zürich

Unabhängige Expertenkommission Schweiz–Zweiter Weltkrieg (UEK), *Die Schweiz und die Flüchtlinge zur Zeit des Nationalsozialismus*, UEK-Band 17, Zürich 2001

Herman G. Weinberg, *Saint Cinema. Writings on the film, 1929-1970*, New York 1973

Orson Welles, *Mr. Arkadin* (rororo-Taschenbuch), Hamburg 1996

Personenregister